圖書在版編目（CIP）數據

《夢溪筆談》"切韻之學" /（宋）沈括著 ; 魯國堯校注繹析. 盧宗邁切韻法 /（宋）盧宗邁集輯 ; 魯國堯注釋述論. 《解釋歌義》與等韻門法 / 李軍校釋匯編. 南京 : 鳳凰出版社, 2024. 12. --（宋元切韻學文獻叢刊 / 李軍, 李紅主編）. -- ISBN 978-7-5506-4436-6

Ⅰ. H113

中國國家版本館CIP數據核字第2024YB7456號

書　　名　《夢溪筆談》"切韻之學"　盧宗邁切韻法　《解釋歌義》與等韻門法
著　　者　〔宋〕沈括 著　魯國堯 校注繹析
〔宋〕盧宗邁 集輯　魯國堯 注釋述論
李軍 校釋匯編
責任編輯　孫　州
裝幀設計　陳貴子
責任監製　程明嬌
出版發行　鳳凰出版社（原江蘇古籍出版社）
發行部電話025-83223462
出版社地址　江蘇省南京市中央路165號,郵編:210009
照　　排　南京凱建文化發展有限公司
印　　刷　金壇古籍印刷廠有限公司
江蘇省金壇市晨風路186號,郵編:213200
開　　本　880毫米×1230毫米　1/32
印　　張　29.25
字　　數　692千字
版　　次　2024年12月第1版
印　　次　2024年12月第1次印刷
標準書號　ISBN 978-7-5506-4436-6
定　　價　298.00圓
（本書凡印裝錯誤可向承印廠調換,電話:0519-82338389）

目次

《宋元切韻學文獻叢刊》序

漢語等韻學是中國傳統語言文字學最基礎的分支學科之一，是中國傳統學術和傳統文化中最具理論創新性和系統性的學科之一，亦可以稱爲中國古典漢語音系學。西方以研究、介紹具有區别意義的音位而興起的音系學始於十九世紀七十年代①，而中國以圖表形式，以最小析異對的方式對音系最小區别特徵和語音系統進行分析描寫的古典音系學，即漢語等韻學，在唐宋之際就已經非常成熟②。漢語等韻學可以分爲兩個階段：宋元切韻學、明清等韻學。宋元切韻學，也可以説是『宋代的漢語音系學』③。流傳至今的宋元切韻學文獻有：（一）南宋紹興辛巳年（一一六一）張麟之刊《韻鏡》，（二）南宋紹興辛巳年鄭樵述《通志·七音略》，（三）南宋

① 英國共時音系學早期代表人物亨利·斯威特《語音學手册》（一八七七）提出了非區别性的音素與區别性的音素概念，實質上代表了音位學理論的誕生。

② 魯國堯《中國音韻學的切韻圖與西洋音系學（Phonology）的『最小析異對』（minimal pair）》，《古漢語研究》二〇〇七年第四期，第二—一〇頁。

③ 魯國堯《〈盧宗邁切韻法〉述論》，《魯國堯語言學論文集》，江蘇教育出版社，二〇〇三年十月，第三四〇頁。

淳熙丙午年（一一八六）左右盧宗邁《盧宗邁切韻法》，（四）南宋嘉泰癸亥年（一二〇三）刊託名司馬光的《切韻指掌圖》，（五）無名氏《四聲等子》，（六）元惠宗至元丙子年（一三三六）劉鑑《經史正音切韻指南》，（七）等韻理論與象數理論相結合的北宋邵雍《皇極經世觀物篇·聲音唱和圖》（一〇七二年左右），（八）取三十六字母之翻切，以聲起數，以數合卦的南宋淳祐辛丑年（一二四一）祝泌《皇極經世解起數訣》，（九）闡述反切門法的金代□髓《解釋歌義》等。

漢語等韻學的興起與發展，與梵語悉曇學密切相關。「韻圖的辨法歸根結蒂是印度傳過來的，因此産生韻圖的第一步是印度的聲明學，特別是聲韻相配的圖表形式介紹到中國」①。《隋書·經籍志》有《婆羅門書》，即「西域胡書，能以十四字貫一切音，文省而義廣」。日本安然《悉曇藏》記載謝靈運論悉曇之語：「《大涅槃經》中有五十字，以爲一切字本。牽此就彼，反語成字……其十二字譬如此間之言；三十四字譬如此間之音，以就言便爲諸字。」②三十四字爲體文，「體文者，紐也」（章太炎《國故論衡》），紐即聲母；十二字爲摩多，即韻母。悉曇文字這種分析音節的方式，以及拼合音節的方法，必然會啓發中國學者加以借鑑，以之作爲分析漢語音節結構的手段。「唐人就是受到「悉曇」體文的啓發，並參照藏文字母的體系，給漢語創製了

① 潘文國《韻圖考》，華東師範大學出版社，一九九七年九月，第二四頁。
② 趙蔭棠《等韻源流》，商務印書館，二〇一七年十一月，第二〇—二一頁。

字母』①。而韻圖聲韻經緯輾轉相拼的方式，應當也是受悉曇家『字輪』的影響。所謂『字輪』，就是『從此輪轉而生諸字也』②。空海《悉曇字母並釋義》十二字後注云：『此十二字（按：迦、迦、祈、雞、句、句、計、蓋、句、晧、欠、迦）者，一箇「迦」字之轉也。從此一「迦」字門出生十二字。如是一一字母各出生十二字，一轉有四百八字。』因此趙蔭棠先生認爲：『《韻鏡》與《七音略》之四十三轉，實係由此神襲而成。』③《悉曇章》圖上聲右韻，具備了等韻圖聲韻經緯相交以列字的韻圖排列方式的雛形，對後來漢語切韻圖的出現當具有比較直接的影響。

悉曇學或聲明學促進漢語等韻學産生的具體時間是什麽？真正意義上分析漢語韻書語音結構的韻圖表和系統的理論體系産生於何時？由於文獻不足，暫難定論。羅常培先生（一九三五）認爲，『至於經聲緯韻，分轉列圖，則唐代沙門師仿悉曇體制，以總攝《切韻》音系者也』④，即認爲唐代當已經出現表現《切韻》音系的韻圖。現存最早的切韻學文獻《韻鏡》《七音略》都刊行於南宋，不過現存文獻中記載有唐高宗時關涉韻圖理論的武玄之《韻銓》，日僧安然《悉曇藏》著録了其部目。《韻銓》『明義例』四韻例，反映該書已經具備了比較系統的切韻理

① 唐作藩《音韻學教程》，北京大學出版社，二〇一六年五月，第二七頁。
② 趙蔭棠《等韻源流》，第三一頁。
③ 趙蔭棠《等韻源流》，第三二頁。
④ 羅常培《羅常培語言學論文集》，商務印書館，二〇〇四年十二月，第一四二頁。

論，引述如下：

凡爲韻之例四也：一則四聲有定位，平、上、去、入之例是也。二則正紐以相證，令上下自明，『人』『忍』『仞』『日』之例是也。三則傍通以取韻，使聲不誤，『春』『真』『人』『倫』之例是也。四則雖有其聲而無其字，則闕而不書，『辰』『蝨』『脊』是也。①

按四聲相承的方式列韻，同聲母字上下四聲相承，同五音字旁通，有音無字列空圈，這些都具有切韻圖的顯著特徵。趙蔭棠先生認爲武玄之使用了『正紐』概念，説明三十六字母還未産生，所以『必非什麼講等韻之書，不過滿載韻字如後來之《廣韻》與《集韻》而已』②。潘文國先生則認爲該書應當是『圖表形式的韻書』，因爲『衹有圖表纔有出現空格的可能』③。武氏之書已佚，難以臆斷。不過該書有十五卷之多，當非『圖表形式的韻書』。韻例反映該書除了韻書部分之外，當另有韻圖形式的表格，如宋楊中脩《切韻類例》之『一圖二篇』（見下文）。當時三

① 趙蔭棠《等韻源流》，第四四頁。
② 趙蔭棠《等韻源流》，第四五頁。
③ 潘文國《韻圖考》，第二六頁。

十六字母雖然還没有出現，但並不妨礙時人對聲母的辨析。在三十六字母産生之前，《玉篇》以助紐字作爲聲母的輔助拼讀工具，未嘗不可以作爲聲母的代表字組。因此《韻銓》一書很可能已經出現了韻圖形式的韻表或具備了韻圖的語音分析理論體系。

晚唐守温字母的出現，無疑對切韻學理論的成熟與發展起到了至關重要的推動作用，宋代切韻學的繁榮發展與唐以前悉曇學的影響，以及聲明學與漢語音韻分析理論的有機結合是分不開的。現存最早的韻圖《韻鏡》《七音略》雖刊行於南宋紹興年間，但北宋初年切韻學理論已經非常成熟，切韻圖也應當在一定範圍内流傳。邵雍（一〇一一—一〇七七）《皇極經世觀物篇·聲音唱和圖》以翕、闢區分十天聲，與等韻開、合相對應；以清、濁、開、發、收、閉區分十二地音，與韻圖三十六字母的清濁分類，以及聲母與四等韻的拼合關係基本一致。北宋沈括（一〇三一—一〇九五）《夢溪筆談》也記載了比較詳細的切韻法，引述如下：

今切韻之法，先類其字，各歸其母。脣音、舌音各八，牙音、喉音各四，齒音十，半齒、半舌音二，凡三十六，分爲五音。天下之聲總於是矣。每聲復有四等，謂清、次清、濁、平也，如顛、天、田、年，邦、胮、龐、厖之類是也，皆得之自然，非人爲之。如幫字横調之爲五音，幫、當、剛、臧、央是也；幫，宫之清；當，商之清；剛，角之清；臧，徵之清；央，羽之清。縱調之爲四等，幫、滂、傍、茫是也；幫，宫之清；滂，宫之次清；傍，宫之濁；茫，宫之不清不濁。就本音、本等調之爲四聲，幫、滂、傍、博是也。幫，宫清之平；滂，宫清之上；傍，宫清之去；博，宫清之入。四等之聲，多有聲無字者，如封、峰、逢，止有三字；邕、胸，止有兩字；竦、火、欲、以，皆止有一字。五音亦然，滂、湯、康、蒼，止有四字。四聲則有無聲，亦有無字者，如蕭字、肴字全韻皆無入聲。此皆聲之類也。

所謂切韻者，上字爲切，下字爲韻。切須歸本母，韻須歸本等。切歸本母，謂之『音和』，如『德紅爲東』之類，德與東同一母也。字有重中重、輕中輕，本等聲盡，泛入别等，謂之『類隔』。雖隔等，須以其類，謂唇與唇類，齒與齒類。如武延爲綿、符兵爲平之類是也。韻歸本等，如冬與東字，母皆屬端字，冬乃端字中第一等聲，故都宗切，宗字第一等韻也，以其歸精字，故精徵音第一等聲。東字乃端字中第三等聲，故德紅切，紅字第三等韻也，以其歸匣字，故匣羽音第三等聲。又有互用、借聲，類例頗多，大都自沈約爲《四聲》，音韻愈密。然梵學則有華、竺之異，南渡之後，又雜以吴音，故音韻龐駁，師法多門。①

沈氏所述切韻法，有韻圖的信息，也有關於門法的介紹，説明切韻法已經非常成熟。所論及的韻圖聲母的排列順序始幫終日，喉音『影曉匣喻』相次，與《韻鏡》《七音略》一致。所舉四

① 諸雨辰譯注《夢溪筆談》，中華書局，二〇一六年九月，第三三六—三三七頁。

等相承、五音相調之例，多與韻圖相合。如『四等之聲，多有聲無字者，如封、峰、逢，止有三字』，《韻鏡》《七音略》第二圖『鍾』韻平聲非組聲母無明母字，衹列有『封、峰、逢』三字；『邕、胸止有兩字』，《七音略》同圖平聲喉音聲母位衹有『邕、匈』二字；『竦、火、欲、以皆止有一字』，《韻鏡》《七音略》上聲齒音四等衹有『竦』，入聲喉音四等衹有『欲』。（其中『火、以』二字當爲訛誤，或爲『用、旭』二字之訛。因爲該段舉例均爲鍾韻字，不當雜入他韻字。）『蕭字、肴字全韻皆無入聲』，與宋代前期切韻圖入聲衹與陽聲韻相承，不與陰聲韻相承的特點一致①。這説明宋代初年切韻學理論以及韻圖的編撰已經成熟，羅常培先生認爲『等韻圖肇自唐代，非宋人所創』②，有一定的道理。

宋代切韻學文獻應當已經非常發達了，但流傳範圍並不廣泛。《晦庵先生朱文公文集》卷五十《答楊元範》：『字畫音韻，是經中淺事，故先儒得其大者多不留意。』③因此切韻之學不被士人階層所知曉，切韻學著作流通不廣，是有其社會原因的。或有肄此業者，終爲淺學，其學

---

① 有關《夢溪筆談》所言切韻法，魯國堯《沈括〈夢溪筆談〉所載切韻法繹析》有詳細論述。見《魯國堯語言學論文集》，第三一七—三二五頁。

② 羅常培《羅常培語言學論文集》，第一四〇頁。

③ 《晦庵先生朱文公文集》，《朱子全書（修訂本）》，上海古籍出版社、安徽教育出版社，二〇一〇年九月，第二二八九頁。

不顯，流傳至今者自然不多。不過由於切韻學與佛學關係密切，自漢魏以降，辨析音理，分析韻書語音系統，拼合韻書反切讀音的切韻學，當首先在佛學界發展、成熟起來。鄭樵《七音略》序指出：『七音之韻，起自西域，流入諸夏，梵僧欲以其教傳之天下，故爲此書。雖重百譯之遠，一字不通之處，而音義可傳。華僧從而定之，以三十六爲之母。重輕、清濁，不失其倫，天地萬物之音備於此矣。雖鶴唳風聲，雞鳴狗吠，雷霆驚天，蚊虻過耳，皆可譯也，況於人言乎？所以日月照處，甘傳梵書者，爲有七音之圖，以通百譯之義也。』精通音韻之學，也成爲佛學的基礎，鄭樵所謂『釋氏以參禪爲大悟，通音爲小悟』。鄭樵在説明《七音略》來源時，就明確指出：『臣初得《七音韻鑑》，一唱而三嘆，胡僧有此妙義，而儒者未之聞。』即《七音略》之藍本爲《七音韻鑑》，其基本理論當出自佛教界，但該書是否爲胡僧所作，則存疑。史籍所載，宋代所見切韻文獻中亦多爲釋家所著，如：

《宋史·藝文志》第二〇二卷『小學類』有僧守温《清濁韻鈐》一卷、釋元冲《五音韻鏡》一卷。

《通志·艺文略》『音韻』部分有僧鑑言《切韻指元疏》五卷、僧守温《三十六字母圖》一卷、僧行慶《定清濁韻鈐》一卷、《切韻内外轉鈐》一卷、《内外轉歸字》一卷。

晁公武《郡齋讀書志》『小學類』指出，『論音韻之書，沈約《四聲譜》及西域反切之學是也』。其中記載有《四聲等第圖》一卷，『皇朝僧宗彦撰，切韻之訣也』。

宋代切韻學發展繁榮的主要原因，當與官方對韻書字書編撰的重視有關。官方韻書《廣韻》《集韻》以及字書《大廣益會玉篇》《類篇》，即第二、三代『篇韻』的頒行，爲切韻學理論與韻書語音結構系統的分析相結合，滿足韻書字書反切拼讀的需要提供了前提條件。字學與韻學雖爲淺學，『然不知此等處不理會，卻枉費了無限辭説牽補，而卒不得其本義，亦甚害事也』①。因此切韻學在宋代逐漸爲儒家所接受並推廣開來，也在情理之中。

宋代切韻學理論與韻圖的編撰，當是在唐五代切韻理論與韻圖的基礎上，進一步與宋代韻書相結合而逐步發展完善起來的。受聲明學影響，唐五代初期切韻學當已經産生，音韻分析理論也已經逐步與韻書語音分析相結合，《切韻》系韻圖當已經出現。宋代韻書與字書的繁榮，促使了唐五代韻圖與宋代韻書的結合。宋代切韻圖就是爲分析韻書語音結構系統、拼讀字書反切服務的。魯國堯先生結合文獻記録，將宋元前期切韻圖根據其所分析的對象，分爲《廣韻》系列與《集韻》系列。其中《韻鏡》《七音略》是《廣韻》系韻圖，而已佚的楊中脩《切韻類例》、盧宗邁《盧宗邁切韻法》所述及的韻圖爲《集韻》系列韻圖。

《韻鏡》所據韻圖爲《指微韻鏡》，《七音略》所據韻圖爲《七音韻鑑》，兩書同刊於南宋紹興三十一年（辛巳年，一一六一），張麟之初刊《韻鏡》時當未見《七音略》。紹興辛巳（一一六一）

---

① 《晦庵先生朱文公文集》，《朱子全書（修訂本）》，第二三二八七頁。

張麟之《識語》，對《韻鏡》的來源與特點進行了介紹：

> 既而得友人授《指微韻鏡》一編，微字避聖祖名上一字。且教以大略曰：『反切之要，莫妙於此。不出四十三轉，而天下無遺音。其製以韻書，自一東以下，各集四聲，列爲定位，實以《廣韻》《玉篇》之字，配以五音清濁之屬，其端又在於横呼。雖未能立談以竟，若按字求音，如鏡映物，隨在現形，久久精熟，自然有得。』於是蚤夜留心，未嘗去手。忽一夕頓悟，喜而曰：『信如是哉！』遂知每翻一字，用切母及助紐歸納，凡三折，總歸一律。即是以推千聲萬音，不離乎是。自是日有資益，深欲與衆共知，而或苦其難，因撰《字母括要圖》，復解數例，以爲沿流求源者之端。庶幾一遇知音，不惟此編得以不泯，余之有望於後來者亦非淺鮮。聊用鋟木，以廣其傳。

張麟之明確指出，《韻鏡》所據韻圖爲《指玄韻鏡》，避趙公明玄朗上一字而改名爲《指微韻鏡》，則《指玄韻鏡》成書年代當在北宋大中祥符五年（一〇一二）之前。韻圖形制與其所刊《韻鏡》相同，横列五音聲母，以清濁相别，四欄分韻列字，四聲相承，欄分四等。張麟之在《指玄韻鏡》的基礎上，撰寫了《字母括要圖》，復解『數例』（即『《韻鑑》序例』）。韻圖形制仍舊，韻圖内容以列《廣韻》《玉篇》字爲主，爲與第二代『篇韻』相輔的韻圖。《韻鏡》也許經歷過再版，四十二年後的嘉泰三年（一二〇三）張麟之《韻鏡序作》指出，自己在年二十得《韻鏡》之學後，『既而又得莆陽夫子鄭公樵進卷先朝，中有《七音序》，略其要語曰「七音之作，起自西域，流入諸夏，梵僧欲以此教傳天下，故爲此書」』。《序作》同時對淳熙年間楊倓所撰《韻譜》横列三十六字母的編撰體例進行了評價，認爲『因之則是，變之非也』。這一方面反映了張氏對《韻譜》的批評，另一方面也透露了《韻鏡》四十三轉有『因之』的特點。對《七音略》，張麟之則認爲『其用也博』，説明了《七音略》與《韻鏡》體例、内容具有很大程度的一致性，因此非常認可。同時也交代了二者來源不同，而同歸一途。有關《七音略》的來源問題，鄭樵亦有明確説明，《七音序》指出：

> 江左之儒，識四聲而不識七音，則失立韻之源……四聲爲經，七音爲緯，江左之儒知縱有平、上、去、入爲四聲，而不知衡有宫、商、角、徵、羽、半徵、半商爲七音。縱成經，衡成緯，經緯不交，所以失立韻之源。七音之韻，起自西域，流入諸夏。梵僧欲以其教傳之天下，故爲此書，雖重百譯之遠，一字不通之處，而音義可傳。華僧從而定之，以三十六爲之母，重輕、清濁，不失其倫，天地萬物之音備於此矣。雖鶴唳風聲，雞鳴狗吠，雷霆驚天，蚊虻過耳，皆可譯也，況於人言乎？所以日月照處，甘傳梵書者，爲有七音之圖，以通百譯之義也……均，言韻也。古無韻字，猶言一韻聲也……琴者，樂之宗也；韻者，聲之本也。

皆主於七，名之曰韻者，蓋取均聲也。

臣初得《七音韻鑑》，一唱而三嘆，胡僧有此妙義，而儒者未之聞。及乎研究制字，考證諧聲，然後知皇頡、史籀之書已具七音之作，先儒不得其傳耳。今作《諧聲圖》，所以明古人制字通七音之妙。又述内外轉圖，所以明胡僧立韻得經緯之全。釋氏以參禪爲大悟，通音爲小悟，雖七音一呼而聚，四聲不召自來，此其麤淺者耳。至於紐躡杳冥，盤旋寥廓，非心樂洞融天籟，通乎造化者，不能造其閫。

字書主於母，必母權子而行，（按，《六書略》『會意』：『文有子母，母主義，子主聲，一子一母爲諧聲。諧聲者，一體主義，一體主聲，二母合爲會意。會意者，二體俱主義，合而成字也。』）然後能别形中之聲。韻書主於子，必子權母而行，然後能别聲中之形。所以臣更作字書，以母爲主，亦更作韻書，以子爲主。今兹内外轉圖用以别音聲，而非所以主子母也。

鄭樵序認爲『七音之韻，起自西域，流入諸夏』，華僧定三十六字母，爲七音之圖。即認爲切韻學是受西域梵學影響，由華僧結合漢語特點將其完善起來的。唐五代以降，切韻學的成熟與發展可以説是第一次西學東漸對漢語音韻學産生重要影響的結果，是中國傳統學術第一次接受外來文化影響而自我發展完善的結果。以圖表形式經以四聲韻，緯以七音聲母，開合分圖，四等列字，以『「最小析異對」原理……創造出神奇之物——切韻圖』，彰顯了先賢的原創精神①。

《七音略》韻圖原名《七音韻鑑》，鄭樵認爲乃『胡僧妙義』，但並没有指出爲胡僧所作。此書當在釋家流行已久，但『儒者未之聞』而已。不過從韻圖内容來看，此書與《韻鏡》一樣當最終修訂於宋初，都是以三十六字母系統分析《廣韻》音系結構和反切系統的，很可能都是在唐五代時期與第一代『篇韻』相輔的切韻圖的基礎上改編的。除了韻圖之外，原本没有其他類似檢例的内容。鄭樵對《七音韻鑑》韻圖内容也没有做過改動，衹是『作《諧聲圖》，所以明古人制字通七音之妙。又述内外轉圖，所以明胡僧立韻得經緯之全』。所謂『述』，説明了鄭樵衹是對《七音韻鑑》『内外轉圖』進行了刊佈，並未對切韻圖内容進行過改動。

從《韻鏡》與《七音略》切韻圖的比較來看，二者的差異主要表現在《韻鏡》以七音清濁區分三十六字母，《七音略》直接列以三十六字母之名；《韻鏡》以『開』『合』標記韻圖，《七音略》以『重中重』『重中輕』『輕中輕』『輕中重』區分開合。韻圖形制與内容則大體一致。羅常培先生對二者異同進行比較後認爲，『《七音略》所據之《七音韻鑑》與《韻鏡》同出一源』『皆於原型有所損益，實未可强分先後也』。即從韻圖所列各韻的順序來看，《韻鏡》與《七音略》原本當爲表現《切韻》音系的，宋以後，始據《廣韻》進行了補充、修訂，以與《廣韻》音系一致，故有『實以《廣

① 魯國堯《中國音韻學的切韻圖與西洋音系學（Phonology）的『最小析異對』（minimal pair）》，第二頁。

韻》《玉篇》之字』的特點。這也反映了『切韻圖是層纍地造出來的』①。李新魁對《韻鏡》列字與《廣韻》《集韻》《禮部韻略》進行過比較，發現《韻鏡》三千六百九十五字，僅一百七十二字不是使用《廣韻》的反切首字②。可見其與《廣韻》的關係是非常密切的，亦與張麟之《識語》所言『實以《廣韻》《玉篇》之字』是相符的。

《集韻》系列韻圖，據魯國堯先生研究，大致有兩部，一是已佚的楊中脩《切韻類例》，一是盧宗邁《盧宗邁切韻法》所述及的韻圖。楊中脩《切韻類例》已佚，但孫覿《鴻慶居士文集》卷三十『《切韻類例》序』對該書進行了介紹：

昔仁廟詔翰林學士丁公度、李公淑增崇韻學，自許慎而降，凡數十家，總爲《類篇》《集韻》，而以賈魏公、王公洙爲之屬。治平四年司馬温公繼纂其職，書成上之，有詔頒焉。今楊公又即其書科別户分，著爲十條，爲圖四十四，推四聲子母相生之法，正五方言語不合之訛，清濁重輕，形聲開合。梵學興而有華竺之殊，吴音用而有南北之辯。解名釋象，纖

① 魯國堯《〈盧宗邁切韻法〉述論》，第三五〇頁。
② 李新魁《〈韻鏡〉研究》，《語言研究》一九八七年第二期，第一三三——一三四頁。

悉備具，離爲上下篇，名曰《切韻類例》……具見於一圖二篇之中。①

《盧宗邁切韻法》『跋語』亦云：『世傳切韻四十四圖，用三十六母與《集韻》中字，隨母所屬，次第均佈於圖間。』②說明《盧宗邁切韻法》所述韻圖與楊中脩《切韻類例》一樣，均爲《集韻》系列韻圖，且均爲四十四韻圖，可看作是與第三代『篇韻』相輔而行的韻圖。

《集韻》系列韻圖具有宋元前期切韻學向後期切韻學轉型的特點，從語音系統來看，反映的都是《切韻》系列韻書的語音系統，韻圖爲四十三或四十四。但在五音排列順序方面，前期切韻圖爲始幫終日型，如《韻鏡》《七音略》；後期切韻圖注重韻圖結構的對稱性，多爲始見終日型，即除半舌、半齒音外，牙、喉音均衹有一組聲母，故居兩頭；舌、齒、脣音上下兩組聲母並列，故居中間。後期切韻圖在前期切韻圖基礎上，將牙音與脣音位置交換，如《四聲等子》《經史正音切韻指南》。《盧宗邁切韻法》所述韻圖聲母的順序已經與後期切韻圖一致，也是始見終日。不過在喉音聲母的排列上，《盧宗邁切韻法》所述韻圖仍爲『影曉匣喻』，而不是後期切

① 魯國堯《〈盧宗邁切韻法〉述論》，第三四一頁。

② 同上。

韻圖的『曉匣影喻』①，具有比較典型的過渡性特徵。

宋元後期切韻學的顯著特徵是以攝爲單位大量合併相關韻系，韻圖數量減少，入聲與陰、陽聲韻相承，在一定程度上由反映韻書語音系統開始向反映實際語音轉變。如《切韻指掌圖》《四聲等子》各二十圖，《經史正音切韻指南》二十四圖。

不過，關於《切韻指掌圖》的成書年代問題，學術界還是有爭議的。世傳《切韻指掌圖》爲司馬光所作，則當成書於十一世紀中葉，即北宋時期，但該書刊行時間則在南宋嘉泰癸亥（一二〇三）。陳澧《切韻考外編》據鄒特夫考證，認爲切韻指掌圖實際上就是楊中脩所作。楊中脩《切韻類例》見上文介紹，共四十四圖，與《切韻指掌圖》二十韻圖差别較大。趙蔭棠先生對此專文進行了考證，認爲《切韻指掌圖》當爲託司馬温公之名，其成書年代當在淳熙三年（一一七六）以後與嘉泰三年以前②。

從韻圖編撰體例看，《切韻指掌圖》與《四聲等子》《經史正音切韻指南》相比更具有宋元前期切韻圖的特點，除了按綫性順序横列外，三十六字母的順序與《盧宗邁切韻法》所述韻圖一致，同樣是始見終日，喉音爲『影曉匣喻』。韻母的排列上，《切韻指掌圖》也與前期切韻圖一樣

① 魯國堯《〈盧宗邁切韻法〉述論》，第三五三頁。

② 趙蔭棠《等韻源流》，第一〇九—一一三頁。

是『四聲統韻』，即四欄分列四聲韻，四聲欄各列四等字。而後期切韻圖如《四聲等子》《經史正音切韻指南》則是『韻統四聲』，即四欄分列四等韻，各等欄四聲上下相承。《切韻指掌圖》横列三十六字母的列圖方式，南宋時期亦有其例。張麟之《韻鏡序作》指出：『近得故樞密楊侯倓淳熙間所撰《韻譜》，其自序云「朅來當塗，得歷陽所刊《切韻心鑑》，因以舊書，手加校定，刊之郡齋」。徐而諦之，即所謂《洪韻》，特小有不同。舊體以一紙列二十三字母爲行，以緯行於其上，其下間附一十三字母，盡於三十六，一目無遺。楊變三十六，分二紙，肩行而繩引，至横調則淆亂不協，不知因之則是，變之非也。』《切韻指掌圖》的體例當與楊倓《韻譜》、歷陽《切韻心鑑》有一定的承襲關係。

《四聲等子》的成書年代與著者不詳，趙蔭棠認爲該書成書年代『不能遲到南宋』①，李新魁認爲『當在《廣韻》《集韻》行世之後』②。其理由是《四聲等子》序有『按圖以索二百六韻之字』。《經史正音切韻指南》則是與《五音集韻》《四聲篇海》相輔而行的，可看作是與第四代『篇韻』相輔而行的韻圖。該圖刊行於元惠宗至元丙子年（一三三六），受《四聲等子》影響很大，也可以説是在《四聲等子》二十圖基礎上，根據《五音集韻》一百六十韻的框架，將其改編爲二十四韻

① 趙蔭棠《等韻源流》，第九一頁。
② 李新魁《漢語等韻學》，中華書局，二〇〇四年五月，第一八〇頁。

圖的。正因爲《經史正音切韻指南》與《四聲等子》體例、内容的相似性，明代等韻學家多將《經史正音切韻指南》稱爲《四聲等子》，如袁子讓《字學元元》。

儘管宋元切韻圖根據其内容的不同，可分爲前期、後期兩個階段，根據與韻書的相輔關係的不同，前期切韻圖可分爲《廣韻》系、《集韻》系，但宋元切韻圖的理論體系都是一致的。首先，宋元切韻圖的編撰宗旨與語音基礎是一致的，都是爲分析《切韻》系韻書語音系統和拼讀韻書、字書反切服務的。其次，韻圖最核心的切韻理論，都是以開合四等作爲分析韻母系統的基本單位，以三十六字母作爲韻圖的聲母系統。最後，韻圖的基本編撰體例、使用方式都是以經調平、上、去、入四聲韻，與反切下字相關聯；緯調宫、商、角、徵、羽、半徵、半商七音，與反切上字相關聯，將『上字爲切，下字爲韻』的韻書、字書反切音，直觀映照在韻圖經緯相交所代表的字音上。韻圖既是韻書的音系結構表，也是拼讀反切的音節表。宋元切韻圖的形制與切韻理論，充分反映了中國古典音系理論的獨特表現方式和在語音分析方法方面所取得的獨特成就。宋元切韻學奠定了漢語音韻學的理論基礎，爲漢語等韻學的發展，尤其是明清等韻學的繁榮提供了理論與實踐方面的原動力。

宋元切韻學理論在宋代初年就已經非常成熟了，切韻學理論也被易學數理學家所借鑑，以推源宇宙萬物之音的起源、産生與發展，其中代表性的著作就是邵雍《皇極經世觀物篇·聲音唱和圖》與祝泌的《皇極經世解起數訣》。《聲音唱和圖》是《皇極經世書》中闡述天聲、地音律吕唱和的圖表。分十天聲，取天干之數，即韻部；十二地聲，取地支之數，即聲母類。天聲以四象日、月、星、辰與平、上、去、入相配，平、上、去、入四聲韻各復以四象日、月、星、辰區分闢、翕，共一百一十二韻。地音以四象水、火、土、石與開、發、收、閉相配，相當於根據與韻母四等拼合關係而區分的聲母類；開、發、收、閉復以四象水、火、土、石之柔、剛區分清、濁，共一百五十二聲母類。《聲音唱和圖》天聲一百一十二韻的區分，地音一百五十二聲母的分類，天聲之翕闢，地音之清濁對立、開發收閉分類，都是受切韻學理論的影響。而其天聲、地音律吕唱和，以天聲各韻輾轉唱地音各聲母，以地音各聲母類輾轉和天聲各韻，與韻圖聲韻經緯相交以表現反切讀音的方式是完全一致的。因此，可以説，《聲音唱和圖》的圖表形制、表現語音的方式，與漢語切韻學理論是一致的。《聲音唱和圖》是宋元前期切韻學理論與象數理論相結合而衍生的另一派切韻學著作。

祝泌《皇極經世解起數訣》則是以宋元前期切韻圖的形式進一步闡述《聲音唱和圖》天聲、地音律吕唱和的韻圖，將邵雍以曆數、律數闡述聲音之微義，以韻圖形式直觀地表現出來。祝泌『聲音韻譜序』指出：

惟《皇極》用音之法，於脣、舌、牙、齒、喉、半，皆分輕與重。聲分平、上、去、入，音分開、發、收、閉，至精至微。蓋聲屬天陽，而音屬地陰，天之大數不過七分，而聲有七均。地之大數不過八方，而陰數常偶。故音有十六，不可缺一，亦非有餘也。余學《皇極》起物數，皆祖於聲音。二百六十四字之姆，雖得其音，而未及發揚。偶因官守之暇，取德清縣丞方淑《韻心》，當塗刺史楊俊（按，當爲倓）《韻譜》，金虜《總明韻》相參合，較定四十八音，冠以二百六十四姥，以定康節先生聲音之學。若辨《心鑑》，合輕重於一致，紊喉音之先後，誠得其當。添入《韻譜》之所無，分出牙喉之音，添增半音之字，合而成書。

《皇極經世解起數訣》共八十韻圖，横列聲母，縱列平、上、去、入四聲韻，韻分四等，韻圖形制與《韻鏡》《七音略》一致。不過祝泌將聲母一百五十二音據開、發、收、閉進行了分類，開、發、收、閉四類各分清、濁，共八類，八類聲母分别横列相應的韻圖聲母位。卷首以『一百五十二音八卦』表的方式對聲母分類進行了歸納。韻圖聲母綫性排列方式與楊倓《韻譜》相同；聲母按脣、舌、牙、齒、喉、半音的順序排列，韻母爲《廣韻》二百零六韻系統，與宋代前期切韻圖《韻鏡》《七音略》一致。入聲同配陰、陽聲韻，配陰聲韻是受《聲音唱和圖》的影響，配陽聲韻與《韻鏡》《七音略》相同，而入配陰陽同時也是宋元後期切韻圖的顯著特徵；喉音『曉匣影喻』相次，也與後期切韻圖相同。祝泌《起數訣》以宋代切韻學理論闡述邵雍《唱和圖》的聲音之學，將宋元切韻學理論與象數理論相結合，在漢語等韻學史上産生了重要的影響，是『皇極經世』系列著作中最具有代表性的切韻學文獻之一。

宋元切韻韻圖是以三十六字母系統、開合兩呼四等的韻母分析理論，將《切韻》系列韻書的語音系統以表格的方式進行展現，以經緯相交的方式對其反切讀音進行拼切的圖表。不過由於三十六字母與《切韻》系列韻書的聲母系統存在一定的差異，韻圖的聲母系統、四等的格局與韻書語音系統存在一定的矛盾，因此就會産生韻圖的語音結構與韻書反切所反映的語音系統不相容的情况，需要在韻圖編撰過程中以一定的規則進行調整。爲了幫助韻圖使用者正確瞭解韻圖規則，正確使用韻圖以拼讀反切，門法應運而生。另一方面，由於語音的變化，韻書、字書反切與實際語音也存在一定的矛盾，如輕、重脣類隔切，精、照互用切等，這也需要以門法的形式進行調和。調和後一類反切的門法在唐末守温《韻學殘卷》中就有論述，出現了『類隔』『憑切』等切字法的説明，宋初沈括《夢溪筆談》也有同樣的記載。而調和韻圖與韻書反切矛盾的門法，隨着切韻學的成熟與切韻圖的繁榮，在宋元時期開始盛行起來。如《通志・艺文略》『音韻』部分記載，《切韻指元論》三卷，僧鑑言著《切韻指元疏》五卷；晁公武《郡齋讀書志》記載有《切韻指玄論》三卷，『皇朝王宗道撰，論字之五音清濁』，《四聲等第圖》一卷，『皇朝僧宗彦撰，切韻之訣也』。《五音集韻》寒韻『韓』小韻記載：『韓孝彦……注《切韻指玄論》，撰《切韻澄鑑圖》，作《切韻滿庭芳》，述《切韻指迷頌》。』以上著録文獻當多爲切韻門法之類的著作，可惜今均亡佚。《四聲等子》卷首記載有比較豐富的門法内容，元劉鑑《經史正音切韻指南》『玉鑰匙』十三門法與『玄關歌』五音歌訣則記載了比較系統的門法。不過，有關這些門法内容的來源及門法的發展演變過程，現在還存在許多空白。《四聲等子》序指出：『切韻之作，始乎陸氏；關鍵之設，肇自智公。』『其指玄之論，以三十六字母約三百八十四聲，别爲二十圖，畫爲四類。審四聲開闔，以權其輕重；辨七音清濁，以明其虚實。極六律之變，分八轉之異。』指出智公撰寫了《指玄論》。但智公是誰，《指玄論》内容如何，並没有明確交代。

黑水城出土的《解釋歌義》則明確指出《指玄論》的作者『智公』爲『智𡴀（邦）』。《解釋歌義》殘抄本，俄羅斯科學院東方研究所聖彼得堡分所藏品，巾箱本，首尾殘佚。首頁題『解釋歌義壹畚』，據聶鴻音、孫伯君（二〇〇六）介紹，原件護封左面題簽『□髓解歌義壹畚』，聶氏認爲作者當爲金代女真人□髓①。該書主要内容有兩部分，一是『訟（頌）』，是王忍公以歌訣形式對智𡴀《指玄論》門法的闡釋；二是『義』，即□髓對王忍公歌訣的注疏，實際上也就是對智𡴀門法的注疏，也有對《指玄論》及王忍公相關情况的介紹。該書是現存最早最完整的切韻門法專書，爲瞭解宋元切韻學理論，尤其是門法理論的發展過程提供了非常珍貴的資料。

目前所見宋元切韻學文獻是構建漢語等韻學理論或漢語音系學理論最重要的資料，奠定了漢語等韻學發展的理論基礎。因此，對宋元切韻學文獻進行系統整理和校注，對深入歸納總結傳統音系學理論的發展，對深入推進漢語等韻學研究與漢語語音史研究具有重要的價

① 聶鴻音、孫伯君《黑水城出土音韻學文獻研究》，文物出版社，二〇〇六年四月，第一〇八頁。

值。近年來，學術界對宋元切韻學文獻的研究已經非常深入，對這些文獻的校注也取得了一定的成果，尤其以《韻鏡》的校注成果最爲豐富。《韻鏡》自宋淳祐年間流入日本，在國内幾乎失傳，賴清末黎庶昌出使日本，始影印《覆永禄本韻鏡》，收入《古逸叢書》，重新得到學術界的關注。但因其久在異域，難免有誤，故對此書進行整理校勘者甚衆，如馬淵和夫《韻鏡校本和廣韻索引》（一九七七）、龍宇純《韻鏡校注》（一九八二）、李新魁《韻鏡校證》（一九八二），目前整理最全面最深入的是楊軍《韻鏡校箋》（二〇〇七）。而刊行時間相近的《七音略》，與《韻鏡》相比，學術界關注度並不高，最早對其進行簡單校注的有羅常培先生《〈通志·七音略〉研究》（景印元至治本《通志·七音略》序）（一九三五），楊軍《七音略校注》（二〇〇三）則是目前學術界對《七音略》校注最全面、最精細的著作。

相比於這兩部宋元早期切韻圖，現存其他宋元切韻學文獻儘管在研究方面已經取得了一定的成就，但對其進行校勘，尤其是對這些文獻内容之間的關聯性進行校釋，還有很大程度的不足。宋元漢語切韻學文獻理論自成體系，著作層次豐富，學術影響力極大。進一步推動宋元切韻學乃至漢語等韻學理論體系的研究，迫切需要編撰一部完整的宋元切韻學文獻整理叢書，爲深入開展漢語等韻學研究提供可資參閱的文獻資料，擴大這些文獻的受衆面，減少研究者的文獻搜集、抄録及繁瑣的整理、對比、檢索環節，推進宋元切韻學研究的廣度和深度，最大限度地展現文獻的使用價值，讓宋元切韻學文獻重新焕發新的活力，從而形成百花齊放的研究局面，促進漢語等韻學這門傳統學科的健康發展。

有鑑於此，本課題組聯合了音韻學界的專家學者，通力合作，編撰了《宋元切韻學文獻叢刊》。中國音韻學研究會原會長、南京大學魯國堯教授自始至終爲本叢刊的策劃、編撰、出版給予了精心的指導與幫助。魯國堯先生早年在日本發現了在學術史上沉埋八百餘載的《集韻》系列切韻學文獻《盧宗邁切韻法》，並著文向學術界公佈了這一宇内孤本，提出了許多富有卓見的切韻學理論觀點，如『切韻圖是層纍地造出來的』、漢語等韻學分爲宋元切韻學與明清等韻學兩個階段、宋元早期切韻學文獻分爲《廣韻》系列與《集韻》系列等。這些觀點都已經得到了學術界的廣泛接受與認可。魯先生以八十四歲高齡，答應對《盧宗邁切韻法》以及《夢溪筆談》卷十五『藝文二』之『切韻之學』條進行更深入細緻的校釋、闡述，將其納入《宋元切韻學文獻叢刊》，以惠澤學林。先生長者之風，高山仰止。楊軍先生在《韻鏡》《七音略》的校注方面取得了豐碩的成果，是國内外的權威專家，其《韻鏡校箋》《七音略校注》在學術界産生了巨大的反響，是音韻學研究者的必備參考書目。爲使《宋元切韻學文獻叢刊》更具有系統性、權威性，楊軍先生在承擔繁重科研任務的情況下，允諾對《韻鏡》《七音略》進行重新校釋，並在叢刊編撰過程中給予了許多建設性與指導性意見，受益良多。子課題負責人首都師範大學李紅教授作爲主編之一，在承擔叢刊的策劃、組稿的過程中，不僅負責了《切韻指掌圖》《皇極經世解起數訣》的校注任務，同時還協助楊軍先生對《七音略校箋》進行了補訂，對《韻鏡校箋》進行了編訂。李紅教授在《切韻指掌圖》研究方面創獲頗多，其《切韻指掌圖研究》（二〇一一）在學術界有一定的影響力，對《切韻指掌圖》《皇極經世解起數訣》的校注也是其多年來的學術積纍。中央民族大學婁育博士在《經史正音切韻指南》研究方面成果豐碩，其《〈經史正音切韻指南〉文獻整理與研究》（二〇一三），資料搜集全面，考證翔實、深入，是當前《經史正音切韻指南》研究難得的力作之一，在《經史正音切韻指南》校注方面也有了長期的積纍。安徽大學王曦教授搜集了大量《四聲等子》的文獻資料，爲幫助我們順利完成《四聲等子》的校注工作，將這些資料無償提供給了課題組，並協助李紅教授，二人合作完成了《四聲等子》的校注、校對與編寫任務，稟承學術乃公器之心，其情可嘉。孫伯君先生《黑水城出土等韻抄本〈解釋歌義〉研究》（二〇〇四）對《解釋歌義》的門法進行了梳理和研究；聶鴻音、孫伯君兩位先生（二〇〇六）對包括《解釋歌義》在内的黑水城音韻學文獻進行了深入研究。我們在聶、孫二君研究的基礎上，對《解釋歌義》重新進行了校釋，並將其與《四聲等子》所述門法，特別是《經史正音切韻指南》『玉鑰匙』十三門法、『玄關歌訣』進行了比較研究。爲了更全面地瞭解漢語等韻門法的發展演變過程，我們在對《解釋歌義》進行校釋的基礎上，將宋元以來對門法、『玄關歌訣』進行注釋、評議的相關文獻進行了初步搜集，將其中幾家有代表性的注解進行了彙集，並附董同龢《等韻門法通釋》對相關門法内容的疏證，以幫助音韻學研究者和愛好者對漢語等韻門法有比較全面的瞭解。

漢語等韻學一直被稱爲『絶學』，章學誠《文史通義・申鄭》認爲，『七音之學』等『誠所謂專門絶業』。近年來黨和國家領導人一直提倡『要講清楚中華優秀傳統文化的歷史淵源、發展脉絡、基本走向，講清楚中華文化的獨特創造、價值理念、鮮明特色，增强文化自信和價值觀自信』，冷門絶學的研究日益受到重視。我們對具有悠久的研究歷史、獨特的研究理論體系、獨創的語音分析理論與方法，具有鮮明中國特色的漢語切韻學文獻進行搜集整理，主要目的是希望能够進一步推動漢語等韻學研究的開展，重新構建中國古典音系學理論體系，梳理一千多年來中國古典音系學在學術創造方面的影響、在知識傳播方面的價值，及其對中國文化、社會生活所産生的重要推動意義，並爲以上研究提供基礎的文獻資料。

《宋元切韻學文獻叢刊》是國家社科基金重大項目『漢語等韻學著作集成、數據庫建設及系列專題研究』（17ZDA302）的階段性成果，同時獲得了二〇二〇年度國家古籍整理出版專項經費資助項目的資助。叢刊的出版要特别感謝鳳凰出版社總編輯吴葆勤編審的幫助、指導，感謝孫州、張沫、莫培三位責編的辛苦勞動；同時感謝首都師範大學李紅紅、黄麗娜、黄美琪、羅娟、劉洋，南昌大學但鋭、梅那、肖銀鳳、李洋華、余月等同學在參與課題研究過程中付出的努力。

最後，要特别感謝日本國立國會圖書館、國立公文書館、早稻田大學圖書館，美國哈佛大學哈佛燕京圖書館、中國國家圖書館、南京圖書館等國内外藏書機構爲本次《宋元切韻學文獻叢刊》編撰提供的珍稀版本；特别感謝上海古籍出版社對俄藏黑水城門法文獻《解釋歌義》圖版的授權。

爲方便讀者閱讀，本叢書多採用『一圖一注』的編排方式； 同時爲滿足讀者閱讀參考完整文獻的需要，各書末多附各切韻文獻影印底本。其中《韻鏡》另附兩種重要版本，《七音略》另附一種重要版本，這三種版本以及《盧宗邁切韻法》，今特地採用全彩影印的方式，以充分體現其版本特點與價值。

是爲序。

李軍

辛丑年十月

由於各方面的原因，婁育博士未能按原定計劃繼續承擔《經史正音切韻指南》的校注工作，該項工作最後由李紅教授領銜承擔完成。不過，爲幫助校注工作的順利開展，婁育博士提供了其所積累的大量相關資料。

李軍

甲辰年九月

《夢溪筆談》『切韻之學』

目録

本書所用圖版，採自『中華再造善本』《古迂陳氏家藏夢溪筆談》（北京圖書館出版社二〇〇五年據中國國家圖書館藏元大德九年陳仁子東山書院刻本影印）。

謹向中國國家圖書館、國家圖書館出版社及影印本編者表示敬意與感謝。

序：十一世紀中國乃至世界學術史上的巨星——沈括

中國二十世紀最卓越的歷史學家陳寅恪先生在其《鄧廣銘〈宋史職官志考證〉序》一文中指出：『華夏民族之文化，歷數千載之演進，造極于趙宋之世。』（《金明館叢稿二編》，第二四五頁，上海古籍出版社，一九八〇年）學界皆認同此乃不刊之論。當代著名作家金庸（查良鏞）一九九四年十月在北京大學接受名譽教授銜時的演説辭中講：『我們中國古代在科學技術方面一直是很先進的，到宋朝尤其先進，大大超過了歐洲。那時我們的科技發明，歐洲是遠遠趕不上的。如造紙、印刷、火藥、羅盤等在宋朝已經非常興旺發達了。現在大家用的鈔票也是中國發明的，在宋朝時代就已經開始使用了。那時我們的金融制度相當先進，貨幣的運用相當成熟。』

筆者願附二賢驥尾，兹陳拙見：宋代（九六〇——一二七九）歷時三百餘年，其中最值得稱道的是北宋仁宗至神宗之世，雖武功有欠，但文化昌隆，人才濟濟，堪稱『群星璀璨』。後世研究文史哲的學人，衆口交譽的『名人榜』上有范仲淹（九八九——一〇五二）、歐陽修（一〇〇七——一〇七二）、曾鞏（一〇一九——一〇八三）、司馬光（一〇一九——一〇八六）、王安石（一〇二一——一〇八六）、蘇洵（一〇〇九——一〇六六）、蘇軾（一〇三七——一一〇一）、蘇轍（一〇三九——一一一二）、黄庭堅（一〇四五—一一〇五）、秦觀（一〇四九—一一〇〇）、周敦頤（一〇一七—一〇七三）、張載（一〇二〇—一〇七七）、程顥（一〇三二—一〇八五）、程頤（一〇三三—一一〇七）、柳永（約九八七—約一〇五三）、李公麟（一〇四九—一一〇六）、米芾（一〇五一—一一〇七）等等，謂之滿天星斗，非虚言也。上述諸人不僅在宋代，而且在整個中國文學、哲學、藝術史上都是頂級作家、學者、專家，他們爲華夏文化的『造極』作出了傑出的貢獻。我們特別要提出的是張載的『横渠四句』：『爲天地立心，爲生民立命，爲往聖繼絶學，爲萬世開太平。』這全是『大話』，這『大話』可是最偉大的話！請問，古往今來，無論『海内』或『外洋』，有哪位哲學家或思想家，講出過這般震古鑠今、横亘天地的偉大的『大話』？

可是當今的學人述及宋代這一段文化史時往往會漏講一位『巨星』式的人物，他是『另類』。這顆巨星就是沈括，字存中，宋代兩浙路杭州錢塘（今杭州市）人，北宋中後期的自然科學家、人文社會科學家、政治家、外交家。其生卒年主要有三説。清錢大昕《疑年録》及近人沈紹勳著、沈祖眠增補《錢塘沈氏家乘》（一九一九年刊印）主張沈括生於一〇三〇年，卒於一〇九四年；今人胡道静《夢溪筆談校證》主張沈括生於一〇三一年，卒於一〇九五年；今人吴以宁主張沈括一〇三二年生，一〇九六年卒；今人徐規主張沈括一〇三三年生，一〇九七年卒。

關於沈括生平，《宋史》有傳，坊間的《夢溪筆談》的全本及選本、研究沈括的著作都有沈括生平的介紹。胡道静先生（一九一三—二〇〇三）是研究沈括及其著作的權威專家，胡先生的

《夢溪筆談校證》附《沈括事迹年表》可閲，然簡略。徐規《沈括事迹編年》、吴以寧《沈括年譜》較詳。惜乎迄今尚無成本的《沈括年譜》問世，蓋因沈括其人其著涉及面太廣。筆者在此簡述沈括生平如下：沈括出生於知識官員之家，受到良好的教育，幼時隨父居閩中。成年後，中進士，出仕，在京城與外地爲官多年，參與王安石變法，曾奉命出使契丹，贏得外交勝利。後因宋王朝抵禦西夏的一場戰役慘敗被牽連而遭貶，晚年隱居於潤州（今江蘇鎮江）夢溪園，著《夢溪筆談》等。

沈括是中國史以至世界史上罕見的百科全書式的偉大學者。《宋史·沈括傳》云：『括博學善文，於天文、方志、律曆、音樂、醫藥、卜算，無所不通，皆有所論著。』《四庫全書總目·夢溪筆談提要》：『括在北宋，學問最爲博洽，於當代掌故及天文、算法、鍾律尤所究心。』二十世紀英國著名學者李約瑟（Joseph Terence Montgomery Needham，一九〇〇—一九九五）在其皇皇巨著《中國科學技術史》中頌讚沈括爲『中國科技史上的座標』。依筆者的遐想，如果在他的時代有『大宋科學院』『大宋工程院』『大宋社會科學院』，沈括一定是三院院士甚或院長，無疑。

天資聰睿，勤學一生，經歷豐富，視野開闊，勤於思考，認真實踐，成就了天才兼通才的沈括。二十世紀二〇年代，中國氣象學家竺可楨先生發表《北宋沈括對地學之貢獻與紀述》（《科學》第一一卷第六期，一九二六年），高度評價《夢溪筆談》在科學方面的重要成就，首開風氣。

此後《夢溪筆談》備受科學界的重視，各個有關學科的專家竟相研究、發表宏論，出版專書。《夢溪筆談》之學，聲譽日隆，成爲顯學。

在『沈括熱』的同時也出現這兩類問題：一是由於沈括是位通才，《夢溪筆談》一書包羅萬象，涉及面極廣；而今人專業分工過細，一些選家、注釋者難以每個學科皆通，致使若干條目失注或注譯不能盡愜人意，甚至欠妥。二是該書内有關人文科學的部分，研究者不多，尤其是某些專門之學、絶學，問津者罕見。例如《夢溪筆談》中涉及音韻學的内容，首先是『切韻之學』條，對於研究中國音韻學史有高度價值，在中國浩如煙海的現存文獻中，『切韻之學』這個重要的專業術語首見於《夢溪筆談》。許嘉璐主編的《傳統語言學辭典》、曹述敬與謝紀鋒主編的《音韻學辭典》、許寶華與楊劍橋主編的《大辭海・語言學卷（修訂版）》皆稱詳備，然均無『沈括』條、『夢溪筆談』條及『切韻之學』（或『切韻學』）條。

沈括的《夢溪筆談》是筆記體的名著，學術劄記與通常隨筆兼容，内容涉及人文、社會、工程、自然的幾十種學科。其中之一爲音韻學，《夢溪筆談》有三條專論或涉及音韻學，按其先後次第，藝文門類的卷十四第六條『音韻之學，自沈約爲四聲，及天竺梵學入中國，其術漸密』條，卷十五的第一條『切韻之學，本出於西域』條，第二條『幽州僧行均集佛書中字爲切韻訓詁』條，筆者概括，名之爲『韻學三條』。

論其内容則有三項：

一、《夢溪筆談》卷十五的兩條所述所論的是宋代的『切韻學』，蘊含切韻學早期的豐贍但複雜的史料，具有非常重要的學術價值（後詳）。『切韻學』其名稱湮没達數百年之久，請閲近百年來的音韻學論著，無不對『切韻學』置若罔聞。直至一九九二年，中國音韻學史上的一個很重要的專有名詞『切韻學』方『起死回生』，越三十二年，其内涵、定義至當下的這篇拙文方才正確揭明。在這裏，簡述一件往事：一九九〇年筆者至日本東京大學訪學，在平山久雄教授的幫助下，於日本國會圖書館獲睹在中國佚失已久的宋代韻學要籍《盧宗邁切韻法》手抄本，於是步清代學者黎庶昌、楊守敬的後塵，使該書回歸祖國。一九九二年在《中國語文》發表長文《盧宗邁切韻法述評》（連載兩期），拙文揭出長期不見於學術載籍的『切韻學』，這該是音韻學史上的一件要事。然而『切韻學』究爲何物，當時並不清楚。鬱積胸中多年，直至此著，方算解開謎團。『切韻學』乃是借鑒『西域』（主要是印度）語音學的輔音學説而建立起來的漢語聲紐的體系性學説，使之嫁接到早先自主創建的韻（含聲調）學説，兩者和合而成的綿亘七百多年，歷晚唐五代兩宋元至明代中期的漢語音韻學，是中國傳統音韻學史上的一個重要時期，即完善期。

二、《夢溪筆談》卷十四的一條則是漢語音韻學的『古音學』（音韻學的另一分支學科）的一座里程碑（後詳）。拙文《盧盧宗邁切韻法述評》的第二次增補本曾云：『吴棫的《毛詩叶韻補音》和《韻補》是古音學的開山著作。』（見《魯國堯自选集》，河南教育出版社，一九九四年）其實吴棫（約一一〇〇—一一五四）晚於沈括（一〇三一—一〇九五）若干年。沈括在其《夢溪筆談》裏就揭出了《詩經》《易經》等文獻所載古代詩歌押韻的系列『特殊』現象，擺事實、提問題，這是迄今爲止所見的對於上古音的成規模、有系統的研究的第一篇文獻，因此本文筆者如今明確提出，沈括在漢語音韻學史上實爲古音學的第一人。

三、《夢溪筆談》『韻學三條』中，幾次述及『梵學』：卷十四第六條『音韻之學，自沈約爲四聲，及天竺梵學入中國，其術漸密』。卷十五第一條『切韻之學，本出於西域』『然梵學則有華、竺之異』『梵學則喉、牙、齒、舌、脣之外，又有折、攝二聲。……爲法不同，各有理致。雖先王所不言，然不害有此理』。這些文辭介紹了印度的梵語語音學，指出『梵學』『有華、竺之異』，此命題對於中國的研究印度學的專家具有重要意義。沈括這段話説明唐宋時期的中國學者接受了梵語語音學，而且使其本土化。沈括説『各有理致』『不害有此理』，這是一種胸襟博大的包容心理。

在這裏要指出的，筆者通讀《夢溪筆談》全書，發現沈括對以印度爲主的『西域』諸國的社會情況即『國情』頗有了解。《筆談》『夢溪雜志一』卷二十四：『唯四夷則全以氏族爲貴賤，如天竺以刹利、婆羅門二姓爲貴種，自餘皆爲庶姓，如毗舍、首陀是也。其下又有貧四姓，如工、巧、純、陀是也。其他諸國亦如是，國主、大臣各有種姓，苟非貴種，國人莫肯歸之。庶姓雖有勞能，亦自甘居大姓之下，至今如此。』

宋代文化昌隆緣於宋人勤於著述。三十年前，筆者曾在圖書館裏埋頭多日，自朝至夕逐頁翻閱影印的文淵閣《四庫全書》收録的宋代文集（必要時也參考了單刊本、點校本、校注本等）計三九六種，八四四二卷（見《魯國堯語言學論文集》，江蘇教育出版社，二〇〇三年，第三七三頁），不禁讚歎不置。

中國十一世紀的天才學者沈括對人文、社會、自然、工程等三十幾個學科都有重要論述，鑒於他對漢語音韻學的重要貢獻，本文筆者鄭重建議，將他在切韻學、古音學方面的成就尊爲『沈括音韻學』。

沈括有如上重要貢獻，但是當今的絶大多數音韻學專著、通論書以及辭典對沈括在音韻學方面的成就隻字不提，縱有少數著作述及，或語焉不詳，或評價欠當。筆者向音韻學界同仁呼籲，爲免『數典忘祖』之譏，應該着力彰顯沈括這位先賢在音韻學學科方面的傑出成就。

不揣譾陋，在二十世紀七十年代末，筆者即注意到《夢溪筆談》中的有關音韻學的條目，捧讀多遍而不解之處甚多，於是發憤研治，經年累月，終於有所悟解。一九九八年五月，筆者出席北京大學一〇〇周年校慶學術討論會，在會上宣讀論文，題爲《沈括〈夢溪筆談〉所載切韻法繹析》，拙文被收入北京大學傳統文化研究中心的《文化的饋贈——漢學研究國際會議論文集》（語言文字研究卷），第四四三—四四九頁，北京大學出版社，二〇〇〇年。光陰荏苒，我今已至耄耋之年，適逢李軍、李紅教授主編《宋元切韻學文獻叢刊》，邀我參與，於是再次研讀、細繹《夢溪筆談》，費時逾年，思考較前深入，覺今密而昨疏，自詡有若干新見。現將『沈括音韻學』若干精義臚陳於此著。

筆者性識愚魯，不諳梵文，《夢溪筆談》『切韻之學』條最後的一百多字關於梵學、梵語、梵文部分，特請吾友復旦大學的研究梵漢對音的專家余柯君博士撰寫，筆者也曾請教過老友、著名的梵語專家，北京大學的王邦維教授。

本著主體部分計四章，前三章是關於沈括對切韻與切韻學的學説，係本著的重點所在。第一章撰於二〇二三年、二〇二四年，乃是文獻學範式，即對《夢溪筆談》原文的詞語句段儘可能逐個注釋，關鍵處作詳密的闡發。第二章係一九九八年在北京大學研討會上宣讀的論文，這是通常的專題研究範式。以上兩者，互相補充，可謂相益相成。第三章與《龍龕手鏡》有關。第四章是闡論沈括的古音學學説。最後一章爲結語，總論『沈括音韻學』。

《夢溪筆談》『韻學三條』千百年來無人作認真的徹底的研究。筆者韶齡求學京師，得獲多位韻學大家教誨，對音韻之學略知一二，拜讀、咀嚼《夢溪筆談》前後經四十餘載，兩度撰文，至今日，自以爲『韻學三條』的研究工作總算基本完成，亦可以告慰諸師與諸友矣。

筆者在此著中鄭重提出『漢語傳統音韻學發展四期説』。鄙見：漢語傳統音韻學史可分爲四期：起始期即反切法肇始盛行時期、興旺期即韻書鋒起時期、完善期即切韻學勃興綿亘時期、發達期即古音今音等韻全面發展時期。

再略加詮釋如下：在反切法時期，反切注音法的發明使大量反切個體和音義書涌現。韻書期自曹魏李登《聲類》、西晉吕静《韻集》始，南北朝時期韻書紛起，隋陸法言《切韻》出而定於一尊，此後切韻系韻書幾乎居於壟斷地位。在唐宋時代，漢語建構了整齊的聲紐體系並與原先的韻（含調）體系和合，故曰音韻學的完善期，明世宗嘉靖二十八年（一五四九）朱厚熜《重修廣韻序》有『切韻七音諧協』之語，注意，他使用的術語仍是『切韻』。『等韻』一詞不見於唐宋金元時代，只顯於明清及民國、共和國時期。令學人深感遺憾的是，『切韻學』不聞於學界長達幾百年！至一九九二年方因《盧宗邁切韻法述評》一文考證及此而起死回生，二〇一一年，語言學名詞審定委員會編《語言學名詞》（商務印書館出版），收录三個名詞：『切韻學：唐宋金元時期稱分析漢語語音成分，闡釋漢語音系結構或以圖表形式展示研究成果的學問。』『切韻法：分析漢語語音成分，闡釋漢語音系結構及反切規則的學問。』『切韻圖：唐宋金元時期稱展示漢語語音結構的圖表。其内容包括以五音（七音）、清、濁等給聲母分類。以開合、四等、攝、轉等給韻母分類，聲韻縱横相交，體現音系結構等。』二〇二二年，李軍、李紅教授主編的《宋元切韻學文獻叢刊》開始於鳳凰出版社陸續出版，十餘大本，這顯然是切韻學傳播史上的一座豐碑。筆者鄭重建議，今後出版的音韻學教科書及有關專著必給於切韻學相當的篇幅與地位。

於音韻學，筆者自知學始、悠悠數十載，垂暮之年於韻學三昧方有所悟，幸甚至哉！

此著某些問題曾獲李軍、李子君、黃耀坤、鄭賢章、楊寶忠、崔樞華、徐朝東、丁治民等教授與孫州編輯賜教，謹此一併致謝。

二〇二三年春——二〇二四年秋於金陵

古迂陳氏家藏夢溪筆談卷十五

沈括　存中述

藝文二

切韻之學本出于西域漢人訓字止曰讀如某字未用反切然古語已有二聲合爲一字者如不可爲叵何不爲盍如是爲爾而已爲耳之乎爲諸之類以西域二合之音蓋切字之原也如輭字文從而犬亦切音也殆與聲俱生莫知從來今切韻之法先類其字各歸其母脣音舌音各八牙音喉

音各四齒音十半齒半舌音二凡三十六分爲五音天下之聲總于是矣每聲復有四等謂清次清濁平也如顛天田年邦胮龐厖之類是也皆得之自然非人爲之如幫字横調之爲五音幫當剛臧央是也（幫宮之清當商之清剛角之清臧徵之清央羽之清）縱調之爲四等幫滂傍茫是也（幫宮之清滂宮之次清傍宮之濁茫宮之不清不濁）就本音本等調之爲四聲幫牓傍愽是也（幫宮之清平牓宮清之上傍宮清之去愽宮清之入）四等之聲多有聲無字者如封峯逢止有三字邕胷止有兩

字陳火欲以皆止有一字五音亦然滂湯
康蒼止有四字四聲則有無聲亦有無字
者如蕭字肴字全韻皆無入聲此皆聲之
類也所謂切韻者上字爲切下字爲韻切
須歸本母韻須歸本等切歸本母謂之音
和如德紅爲東之類德與東同一母也字
有重中重輕中輕本等聲盡汎入別等謂
之類隔雖隔等須以其類謂脣與脣類齒
與齒類如武延爲綿符兵爲平之類是也
韻歸本等如冬與東字母皆屬端字冬乃

端字中第一等聲故都宗切宗字第一等韻也以其歸精字故精徵音第一等聲東字乃端字中第三等聲故德紅切紅字第三等韻也以其歸匣字故匣羽音第三等聲又有互用借聲類例頗多大都自沈約爲四聲音韻愈密然梵學則有華竺之異南渡之後又雜以吳音故音韻厖駁師法多門至於所分五音法亦不一如樂家所用則隨律命之本無定音常以濁者爲宮稍清爲商最清爲角清濁不常爲徵羽切

韻家則定以脣齒牙舌喉爲宫商角徵羽其間又有半徵半商者如來日二字是也皆不論清濁五行家則以韻類清濁參配今五姓是也梵學則喉牙齒舌脣之外又有折攝二聲折聲自臍輪起至脣上發如𤙖（牟金反）字之類是也攝字鼻音如歆字鼻中發之是也字母則有四十二曰阿多波者那囉拖婆茶沙嚩哆也瑟吒（二合）迦娑麼伽他社鎖呼拕（前一拕輕呼）拕（此一拕重呼）奢佉叉（二合）娑多（二合）壤曷攞多（二合）婆（上聲）車娑麼（二合）縒伽（上聲）

吒拏娑頗（合二）娑迦（合二）也娑（合二）室者（合二）佗陀爲法不同各有理致雖先王所不言然不害有此理歷世浸久學者日深自當造微耳

幽州僧行均集佛書中字爲切韻訓詁凡十六萬字分四卷號龍龕手鏡燕僧智光爲之序甚有詞辯契丹重熙二年集契丹書禁甚嚴傳入中國者法皆死熙寧中有人自虜中得之入傳欽之家蒲傳正帥浙西取以鏤版其序末舊云重熙二一年五月序

第一章　《夢溪筆談》『切韻之學』條注釋闡發

《夢溪筆談》

沈括一生著作凡四十多種，最負盛名的是《夢溪筆談》二六卷、《補筆談》三卷、《續筆談》一卷。内容包羅萬象，大量的科技條目令現代中外科學家景仰讚譽不置，沈括對中國傳統的人文學科、社會科學的多種學問也有精深的研究和卓越的見解。

《夢溪筆談》是一本筆記體的百科全書式的著作，學術劄記與通常隨筆兼容。英國著名學者、中國科學院外籍院士李約瑟博士的皇皇巨著《中國科學技術史》第一卷將《夢溪筆談》的各條按照現代科學的分類做了一個分類表，兹據胡道静先生的《夢溪筆談校證》裏的中譯，抄引於下：

大類	小類	條數	合計
人事資料	官員生活及朝廷	六〇	二七〇
	學士院及考試事宜	一〇	
	文學及藝術	七〇	

續表

大類	小類	條數	合計
人事資料	法律及警務	一一	
	軍事	二五	
	雜聞及軼事	七二	
	占卜、玄術及民間傳説	二二	
自然科學	關於《易經》、陰陽及五行	七	二〇七
	算學	一一	
	天文學及曆法	一九	
	氣象學	一八	
	地質學及礦物學	一七	
	地理學及製圖學	一五	
	物理學	六	
	化學	三	
	工程學、冶金學及工藝學	一八	
	灌溉及水利工程	六	
	建築學	六	
	生物科學、植物學及動物學	五二	
	農藝	六	
	醫學及藥學	二三	

續表

大類	小類	條數	合計
人文科學	人類學	六	一〇七
	考古學	二一	
	語言學	三六	
	音樂	四四	
總計			五八四

本表録自《胡道静文集・夢溪筆談校證》第一七頁，上海人民出版社，二〇一一年。

又，上海學者金良年製，胡道静先生認可的《新編六〇九條夢溪筆談分類統計表》亦迻録於此：

大類	小類	條數	合計
社會科學和掌故、見聞	經學	一五	四二〇
	音樂	四四	
	語言文字學	一九	
	史學、考古學	二八	
	經濟	二一	
	軍事	一六	
	法律	一〇	

續表

大類	小類	條數	合計
社會科學和掌故、見聞	宗教、卜筮及陰陽五行	二八	
	典籍與文書	一七	
	博戲	四	
	藝術	二五	
	文學	三四	
	禮儀	一五	
	輿服	一二	
	職官	二二	
	科舉與翰林	一四	
	社會風俗	四	
	雜聞及軼事	九二	
自然科學	數學	四	一八九
	天文學及曆法	二二	
	氣象學	一二	
	物理學	五	
	化學	三	
	醫學及藥物學	四三	
	建築學	八	
	灌溉及水利工程	九	
	工程技術	一六	
	生物學	三二	
	農學	八	

續表

大類	小類	條數	合計
自然科學	地理學及製圖學	一六	
	地質學及礦物學	一一	
總計			六〇九

本表録自《胡道静文集・夢溪筆談校證》第八五一——八五二頁，上海人民出版社，二〇一一年。

上述李約瑟表的『語言學』類與金良年表的『語言文字學』類均有三條屬於『音韻學』類（卷十四有一條，卷十五有二條），筆者統謂之『韻學三條』。音韻學是《夢溪筆談》所涉及的幾十個學科中的一種，學術價值很高。長期以來音韻學典籍與圖表被視作『天書』，共認爲『冷門絶學』，以致認真研治《夢溪筆談》的音韻學條目者極少。筆者不揣譾陋，勉力爲《筆談》所蘊藏的音韻學寶藏作校注繹析。

《夢溪筆談》卷十五『藝文二』的『切韻之學，本出于西域』條，僅僅八百多字，却叙述討論了當時中國流行的多種切韻學切韻法的學術問題。最後一百一十二字涉及『梵學』，即古印度梵語音系學、梵文字母問題。音韻學歷來被稱爲絶學，梵漢對音更是絶學中的絶學。《夢溪筆談》『切韻之學』這一條兼括了兩個絶學，可謂高難度的『千字文』。

特别要指出的是，《夢溪筆談》裏叙及音韻的文字十分難能可貴！何以如是説？只要將沈括的《夢溪筆談》記述當時切韻學的這一條與歐陽修的《韻總序》一文作一比較便可知。歐陽修，不僅官至『參知政事』（副宰相），而且在他那個時代裏是文壇領袖，學界巨擘，地位崇高。他的《韻總序》云：『儒之學者，信哉遠且大而用功多，則其有所不暇者宜也。文字之爲學，儒者之所用也。其爲精也，有聲形曲直毫釐之别，音響清濁相生之類，五方言語風俗之殊，故儒者莫暇精之。其有精者，則往往不能乎其他，是以學者莫肯捨其所事而盡心乎此，所謂不兩能者也。』而沈括，當然是道地『儒者』，可是這位天才學者，通才學者，無學不究，無學不治。他對歐陽修所認爲的非『遠且大』『不暇』治的小道切韻學却饒有濃厚的興趣，猶如他記述畢昇發明的『活字印刷術』一樣，在他的《夢溪筆談》裏記録了當時流傳的多種切韻法，這些記述十分寶貴。在迄今所見的浩如煙海的漢文文獻裏，是《夢溪筆談》最早出現『切韻之學』這個專門詞語，這個『存在』在漢語音韻學史上具有重要意義。何以如是言？即以近一百多年來的音韻學界而言，不乏大家、名家，遺憾的是，在他們的通論書與專著裏『切韻學』却『缺席』，直至一九九二年方『起死回生』。坊間關於《夢溪筆談》的注譯書不少，而收録其切韻學的條目者却極少，縱有，在點校與闡釋方面也存在欠妥之處，蓋因音韻學乃專門之學、千百年來被稱作絶學。

古迂陳氏家藏夢溪筆談

沈括晚年定居潤州夢溪園，著《夢溪筆談》。此書在北宋末即流傳，此後迄今流行不衰。現存的刻本中，最早的也是最佳的是元成宗大德九年（一三〇五）茶陵陳仁子東山書院刻本，卷端題名『古迂陳氏家藏夢溪筆談』。目次前首附沈括自序及古迂陳氏刻書序，末題『大德乙巳茶陵古迂陳仁子刊于東山書院并序』。目次後有『茶陵東山書院刊行』題記一行。詳見李致忠《元大德本〈夢溪筆談〉》（《社會科學戰綫》一九七八年第四期）。羅琴、武思思《陳仁子東山書院刻書考》（《歷史文獻研究》第五十一輯，廣陵書社二〇二三年）亦有介紹。

茶陵，今湖南省茶陵縣。

西域

班固《漢書·西域傳》：『西域以孝武時始通，本三十六國，其後稍分至五十餘，皆在匈奴之西，烏孫之南。南北有大山，中央有河，東西六千餘里，南北千餘里。東則接漢，阸以玉門、陽關，西則限以葱嶺。』西域是自漢以來，對玉門關、陽關以西地區的總稱，有狹義、廣義二説，狹義如《漢書》，廣義則指經上述地方逾葱嶺向西的地區，包含中國的今甘肅西北部、新疆及中亞、西亞、南亞甚至東歐、北非的部分。唐玄奘、辯機著《大唐西域記》的『西域』涉及今中國的新疆、中亞、伊朗、阿富汗、巴基斯坦、印度、尼泊爾、孟加拉、斯里蘭卡等國家和地區。

切韻之學，本出于西域

首先要指出的是，《夢溪筆談》的『切韻之學』四字很可能被認爲是有關隋代陸法言所著的《切韻》一書的學問。非也非也，陸法言在《切韻序》中没有説明其書名的涵義。在現知傳世典籍中，最早出現『切』和『韻』兩字連言的是南朝梁劉勰（約四六五—約五三二）的《文心雕龍·聲律篇》：『凡切韻之動，勢若轉圜；訛音之作，甚於枘方。』駢文盛行於南北朝時代，充分利用對偶的修辭手段是其特色。《文心雕龍》是文藝理論著作，全書通篇以駢文寫成。在《聲律篇》裏，『切韻』與『訛音』相對，『切』與『訛』相對，於此可以判定，『切』是形容詞。中國社會科學院語言研究所研究員王顯先生（一九二二—一九九四）在其《〈切韻〉的命名和〈切韻〉的性質》（《中國語文》一九六一年第四期）一文中主張，陸法言所著書名中的『切』字，『用今天的話來説，就是正確的、規範的』。本文筆者認爲，這一解釋正確可從。依據陸法言的《切韻序》所描述的當年諸賢宴飲的場景，可以肯定其所著《切韻》本不出於西域，而是出於隋文帝開皇六年的十位文士的文酒之會，即中國語言學史上著名的『長安論韻』，詳見拙文《語學與史學的會通：三十而立，再證長安論韻開皇六年説》（《古漢語研究》二〇二一年第三期）。

那麽沈括所説的『切韻之學，本出于西域』，其義爲何？近現代若干音韻學通論、專論著作皆未嘗着墨。筆者初亦不解，多年來潛心於此，自謂如今可陳述一得之見於下。

切韻之學出於西域，此乃宋代學者的普遍觀點。請看鄭樵（一一〇四—一一六二）《通志·藝文略》：『切韻之學，起自西域。舊所傳十四字貫一切音，文省而音博，謂之婆羅門書。然猶未也，其後又得三十六字母，而音韻之道始備。』同上書《六書略》：『切韻之學，自漢以前人皆不識，實自西域流入中土。』同上書《七音略》：『七音之韻，起自西域，流入諸夏。』晁公武《郡齋讀書記》中的《〈切韻指玄論〉提要》：『切韻者，上字爲切，下字爲韻。其學本出西域。』又盧宗邁，生於宋徽宗宣和（一一一九—一一二五）末，卒於宋寧宗嘉泰二年（一二〇二）或其前（見魯國堯《盧宗邁切韻法述評》，《中國語文》一九九二年第六期；聞人軍《〈切韻法〉〈射法〉作者盧宗邁生平述要》，《文史雜志》二〇二一年第六期），其《盧宗邁切韻法》：『切韻之學，本出于西域。』

人類每種語言都有自己的音系與音系學，漢語亦然。羅常培先生《漢語音韻學導論》曰：『構成漢字之因素，曰聲、曰韻、曰調。』『漢語音韻學即辨析漢字聲韻調之發音及類別，並推迹其古今流變者也。』如此，漢語音節（在文字上表現爲一個漢字）的三要素論乃是漢語音韻學的基石（按，依本文筆者之見，似取紐韻二分法更合適）。

若問『此三要素中何者最重要？』答曰：『非韻莫屬。』韻，其組成要素最爲豐贍，核心爲元音，謂之『韻腹』，其前或有『韻頭』，其後或接『韻尾』。韻腹即元音，爲音節必具的要素，此原則無可動摇，而韻尾（如有的話）則可能是元音，也可能是輔音。韻，體量大，含多種成分，因而變化多方。還應特别指明的是，在漢語裏，『韻』與『調』是『連體嬰兒』，兩位一體，實際上，調主要是元音音高的變化，由於含有調，這更使韻的變化方式繁多。較之其他語言，這是漢語音系的重大特色。總之，作爲元音豐富及聲調發達的語言，韻在漢語語音中居於最關鍵的主流地位，對音系具有决定性的意義。

韻，在實踐使用中也起着十分重要的作用。中國文化中自古積澱至今的巨量韻語是押韻之語。我民族的先民早就利用韻語頌讚客觀的自然，並謳歌自己的勞作，古籍多有記載，毋庸縷舉。三千年來，創作的詩歌呈加速度涌現，流傳至今者其數以百萬計。直到二十世紀一十年代末，胡適等鼓吹『新文化運動』，提倡『新詩』，方有不押韻的『新詩』出現（按，迄今爲止，新詩押韻者仍占半壁江山）。在『新詩』出現以前，無論文士的創作或黎民的天籟，所作詩歌必須押韻，這是鐵律，可以説：『有詩必押韻，無韻不成詩。』特别是有些長韻詩使用很多的同韻字，這些韻字，韻相同而區别主要在韻前的紐，這會引發詩人的體悟。中國人在創作詩歌的長期實踐中，逐漸體認到韻與紐的分别，意識到一個音節可以二分，亦即一個音節（在文字上表現爲一個字）由後面的韻與前面的紐兩部分組成。（按，本文使用術語，『紐』與『韻』相配，而非『聲』與『韻』相配，係拜讀體味錢玄同先生之著而然。錢先生一九一八年的《文字學音篇》第一至第四章使用的術語都是『紐』與『韻』，而第五章『注音字母』才出現了『聲母』和『韻母』這一對新術語）詩歌的作者逐漸學會提取韻、積累韻、儲備韻，用當今的説法，韻是詩歌作者的非常重要的『資源』。又，自古以來漢語詞彙中存在相當數量的『疊韻』詞與『雙聲』詞，這種現象在我國古代的《詩經》《楚辭》及漢賦裏尤其突出，這也促進了當時的人們體察、領悟、認識韻與紐的區别。

於是至公元二世紀，我國先賢服虔發明了以二字拼切一字的反切法。顔師古注《漢書》引用了若干東漢後期桓帝、靈帝時代的服虔、應劭的反切可以證明。反切注音法的發明在漢語音韻學史上是劃時代的大事，它邁出了漢語音系學的第一步，可稱爲音韻學史的『初始期』或『濫觴期』。

其後是『韻書期』。中國自古以來是詩國，而作詩必須押韻，韻字成了構成『音美』的重要資源，詩人（無論上層和基層）要努力積累、儲備較多數量的韻字資源，詩歌創作這一客觀需要促成了彙聚衆多韻字的韻書的出現，而在東漢末期反切法的發明使得對成千上萬韻字的認辨提取、分類匯集的工作成爲可能。東漢桓帝、靈帝、獻帝之後是曹魏時代，是時有李登出，著《聲類》，這是中國史上的第一部韻書，此風既開，隨後的西晉吕静著《韻集》，南北朝時代北方和南方都涌現出許多韻書，有如《顔氏家訓》所言『音韻鋒出』。到了五六世紀沈約等人發現了聲調，據其高低升降命名爲平、上、去、入四聲。此後聲調的區别性特徵被引進了韻書。根據現存的陸法言《切韻》傳寫本（殘葉）、箋注本（殘葉）和王仁昫《刊謬補缺切韻》、孫愐《唐韻》等唐代韻書，可知，在這些韻書裏，成千累萬的漢字先是按照聲調分類排序，然後再按韻（指大韻，如『東冬鍾江支脂之微』之類）排列。於此，任何一位音韻學人都會感覺到，韻書對調與對韻的安排都很有體系性，堪稱完善。甚至到了宋代，真宗時陳彭年等編纂的《廣韻》也是蕭規曹隨。我們不妨作如此斷語：『韻書，韻書，韻之書也。』

但是韻書裏，作爲與韻相對的紐，音韻學人通常稱作『小韻』，在上述諸書内，如果要到『東』『仙』『陽』等包有幾百字的寬韻裏查找一個字，很費時間和視力，因爲在這些韻書裏小韻次第雜亂無章。這是由於上古、中古的先賢們對紐缺乏關注。更深的層次則是漢語是一個元音豐富的語言，人們偏愛韻，詩人需要借韻以提高音美，學者着力研究的也是韻（中國之所以成爲詩國，因緣亦在此）。

紐，雖然在反切注音法裏，它是『半邊天』，但是在元音占優勢的漢語裏，一直存在着『重韻輕紐』的現象，猶如人類社會不合理的『重男輕女』現象一般。但是無論自然界或人類社會，『不均衡』總會趨向『均衡』。這種『均衡律』體現在近現代，『女權主義』興起，大衆逐漸普遍認可『男女平等』。與之類似，在中國語言學，到了晚唐五代、兩宋時期，『切韻學』勃興，關於紐的學說開始形成並漸趨成熟，而爲知識精英如沈括、鄭樵、盧宗邁等熱烈接受，努力傳播。聲紐的體系性學説的加持，終於使得漢語音韻學進入『完善期』，正如鄭樵所講的『音韻之道始備』。沒有嚴密紐體系的音系學是『瘸腿』的音系學，具有嚴密紐體系的音系學才是健全的音系學，這就是『切韻學』的功勛。

可以説，在漢語音韻學的發展歷程裏，韻（包含調）的研究成熟早，形成了完整的體系。但是紐不被重視，長期無甚研究。『一條腿』的音系學絶不能算作完善。『短板』和『瓶頸』，迫切要求改變！智慧的中國音韻學者不負時代的要求，終於在晚唐五代時期有了突破。表現爲兩項：

一、紐的圖表的出現，自無序而有序，體現了聲紐次第由雜亂無章經研究而走向體系化。二十世紀初在敦煌石窟發現的《守温韻學殘卷》《歸三十字母例》，就是後來流行的切韻圖如《韻鏡》《七音略》的雛形。詳後。

二、『隨風潛入夜，潤物細無聲』，聲紐體系化『侵蝕』到韻書的『領地』。詳後。

筆者近十多年曾經在國内京滬和日本東京等地大學做過多場的題爲『艱難的歷程：中國人認識自己語音的千年史』的講演，筆者指出中國人從西周即開始了解韻，利用韻，青銅器銘文與《詩》三百篇的韻語都可以證明。到了南朝齊梁時代，中國人發現了聲調，爲增加詩歌的美學效應，遂將四聲自覺地使用於詩歌的創作。如此中國人在中世紀就完成了對韻（含調）的認識、掌握與利用，這屬於『自主知識産權』。前面説到，《切韻》《王韻》《唐韻》《廣韻》等韻書的查檢不便，由於小韻次第凌亂無序，這是從實用角度看出的問題，如果從音韻研究的學術層面觀察，紐處於邊緣化的狀態，説明長期以來學人們對紐認識和研究很不够，小韻無序這不能不説是韻書的嚴重缺點，亦即漢語音韻學裏存在短板。俗諺：『吉人自有天相。』我國西部鄰邦印度的梵語、梵文及其語言文字學説却是另一番面貌。梵文是拼音文字，其字母表分類清晰，排序合理，輔音尤然，請看：

	名稱	清不送氣	清送氣	濁不送氣	濁送氣	鼻音
比聲	舌根聲	ka	$k^{h}a$	ga	$g^{h}a$	ṅa
	舌中聲，亦云牙齒邊聲	ca	$c^{h}a$	ja	$j^{h}a$	ña
	近舌頭聲	ṭa	$ṭ^{h}a$	ḍa	$ḍ^{h}a$	ṇa
	舌頭聲，亦云舌上聲	ta	$t^{h}a$	da	$d^{h}a$	na
	脣中聲，亦云脣上相搏聲	pa	$p^{h}a$	ba	$b^{h}a$	ma
超聲	此九字還脣裏聲至舌頭	ya	ra	la	va	
		śa	ṣa	sa		
		ha	kṣa			

人類有史以來，文明互鑒交流呈常態。於是漢語音韻學借鑒了梵語輔音表架構的優秀成果。到了唐宋時期，印度語音學的悉曇章受到中國學人的重視，根據發音部位將輔音分類的學説被中國的佛教徒（僧人與俗家弟子）吸收、利用到漢語聲紐的處置上，使之本土化，於是漢語紐的排列也走上了系統化的道路。

如此説法當然需要證據，請看晚唐時期的文獻，即敦煌遺書裏的《守温韻學殘卷》和《歸三十字母例》。

《守温韻學殘卷》的字母表：

脣音　不芳並明
舌音　端透定泥
　　　知徹澄日
牙音　見溪群來疑
齒音　精清從
　　　審穿禪照
喉音　心邪曉
　　　匣喻影

《歸三十字母例》的字母表：

端　精　知
透　清　徹
定　從　澄

泥　喻　來
審　見　不
穿　溪　芳
禪　群　並
日　疑　明
心　曉
邪　匣
照　影

（按，以上據《敦煌寫本守温韻學殘卷跋》，《羅常培文集》第八卷第一一五—一一六頁摘録，山東教育出版社，二〇〇八年）

我們知道，北宋的沈括、南宋的鄭樵都是以博學著稱的頂級大學者，他們都不知道切韻之學的三十字母體系，可見其存在時間之早，羅常培先生文述劉復先生據敦煌韻學殘卷『紙色及字迹，斷爲唐季寫本』，此説爲學界普遍認同。

不妨將敦煌文獻的兩件漢文『三十字母表』與梵文字母表作一比較。梵文輔音表第一行『舌根音』後分五類『清不送氣』『清送氣』『濁不送氣』『濁送氣』『鼻音』，敦煌文獻的漢文三十字母表則是『見溪群疑』，模仿之迹太明顯了，梵文將鼻音附於口塞音之後，漢文依樣畫葫蘆。周祖謨先生之言極是：『字母的創造，自然是受了梵文悉曇的影響。』（《唐五代韻書集存》下册，第九五六頁）但唐代的學者不是教條主義者，没有機械照搬，由於漢語濁塞音不分送氣與不送氣，所以較之梵文輔音表少一項，這種處置顯示的『獨立之精神』，可貴，可敬！又，梵文輔音表以舌根音居首，從口腔後部往前至脣音止，但中國現存的切韻圖，常見的有兩種次第：一是牙音居首，如《四聲等子》《切韻指掌圖》等；另一是脣音居首，由外而内，如《韻鏡》《七音略》等，這顯然是中國學者的改造，一直延續至現今的《漢語拼音方案》的『聲母表』，劈頭就是四個脣音 bpmf，接着是四個舌音 dtnl，再後是牙音 gkh，何其相似乃爾！須知這傳承相距千餘年！

這兩件敦煌文獻的三十字母表彼此有不少差異，五音脣舌牙齒喉各自的内部體系都不能算都是完善。但是，漢語音韻學的聲紐體系表從『無』到『有』，這自然是質的『躍進』，應該給予高度的評價。不過，若嚴格要求，它們距離宋人的三十六字母表還有一段距離，『完善』豈是易事？

宋人的三十六字母表，較之三十字母表，以今視之，其體系性『更上一層樓』：

牙音　見溪群疑
舌音　端透定泥

知徹澄孃

脣音　幫滂並明

非敷奉微

齒音　精清從心邪

照穿牀審禪

喉音　影曉匣喻

半舌半齒　來日

增加了六個字母，分若干群，每群所轄字母的排列都很有講究。較之三十字母，自然稱得上『完善』二字。完善的三十六字母的聲紐體系鑲嵌到早先建構成的韻調體系，就使漢語音系切韻學的營造工程大功告成，歷唐五代、兩宋、元明，計近八百年，其專名爲『切韻學』。

『切韻學』得名於『切韻』，此『切』並非陸法言《切韻》中『切』的『正確的』『規範的』意思，這『切韻』，就是宋代切韻家常言的『上字爲切，下字爲韻』。『切』與『韻』相對，『切』者，紐也。紐和韻是這門學問的頂級核心構件，宋人取『切』『韻』二字作爲這門學問的名稱，是謂得之。『切』『韻』合言的衍生詞，還有『切韻法』『切韻圖』『切韻家』『切韻詩』，它們組成了一個詞族。

需要講清楚的是，我們通常説的『音韻學』，這是漢語學裏的一個傳統術語。如果用現代的學術話語表達，我認爲，『語音學』『音位學』均不够確切，唯有『音系學』差强人意。何以？《語言學名詞》一書説：『音系學：語言學的一個分支。它與語音學不同。研究對象是語言的語音系統，考察在某種語言或所有語言中有區别性的語音形式之間的關係及其組織變化等。』（語言學名詞審定委員會編《語言學名詞》第四八頁，商務印書館，二〇一一年）基於此，我認爲晚唐五代、北宋時期的漢語音系學，其時的名稱應是『切韻學』！如果給『切韻學』下個定義，它是漢語在晚唐五代、兩宋、元明時代，借鑒友鄰語言的輔音學説建構的漢語聲紐學説，鑲嵌到自身早就成熟的韻調學説，從而使漢語音韻學臻於紐韻（含調）組織完善期的專名。

切韻學的表現形式：

一、晚唐兩宋時期，産生了紐的單一型體系性的圖表和紐韻結合的完全型體系性組織圖表，統名曰切韻圖。前者如敦煌文獻的《守温韻學殘卷》《歸三十字母例》的三十字母圖，後者如《韻鏡》《七音略》等。可見到了『切韻學』這一階段，韻（含調）、紐二者和合，形成了嚴整的體系，遂臻鄭樵所謂的『音韻之道備』的境界。『切韻學』是漢語音韻學史的一個重要階段，不可因被湮没多年，近年才『復活』而忽視或輕視之，應該大力彰顯、揄揚之。在中國音韻學界，長期以來『切韻學』被『打入冷宫』，學人們見到的只是『等韻』『等韻學』的存在，《韻鏡》《七音略》《四聲等子》等被稱作『宋元等韻學』。如今是『撥亂反正』的時候了，『還我（切韻學）河山』。在此筆者大聲呼籲，現在的音韻學的通論、通史書要改寫。注意，筆者指的是，要尊重歷史，還原歷史的本來，將綿亘八百年歷史的『切韻學』復歸原位，即復辟『切韻學』。『宋元等韻學』這一術語，尤爲不經，無視晚唐的兩通敦煌文獻《守温韻學殘卷》和《歸三十字母例》的存在，須知此兩件是處於宋代以前的珍貴文獻。

二、上面説到晚唐時期出現了紐的體系性圖表，現在要講的是五代時期紐的體系性又『入侵』到傳統韻書，潛移之，默化之。此話怎講？

現存隋唐的《切韻》《王韻》《唐韻》中的韻與其包含的調，其排列井然有序，而紐的次第雜然無章（體現於小韻的先後次序）。可是緊接的五代時期，韻書中的小韻，其排序大有體系化的傾向。周祖謨先生在《唐五代韻書集存》下編『考釋七・五代刻本韻書』一章裏指出《切韻》《王韻》《唐韻》『紐次的先後並没有一定的原則』，『五代印本的韻書殘葉中由第一種到第四種即平聲和上聲部分，各韻的紐次已經與陸韻、王韻不同，各韻都有了很大的改變，即每韻的紐次幾乎都按照五音的類屬來排列的，凡是屬於五音同類的一些紐都比次在一起，不相雜厠。』如伯二〇一六的東韻『東同通籠』、伯二〇一四的『公洪烘翁』，周書列舉東虞先仙宣肴豪魚齊佳皆鹽紙語駭賄諸韻之例，『可見平聲韻和上聲韻的一些殘葉各韻都是依照五音的類屬來排列紐次的，其中只有仙韻和鹽韻安排得還不够整齊。』『入聲的一部分就與平聲上聲大不相同了，入聲每韻的紐次和《切韻》和蔣斧本《唐韻》幾乎完全一致。（第九一八至九三〇頁）而『一些入聲韻的紐次都没有按照五音來排列』，『入聲一部分，與平上差别很大，很可能是另一種書。』(第九三一至九三二頁)周書指出,伯二六三八『本書一韻的紐次能依照五音類屬來排列,這是韻書體例的一大變革。不僅有條理,而且便於尋檢。宋人所編的《集韻》紐次也是按五音類别來排列的,這一定與本書有關係』(第九三七頁)

小韻紐次的體系化是韻書的一次『革命』。現在來考察宋代韻書的『小韻』的排列次序即紐的次第(必要時以唐代韻書作比較)。

先看《廣韻》,對兩萬多字的安排從上至下分爲三級:第一級首分四聲,第二級是分大韻,第三級是分小韻。四聲是平上去入四種聲調。次爲東冬鍾江等二百零六個大韻。此二者内部的排列次序都顯示出清晰的體系性。至於小韻,現代的學名叫『音節』,實即紐與韻(含調)的組合。一個大韻屬下的若干小韻,排列必然存在前後次序的問題。那麼怎樣排序?按理也應同樣具有體系性。然而大謬不然!請看《廣韻》開篇的大韻東韻,屬下有三十四個小韻,其最前的四個小韻是:(一)東小韻(端紐)、(二)同小韻(定紐)、(三)中小韻(知紐)、(四)蟲小韻(澄紐)。對音韻學有興趣的人都會發問:怎麼不見端紐、定紐的『親兄弟』透紐的小韻呢?於是往後查,查呀查,終於在第二十九的位置上發現了通小韻。如此距離,何其遠哉!何其遠哉!

再查唐代的王仁昫《刊謬補缺切韻》,其東大韻屬下有三十三個小韻,最前的四個小韻爲:端紐東小韻、定紐同小韻、知紐中小韻,澄紐蟲小韻,也不見透紐小韻,原來被安排在第二十九位置上,《廣韻》與之何其相似乃爾!從這樣的框架安排觀察,《廣韻》顯然與王仁昫《刊謬補缺切韻》，甚至與陸法言《切韻》有源流關係，豈止如此，而且很密切！宋真宗時陳彭年編《廣韻》，快速竣工的原因即在於，取一個前代的現成框架，不用另起爐灶，自然會事半功倍。我們從小韻的排序這一點，即可斷言，《廣韻》雖成於宋真宗時，但不能算作真正的宋代韻書，基本上是抄撮舊文，是『述』非『作』。特別值得注意的是，南宋高宗時人王觀國《學林》卷九『敕』條，考證『敕』字時，先講『許慎《説文》、《玉篇》、《廣韻》』如何如何，後面講到《集韻》，則曰：『《集韻》，本朝所修。』稍有歷史常識的人就會立即反駁王觀國：『《廣韻》不是宋朝第三位皇帝真宗時修的嗎？《集韻》是第四位皇帝仁宗時修的，因此兩部韻書應該都是『本朝所修』！但是王觀國却不承認《廣韻》，將其『踢群』，這是宋人意識的自然流露！嗚呼，『於細微處見精神』，實乃讀書得間之良方也。

好，我們來細繹宋朝仁宗時編纂的《集韻》，這是王觀國心目中的貨真價實的『本朝所修』，其編排也是三級遞進法：首先也是平上去入四聲，接續跟進的也是二百零六個大韻，但是到了小韻層次，次第却大大『變臉』了。東大韻屬下的前四個小韻的『面目』是：東小韻（端紐）、通小韻（透紐）、同小韻（定紐）、籠小韻（來母）。透紐的通小韻在這部大宋新編的韻書裏，『火箭式提升』，居然『一紐之下，衆紐之上』，每個音韻學人看到這『端透定來』的順序一定會感到十分舒心。而且，將《集韻》與五代刻本韻書比較，五代刻本韻書殘葉東韻開首的紐次是『東同通籠』（周書第九一九頁），而《集韻》是『東通同籠』，可見《集韻》的次序方是『幫滂並』，顯然優於五代本韻書。『一葉落而知天下秋』，切韻學在宋代確是比五代又前進了一步！

請進一步看這個表：

唐宋六部韻書模韻的小韻次序對照表

韻書	模韻小韻次序
一、王仁昫刊謬補缺切韻（宋跋本）	明並匣見定泥曉疑精來心從影幫溪清透端滂
二、大宋重修廣韻	明並匣見定泥曉疑精來心從影幫溪清透端滂
三、集韻	明滂幫並心清從端透定來泥匣見溪曉疑影
四、日本真福寺本禮部韻略	明滂幫精從並端定來泥匣見溪曉疑清影心
五、附釋文附注禮部韻略	明滂幫精從並端定來泥匣見溪曉疑清影心
六、增修附注禮部韻略	明滂幫精從並端定來泥匣見溪曉疑清影心透

注：王仁昫的《刊謬補缺切韻》成於唐中宗神龍二年（七〇六）。
《廣韻》成於宋真宗大中祥符元年（一〇〇八）。
《集韻》的編纂，始於宋仁宗景祐元年（一〇三四），成於寶元二年（一〇三九）。
日本真福寺本《禮部韻略》成於宋哲宗元祐五年至八年（一〇九〇——一〇九三）間。
《附釋文互注禮部韻略》很可能成書於宋寧宗嘉定十六年（一二二三）至宋理宗景定三年（一二六二）之間。
毛晃《增修互注禮部韻略》成書時間在宋高宗紹興三十二年（一一六二），毛晃增注、毛居正重增的《增修互注禮部韻略》成書時間在宋寧宗嘉定十六年（一二二三）。

現在我們來『鳥瞰』一下這張表。前兩排，《王韻》居前，《廣韻》緊隨，它們的小韻的次序完全一致，都紊亂無序。而下面的四行則是另一番景象，其小韻次序則顯得頗有章法，在此具體的一韻即模韻裏，脣、齒、舌、牙、喉等各小類基本上聚族而居，接近於三十六字母内的各小類。最下面的三個《禮部韻略》完全一致，只有一點除外，即《真福寺本禮部韻略》《附釋文互注禮部韻略》二書缺透字母。究其原因，《禮部韻略》本爲科舉考試用，只收經典中字和常用字，總數只有九千多。《集韻》的模韻透母字『通都切』屬下的十九個字全是生僻字，《禮部韻略》只得擯棄不收。毛晃父子《增修互注禮部韻略》增了上千個字，於是模韻透母也有字了，『他胡切』，但只有一個『稌』字，標明是『增』的，因此被置於最後。

這張表顯示了，從大處着眼，宋代韻書《集韻》和《禮部韻略》較之《王韻》《廣韻》，聲調體系、韻部體系，蕭規曹隨；而聲紐，不復是『吴下阿蒙』，而是革故鼎新，擯棄了『一團亂麻』。趨近三十字母和三十六字母體系，這是一個進步，了不起的進步！可以説，在《集韻》系韻書裏，聲紐走向體系化，這標志切韻學成了音韻學舞臺上的主角。但是，若嚴格要求，改革仍然不够徹底。

以四十三張矩形網狀結構的切韻圖來勾勒《廣韻》音系，代表作是《韻鏡》《七音略》；以四十四張矩形網狀結構的切韻圖勾勒《集韻》音系，有楊中修《切韻類例》及《盧宗邁切韻法》所依傍的切韻圖。兩者有一定歧異。

而與上述兩種切韻圖很有差别的是沈括所描述的一種切韻圖，可謂别是一路（見一九九八年拙文中的某種切韻圖的復原圖，文長不録）。沈括兩處叙述了切韻學的五音，一是於『幫當剛臧央』之下注了相應的五音，二是在隔了若干字之後，『切韻家則定以脣齒牙舌喉爲宫商角徵羽』，現梳理出兩種沈括切韻五音與樂律五音對配表於下：

一、	幫脣	當舌	剛牙	臧齒	央喉
	宫	商	角	徵	羽
二、	脣	齒	舌	牙	喉
	宫	商	角	徵	羽

以上是沈括在《夢溪筆談》裏叙述的兩種『切韻五音』，五者中二同三異。此外還有五行家的五音、梵學的五音，真是『言人人殊』，令人眼花繚亂。

以三十六字母體系徹底改造韻書的小韻聲紐次第則非金代韓道昭《五音集韻》莫屬。該書是韻書，也是三級排序：首四聲，次大韻（一六〇韻），又次爲小韻，但諸小韻全依三十六字母排列，次序爲牙舌脣齒喉半舌半齒，始見終日。書成於金章宗泰和八年（一二〇八），相當於南宋寧宗嘉定元年，須知南宋張麟之的《韻鏡・序》作於宋寧宗嘉泰三年（一二〇三），兩者僅僅相隔五年。我儕學人不可誤以爲韓道昭與張麟之屬於兩個朝代兩個時期，須知彼時中國的南方北方，雖然爲不同政權割據，然而文化却是一體一脉，即以切韻學論，二者相互輝映，可以説，切韻學在南宋—金時代終於達到了頂峰。（按，韓道昭的《五音集韻》和張麟之的《韻鏡·序》都是三十六字母體系，相異之處僅在於牙音與脣音位置互調。）

現作一小結：漢語音韻學，研究漢語各個時期的語音狀况及其變遷的學問，如果用現在的學術術語，當爲歷史的音系學。研究漢語音系之學，必須首先認識漢語語音的特色或特點，漢語是元音豐富的語言，由元音構成的『韻』（後世滋生出『韻母』一詞）是漢語語音的最重要的『構件』，絶對是『核心』。中國人很早就認識韻，利用韻，創作了海量的詩歌與韻語。並逐步意識到韻和紐各自爲自立體。於是由韻與其前的紐的二元拼合的形式，悟出了反切的原理。後漢末桓帝、靈帝時的服虔、應劭是反切的先行者。反切的發明拉開了漢語音韻學史的帷幕，衆多的反切個體，以韻爲核心，按照一定的規則組合，就成爲韻書。韻書具有系統性，體現於作爲核心的韻的編排方式。曹魏時代李登首著《聲類》，西晉吕静繼作《韻集》。南朝齊梁時代的沈約、周顒等發現了四聲，四聲嫁接到韻書，這是音韻學的一大進步。但是聲紐却一直不被人們重視，次序凌亂，成了音韻學發展的『瓶頸』，因緣際會，西鄰梵語語音學的具有明晰體系性的輔音表被借鑒、吸收、改造，於是誕育了敦煌遺書裏的『三十字母』及後繼的『三十六字母』的系統性的漢語聲紐學説，中晚唐至宋元明的八百年的漢語語音學被稱作『切韻學』。只有到了宋代，漢語語音學方稱得上『完善』二字，宋代的先賢們將漢語音韻學發展至切韻學階段，可爲陳寅恪先生的名言『華夏之文化造極于趙宋之世』作一注脚。

我認爲『切韻之學，本出於西域』的命題，正確的闡釋是：在晚唐五代、兩宋時期借鑒西域音系學的依據發音部位而構建的輔音學説，創建了漢語聲紐的體系性學説，從而與早先的韻（含調）學説對接，和合成完善的切韻學。

『切韻之學，本出於西域』的孿生兄弟是『反切之學出於西域説』。筆者在此明確聲明：前者應該接受，後者必須反對。漢語的反切之學不是出於西域，而産生於本土。我在二〇一二年八月中國音韻學研究會年會（厦門）宣讀了《學則須疑：反切緣於漢譯佛經説》。該文載於我的論文集《衰年變法叢稿》（上海古籍出版社，二〇一三年，第二〇九—二一一頁），此處不贅。

然古語已有二聲合爲一字者，如不可爲叵，何不爲盍，如是爲爾，而已爲耳，之乎爲諸之類。以西域二合之音，蓋切字之原也。

在這裏，就反切問題，沈括講了中外的情况，以漢語成語『殊途同歸』來概括再恰當不過，即中國古代的『二聲合爲一字』與『西域二合之音』。

對這段文字，首先討論校勘問題。『以西域二合之音，蓋切字之原也』之『以』，胡道静《夢溪筆談校證》列舉多種版本，或有『以』，或無『以』。我試做續貂工作，現將查檢宋元明時期典籍的引用《夢溪筆談》的若干情况列述於下：

宋江少虞《事實類苑》、元舒天民《六藝綱目》有「以」、明唐順之《荊川稗編》抄録《夢溪筆談》「切韻之學」條全文，有「以」。明顧起元《説略》亦抄録全條，此處作「似」，明徐應秋《玉芝堂談薈》作「似」。宋孫弈《示兒編》作「從」，宋吴箕《常談》作「從」，明鄧伯羔《藝彀》作「此從」。看來，續貂工作並非是「天下本無事，庸人自擾之」，《夢溪筆談》此「以」該作何解？抑或是衍文誤字？顯然是一個長期存在的而未解决的問題。

沈括列舉若干例，先是説明中國「古語」早就存在以兩字拼切一字之音的事。隨後講到西域（實即印度）的拼音文字，前之輔音部分與後之元音音部分可以二合，即直接相拼，當是拼切文字之音的本原。

此種「合聲論（合音論）」影響頗廣深，宋代書多見。至清代，顧炎武《音論》引用沈括之説，並且加以擴展（文長不録）。

按，合聲這種現象在漢語現代方言中也存在，如北京方言「不用」爲「甭」，蘇州方言「勿曾」爲「嬒」。這種合音是自然偶發的，零星的，與反切形似而已，更重要的是與反切注音法的嚴格規定性不符，如「不可爲叵」，被切字「叵」，《廣韻》普火切，是滂母字；可是切上字「不」，《廣韻》甫鳩切、甫九切、甫救切，釋義皆爲弗，是非母字，古無輕脣音，則「不」在上古爲幫母字。以幫母字拼切，得出的却是滂母字，這豈是嚴格的反切？

可以打個比喻。衆所周知，器具的生産有「手工生産」和「機械化生産」兩種方式。反切法是『機械化生産』，任何人都可以依照『模式』生産出若干甚至無限量的成品；而『合音』連手工生産都説不上，它是偶然發生的，中國歷代學者從沈括、顧炎武到林語堂所舉出的例證不過是少量的兩位數而已。總之，反切的特點不是偶發的，而是有爲的創造，上字取其紐，下字取其韻，有嚴格的規定性，極具能産的功能，反切從東漢後期（二世紀）直至民國（二〇世紀上半葉），爲中華民族輝煌的文化服務了一八〇〇多年，功昭國史，偉哉大哉！

如輭字，文從而、犬，亦切音也。殆與聲俱生，莫知從來。

沈括《夢溪筆談》卷十五第一條專論『切韻之學』，先講了中國古老的合音字和西域的二合之音，『蓋切字之原也』。接着又叙述一種『切音』，讚譽之辭：『與身俱生，莫知從來。』沈括云：『輭字，文從而、犬，亦切音也。』其意是，『輭』，這個字裏有『而』和『犬』兩個構件，這兩個構件也構成反切。其中『而』爲反切上字，『犬』係反切下字。按照反切的鐵律，切上字『而』取其紐，切下字『犬』取其韻，二者相拼則得出被切字的音。折算成今音當爲 ruǎn。這種反切法是反切術中的一種，很是罕見，叫作『自反』。

『自反』，其著名例子是《北齊書・廢帝紀》：『廢帝殷，字正道，文宣帝之長子也，母曰李皇后。天保元年立爲皇太子，時年六歲。性敏慧，初學反語，於「迹」字下注云「自反」，時侍者未達其故，太子曰：「迹字，足傍亦爲迹，豈非自反耶？」』

按，反切法必須有三個字：被切字與切上字、切下字，三個字都是相異的。漢字以萬計，但其構造類型很簡單，可分作兩種：『獨體爲文，合體爲字。』合體字是由兩個或多個字作爲構件組成的，這（其中）兩個構件也能拼切成被切字的音，可謂難得的巧合，這叫作『自反』。北齊時的天才少年高殷謂『迹』字爲『自反』，本文筆者試釋其理。迹：《廣韻》資昔切，其反切上字是『資』（精母字），反切下字是『昔』（昔韻字），按規則，『資』『昔』二字拼切（即前者之紐與後者之韻拼切）得『迹』字。湊巧的是『迹』這個字是合體字，前構件是『足』（精母字），後構件是『亦』（昔韻字），兩者拼切的結果也是『迹』，巧合竟然若是！自反就是合體字自身中的兩個構件也符合反切法對切上字與切下字的要求，於是也能切出被切字的音。沈括舉合體字『輭』爲例，其中的『而』『犬』兩構件，『亦切音也』，其意爲這兩個構件也可構成反切。沈括没有點出『自反』這一名稱，筆者今特爲揭出，當今某些《夢溪筆談》的注譯本失注，原因在不明其理，也難怪，『自反』是音韻學這一『絶學』中的『冷詞』。

閲讀《夢溪筆談》『輭字，文從而、犬』，如稍稍留心，就會有所發現：沈括拈出這一自反的字形與他對字形的説解不能圓合：『輭』這一字形裏的後兩個構件是『而』『大』，而沈括的説解却是『文從而、犬』。『大』與『犬』，差之毫釐，謬以千里！

二者孰是孰非？爲了解決問題，首先要做的是文獻學的考察。筆者至一座藏有大量綫裝書的圖書館，查閲了《夢溪筆談》在不同時期不同地方刊印的多種版本，例如元大德陳仁子東山書院本(複製本)、明汲古閣本、清番禺陶氏愛廬刻本及清四庫全書抄本等，甚至宋代江少虞《事實類苑》、明代顧起元《説略》兩部類書所抄《夢溪筆談》的『輭』和『犬』兩字，皆與上述所引相同。

爲窮本竟源，只得再進一步，即以『音韻學』與『文字學』兩結合的方法探研這個問題。

一、沈括提出這個『輭』(後世寫作『軟』)，其讀音是什麽？需至現存的沈括之前編纂的韻書字書去尋覓，筆者查檢的資料如下。

(一)唐中宗時的王仁昫《刊謬補缺切韻》(宋跋本)上聲獮韻『輭』小韻的首字『輭，而兗反，柔』。其後有『蝡』『㮕』『䓴』『碝』『媆』等。

(二)在韻書史上，現知緊接王仁昫《刊謬補缺切韻》的是唐玄宗時的孫愐《唐韻》。現存蔣斧藏的《唐韻》殘卷只剩去聲和入聲，而『輭』『犬』皆爲上聲字！但是《説文解字》(大徐本)的注音可資利用。宋初徐鉉《重修説文序》云：『説文之時，未有反切。後人附益，互有異同。孫愐唐韻行之已久，今並以孫愐音切爲定。』如此，可以將《説文解字》(大徐本)的音切權充《唐韻》的音切。可是又來了個新困難，《説文解字》未收『輭』。俗語『辦法總比困難多』，解困的關鍵在聲符『耎』，這個聲符孳生出不少字，這些字都跟『輭』同一字族。如：

『䓴，木耳也，從艸，耎聲。而兗切。』

『碝，石次玉者，從石，耎聲。而沇切。』

「媆，好皃，從女，耎聲，而沇切。」

「緛，衣戚也，從糸，耎聲，而沇切。」

「蝡，動也，從蟲，耎聲，而沇切。」

按，上述諸字的切下字「兖」「沇」同音，因爲切上字同是「而」，切下字形雖異而音同，所以這些同族字同音，折算成今音皆爲 ruǎn。於是可以根據以上的從「耎」得聲的若干孳乳字推出：「輭，從車，耎聲，而沇切。」我們在此可作如下預言：他年如果《唐韻》全本被發現，必如此。

（三）北宋真宗仁宗父子兩代所官修的兩部韻書是我們重要的考察對象。第一代韻書《廣韻》：輭，「柔也」，「而兖切」。軟，「俗」。與《廣韻》配套的字書《大廣益會玉篇》：「輭，而兖切，柔也。」軟，「俗」。第二代韻書《集韻》：輭，「乳兖切」，「柔也」，「或從耎、從欠」。與《集韻》配套的字書《類篇》：「輭，乳兖切，柔也。」軟，「乳兖切，柔也」。可堪注意的是，「軟」在《廣韻》裏是「俗」字，到了《集韻》就摘了「俗」帽子。「輭」「軟」在唐宋辭書裏反切是「而兖切」「乳兖切」，切下字總是「兖」。

（四）小結。從《王韻》《唐韻》《廣韻》《大廣益會玉篇》《集韻》《類篇》的注音可見「輭」的反切都是「而兖反（切）」，足見沈括《夢溪筆談》裏的「文從而、犬，亦切音也」，並非空穴來風，而是淵源有自。

二、再來探究《夢溪筆談》『輭，文從而、犬』一句中的『犬』字，《王韻》（宋跋本）（寫本）上聲銑韻若泫切。《廣韻》（澤存堂刻本）與《集韻》（潭州刻本）並同上聲銑韻苦泫切。顯然《廣韻》《集韻》正確而《王韻》的寫本錯誤，必是當年抄手將『苦』字誤寫成『若』字。言歸正傳，與我們研究密切相關的是『犬』的切下字『泫』，該字《王韻》胡犬切，《廣韻》胡畎切，《集韻》胡犬切，論音，『犬』『畎』形異而音同。

我們將上考古音，下察宋音。

郭錫良《漢字古音表稿》，『耎』『輭』及其切下字『兗』『沇』，皆在元部合口三等，其擬音韻母爲 ǐwan。同書，『犬』及其切下字『泫』，在元部合口四等，擬音韻母爲 iwan。可見『耎』『輭』與『犬』的韻母，其韻核、韻尾全同，韻皆是合口，介音皆爲 w，僅僅在 i 介音上有細微差別。再考慮沈括所處的時代，最能顯現宋代語音韻母狀況的是宋詞的用韻，一九九一年在《中國語言學報》（第四期）發表的拙文《論宋詞韻及其與金元詞韻的比較》的結論是宋詞韻應分十八部。在這十八部裏，『軟』和『犬』皆在寒先部。從這一段對『犬』音的考察可見《夢溪筆談》『輭字，文從而、犬，亦切音也』，有其理在，絕非沈括筆誤或手民之誤，多加了一『點』。考證至此，我們可以揣測，沈括當年手稿當爲『犬』！惜乎！事隔千載，《夢溪筆談》的宋刻本至今未發現，遑論沈括手稿的真迹？

上面我們根據古代的韻書、字書裏『輭』『犬』等字的注音推論『輭，文從而、犬』一句末字是

『犬』，應無誤！

三、如果證明『輭』字第三部件是『犬』，則『輭』字字形就必須更改，即第三部件不能是『大』。可是就我們所見的古代刻本、近代的鉛字印刷本，以至現代技術的印刷本，只要出現這個字，第三個構件絕對是『大』，而不是『犬』！

下面我們來勘驗『輭』字。衆所周知，研究古籍，遇到文字學的問題，必須拜讀祖書《説文解字》，拙文前面説過，《説文解字》無『輭』字，但是我們從字形可知，此字的聲符是『耎』，而由『耎』孳乳構成的字族成員不少，如『萸』『媆』『緛』『碝』『偄』等等，據此可以推論出『輭，從車，耎聲』。關鍵是『耎』字，現逐一繹析其字形組織於下：

（一）『而』：『頰毛也，象毛之形，如之切。』（《説文解字》大徐本）按，『而』是象形字，大徐本的注音悉據孫愐《唐韻》，此『而』注音爲『如之切』，切下字『之』是陰聲韻字。按，音韻學有兩個專業術語『陰聲韻』和『陽聲韻』：凡以元音爲韻母或爲韻尾的韻叫『陰聲韻』，凡以鼻音爲韻尾的韻叫『陽聲韻』。

（二）『大』：『亦象人形』，『他達切』（同上書）。按，『大』字的注音切下字是『達』，則『大』字是入聲韻。

（三）『耎』：『稍前大也，從大，而聲，讀若畏偄。而沇切。』按，《説文解字》定『耎』爲形聲字，『從大』即『大』爲形符，形符對被釋字的讀音不起作用。關鍵在『而聲』二字，『而聲』，即

『而』是聲符。衆所周知，決定被釋字的讀音是聲符，此處決定『耎』字讀音的是聲符『而』，既然『而』是陰聲韻字，則『耎』字也必然是陰聲韻字，不能是陽聲韻字！

可是《王韻》（宋跋本）『輭』是『而兖反』，徐鉉據《唐韻》注『耎』音作『而沇切』，則『耎』『輭』鐵定是是陽聲韻字！

總之，《說文解字》『耎』字『從大，而聲』，則『耎』字應該是陰聲韻字，可是唐代的王仁昫、孫愐以及宋代的若干辭書注音是陽聲韻（北宋的沈括「文從而犬」自反也是陽聲韻）。矛盾若此，成語『方枘圓鑿』方可形容。

二者不可得兼。如果認可《說文解字》的『耎』，『從大，而聲』，則『耎』是陰聲韻字，就絕不能承認陽聲韻的反切『而沇切』以及流傳至今日的 ruǎn。反之，如果承認『耎』『輭』的『而沇切』及今日的 ruǎn，就不能認可《說文解字》的『從大，而聲』。

經典，人們敬畏、崇拜的物件，對於經典難解之處，人們（包括筆者）幾乎都是竭力求索，希望能悟出其中之奧理，而不敢疑經，更不敢非經。《說文解字》是文字學的經典，因爲要闡釋《夢溪筆談》的『輭字，文從而犬，亦切音也』，不得不面對《說文解字》，數月踟蹰，很是痛苦。最後只得將我所思所考者，和盤托出。

再者，『輭』字，從車，耎聲。《王韻》的釋義是『柔』，其後的《廣韻》《集韻》《大廣益會玉篇》《類篇》悉同。字的形符是『車』，然而『車』與『柔』有何干係？在古代，從車的『輪、軸、輅、軾』等應該都是硬件，並非軟件，安得柔或軟？這大千世界並非事事物物都有相合的理在，於經何嘗不然？讀書人需具如此隻眼。

今切韻之法，先類其字，各歸其母。脣音、舌音各八，牙音、喉音各四，齒音十，半齒、半舌音二，凡三十六，分爲五音，天下之聲總于是矣

『各歸其母』之『母』，字母也，具體地說，是指『三十六字母』的『字母』。自敦煌遺書《守温韻學殘卷》和《歸三十字母例》被發現以後，人們可以肯定，漢語音韻學史上關於聲紐系統的學説有兩期，初期是三十字母系統，後期爲三十六字母系統，沈括記述的這一種切韻法是三十六字母系統，文中明確提出『五音説』，開列出具體數字。

關於諸字母的排序，最早當爲牙音見溪群疑四母開頭，因爲梵文輔音表第一行就是一組舌根音。凡引進，總是以模仿爲先，以後才會因地制宜，有變更之舉，即逐漸『本土化』，此乃通則也。沈括記述的這種切韻法是脣音居首，其三十六字母的次序爲脣舌牙喉齒及半舌半齒。注意，今人熟悉的宋代切韻『五音』次序是脣舌牙齒喉。沈括在此處講的五音次序牙喉緊接，這是某種切韻圖的真實記述，還是行文連類而及？請看下文之『如幫字横調之爲五音，幫當剛臧央是也』，此處『五音』的後三位是『牙齒喉』。

每聲復有四等，謂清、次清、濁、平也，如顛、天、田、年，邦、胮、龐、厖之類是也

沈括記述的這種切韻法謂聲紐有四等，即依照輔音的發音方法，聲帶顫動與否、送氣與否分類，末尾兼及同發音部位的鼻音（這顯然是梵文輔音表的影響），共分四類。沈括舉舌音四母及脣音四母爲例。

《夢溪筆談》所記述的切韻法與現當代音韻學人所熟悉的韻學術語歧異較大。極爲博學多才的沈括在北宋中期所了解的切韻法多而雜，他的記録保留了不少歷史遺迹，殊爲可貴，詳見一九九八年拙文《沈括〈夢溪筆談〉所載切韻法繹析》。此處的『清』『濁』，有的切韻法著作謂之『全清』『全濁』。而『平』字非常特殊，他書未見！《盧宗邁切韻法》謂之『不清不濁』，《韻鏡》謂之『清濁』。現代音韻學謂輔音帶音與否的發音方法形成四種區別爲『全清、次清、全濁、次濁』。《夢溪筆談》所記録的這種切韻法謂此四種區別爲『四等』。而近現代音韻學者則將韻因主元音開口度的大小的區別謂之『等』，等分爲一等、二等、三等、四等。沈括謂聲分四等，而近現代音韻學謂韻分四等，兩者迥然不同。關於『等』，很是複雜，下面還有『下文』。

如幫字横調之爲五音：幫、當、剛、臧、央是也；縱調之爲四等：幫、滂、傍、茫是也；

就本音本等調之爲四聲：幫、牓、傍、愽是也

這顯然是沈括就所見的切韻圖作文字描述：以『幫』字爲例，從三個維度，即五音（脣、舌、牙、齒、喉），四等（清、次清、濁、平），四聲（平、上、去、入）講解。筆者二十多年前曾據其描述復原了一張北宋時的切韻圖，見拙文《沈括〈夢溪筆談〉所載切韻法繹析》。此處不贅。

四等之聲多有聲無字者，如封、峰、逢止有三字。邕、胸止有兩字，竦、火、欲、以皆止有一字

『封、峰、逢』三字，皆鍾韻脣音字，依照沈括所記述的四等，它們分别爲清、次清、濁，而無平。『邕、胸』爲鍾韻喉音字，『竦』爲腫韻齒音字，『火』爲果韻喉音字，『欲』爲燭韻喉音字，『以』爲止韻喉音字。自『邕』以下六字的四等情況，以《韻鏡》察驗，不相符合，可見沈括記述的這種切韻圖别是一路。

五音亦然，滂、湯、康、蒼止有四字

按，此句指切韻脣舌牙齒喉五音，前面的『脣舌牙』三音是閉塞音、第四位齒音是塞擦音，此四者都有送氣音，沈括記述的這種切韻圖用『滂、湯、康、蒼』四字表示，而《韻鏡》《七音略》後兩字爲『穅、倉』。用字不同也顯示了歧異。切韻五音之第五音爲喉音，喉音是摩擦音，漢語的摩擦音無送氣的次清音，所以脣舌牙齒喉五音，只有前四音有代表字。

四聲則有無聲亦有無字者，如蕭字肴字全韻皆無入聲，此皆聲之類也

陽聲韻有入聲相配，陰聲韻無。蕭韻、肴韻是陰聲韻，所以無入聲。

所謂切韻者，上字爲切，下字爲韻

沈括、晁公武、盧宗邁等宋人皆如是説，這是將『切韻』一詞的上下字分言。『切』與『韻』都是單音節名詞，『切』之義是紐，可參看明代的《洪武正韻》，其『凡例』作『上字爲聲，下字爲韻』。晚唐的《守温韻學殘卷》：『若將審穿禪照中字爲切，將高字爲韻，定無字可切。』魏建功先生《論〈切韻〉系的韻書——〈十韻彙編序〉》文認爲其中的第一個『切』是名詞，義爲聲母，第二個『切』是動詞，拼切的意思。（《魏建功語言學論文集》，商務印書館，二〇一二年，第二七九—二八〇頁）按，魏先生之説正確可從，此處『若將審穿禪照中字爲切』的『切』，即『上字爲切』的『切』。

切須歸本母，韻須歸本等

『切須歸本母』，按，此『切』即『上字爲切』之『切』，紐也。全句義爲聲紐（反切上字）需歸它的所屬的（某）字母。『韻須歸本等』，義爲韻（反切下字）需歸它的所屬的（某）等。

注意：沈括上文講到『每聲復有四等，謂清、次清、濁、平也』，那是講的聲紐的發音方法等，本文在前已有論述。《夢溪筆談》此處又提到術語『等』，但是講的是韻的等。可見同一『等』字而義有别。

切歸本母，謂之音和，如德紅爲東之類，德與東同一母也

《夢溪筆談》自此以下講門法。按，門法一詞在現存文獻中始見於元代劉鑒《經史正音切韻指南》，但門法的事實則在唐宋已出現，爲一發現或發明賦名晚於事實本身，這是人類社會的常態。如果要給門法下定義，鄙見：門法是對反切的拼切規則的總稱。中國漢字不是拼音文字，拼音文字只用幾十個符號（即字母）就能拼切出其語言的所有的詞，而漢語自東漢末用反切法，即以兩個字拼切一個字的字音。不同的時代，不同的人用不同的字來做反切的上字或下字，於是積累的反切個體的數量就成千上萬。應該説，當一個一個反切個體造出來的時候，他們都是正常的，即能順暢拼切出被切字，用門法術語，都是音和切，《廣韻》：『和，順也，諧也。』但是語音是變化的，即縱向的，前時的某些反切上字或下字，按照這後世的語音，拼不出被切字的正確讀音，即這些字成了非正常反切。爲了解釋、拼切這些非正常反切，就創造出若干門法術語，如類隔、互用等。就横向言，每個時代的反切，多數是音和切，即正常的，暢順的。其他是非正常反切，需要用各種門法對付。

或者可以如此解釋門法。起初門法很少，如『音和』『類隔』之類，後來日漸增多，至十幾種，不勝其煩。反切上字與反切下字拼切順當諧和的正常反切謂之『音和』，音變以前的老反切及其他因素造成的舊反切，統言之，它們都是非正常反切，如何解釋，處理？就立出許多名目。門法就是對一個正常的『音和』反切與多個非正常反切的解釋及處理的技術。

沈括『切歸本母，謂之音和』，意思是反切上字需要歸於它所屬的字母，不可是其他字母，這叫作『音和』，例如『東，德紅切』，『德』字與被切字『東』字的聲紐同類，都是端母字。

字有重中重、輕中輕

胡道静先生的兩大本書及現今出版的若干《夢溪筆談》全本或選本，將上述後六字點作『重中、重輕、中輕』或『重、中重、輕、中輕』，本文筆者之見，以上處置皆欠妥。按，古代學人常將『輕』與『重』，『清』與『濁』這兩對易於感知的詞兒來形容聲音的某種相對的狀態。中唐時期入唐求法的日僧空海（七七四—八三五）《文鏡秘府論》中有『輕』『重』『輕中重』『重中輕』諸詞語，似指聲紐的清濁（詳見《魏建功語言學論文集》第二七八頁，商務印書館，二〇一二年）南宋鄭樵《通志》之《七音略》有四三圖，每圖之末或標「重中重」「輕中輕」（此兩者多見）「重中輕」「輕中重」（此兩者少見），似乎與韻的開口、合口有關，確切涵義待考。《夢溪筆談》此處之「重中重」和「輕中輕」議論的是「字」。因爲此八字位於論音和及論類隔之間，「重中重輕中輕」六字當與聲紐有關，似乎指重脣聲紐爲「重中重」，輕脣聲紐爲「輕中輕」。看來，此八字似宜點作「字有重中重、輕中輕」。

本等聲盡，汎入別等，謂之類隔。雖隔等，須以其類，謂脣與脣類、齒與齒類，如武延爲綿。符兵爲平之類是也

按，這裏的「等」所指肯定是聲紐的問題。三十六字母體系，脣音這一類分重脣音（幫滂並明）與輕脣音（非敷奉微）兩組，每組叫「等」，「類」與「等」是包含與被包含的上下級的關係。某等聲盡。盡即滿義。汎，《説文解字》《廣韻》《集韻》都釋爲「浮貌」。沈括前幾句，揣其意，切韻法的原則是，比如重脣音或輕脣音「本等」的字滿了，就跳槽到「別等」去了，雖然「隔」了「等」，但是不能出「類」，此脣與彼脣還是一類。如「武」爲輕脣音微母字，「綿」是重脣音明母字，它們之間隔了「等」，但都是脣類，做反切時可以相通，故「武延」可以拼切得出「綿」字。「符」爲輕脣音奉母字，同理「符兵」拼切可以得出「平」字，「平」是重脣音並母字。

漢語本來只有重脣音（雙脣音），後來分化出輕脣音（脣齒音），舊時代的老反切脣音字只有一類，後代分成兩個組。嚴格地講，兩組不得互用，但考慮到『本自同根生』，因縱向發展變異，『類』被『隔』了，切韻家造出『類隔』這一門法，用來變通處理舊時代的老反切。

韻歸本等，如冬與東，字母皆屬端字。冬乃端字中第一等聲，故都宗切。宗字，第一等韻也，以其歸精字，故精，徵音第一等聲。東字乃端字中第三等聲，故德紅切，紅字，第三等韻也，以其歸匣字，故匣，羽音第三等聲

按，《夢溪筆談》這一段提到『第一等聲』『第三等聲』『第一等韻』『第三等韻』，可見沈括所知曉的切韻法『聲』有『等』，『韻』亦有『等』，足證《夢溪筆談》裏的『等』涵義多而複雜。又『韻歸本等，如冬與東』，此下則是叙述冬韻與東韻的差別。《夢溪筆談》此處所言，值得注意。《廣韻》首爲東韻，次爲冬韻，在《廣韻》系切韻圖《韻鏡》《七音略》裏，冬韻是一等韻，東韻含有兩部分，即一等韻和三等韻。『東』這個字本身是一等韻字，其反切下字『紅』也是一等韻字。但是，如依照《夢溪筆談》所傳述的這個切韻法體系，『東』字是第三等聲，因聲而推論韻，切下字『紅』是第三等韻，與今人所熟悉的《韻鏡》《七音略》迥然不同，而且其中的兩股連續性推論牽涉五音（宫商角徵羽）的等，此亦頗引人注目，這都是沈括所了解的切韻法、切韻圖的特異之處！今特爲揭出，敬希音韻學人重視之。沈括《夢溪筆談》所傳述的切韻法超出今之音韻學人所了解的『等韻』多矣！迄今爲止的等韻學論著對《夢溪筆談》所傳述的多種内容視而不見，令人感到遺憾。朋友们，是奮力提高的時候了！

又有互用借聲，類例頗多

此處也是講的切韻法的門法。互用，講的是『精照互用』，如『則減切斬』，『則』是精母字，『斬』是照母字，他們本分屬齒音的兩個小類，但可以互相代用，這也是立於北宋時代對以前的舊反切的一種解釋，一種變通的拼切技術。

借聲，《韻鏡》『序例』之『四聲定位三聲附』部分又稱之爲『借音』：『韻中或只列三聲者，是元無入聲。如欲呼吸，當借音可也。支、微、魚、模之類是三聲。支、止、至、質，模、姥、暮、目之類是借音。』其意是，在切韻圖中，陽聲韻四聲相承；陰聲韻只有三聲，無相承入聲韻，但可以通過『借音』的方式，達到四聲一貫的目的。

沈約爲四聲，音韻愈密

《夢溪筆談》卷十四『沈約爲四聲』條云：『音韻之學，自沈約爲四聲，及天竺梵學入中國，其術漸密。』與此同意。

南朝至齊梁時，文士創作詩歌，很重視『音美』。沈約等人發現四聲，著《四聲譜》，提倡『四聲八病』之説，充分利用了聲調與韻的美學功能，這促使音韻學更爲廣大社會重視，從而得到進一步的發展。

梵學則有華、竺之異

梵學，指古代印度的有關佛教、梵語、梵文的學問。華，中華；竺，天竺，古代中國對 sindhu 的音譯有『身毒』『天竺』『信德』等，唐代玄奘正名作『印度』。從沈括此句可見『梵學（包括梵語、梵文之學）』有印度本土梵學與傳入中國後的中華梵學的區別。《夢溪筆談》的『梵學有華、竺之異』，此語特别值得當今中國的研究印度學與佛學的專家重視。

南渡之後，又雜以吴音

此當襲自顔之推《顔氏家訓》的『南染吴越，北雜夷虜』。顔之推之意指當時的南朝通語受吴地方言的影響。按，四世紀初『永嘉之亂』，西晉滅亡，導致大批中州官民逃往以建康（今南京）爲中心的南方，於是發生『語言入侵』，北方的漢語通語因之進入長江流域，經多年的衍變發展而成爲南方通語。此南方通語因與原住民的吴方言長期接觸殊多，受其感染，詳見拙文《顔之推謎題及其半解》（《中國語文》二〇〇二年第六期、二〇〇三年第二期）。

故音韻龐駁，師法多門

沈括《夢溪筆談》這一段是説，研究漢語語音的學問，到了沈約，發現了四聲，提倡四聲説，推進了漢語語音學説的發展。漢語切韻學受了外來的影響，此源於印度的梵語音系學（按，實際上僅是關於聲紐系統的學説），而梵學又有華、竺之别。西晉之末，『永嘉之亂』北方難民大量南遷，進入南方後歷久形成的南方通語又受吴音的影響，因而駁雜。有關漢語音韻學的研究與傳授，學派不一，學説多歧。總之，沈括這八句話講了漢語音韻的語音史，也講了音韻學的學術史。

至於所分五音，法亦不一

『五音』，通常指上古時期的樂律五音，即宫商角徵羽五音。其後音韻學興起，早期使用樂律五音，如唐代封演《封氏聞見記》：『魏時有李登者，撰《聲類》十卷，凡一萬一千五百二十字，以五聲命字，不立諸部。』中晚唐及其後的音韻學家（切韻學家）有了自己的『五音』即牙舌脣齒喉（或脣舌牙齒喉）五音。

下面列舉樂家、切韻家、五行家各自的『五音説』，各有一套系統。

如樂家所用，則隨律命之，本無定音，常以濁音爲宫，稍清爲商，最清爲角，清濁不常爲徵、羽

沈括是中國史乃至世界史上罕見的通才，他也精通音樂之學。其《夢溪筆談》是筆記體的百科全書式著作，計六〇九條，涉及幾十個學科。英國李約瑟博士和上海金良年編審各自做了一個《夢溪筆談》條目分類表，都有『音樂』一類，都著録四四條，居各學科之首，集中在《夢溪筆談》樂律門類之卷五、卷六。此條所言清濁與五音的分配，筆者於此無知，不敢妄言。吴以寧《夢溪筆談辨疑》一書附録之三《沈括和〈夢溪筆談〉研究資料索引（一九二六——一九九二）》列有《選注（音樂部分）》（中央民族學院藝術系〈夢溪筆談〉注釋小組，《樂器科技簡訊》北京人民音樂出版社，一九七六年第一期）《〈夢溪筆談〉音樂部分注釋》（中央民族學院藝術系理論組，北京人民音樂出版社，一九七九年）。筆者搜索了《中國知網》，發現近幾年有幾篇研究論文。

切韻家則定以脣、齒、牙、舌、喉爲宫、商、角、徵、羽。其間又有半徵、半商者，如來、日二字是也，皆不論清濁

在宋代，在反切法中，『切』與『韻』對言，『上字爲切，下字爲韻』。『切』與『韻』兩字連言，形成一詞，再加單音詞『學』『法』『家』『詩』等構成一個詞族。《夢溪筆談》此處的『切韻家』是指稱掌握與研究切韻學的學者。按，《夢溪筆談》記述的此類切韻家，其五音次序比較特别。現今常見的『切韻五音』，其排序有：一，牙、舌、脣、齒、喉，如《四聲等子》《切韻指掌圖》《經史正音切韻指南》《盧宗邁切韻法》《五音集韻》等；二，脣、舌、牙、齒、喉，如《韻鏡》《七音略》。而《夢溪筆談》此處介紹的五音次序，齒音居然躍居第二位！又，五音加半徵、半商，則成『七音』，如鄭樵《七音略》的『七音』。沈括早於鄭樵，可見《七音略》之七音説非鄭樵所創。關於清濁問題，《夢溪筆談》於此間文句前，有『幫字，横調之爲五音，幫當剛臧央是也』，其下有小字注：『幫，宫之清；當，商之清；剛，角之清；臧，徵之清；央，羽之清。』接續的是『縱調之爲四等，幫滂傍茫是也』，下小字注：『幫，宫之清；滂，宫之次清；傍，宫之濁；茫，宫之不清不濁。』從以上所引兩段小字注可見，『五音』有清濁之别。但『半徵半商如來日』則『皆不論清濁』。

五行家則以韻類清濁參配，今五姓是也。

這一段是沈括介紹五行家的五音説。五行，金、木、水、火、土，是自然界的五種物質形態，成了中國上古哲學的重要概念。五行家，中國古代以五行説解釋人事和自然的一個流派，後來以神秘文化爲職業的術士，將五行與樂律的宫商角徵羽五音、音韻的牙舌脣齒喉五音，更與人的姓氏附會起來，以指導人們趨吉避凶。筆者現摘録幾則典籍記載於下。唐杜佑《通典》卷一百五『喪禮雜制』：『初，貞觀中，吕才爲太常博士，與諸陰陽學者十餘人，撰陰陽書凡五十三卷，并舊書行者三十七卷，詔頒下之。才病其有穿鑿拘忌者，故著論曰：『《易》曰：「上古穴居而野處，後代聖人易之以宮室，蓋取諸《大壯》。」逮於殷周之際，乃有卜宅之文，故《詩》稱「相其陰陽」，《書》云「卜惟洛食」，此則卜宅吉凶，其來尚矣。至於近代師巫，更加五姓之說。言五姓者，謂宮商角徵羽，天下萬姓，悉總配之，行事吉凶，依此爲法。至如張、王等爲商，武、庚等爲羽，欲似同韻相求；及其以柳姓爲宮，以趙姓爲角，又非四聲相管。其間亦有同是一姓，分屬宮商；復有複姓數字，徵羽不別。驗於經典，本無斯説，諸陰陽書，亦無此語，直是野俗口傳，竟無所出之處。』

北宋人高承《事物紀原》卷九『五姓』條云：『《蘇氏演義》（筆者按，著者爲唐末人蘇鶚）曰：「五音之配五姓，郭璞以收舌之音爲宮姓，以至顎上之音爲徵姓，以脣音爲羽姓，以舌着齒外之音爲商姓，以胸中之音爲角姓。」又《青囊經》云：「城寨屋宅之地，亦以五姓配五行。」然則五姓之起自郭璞始也。《前漢（書）》『王莽傳』：『卜者王況謂李焉曰：「漢當復興，君姓李。李者，徵。徵，火也。當爲漢輔。」按，此五姓之説自漢已有之云。」』周祖謨先生的《唐五代韻書集存》『五代本切韻』一章，研究的對象是敦煌文獻伯二〇一四等五件，指出其中『論姓氏，有的標舉五音，有的就不講五音』（第九二五頁）又揭出五代本《切韻》『在説明姓氏的時候，有一部分是分別宮商五音的。如：伯二〇一五（二）灰韻「迴」注云角姓；伯二〇一四（六）先韻「先」「田」二字，宣韻「宣」「全」二字注云徵姓，蕭韻「蕭」字注云商姓；伯二〇一四（八）肴韻『巢』

『茅』『包』三字注云角姓；伯二〇一四(七)鹽韻『閻』字注云徵姓，『詹』字注云宮姓；伯五五三一(二)語韻『衙』『許』『汝』『呂』四字注云姓。這種以五音論姓是以前各種韻書所没有的。五音論姓遠始於東漢，見王充《論衡》『詰術』，今已不傳。』(第九三四頁)

本文筆者按：唐人蘇鶚書所言的晉人郭璞的五音論姓，皆指姓字聲紐之五音問題，而沈括此處所言的是『五行家以韻類清濁參相配，此五姓是也』，是紐與韻皆可被使用來爲『五姓』説服務。又，聲紐有清濁，治音韻之學者無人不認可，而此處云『韻類清濁』，韻亦有清濁之別乎？

折聲

悉曇學中未見『折聲』術語，待考。《夢溪筆談》對『折聲』的描述是『折聲自臍輪至脣上發，如⿰夕牛字浮今反之類是也』。『⿰夕牛浮今反』或爲『吽呼今反』之訛，『吽』字在唐代密咒中對應梵語音節『𑖮𑖳𑖽(hūṃ)』，該音節以發音部位較深的h起首，以發音部位靠外的ṃ結尾，可能是對其解説『自臍輪至脣上發』的對應。

攝聲(字)

悉曇學中未見『攝聲』術語，待考。《夢溪筆談》對『攝聲』的描述是『攝字鼻音，如歆字鼻中發之類是也』，似乎『攝聲』與鼻音有關。梵語字母中確實有一個表示鼻音的輔助符號，它在梵語中叫作 anusvāra。古代悉曇學將 anusvāra 譯作『大空點』，現在也有譯作『隨韻』的。在書寫上，大空點是一個小點，寫在一個字母的正上方，例如：字母 𑖀，加上大空點後作 𑖀𑖽。它在轉寫上作 ṃ，如字母 𑖀，轉寫爲 a，加上大空點後的字母 𑖀𑖽 轉寫爲 aṃ。鼻音 ṃ 的讀法，取決於該字母後面緊跟的輔音的發音部位。

臍輪

即肚臍眼。

⿰夕牛 浮金反

『⿰夕牛』字不見於傳統字書、韻書。切語『浮今反』，奉母侵韻，此切語在《切韻》音系中有音無字。考《大廣益會玉篇·牛部》『⿰舍牛、吽，二同，呼今切，出神呪。』『⿰舍牛』『吽』二字是密教咒語用字。唐時金剛智與善無畏皆以『吽』字對梵語音節『𑖮𑖳𑖽』(hūṃ)。又遼代希麟《續一切經音義》：『⿰舍牛，呼感反，從臍輪氣海引聲合口連呼。』此段描寫與《筆談》對『折聲』的描述『自臍輪起至唇上發』句相合。由此可見，《筆談》之『⿰夕牛』當爲『⿰舍牛』或『吽』字的形近訛誤。至於切語『浮今反』之切上字『浮』，當爲曉母字『呼』之訛。

字母則有四十二

《夢溪筆談》中的四十二字母是一種梵語字母的排列方式，它與悉曇學五十字母有很大差別。四十二字母的排列方式常常出現在《般若》《華嚴》兩類經典中，所以有時它又被稱爲『華嚴字母』。《筆談》字母與唐時不空譯《大方廣佛華嚴經入法界品四十二字觀門》的字母大致可以對應。現列表於下，分別爲《筆談》用字、不空譯本用字、悉曇體梵文、悉曇字轉寫、國際音標等五項內容，其中悉曇字取自《大正藏》不空譯本。

順序	1	2	3	4	5	6	7
筆談	阿	多	波	者	那	邏	拖
不空	阿	囉	跛	左輕呼	曩舌頭呼	攞	娜
悉曇	𑖀	𑖨	𑖢	𑖓	𑖡	𑖩	𑖟
轉寫	A	ra	pa	ca	na	la	da
音標	[ɑ]	[rɑ]	[pɑ]	[tɕɑ]	[nɑ]	[lɑ]	[dɑ]

續表

順序	8	9	10	11	12	13	14
筆談	婆	荼	沙	嚩	哆	也	瑟吒二合
不空	麼	拏上	灑	嚩	多上	野	瑟吒二合
悉曇	𑖤	𑖚	𑖬	𑖪	𑖝	𑖧	𑖬𑖿𑖘
轉寫	Ba	ḍa	ṣa	va	ta	ya	ṣṭa
音標	[bɑ]	[ɖɑ]	[ʂɑ]	[vɑ]	[tɑ]	[jɑ]	[ʂʈɑ]
順序	15	16	17	18	19	20	21
筆談	迦	娑	麽	伽	他	社	鎖
不空	迦上	娑上	莽輕呼	誐	他上	惹	娑嚩二合
悉曇	𑖎	𑖭	𑖦	𑖐	𑖞	𑖕	𑖭𑖿𑖪
轉寫	Ka	sa	ma	ga	tha	ja	sva
音標	[kɑ]	[sɑ]	[mɑ]	[gɑ]	[tʰɑ]	[dʑɑˑ]	[svɑ]

續表

順序	22	23	24	25	26	27	28
筆談	拖	奢	佉	叉	娑多二合	壤	曷攞多三合
不空	馱	舍	佉上	訖灑二合	娑多二合	孃輕呼上	囉他二合上
悉曇	𑖠	𑖫	𑖏	𑖎𑖿𑖬	𑖭𑖿𑖝	𑖗	𑖨𑖿𑖞
轉寫	Dha	śa	kha	kṣa	sta	ña	rtha
音標	[d^{h}ɑ]	[ɕɑ]	[k^{h}ɑ]	[tʂ^{h}ɑ]或[kʂɑ]	[stɑ]	[ȵɑ]	[rt^{h}ɑ]
順序	29	30	31	32	33	34	35
筆談	婆上聲	車	娑麼二合	訶婆二合	縒	伽上聲	吒
不空	婆引去	磋上	娑麼二合	訶嚩二合	哆娑二合	伽去	姹上
悉曇	𑖥	𑖔	𑖭𑖿𑖦	𑖮𑖿𑖪	𑖝𑖿𑖭	𑖑	𑖙
轉寫	Bha	cha	sma	hva	tsa	gha	ṭha
音標	[b^{h}ɑ]	[tɕ^{h}ɑ]	[smɑ]	[hvɑ]	[ts^{h}ɑ]或[tsɑ]	[g^{h}ɑ]	[ʈ^{h}ɑ]

續表

順序	36	37	38	39	40	41	42
筆談	拏	娑頗二合	娑迦二合	也娑二合	室者二合	侘	陀
不空	儜上	頗	塞迦二合上	也娑上二合	室左二合上	吒上	荼引
悉曇							
轉寫	ṇa	pha	ska	ysa	śca	ṭa	ḍha
音標	[ɳɑ]	[pʰɑ]	[skɑ]	[jsɑ]	[ɕtɕɑ]	[ʈɑ]	[ɖʰɑ]

第二章　《夢溪筆談》所載切韻法繹析

漢語等韻學發軔於唐，迄民國仍有撰著，前後歷一千餘年。學人欲瞭解宋代前期的切韻學（詳見本文第二節）的狀況，主要依據《七音略》、清光緒年間返國的《韻鏡》、六年前返國的《盧宗邁切韻法》三書及其他零星材料推闡。然而沈括《夢溪筆談》卷十五『藝文二』第一條『切韻之學』條對研究十一世紀甚至其前的切韻學史有着很重要的意義，《筆談》『切韻之學』條内涵頗豐，記述了當時流傳的多種切韻法，惜乎這些切韻法在後代失傳，遂使《韻鏡》《七音略》一系切韻圖處於獨尊地位。我們應該打開這一庫藏，繹析探究，使北宋時期相當繁榮的等韻學的面貌重現於學界。

一、沈括與王宗道、盧宗邁

《夢溪筆談》『切韻之學』條：『切韻之學，本出于西域。漢人訓字，止曰讀如某字，未用反切。然古語已有二聲合爲一字者，如不可爲叵、何不爲盍、如是爲爾、而已爲耳、之乎爲諸之類，以西域二合之音，蓋切字之原也。如輭字文從而犬，亦切音也。殆與聲俱生，莫知從來。今切韻之法，先類其字，各歸其母。脣音舌音各八，牙音喉音各四，齒音十，半齒半舌音二：凡三十六，分爲五音，天下之聲總于是矣。每聲復有四等，謂清、次清、濁、平也，如顛天田年，邦胮龐厖之類是也。皆得之自然，非人爲之。如幫字横調之爲五音，幫當剛臧央是也。（幫宮之清，當商之清，剛角之清，臧徵之清，央羽之清。）縱調之爲四等，幫滂傍茫是也。（幫宮之清，滂宮之次清，傍宮之濁，茫宮之不清不濁。）就本音本等調之爲四聲，幫牓傍博是也。（幫宮之清平，牓宮清之上，傍宮清之去，博宮清之入。）四等之聲多有聲無字者，如封峰逢止有三字，邕胸止有兩字，竦火欲以皆止有一字。五音亦然，滂湯康蒼止有四字。四聲則有無聲亦有無字者，如蕭字肴字全韻皆無入聲，此皆聲之類也。所謂切韻者，上字爲切，下字爲韻。切須歸本母，韻須歸本等。切歸本母謂之音和，如德紅爲東之類，德與東同一母也。字有重中重，輕中輕。本等聲盡，汎入別等，謂之類隔。雖隔等須以其類，謂脣與脣類，齒與齒類，如武延爲綿，符兵爲平之類是也。韻歸本等，如冬與東，字母皆屬端字，冬乃端字中第一等聲，故都宗切，宗字第一等韻也，以其歸精字，故精徵音第一等聲。東字乃端字中第三等聲，故德紅切，紅字第三等韻也，以其歸匣字，故匣羽音第三等聲。又有互用，借聲，類例頗多。大都自沈約爲四聲，音韻愈密。然梵學則有華竺之異，南渡之後又雜以吴音，故音韻龐駁，師法多門。至於所分五音，法亦不一。如樂家所用，則隨律命之，本無定音，常以濁者爲宮，稍清爲商，最清爲角，清濁不常爲徵羽。切韻家則定以脣齒牙舌喉爲宮商角徵羽，其間又有半徵半商者，如來日二字是也，皆不論清濁。五行家則以韻類清濁參配，今五姓是也。梵學則喉牙齒舌脣之外，又有折攝二聲。……爲法不同，各有理致。雖先王所不言，然不害有此理，歷世浸久，學者日深，自當造微耳。』（據元大德九年東山書院刻本抄録。按『宫之清平』當爲『宫清之平』。）

在宋代文獻中可以見到一些與《筆談》内容甚或文字相同相似的記載。衢本《郡齋讀書志》的《切韻指玄論》提要：『右皇朝王宗道撰。切韻者，上字爲切，下字爲韻。其學本出西域。今其法，類本韻字，各歸於母：幫滂並明非敷奉微，脣音也；端透定泥知徹澄孃，齒音也；見溪群疑，喉音也；照穿床審禪精清從心邪，舌音也；曉匣影喻，牙音也；來日，半齒半舌也。凡三十六，分爲五音，天下之聲總於是矣。切歸本母，韻歸本等者，謂之音和，常也；本等聲盡，汎入别等者，謂之類隔，變也。中國自齊梁以前此學未傳，至沈約以後始以之爲文章，至於近時始有專門者矣。』此提要當係撮録王書文字而成。據《宋會要輯稿》，王宗道在宋真宗天禧四年（一〇二〇）官大理評事、崇文院檢討，在仁宗景祐四年（一〇三七）任祠部員外郎、崇文院檢討，王氏早於沈括約半個世紀。

又，《盧宗邁切韻法》：『切韻之學本出于西域。漢人訓字，止曰讀如某字，未用反切。然古語已有二聲合爲一字者，如不可爲叵、何不爲盍、如是爲爾、而已爲耳、之乎爲諸之類，以西域二合之音，蓋切字之原也。殆與聲俱生，莫知從來。今切韻之法，先類其字，各歸其母。脣音舌音各八，牙音喉音各四，齒音十，半齒半舌音二：凡三十六，分爲五音，天下之聲總于是矣。每音有四等，謂全清、次清、全濁、不清不濁，如顛天田年是也。字有平上去入四聲，如幫榜謗博是也。字有四等輕重，如高交驕驍是也。字字有此理，皆得之自然，非人可爲也。』此段文字與《筆談》大同，但有小異。據筆者《〈盧宗邁切韻法〉述評》一文考證，盧宗邁，江西大庾人，生於徽宗宣和年間（一一一九—一一二五）。盧氏在跋記中自稱『集切韻法』，可見其書不是自著，而是其前的若干切韻法的匯輯。

『挖掘』這些早期的切韻法文獻，並加以比較，可見《筆談》『切韻之學』條當亦有所承繼，即沈括是『述』而非『作』。

二、『切韻』

在《夢溪筆談》中，未見『等』『韻』二字連言，但屢見『切』『韻』二字連言。卷十五第一條『切韻之學』條有『切韻之學』『今切韻之法』『所謂切韻法，上字爲切，下字爲韻』『切韻家』，第二條『幽州僧行均』條有『幽州僧行均集佛書中字爲切韻訓詁……號龍龕手鏡』。拙文《〈盧宗邁切韻法〉述評》舉《夢溪筆談》等五十餘證論斷唐遼宋西夏金元皆稱『切韻學』，明清始言『等韻學』，可爲定讞。

藤原佐世在日本寬平年間（八八九—八九八）所輯《日本國見在書目録》，内有《切韻圖》一卷，就我淺聞，這是『切韻學』之『切韻』最早見於文獻者。而這與周顒《四聲切韻》（這是『切韻』二字最早見於韻學文獻者）、陸法言《切韻》之『切韻』同義否？若不同，如何產生出這『上字爲切，下字爲韻』的『切韻』？祈通人賜教。

三、某種切韻圖復原

《筆談》：『幫字横調之爲五音，幫當剛臧央是也。（幫宮之清，當商之清，剛角之清，臧徵之清，央羽之清。）縱調之爲四等，幫滂傍茫是也。（幫宮之清，滂宮之次清，傍宮之濁，茫宮之不清不濁。）就本音本等調之爲四聲，幫牓傍博是也。』『五音亦然，滂湯康蒼止有四字。』此必係據某種切韻圖而作的描述文字，我們據此描述，可將其圖復原如下：

			五音
四等			宮之清
	清	四聲	
		平	幫
		上	牓
		去	傍
		入	博
	次清	四聲	
		平	滂
		上	
		去	
		入	
	濁	四聲	
		平	傍
		上	
		去	
		入	
	不清不濁	四聲	
		平	茫
		上	
		去	
		入	

續表

				五音			
				清之商	清之角	清之徵	清之羽
四等	清	四聲	平	當	剛	臧	央
			上				
			去				
			入				
	次清	四聲	平	湯	康	蒼	
			上				
			去				
			入				
	濁	四聲	平				
			上				
			去				
			入				
	不清不濁	四聲	平				
			上				
			去				
			入				

此圖與現存之《韻鏡》《七音略》結構差别較大，且用字亦有歧異：『剛』（《七音略》作『岡』）、『央』（二書皆作『鴦』）、『膀』（二書皆作『榜』）、『傍』（二書皆作『螃』），『康』（二書皆作『糠』）、『蒼』（二書皆作『倉』）、濁之『傍』（《七音略》作『旁』）。尤可注意的是，清之去爲『傍』，而《廣韻》《集韻》去聲宕韻幫母補曠切均無『傍』字。

這一種切韻圖亡佚，《筆談》記述的這則資料，可謂吉光片羽，彌足珍貴。彼時的切韻學不是單一色調，原也是絢爛多姿的。

四、影曉

傳世韻圖及其他切韻學文獻中，喉音四母的次序有兩派：一是影曉匣喻，《韻鏡》《七音略》《盧宗邁切韻法》《切韻指掌圖》皆如此；二是曉匣影喻，王宗道《切韻指玄論》、《四聲等子》《經史正音切韻指南》如此。《筆談》同前者，此係據『横調之爲五音，幫當剛臧央是也』，『邕胸止有兩字』論斷。

五、『等』『平』與『不清不濁』

《筆談》：『每聲復有四等，謂清、次清、濁、平也。』與《韻鏡》《七音略》大異，這『等』指聲的發音方法，共開列了四個術語，這屬於下述A型切韻法。下文在『幫滂傍茫』四字後夾行小注也開列了四等的術語，爲『清』『次清』『濁』『不清不濁』，這屬於下述B型切韻法。二者體系不同。若無此認識，將會以爲沈括自相矛盾，或以爲其中之一爲傳抄、傳刻之誤。

六、『五音』

就五音的排序言，仔細觀察《筆談》，它記載了三種切韻法。

A. 脣舌牙喉齒，半齒半舌。此論斷係據『今切韻之法，先類其字，各歸其母。脣音舌音各八，牙音喉音各四，齒音十，半齒半舌音二：凡三十六，分爲五音，天下之聲總于是矣』。

B. 脣舌牙齒喉。此據『幫字橫調之爲五音，幫當剛臧央是也』，『滂湯康蒼止有四字』。

C. 脣齒牙舌喉。此據『切韻家則定以脣齒牙舌喉爲宫商角徵羽，其間又有半徵半商者，如來日二字是也』。

上述A、B、C三型切韻法在其他文獻中也有記載，兹搜輯於下，以收相互印證之效。

《廣韻》卷末『辯字五音法』、元刊本《大廣益會玉篇》卷首之《玉篇廣韻指南》内『辯字五音法』皆有『序』：『凡呼吸文字即有五音：脣聲、舌聲、牙聲、喉聲、齒聲等。』《筆談》A型同之。

《敦煌守温韻學殘卷》、《韻鏡》、《七音略》、王宗道《切韻指玄論》（據其三十六母名稱）皆以脣舌牙齒喉爲序，《筆談》B型同之。

至於《筆談》C型，王應麟（一二二三—一二九六）《小學紺珠》卷一『四聲』所載第二則（即『二曰』）『五音』資料與之相同。

《筆談》三型切韻法的共同點是悉以脣音起始，可見十一世紀流行這種脣音起首的切韻法。除了《筆談》的A、B、C型外，早期文獻還有另兩種脣音居首的切韻法：一是《廣韻》（澤存堂本、日本靜嘉堂文庫藏宋高宗紹興間浙刊本）卷末『辯字五音法』和元刊本《大廣益會玉篇》卷首所載類書《玉篇廣韻指南》內『辯字五音法』都有『一脣聲并餅（脣聲清也），二舌聲靈歷（舌聲清也），三齒聲陟珍（齒聲濁也），四牙聲迦佉（牙聲濁也），五喉聲綱各（喉聲濁也）』，則其次序爲脣舌齒牙喉；二是宋人張麟之《韻鑒序例》『調韻指微』：『五音定於脣齒喉牙舌。』

值得注意的是，載籍中還有一種以牙音爲首的切韻法：《盧宗邁切韻法》、《切韻指掌圖》前之『辨字母次第例』、『三十六字母切韻五音樂律五音傍通圖』、《四聲等子》、《經史正音切韻指南》均以牙音起始，即牙舌脣齒喉爲序，這些書都流行於十一世紀以後。

另外還有一種喉音起始的切韻法，《筆談》：『梵學則喉牙齒舌脣。』神珙《五音聲論》：『東方喉聲，西方舌聲，南方齒聲，北方脣聲，中央牙聲。』王觀國（北宋南宋之際人）《學林》卷八『雙聲疊韻』條『古人以四聲爲切韻……必以五音爲定』，次序與上同。宋本《切韻指掌圖》卷首『辨五音例』則以喉齒牙舌脣爲序。

以上是筆者從《夢溪筆談》及現存的其他文獻中勾稽出來的多種切韻法，並加以歸納、分類。乍看起來，可能令人產生錯覺：脣音起始的切韻法流行於前，牙音爲首的切韻法則在後，其實不然。『切韻之學本出于西域』，這是宋人的共識，漢語切韻學仿自梵語悉曇學，俞敏先生

《等韻溯源》認爲始於唐代實質是巫術的密宗經典之流入中國，譯咒語時須精熟悉曇學，並模仿應用以分析漢音結構，切韻學遂得以產生。因此以牙音開始和以喉音建首的漢語切韻法自可理解，梵文悉曇體文 ka 組，漢譯名稱『牙聲』『喉聲』『喉中聲』『舌根聲』『舌本聲』不一，異名而同實。觀《大正藏》所載空海、安然、淳祐、明覺諸人的悉曇學著作，梵文體文均以 ka 組爲首，我們完全有理由推測，很早時期的切韻法必有以牙音爲首的一系，只是資料佚散罷了。十二世紀的那些牙音起始的切韻法是淵源有自的。

又一問題接踵而至：既然梵文悉曇學體文以 ka 組建首，漢語切韻法怎麽會以脣音起首？而且有好幾種型式，僅《筆談》就録載了三型。似可這樣解釋：聲以 k 開始，即口腔發音器官從最裏面的舌根音排序；聲以 p 開始，即從最外面的雙脣音列次，以脣音建首的切韻法是中國人創造性的體現。晚唐的《守温韻學殘卷》即如此，可見這種創造時間之早；《廣韻》系韻圖（詳《魯國堯自選集》第九四至九九頁）《韻鏡》、《七音略》皆始『幫』終『日』，可見其應用之廣。可否有其他解釋？脣音起始是否另有所本，祈方家賜教！

七、切韻五音參配樂律五音

《筆談》記載了三則切韻五音參配樂律五音的體系：（一）見『幫當剛臧央』的夾行小注，

(二)據『精徵音第一等聲』『匣羽音第三等聲』，(三)據『切韻家則定以脣齒牙舌喉爲宫商角徵羽，其間又有半徵、半商者，如來、日二字是也』，兹列表於下：

	宫	商	角	徵	羽	半徵	半商
(一)	脣	舌	牙	齒	喉		
(二)				齒	喉		
(三)	脣	齒	牙	舌	喉	來	日

八、切韻門法

董同龢先生《等韻門法通釋》指出，今傳等韻門法見於《四聲等子》《切韻指掌圖》《經史正音切韻指南》等，『可是事實上門法並不是從《等子》的作者才創設的』，並舉敦煌《守温韻學殘卷》的『類隔』『寄韻憑切』爲例。《筆談》也述及門法，首爲『音和』『類隔』，與王宗道《切韻指玄論》字句幾乎一致。又云『又有互用、借聲，類例頗多』，但未闡述。『互用』在《盧宗邁切韻法》等書中可見到(詳見《魯國堯自選集》頁一一二)，『借聲』則不知何指，從『類例頗多』可見十一世紀切韻門法之繁夥，惜乎《筆談》只有寥寥數筆。

九、『重中重，輕中輕』

『字有重中重，輕中輕。』因此語前後文皆論聲，故可推斷『重中重』『輕中輕』係指聲而言，顯然這與《七音略》的『重中重』『輕中輕』不同。《筆談》講罷『音和』之後，即云『字有重中重，輕中輕』，下文是『本等聲盡，汎入别等，謂之類隔。雖隔等須以其類，謂脣與脣類、齒與齒類，如武延爲綿、符兵爲平之類是也』。那麽，『重中重，輕中輕』是指類同而等隔，用現在的語音學術語説，是發音部位同而發音方法異，下舉的兩例即通常所謂的重脣、輕脣之别。按，今人標點有作『重、中重、輕、中輕』者，待研。

十、『韻歸本等』

『韻須歸本等。』『韻歸本等，如冬與東，字母皆屬端字，冬乃端字中第一等聲，故都宗切，宗字第一等韻也，以其歸精字，故精徵音第一等聲。東字乃端字中第三等聲，故德紅切，紅字第三等韻也，以其歸匣字，故匣羽音第三等聲。』

韻也有等，有第一等韻，有第三等韻，前者如宗字，後者如紅字。同等韻與同等聲相配，聲也有第一等聲，有第三等聲，前者如冬字，後者如東字，而且其切下字的聲也有相應的等。這些跟流傳至今的切韻法迥不相同。

十一、結語

沈括《夢溪筆談》『切韻之學』條，共八百餘字，除去一百七十字叙『梵學』（梵語悉曇學）外，皆是述『漢學』（漢語切韻學）。其内容甚豐，但後世學者不太重視這一庫藏，有些論著雖引用此條若干詞語，然未能洞其癥結。筆者體味、抽繹多年，自謂得其艉理：一，關鍵在於認識其多元性，此條所載切韻法不止一種，否則或視作瞀亂，或疑爲版本之誤，或只録其中一種，而舍其餘。二，此條當前有所承，乃十一世紀流行的切韻法的資料匯輯，各種體系、術語競列紛陳，沈括結集於一條之内，未曾厘別標識，疏理闡發，也許因爲這些在當時人看來都是尋常之物，其理自明的。但是其中大多在後代失傳，以致不能悉其奥旨。三，十一世紀甚或其前，切韻蜂起，諸家争鳴，『師法多門』，具此宏觀的學術史認識，方能尋繹、董理，故就力之所及，或區而別之，或闡而明之，或予以復原，或略加引申，亦遵先聖之教：『於其所不知，蓋闕如也。』

一九九八年撰

吒拏娑頗〔合〕娑迦〔合〕也娑〔合〕室者〔合〕佗陀
爲法不同各有理致雖先王所不言然不
害有此理歷世㑹久學者日深自當造微
耳
幽州僧行均集佛書中字爲切韻訓詁凡十
六萬字分四卷號龍龕手鏡燕僧智光爲
之序甚有詞辯契丹重熙二年集契丹書
禁甚嚴傳入中國者法皆死熙寧中有人
自虜中得之入傳欽之家蒲傳正帥浙西
取以鏤版其序末舊云重熙二年五月序

蒲公削去之觀其字音韻次序皆有理法後世殆不以其爲燕人也

古人文章自應律度未以音韻爲主自沈約增崇韻學其論文則曰欲使宮羽相變低昂殊節若前有浮聲則後須切響一簡之內音韻盡殊兩句之中輕重悉異妙達此旨始可言文自後浮巧之語體制漸多如傍蹉對（蹉番千過反）假對雙聲疊韻之類詩又有正格偏格類例極多故有三十四格十九圖四聲八病之類今略舉數事如徐陵

十五　四

第三章 《夢溪筆談》『龍龕手鏡』注釋

幽州僧行均集佛書中字爲切韻訓詁，凡十六萬字，分四卷，號《龍龕手鏡》。燕僧智光爲之序，甚有詞辯。契丹重熙二年集。契丹書禁甚嚴，傳入中國者法皆死。熙寧中有人自虜中得之，入傅欽之家。蒲傳正帥浙西，取以鏤版。其序末舊云『重熙二年五月序』，蒲公削去之。觀其字音韻次序，皆有理法，後世殆不以其爲燕人也。

本篇爲《夢溪筆談》卷十五『藝文二』之第二則。

契丹　虜　幽州　燕

契丹是中國古時的一個民族，起源於今東北地區，至唐末崛起，五代後梁時期，九一六年建國曰契丹，九四七年改國號爲遼，九八四年改稱大契丹，一〇六六年復號遼。契丹（遼）長期入侵北宋，沈括謂之虜，乃是貶稱（按，清《四庫全書》改『虜』爲『敵』）。幽州，古地名，今北京地區。九三六年後晉石敬瑭時，幽、薊十六州被割給契丹。燕，沈括稱契丹爲燕，係用周時的古國名。

龍龕手鏡

字書名，契丹（遼）僧人行均著。行均，字廣濟，俗性于。該書收二六四三〇字，立部首二四二個。部首及下屬字，均以平上去入四聲次序編排。此書傳入宋地，宋人重刻時爲避宋太祖趙匡胤之祖父趙敬的名諱，改書名爲《龍龕手鑒》。此元大德刊本作『龍龕手鏡』。

切韻訓詁

凡字典，於每字之後，必須具注音、釋義，二者不可或缺。注音屬於音韻學的範疇，釋義屬於訓詁學的範疇。沈括此處用『切韻』一詞，實等同於『音韻』（本條之末即有『音韻』二字），於此亦可見『切韻』是文士如沈括經常使用的術語，是當時的常用詞，可與『音韻』换用。

傅欽之

傅尧俞，字欽之，宋官員，文士。

蒲傳正

蒲宗孟，字傳正，宋官員、文士。

重熙

遼興宗年號，重熙二年，公元一〇三三年。

熙寧

宋神宗年號，公元一〇六八—一〇七七年。

吴以寧《夢溪筆談辨疑》『幽州僧行均』云：

按：宋晁公武《昭德先生郡齋讀書志》卷一上《小學類》云：『右幽州僧行均撰。凡二萬六千四百三十字，注十六萬三千一百餘字。僧智光爲之後題云：「統和十五年丁酉。」按，《紀元通譜》：耶律隆緒嘗改元統和，丁酉，至道三年也。沈存中言：「契丹書禁甚嚴，傳入中國者，法皆死。熙寧中有人自虜中得此書，入傅欽之家，蒲傳正帥浙西，取以刻板。其末題云「重熙二年序」，蒲公削去之。今本乃云統和，非重熙，豈存中不見舊題，妄記之邪？』據此，説明《筆談》云智光序在『重熙』，誤，當在『統和』。又《龍龕手鏡》當二萬六千四百三十字，注十六萬三千一百餘字；《筆談》云『凡十六萬字』，恐不正確。考《四庫全書總目提要》卷四一《小學類二・龍龕手鑒》云：『今案，此本爲影抄遼刻，卷首智光原序尚存，其紀年實作統和，不作重熙，與晁公武所説相合，知沈括誤記。』『《龍龕手鑒》于《説文》《玉篇》之外，多所搜輯。雖行均尊其本教，每引《中阿含經》《賢愚經》中諸字，以補六書之未備，然不專以釋典爲主。沈括謂其「集佛書中字爲切韻訓詁」，殊屬不然，不知括何以云爾也。』四庫館臣對此質疑。（上海科學技術文獻出版社，一九九五年。第一四一——一四二頁）

主耳後人以其有兩今字只多行前篇
書之闕誤有可見於他書者如詩天夭是椓
後漢蔡邕傳作夭夭是加與速速方穀為
對又彼岨矣岐有夷之行朱浮傳作彼岨
者岐有夷之行坊記君子之道譬則坊焉
大戴禮君子之道譬猶坊焉夬卦君子以
施祿及下居德則忌王輔嗣曰居德而明
禁乃以則字為明字也
音韻之學自沈約為四聲及天竺梵學入中
國其術漸密觀古人諧聲有不可解者如

玖字有字多與李字協用慶字正字多與章字平字協用如詩或羣或友以燕天子彼留之子貽我佩玖投我以木李報之以瓊玖終三十里十千維耦自今而後歲其有君子有穀貽孫子陟降左右令聞不已膳夫左右無不能止魚麗于罶鰋鯉君子有酒旨且有如此極多又如孝孫有慶萬壽無疆黍稷稻粱農夫之慶唯其有章矣是以有慶矣則篤其慶載錫之光我田既臧農夫之慶萬舞洋洋孝孫有慶易云西

南得朋乃與類行東北喪朋乃終有慶積善之家必有餘慶積不善之家必有餘殃班固東都賦彰皇德兮侔周成永延長兮膺天慶如此亦多今廣韻中慶一音卿然如詩之未見君子憂心怲怲既得君子庶幾式臧誰秉國成卒勞百姓我王不寧覆怨其正亦是怲正與寧平協用不止慶而已恐別有理也

小律詩雖末技工之不造微不足以名家故唐人皆盡一生之業爲之至於字字皆鍊

第四章　《夢溪筆談》『音韻之學』古音學校析

音韻之學，自沈約爲四聲及天竺梵學入中國，其術漸密

沈約（四四一—五一三），字修文，南朝吴興郡武康縣（今浙江德清縣）人。歷宋、齊、梁三代，梁時任頂級高官。文學家、歷史家，梁時爲文壇領袖。沈約是四聲的最早發現者之一，著《四聲譜》，提倡『四聲八病説』，促進了漢語音韻學的發展，故沈括謂之『音韻之學』『其術漸密』。

天竺梵學

古印度的學問，此處特指印度梵語的語音學。『天竺梵學入中國』也使漢語『音韻之學』『其術漸密』。

筆者認爲，沈括此處二二字，值得認真體味。其意爲漢語音韻之學受沈約爲四聲和天竺梵學入中國的影響，得到這兩股推力，而『其術漸密』，即獲得大發展。兩股推力的先後次第，沈括講得很清楚。首先是『沈約爲四聲』，沈約是歷史名人，其生卒年可知，因而沈約爲四聲的時間可知。『天竺梵學入中國』，僅憑此七字無法定其時間，可是它在『沈約爲四聲』五字之後，則可推知沈括所言的『天竺梵學入中國』不是指沈約之前的漢魏時代佛教入中國，而是指在沈約之後的時期梵語學入中國。因爲沈括此處通篇講的是音韻學，『天竺梵學』必指印度梵語的音系學，具體地說，是梵語輔音系統的學説。

觀古人諧聲，有不可解者

在漢語學的教科書和論著中，『諧聲』通常是指具有聲符的字及該字與聲符之間的關係。而沈括《夢溪筆談》的『古人諧聲』，揣其意，是指上古時期的詩歌押韻，在古代『聲』與『音』近義，使用中常互換，詩歌押韻自然聲音諧和。在宋代文獻，不止沈括著作出現義指押韻的『諧聲』，其後的王觀國（南宋高宗時人）《學林》及王楙（一一五一——一二一三）《野客叢書》皆論及沈括《夢溪筆談》的『諧聲』，詳後。

沈括此條見《夢溪筆談》卷十四藝文一第六條。此條討論的是漢語上古音的問題。漢語上古音是指先秦兩漢時期漢語的語音，一般以《詩經》押韻和諧聲字所反映的語音爲代表。

沈括在此條討論了上古音的三個問題：一是《詩經》中有若干字『協用』即押韻，但是千載之後，在沈括所處的宋代，其語音不能互相押韻。二是韻不同調亦異的『慶』字與陽唐韻系的平聲字相押。三是某些不同聲調的字在《詩經》中却『協用』。沈括發現了這些問題，提出問題，『有不可解者』，最後却説：『恐别有理也。』於斯可見其迷茫彷徨但『上下求索』的精神。

對沈括所揭出的若干《詩》《易》句，現在作簡要的注解闡釋於下。至於其『理』，後述。

『玖』字、『有』字多與『李』字協用，『慶』字『正』字多與『章』字、『平』字協用

筆者先闡釋上半句，其意爲，在宋人的語音裏，『玖』『有』這類字與另一『李』類字韻母相異，自然不能押韻，而在《詩經》裏却押韻。下半句，在宋代，『慶』字與『章』字韻母不同，聲調也不同，在《詩經》裏却可以押韻。『正』字與『平』字聲調不同，自然不能押韻，而在《詩經》裏却押韻。從以上叙述，可見沈括對《詩經》押韻的認知，可謂之『押韻觀』（按，這是筆者仿時下的『人生觀』『價值觀』造的術語），即是在《詩經》《易經》等古代文獻裏，字的韻相同方可押韻，而且字的調相同方可押韻。腦中存在如此的前提，而以切身的實際口語驗之，却相悖，因而彷徨、困惑，提出問題：『觀古人諧聲，有不可解者！』

沈括舉了十九例，無不引用《詩經》《易經》等原文。筆者現將此段文獻，逐條抄録並詮釋評論於後。

如《詩》：『或群或友，以燕天子』『彼留之子，貽我佩玖』『投我以木李，報之以瓊玖』『終三十里，十千維耦』『自今而後，歲其有，君子有穀，貽孫子』『陟降左右，令聞不已』『膳夫左右，無不能止』『魚麗於罶，鰋鯉，君子有酒，旨且有』，如此極多。又如『孝孫有慶，萬壽無疆』『黍稷稻粱，農夫之慶』『唯其有章矣，是以有慶矣』『則篤其慶，載錫之光』『我田既臧，農夫之慶』『萬舞洋洋，孝孫有慶』。《易》曰：『西南得朋，乃與類行。東北喪朋，乃終有慶』『積善之家，必有餘慶；積不善之家，必有餘殃』，班固《東都賦》：『彰皇德兮侔周成，永延長兮膺天慶』，如此亦多。今《廣韻》中慶一音卿。然如《詩》之『未見君子，憂心怲怲；既見君子，庶幾有臧』。『誰秉國成，卒勞百姓。我王不寧，覆怨其正』，亦是怲正與寧平協用，不止慶而已，恐别有理也。

現將上述十九例逐例闡述：

（一）如《詩》：『或群或友，以燕天子。』

沈括摘自《小雅·吉日》三章：『瞻彼中原，其祁孔有。儦儦俟俟，或群或友。悉率左右，以燕天子。』在宋代，這裏的五個押韻的字，其發音分成兩個小組，一爲『俟』『子』；一爲『有』『友』『右』。筆者曾經窮盡式地研究過最能體現宋代語音韻母異同及其類别的標志物——宋詞的用韻，著《論宋詞韻及其與金元詞韻的比較》，結論是宋詞韻應分爲十八部。上述之『俟』『子』屬支微部；『有』『友』『右』歸尤侯部，這兩部字在宋代是不可以相互押韻的（現代仍然），在這裏可見沈括注意到宋代的不同韻的字却在《詩經》裏『協用』的現象。按，沈括之後的學者體察到『時有古今，地有南北，字有更革，音有轉移』（明人陳第《毛詩古音考·自序》），周秦時代的語音與後代不同，上述諸字之所以押韻是周秦時代韻部相同的表現。後代的專研古音學的專家定爲一部，命名爲『之部』。

（二）『彼留之子，貽我佩玖。』

沈括摘自《國風·王風·丘中有麻》三章：『丘中有李，彼留之子。彼留之子，貽我佩玖。』按，此章『李』『子』『子』『玖』押韻，在宋代前三字屬支微部，『玖』字屬尤侯部，而在上古音統歸之部。

（三）『投我以木李，報之以瓊玖。』

沈括摘自《國風·衛風·木瓜》三章：『投我以木李，報之以瓊玖，匪報也，永以爲好也。』按，『李』『玖』押韻，屬上古音之部。

（四）『終三十里，十千維耦。』

沈括摘自《周頌·噫嘻》：『噫嘻成王，既昭假爾。率時農夫，播厥百穀。駿發爾私，終三十里。亦服爾耕，十千維耦。」沈括認爲『里』『耦』押韻。沈括之所以有如此主張，是循前例。在宋代，『里』歸支微部，『耦』屬尤侯部，多例表明此兩部各有一些字在《詩經》裏是押韻的。但是不等於所有尤侯部字都可以與支微部字押韻。犯『以偏概全』毛病的不只是沈括，朱熹《詩集傳》於『耦』字下注：『叶音擬』，叶音就是改音，此與南北朝後期的沈重『改字』如出一轍。朱熹爲何改音？因爲改了音就能承認是押韻，於是『耦』可以與『里』押韻。但是後來古音學的發達，證明沈括、朱熹皆錯。上古音的之部包含《廣韻》的之韻系字，還有流攝三等的尤韻系部分字，但不接受流攝一等的侯韻系字『耦』，『耦』在上古音裏應是侯部字。在此我們應該寬容地講，沈括所舉十餘例中，只有這一條欠正確，『吾不以一眚掩大德』（《左傳》語）。按，王力《詩經韻讀·楚辭韻讀》、向熹《詩經譯注》均認爲《噫嘻》詩無韻。

（五）『自今而後，歲其有，君子有穀，貽孫子。』

沈括摘自《魯頌·有駜》三章：『有駜有駜，駜彼乘駽，夙夜在公，在公載燕。自今而後，歲其有，君子有穀，貽孫子，於胥樂兮。』按，《夢溪筆談》（元大德本）『自今而後』，『貽孫子』，朱熹《詩集傳》（宋本）、《十三經注疏》（阮氏文選樓刻本、乾隆武英殿刻本）均作『自今以始』，『詒孫子』。此章换韻，後半章『始』『有』『子』押韻，其中『有』，宋代尤侯部字，餘二字支微部，而在上古音則統歸之部。

（六）「陟降左右，令聞不已。」

按，《詩經》中「陟降」與「左右」各自多見，後者尤甚。而「陟降左右」，無此四字連言。唯《大雅·文王》一章：「文王在上，於昭于天。周雖舊邦，其命維新。有周不顯，帝命不時。文王陟降，在帝左右。」二章：「亹亹文王，令聞不已。陳錫哉周，侯文王孫子。文王孫子，本支百世。凡周之士，不顯亦世。」此爲沈括「陟降左右，令聞不已」之源。按，一章後半「時」「右」，二章前半「已」「子」，古音皆在之部。

（七）「膳夫左右，無不能止。」

沈括摘自《大雅·雲漢》七章：「旱既大甚，散無友紀。鞫哉庶正，疚哉冢宰。趣馬師氏，膳夫左右。靡人不周，無不能止。瞻卬昊天，云如何里。」按，「紀」「宰」「右」「止」「里」押韻，其中「紀」「止」「里」，在宋代屬支微部；「宰」屬皆來部；「右」屬尤侯部，上古音統歸之部。

（八）「魚麗於罶，鰋鯉。君子有酒，旨且有。」

沈括摘自《小雅·魚麗》三章：「魚麗於罶，鰋鯉。君子有酒，旨且有。」按，「罶」「酒」押韻，上古音幽部；「鯉」「有」押韻，上古音之部。

沈括舉《詩經》『協用』（即押韻）的八例，而在宋代語音，『俟』『子』『李』『始』『已』『時』『紀』『止』『里』屬支微部，『有』『友』『右』『玖』『右』屬尤侯部，『宰』屬皆來部。沈括時的宋代語音裏，三者不能協用，可是在《詩經》裏却可押韻，這是沈括提出的『觀古人諧聲，有不可解者』的第一部分，其中七例是後來古音學家所謂的之部字的問題。

沈括提出的『有不可解者』的第二部分是後來古音學家所謂的陽部字及『慶』字的聲調問題。

（一）『孝孫有慶，萬壽無疆。』

沈括摘自《小雅·楚茨》二章：『濟濟蹌蹌，絜爾牛羊，以往蒸嘗。或剥或亨，或肆或將。祝祭于祊，祀事孔明。先祖是皇，神保是饗，孝孫有慶。報以介福，萬壽無疆。』按，共一一字押韻，其中『蹌』『羊』『嘗』將』『皇』『饗』『疆』七字在《廣韻》裏屬唐陽韻系，而『亨』『祊』『明』『慶』四字屬庚韻系。在宋詞十八部裏，分屬江陽部與庚青部，但在先秦，兩者可以押韻，屬陽部。特別需要指出的是，『慶』字在《廣韻》裏是去聲映韻字，但是在《小雅·楚茨》與十個平聲字押韻，而且在《詩經》裏，『慶』與平聲字押韻不止一處，而是很多處，這就更加啓人疑竇，在上古，『慶』本是平聲字，只是在後來才演變成去聲字。請繼續看下文。

（二）『黍稷稻粱，農夫之慶。』

沈括摘自《小雅·甫田》四章：『曾孫之稼，如茨如梁。曾孫之庾，如坻如京。乃求千斯倉，乃求萬斯箱。黍稷稻粱，農夫之慶。報以介福，萬壽無疆。』按，『粱』『京』『倉』『箱』『粱』『慶』『疆』押韻，上古音陽部。上述《詩經》諸韻字在宋代皆是平聲字，唯獨『慶』爲去聲字。

（三）『唯其有章矣，是以有慶矣。』

沈括摘自《小雅·裳裳者華》二章：『裳裳者華，芸其黄矣。我覯之子，維其有章矣。維其有章矣，是以有慶矣。』按，『黄』『章』『章』『慶』押韻（虚詞『矣』雖居句尾，但非韻字），上古音陽部。上述《詩經》諸韻字在宋代皆是平聲字，唯獨『慶』爲去聲字。

（四）『則篤其慶，載錫之光。』

沈括摘自《大雅·皇矣》三章後半：『則友其兄，則篤其慶，載錫之光。受禄無喪，奄有四方。』按，『兄』『慶』『光』『喪』『方』押韻，上古音陽部。上述《詩經》諸韻字在宋代皆是平聲字，唯獨『慶』爲去聲字。

（五）『我田既臧，農夫之慶。』

沈括摘自《小雅・甫田》二章的前半：『以我齊明，與我犧羊，以社以方。我田既臧，農夫之慶。』按，『明』『羊』『方』『臧』『慶』押韻，上古音陽部。上述《詩經》諸韻字在宋代皆是平聲字，唯獨『慶』爲去聲字。

（六）『萬無洋洋，孝孫有慶。』

沈括摘自《魯頌・閟宮》四章的前半：『秋而載嘗，夏而楅衡。白牡騂剛，犧尊將將。毛炰胾羹，籩豆大房。萬舞洋洋，孝孫有慶。俾爾熾而昌，俾爾壽而臧。保彼東方，魯邦是常。』按，『嘗』『衡』『剛』『將』『羹』『房』『洋』『慶』『昌』『臧』『方』『常』押韻，上古音陽部。上述《詩經》諸韻字在宋代皆是平聲字，唯獨『慶』爲去聲字。

（七）《易》曰：『西南得朋，乃與類行。東北喪朋，乃終有慶。』

沈括摘自《易・坤・彖》：『柔順利貞，君子攸行，先迷失道，後順得常。西南得朋，乃與類行。東北喪朋，乃終有慶。安貞之吉，應地無疆。』按，『行』『常』『行』『慶』『疆』押韻，上古音陽部。不僅在《詩經》裏，在《易經》裏也有『慶』與其他陽部平聲字相押的用例，此更令人重視。

上述《易》諸韻字在宋代皆是平聲字，唯獨『慶』爲去聲字。

（八）『積善之家，必有餘慶；積不善之家，必有餘殃。』

沈括摘自《易·坤·文言》：『坤至柔而動也剛，至静而德方。後得主而有常，含萬物而化光，坤道其順乎，承天而時行。積善之家，必有餘慶；積不善之家，必有餘殃。』按，『剛』『方』『常』『光』『行』『慶』『殃』押韻，上古音陽部。上述《易》諸韻字在宋代皆是平聲字，唯獨『慶』爲去聲字。

（九）『班固《東都賦》：『彰皇德兮侔周成，永延長兮膺天慶。』

原文中之《白雉詩》：『發皓羽兮奮翹英，容絜朗兮於淳精。章皇德兮侔周成，永延長兮膺天慶。』按，『英』『精』『成』『慶』押韻，耕部。羅常培、周祖謨著《漢魏晉南北朝韻部演變研究》『兩漢詩文韻譜』之『耕部韻字表（後漢）』列一百多字，其中有『英』『精』『成』『慶』等，對『慶』字特別注：『「慶竟」二字，《廣韻》收在敬韻。東漢韻文與平聲字押韻。』（《羅常培文集》第二卷第五二六頁，山東教育出版社，二〇〇八年）此例很值得注意，『慶』字在漢代脱離了陽部，『跳槽』到耕部去了。但還是保持了平聲，尚未變入去聲。

今《廣韻》中『慶』一音『卿』

沈括《夢溪筆談》如是言。應筆者之請，李子君教授遍查《廣韻》繁本、略本，計三一種，『慶』皆在去聲映韻。而《集韻》平聲庚韻丘京切小韻首字爲『卿』，第三字爲『慶』，注曰：『賀也。』又，映韻丘正切小韻，獨一字『慶』，注曰：『《説文》行賀人也。』可見沈括所言『今《廣韻》中「慶」一音「卿」』，是錯誤的。或許『廣』字爲『集』字之訛。乃沈括之筆誤乎，抑手民之誤植乎？

沈括在本條開始即提出「慶」字「正」字多與「章」字「平」字協用」的問題。『慶』字的問題含韻母與聲調兩方面協用的問題，筆者已經叙述並討論過，沈括在本條結尾時再次提出異調相押的問題：他又論及『怲』『正』與『寧』『平』協用兩例：

（一）『未見君子，憂心怲怲。既見君子，庶幾有臧。』

沈括摘自《小雅·頍弁》二章後半：『蔦與女蘿，施于松上。未見君子，憂心怲怲。既見君子，庶幾有臧。』按，此處押韻，上古音陽部。上述之『上』，《廣韻》上聲養韻、去聲漾韻兩音；『怲』，《廣韻》上聲梗韻，去聲映韻兩音。『臧』，平聲唐韻。上古音的陽部含《廣韻》陽韻系、唐韻系和庚韻系。顯然，此章『上』『怲』『臧』協用，是異調相押。

（二）『誰秉國成，卒勞百姓。我王不寧，覆怨其正。』

沈括摘自《小雅・節南山》六章：『不弔昊天，亂靡有定。式月斯生，俾民不寧。憂心如酲，誰秉國成。不自爲政，卒勞百姓。』九章：『昊天不平，我王不寧。不懲其心，覆怨其正。』按，六章『定』『生』『寧』『酲』『成』『政』『姓』押韻，上古音耕部。九章『平』『寧』『正』押韻，上古音耕部。其中諸韻字，在宋代的《廣韻》，『定』『政』『姓』『正』皆爲非平聲字，其餘皆平聲字。也是異調互押。

怲、正與寧、平協用，不止慶而已，恐別有理也。

沈括云：『「怲」「正」與「寧」「平」協用，不止「慶」而已，恐別有理也。』提出了異調相押的問題。

對《夢溪筆談》的有關古音學的原文注解至此告一段落，現在對其整體作綜評如下。

人皆有思維能力，正常的人皆有正常的思維能力，對一位學者，可以依據其判斷、命題而逆推其推理的思維活動。例如《詩經》裏的一些篇章，本是押韻，到了後世，誦讀起來，却不押韻了。怎麽處置？例如《詩經・邶風・燕燕》三章：『燕燕于飛，下上其音。之子于歸，遠送于南。瞻望弗及，實勞我心。』任何人面對這三個偶句，勢不能不承認它們是押韻的。但是千載之後，第二偶句的末字『南』，與前『音』後『心』却不能押韻。對此『南』字，唐代陸德明（約五五〇——六三〇）《經典釋文》云：『如字。沈云：「協句，宜乃林反。」今謂「古人韻緩，不煩改字。」』上引文中的『沈』是沈重（五〇〇——五八三），南北朝後期的經學家，著《毛詩音》等。沈重爲了音韻協和，主張改音，給『南』字擬了個反切『乃林反』。陸德明反對，主張如字，即不煩改音。他的解釋是『古人韻緩』，意爲古人押韻寬泛。沈重、陸德明二人的對策不同，但是其思維活動推理的『大前提』是相同的，即古代《詩經》的韻語是押韻的，押韻諸字必須是韻相同、調相同。可是在自己所處的時代，以自己的語音誦讀某些篇章，却不押韻。處置的辦法只能是，或者否定詩經諸篇必押韻的前提，或者肯定前提而造新論以彌縫之。沈、陸都取的第二策，具體辦法則有差異。遺憾的是他們的『改字法』『韻緩説』，都被更後的上古音學術的發展顛覆掉。

本文探究的是，沈括對應該押韻的《詩經》某些篇章用宋代語音誦讀却不押韻，他是怎麼處置的？沈括飽讀詩書，對陸德明及其《經典釋文》應該非常熟悉。陸德明是陳隋唐之世的著名學者，李世民秦王府文學館十八學士之一，其《經典釋文》是歷朝歷代儒者必讀的準經典著作。值得注意的是，沈括没有採用陸德明的韻緩説，也不追隨沈重的改字法，走的是『第三條道路』。

筆者研讀沈括，覺得他的可貴之處在，絶口不談改字（實爲改音，即改韻）。他的辦法是在《夢溪筆談》裏『擺事實，提問題』，不厭其詳，連舉一九條例證。在學界，無論古今，通常認爲，提出問題不如提出新論，提出新論方算解決問題，因此提出問題往往不被人看重。實際上，此乃常人的俗見！

讀者諸君，請誦讀二十世紀偉大的科學家愛因斯坦的金句：

『提出一個問題往往要比解決一個問題更重要，解決一個問題也許只是數學或實驗技巧上的事而已。而提出新的問題、新的可能性、從新的角度去看舊的問題，却需要創造性的想像力，標志着科學的真正進步。』（阿爾伯特·愛因斯坦　利奥波德·英費爾德（著）張卜天（譯）二〇一九年《物理學的進化》，商務印書館。）

這才是異於流俗的高見卓識！偉大的科學家的偉大之處即在於此！

沈括，這位千年前的大科學家，探究了《詩經》中的若干押韻現象：《廣韻》的尤韻系字與之韻系字相押；韻不同調亦異的『慶』字與陽唐韻系的平聲字相押；『怲』『姓』與『寧』『平』異調相押。此三者不就是『從新的角度去看舊的問題』而『提出新的問題』從而推進了科學的進步？

筆者認爲，接受愛因斯坦的高見，才能真正理解沈括提出問題之舉的智慧，才能認識沈括的古音學説的意義，才能評估其應具的價值。

筆者不揣謭陋，兹獻數語以附驥尾。《詩經》絕大多數篇章是押韻的，這是不争的事實，後世無人否定。千載之後的文士，依據其時音誦讀，發現某些篇章却不能押韻，於是各立己説。李子君教授《漢語音韻學講義》（二〇二一，吉林大學出版社）有一節『上古音研究的前奏』列了七種處置辦法，其中的『取韻』『協句』『協韻』『叶音』，這四種名雖異而實相同，都是『改韻』。中古時代的很多學人採取『改韻法』，即將占比少的韻字的韻改變以從占比多的韻字，從而使全章的韻脚取得一致。沈重是代表人物，沈重自己叫『協句』，陸德明謂之『改字』，本文筆者謂之『改韻』，似更確切。『改韻法』的影響不可謂不深遠，例如沈重六百年後的吴棫（約一一〇〇—一一五四），其專著《韻補》《毛詩叶韻補音》的大量注音就是使用的『改韻法』（詳見張民權《宋代古音學與吴棫〈詩補音〉研究》，商務印書館，二〇〇五）。吴棫又影響到他的後來者，且聽朱熹（一一三〇—一二〇〇）之言：『叶韻乃吴才老（按，吴棫字才老）所作，某又續添減之。』『叶韻多用吴才老本，或自以意補入。』（《朱子語類》第六册）

但是十一世紀的沈括，並不依從前人沈重的改韻法，他别樹一幟。對舊學説採取『擺事實、提問題』的方法，這可是新的方法！沈括將《詩經》《易經》的原文某字與某字押韻，一一臚陳，共三類一九例。原則性的話凝練成兩句：一是『觀古人諧聲，有不可解者』，另一是『恐别有理』。

對《詩經》押韻而時音不押韻的若干韻字，『改韻法』的文士都注了反切。注意，這是改過韻的反切，算是給出了答案（而這些答案被後來的古音學所否定，因爲它們並不是正確的答案）。沈括相反，他不給答案，只是擺事實、提問題，打個吾輩教書匠常用的比喻，這可是『啓發式教學』！『啓發式』會吸引許多有志、有興趣的後來者，啓迪其思維，調動其積極性和主動性。古希臘大哲亞里士斯多德《形而上學》説過：『求知是人類的本性。』

後來人會對沈括説的『不可解』的問題努力求其解，會對沈括指出的『別有理』而奮力窮其『理』。天道無窮，後來的音韻學家終於悟出這些現象後臺的『理』來，那就是古音與今音有異，今音不同韻，古音可能同韻，『玖』『有』『右』與『子』『李』『止』，『本是同根生』，其韻本是同一部（清代的古音學家命名爲『之部』）。執語音演變之『理』，後代研究者摒除了時音的干擾，『離析唐韻』，還古音以本來的面目，於是古音學走上了康莊大道。

總之，沈括的可貴之處在不採取『改韻法』，不給答案，不封閉求知之路，而是『擺事實提問題』，敞開大道，啓發、誘導後人，奔向語音變遷之『理』。

請看沈括先擺出八例（按，有效者七例），提出問題：宋代『玖』『有』等與『子』『李』等字異韻而《詩經》押韻；繼而擺出九例，提出『慶』字與『光』『殃』等字宋代異韻兼異調而《詩經》《易經》押韻；最後提出『怲』『正』與『寧』『平』宋代異調而《詩經》押韻。

沈括擺出《詩經》《易經》裏，『慶』字與陽韻系、唐韻系字相押多例，這是向『理』邁進了半步。後人則在沈括提出的問題的基礎上繼續邁出半步：『慶』之所以如此，是因爲在上古，它本是陽部字，到後來轉入了庚韻系去聲，這是語音變遷的一例。

沈括提出的最後一個問題：『「怲」「正」與「寧」「平」協用，不止「慶」而已，恐别有理也。』可見沈括將『「怲」「正」與「寧」「平」協用』，跟『慶』字與陽唐韻系協用等同起來。按，二者性質不同，『慶』字問題，上已繹析，『怲』『正』與『寧』『平』相押是真正的『異調相押』，《詩經》的大量韻語基本上是同調相押，也有『異調相押』，但是少數現象。

一九九四年三月我在拙文《盧宗邁切韻法述評》第二次增補稿上寫道：『吴棫的《毛詩叶韻補音》和《韻補》是「古音學」的開山著作。』(見《魯國堯自選集》，河南教育出版社，一九九四年，第八二頁)後來我的觀點改變了，本文明確提出，早於吴棫的沈括才是漢語古音學的第一人。

筆者認爲，評估一個學者的功績必須將他的論著置於學術史縱軸上。十一世紀末，沈括在遭貶退居潤州夢溪園期間著《夢溪筆談》，其中有三條是音韻學的學術劄記，關於古音學的這一條，是中國學術史上第一篇有系統、成規模的討論《詩經》押韻之學的文獻，舉例一九，不爲少；擺事實，提問題，顯示開放性，這都大有利於吸引、啓發後來者。沈括關於《詩經》押韻之學的探究與論述是漢語古音學的『星星之火』。此後，不斷有後來者繼起討論《詩經》押韻問題，實際上推進了古音學的進步。

先舉宋高宗時文士王觀國爲例。其《學林》卷二『慶』條云：『字書慶字，於平聲音羌，又音卿；於去聲音丘映切，訓曰福也賀也。』列舉先秦至漢代詩歌押韻數十例，覆蓋了《夢溪筆談》的數例。最後説：『一字三音，訓義不同，而世一切讀音丘映切者。良因陸德明不能稽考經書用字之義，而於《釋文》闕而不載，故後學莫之悟焉。沈存中《筆談》言《詩》《易》慶字多與章字同韻，謂古人諧聲有不可解者，存中亦未嘗稽考爾，非不可解也。』

再舉南宋中期文士王楙《野客叢書》卷六『毛詩諧聲』條云：『《筆談》云：「古人諧聲有不可解者，如玖字有字多與李字協用，慶字正字多與章字平字用，恐別有理。」僕謂古人諧聲似此甚多，如野字音多與羽字音協，家字音多與居字音協。如《詩》曰：「吉日庚午，既差我馬。獸之所同，麀鹿麌麌。」曰：「鶴鳴于九皋，聲聞于野。魚潛于淵，或在于渚。」曰：「鴻鴈于飛，肅肅其羽。之子于征，劬勞于野。」曰：「燕燕于飛，差池其羽。之子于歸，遠送于野。」是野字與羽字音協之例也。曰：「山有扶蘇，隰有荷華。不見子都，乃見狂且。」曰：「祈父！予王之爪牙。胡轉予于恤，靡所止居？」曰：「昏姻之故，言就爾居。爾不我畜，復我邦家。」是家字與居字音叶之例也，蓋當時自有此音，且有字協李字者不但《毛詩》爲然，漢刻中如吳仲山碑亦然。慶字協章字，不勝其多也。』王楙較之沈括，進了一步。沈括論《詩經》用韻，舉的是『玖』『有』等與『李』『子』等諧聲的例子。在宋代語音裏前者是尤侯部，後者是支微部，兩者不能押韻（現代亦然），而在上古音兩者押韻，應爲一部，後世音韻學家稱作之部。王楙不再舉這類例子，別樹一幟。現筆者將王楙所舉的韻字歸納如下：『羽居渚』等爲一類，『野家牙馬華』等爲一類。在宋代，前者是魚模部字，後者是家車部字，兩者不能押韻（現代依然），但在《詩經》裏可以押韻，後世音韻學家謂之魚部。筆者爲什麽讚譽王楙前進了一步？是王楙從前賢沈括的著作裏悟出了一個『理』，今韻（即宋韻）不能押韻而在古代則可以押韻的現象不止是支微部與尤侯部，沈括開了一個先例，那麽家車部與魚模部的關係在宋代與先秦不也是如此？有了王楙的第二例，就説明了歸納古音韻部的研究是一條指向古音學的大道。衆所周知，《詩經》等上古文獻中的韻字的繫連與分部自古迄今都是古音學的最重要的基石。待到後世，便有高舉『離析唐韻』大旗的學者出，上古音學説正式登上學術舞台了。

『飲水不忘掘井人』，古音學第一人沈括之名永遠鎸刻在音韻學史的豐碑之上。

結語：論『沈括音韻學』

沈括是中國學術史以至世界學術史上罕見的百科全書式的學者，他是天才、全才，其《夢溪筆談》涉及自然科學、人文科學、社會科學的幾十個學科，漢語音韻學是其中之一。沈括對音韻學的重要貢獻主要體現在切韻學和古音學這兩個分支學科上。

首先是切韻學。在傳世的漢語音韻學典籍裏，《夢溪筆談》最早出現『切韻之學』這個專業術語。從其後的許多宋元文獻中也可發現彼時還存在『切韻法』『切韻圖』『切韻家』『切韻詩』等專業術語，我曾舉五十多例。可是這個曾經很爲興隆的『切韻學』的名稱長時期被湮没，二十世紀的曾運乾《音韻學講義》、王力《中國音韻學》、羅常培《中國音韻學導論》等音韻學名著及現當代幾十種音韻學教科書都不見上述『切韻學』的蹤迹。

幾百年來『切韻學』被『等韻學』掩蓋直至一九九二年。在許多音韻學論著裏，將《韻鏡》《七音略》《切韻指掌圖》等都納入等韻學的範圍内，後來在等韻學裏劃出兩個副類，叫『宋元等韻學』『明清等韻學』。其實這都有悖於歷史事實！宋元時代何曾有『等韻』『等韻學』這樣的專業術語？至今没有一個人或一本書能拿出明代以前有『等』與『韻』連言的一條例證。至於『宋元等韻學』，這一專名若能成立，將置敦煌石室遺書《守温韻學殘卷》《歸三十字母例》於何地？

此兩件瑰寶重見天日已逾百年，專家們無不承認它們是唐代文獻。鄙見，它們是漢語切韻學的早期文獻，是唐五代宋夏元明時期切韻學的里程碑！

必也正名乎！我們鄭重主張，中國音韻學史必須重寫，因爲一個從唐末至明代中葉的『切韻學』時期不可仍舊被湮没！

一九九二年，在《中國語文》發表的拙文《盧宗邁切韻法述評》才使『切韻學』起死回生，此後在二〇一一年《語言學名詞》（商務印書館出版）中著録了『切韻學』『切韻法』『切韻圖』三個名詞。可是近三十多年問世的大量音韻學專著與論文（除了極少數例外）仍然對『切韻學』置若罔聞。如今我們要特別讚譽的是李軍、李紅教授編纂的這一部大型叢書《宋元切韻學文獻叢刊》，它是音韻學史上的一座豐碑。

沈括的《夢溪筆談》是切韻學的經典性著作，内涵豐贍但亦複雜，兹綜述於下。

一、沈括在《夢溪筆談》裏提出了『反切起源本土説』：『古語已有二聲合爲一字者，如不可爲叵，何不爲盍，如是爲爾，而已爲耳，之乎爲諸之類。』此被後來學者概括爲『合聲説』。依筆者之見，反切起源的本土説是正確的。

二、沈括不認可反切與東漢時佛經漢譯有關：『音韻之學，自沈約爲四聲及天竺梵學入中國，其術漸密。』沈括將『梵學入中國』置於『沈約爲四聲』之後，沈約是南朝齊梁時人，則梵學（實指梵語音系學）入中國只能在其後。

三、沈括學識淵博，亦通梵文。其《夢溪筆談》三次談及梵學，沈括所言的『梵學』係指梵語的音系學。沈括云『字母則有四十二』，列出四十二字母的漢字譯音。此四十二字母與唐時不空譯《大方廣佛華嚴經入法界品四十二字觀門》的字母大致可以對應（參見《羅常培文集》第七卷第一七九—一八三頁）

四、沈括所言『切韻之學本出于西域』一語，其『切韻學』意爲唐宋時期的中國學者借鑒梵語的輔音學説，建構起漢語的輔音系統學説，嫁接到早先成熟的韻（含調）學説而形成的完善的漢語音韻學。

五、《夢溪筆談》的『韻學三條』重大價值還在於保存了切韻學許多早期的豐富而複雜的史料。説它『早期』，例如該書講門法，只有音和、類隔，須知到了元代的劉鑒《經史正音切韻指南》門法增加到十幾類。説它『複雜』，一個術語『等』，既指切韻圖上韻的等，《夢溪筆談》紐也講等，詳見前文。近百年來的音韻學人習慣了《韻鏡》《七音略》的切韻圖，可是沈括所記述的一種切韻圖却别是一樣，筆者在一九九八年文中復原了一張。迄今爲止的許多的音韻學論著既湮没了『切韻學』，也埋没了切韻學的若干寶貴的内容，原因是它們無視《夢溪筆談》這座寶庫。

至於《夢溪筆談》也藴藏了漢語古音學的寶藏。詳見上述。完全可以説沈括是漢語古音學的第一人。

總之，沈括《夢溪筆談》的『音韻三條』學術礦藏豐富，可謂之『沈括音韻學』，有很高的學術價值，是音韻學史上的一顆光芒耀眼的明珠，今後的音韻學史書必須給予其恰如其分的位置和充分的評價。

跋語三則

我在二〇二四年十一月向鳳凰出版社責編孫州先生交稿，但留了句話：『終於將正文寫完，但是意猶未盡，想寫個跋。現在比較疲憊，過些時交吧。』如是，拖拉至今日方下筆，限於篇幅，只寫下列三則：

一、馮友兰著作。一九六〇年，我做了研究生，每月有四十二元助學金，方開始購書，六十五年來積書逾萬册，其中哲學書約有一二百本。日前擬動筆寫跋，爲查找『横渠四句』的有關資料，翻閲了手頭若干本哲學書，於中有馮友蘭先生的《中國哲學史史料學》（序於一九六二年）。我先看書的目録。其第十一章『後期封建制發展時期（唐至清）哲學史史料（二）』，下面依次列『一、李覯的著作，二、王安石的著作』，忽見第三篇竟是《夢溪筆談》！接着看下去，從第四起，依次是周敦頤、邵雍、張載、二程、朱熹、陸九淵等人的著作。啊，《夢溪筆談》的前和後都是中國哲學史上的聲名赫赫的人物！衆所周知，馮先生可是上一世紀的著名哲學家，令我驚訝的是，《夢溪筆談》在他的這本哲學目録學的書裏，居然被安置如此高的地位。於是我趕忙讀下去：『沈括是一個科學家、文學家、思想家，同時也是一個政治家、外交家和軍事家。這部筆記牽涉到的範圍很廣。在自然科學方面，牽涉到算學、天文學及曆法、氣象學、地質學及礦物學、地理學及製圖學、物理學、化學、冶金學、建築學、植物學、動物學、醫學及藥學，以至農藝、灌溉水利工程、印刷等技術。在社會科學方面，牽涉到人類學、考古學、音樂、文學以及當時的典章制度和政治社會軍事方面的軼聞。』

中國二十世紀的頂級哲學家如此重視《夢溪筆談》，賦予如許筆墨，可見沈括此書的影響之大！

我唯一感到有點遺憾的是，馮先生提出了那麽多的『學』，就是没有講到音韻學。那麽，我這個後生來彌補吧。（在上世紀六十年代初，我住的北大研究生宿舍是二十九樓二層，我們早晨經常看到樓下隔一條小巷的燕南園圍牆裏，有一位老人在舞劍，那正是馮友蘭先生。）

二、述『作』。我寫此跋的十幾天前，即乙巳年正月初三，一位老同學來電話拜年，聊起近况，問我近來讀什麽書，寫什麽文，有没有申報課題？我回答説：『做了「沈括音韻學」的研究，終於在年前完成了。退休了，何况已經好些年，就不再申報課題了，讓年輕人去申報吧。這「沈括音韻學」該算是自選題。我的看法：退休，絶不意味可悠游度日，我還是要繼續讀書，繼續做學問寫文章的。』他問我寫了多少字，搞了多長時間。我答道：『只有四五萬字吧，從二〇二三年做到二〇二四年底。』老友很直率：『那，那，字數是不是少了點兒？寫了一年多，該有個幾十萬字吧！你看看，時下學者出文集，一股風，動輒十本、二十本，布面精裝，好不金碧輝煌。』我只好勉强回答：『慚愧慚愧。寫不出那麽多字，就只得這樣寒磣。不瞞老兄，我有時也自我解嘲，我寫的可是少而精啊！我們語言學界有位大學者丁聲樹先生，他是中國科學院哲學社會科學學部委員，那時的學部委員就相當於現在的院士。據語言研究所的朋友説，丁先生的日記寫過這麽一句話：「吾之學在精不在多。」我很崇敬丁先生，服膺他的這句話。鄙陋之我，當然不可以拿丁先生的名言來掩飾自己的淺薄。可是我自問，幾十年來，我做學問，我寫作，確實也以「精」字要求自己。我中年時也曾想寫書，編寫古代漢語教科書和音韻學通論書，也曾想做《詩經》和《論語》的注釋。後來在讀書、寫作的實踐中，我發現著書太不容易，因爲中國文化、中國學術至少有兩千多年的歷史，絶大多數的課題都有人做過，前人、他人並非笨伯，因此如果再編寫一本，大多數字詞句段甚至章節，只得抄撮前人、他人的成説，試看近幾十年坊間注譯《詩經》《論語》的書都各有大幾十種。唐代大思想家韓愈的金句「惟陳言之務去」，共和國初期的模範幹部焦裕禄的名言「吃别人嚼過的饃没味道」，這些話都值得我輩銘記，一個有志氣的學人應該高標準要求自己。處於學術膨脹、書籍山積之時，我爲自己立了一個目標，就是「一求精深，二企廣博」，努力爭取在前人、他人未顧及的，或者未愜人意的百分之一二的空白裏，思前人之所未思，發前人之所未發，言前人之所未言，如此方可謂之「創新」，如此或可免乎災梨禍棗。我國當代著名哲學家北京大學張世英教授在九十多歲時出了一本書《張世英回憶録》，其中一篇記述他早年在西南聯大求學時聽文史名家劉文典講《紅樓夢》的軼事。劉先生開場就説：「我要講的，都是别人没有講過的；别人講過的，我一概不講。」讀到這兩句話，我非常敬佩，至今不忘，莊嚴的學術殿堂需要的是戛戛獨造，而不是拾人餘唾。就我淺識，專題論文，幾無水分或水分很少，因而擲地或可有聲。我願意、我喜愛做專題論文，可因無大書而爲人所輕，所以我幾十年來撰作的學術成品都是專題論文。最長的是《泰州方音史與通泰方言史研究》，做研究生時寫的，三年内六易其稿，十多萬字，那時没有電腦，全憑手寫。回憶一九九一年，吕叔湘先生吩咐《中國語文》主編侯精一先生電話指令我爲《中國語文》創刊四十周年紀念專號寫稿，我力辭不得，只得拼命向前，花了一年零八個月，讀了大量的書，例如逐頁翻閲《四庫全書》中的宋人别集三九六種，八四四二頁，最後所撰文《盧宗邁切韻法述評》僅得四萬字，被《中國語文》連載兩期。二〇〇二年，《中國語文》五十周年紀念號上，又兩期連載了我的《顔之推謎題及其半解》，也只有四萬字。在語言學的範圍内，我在音韻、方言、語法、文字等分支學科都發表過專題研究的長文。我也曾越雷池數步，如發表過《語言學與美學的會通——讀木華〈海賦〉》、《語學與史學的會通——三十而立，再證『長安論韻開皇六年説』》。我還在思想史、歷史學、文學、文獻學甚至古人類學等領域里也做過專題研究，發表過頗有新見的長文。不再囉嗦了，有篇文章可以看看，那就是喬全生教授最近在商務印書館出版的《中國語言文學研究》（二〇二四年春之卷）上發表的《作爲中國語言學思想家的魯國堯先生》，敘述和評論了我幾十年來的學術道路，比較全面，但是過獎了。

言歸正傳，説到這篇『沈括音韻學』，爲了寫好此文，我殫精竭慮，前後跨三個年頭，終於在今日畢工。沈括的《夢溪筆談》行世九百多年，但是其中有關音韻學的部分，即『韻學三條』，絕大多數音韻學論著隻字不提，縱或有個別涉及者，評騭未愜人意。上世紀七十年代末我讀《夢溪筆談》，注意到它的音韻學部分，但是不懂之處甚多，於是發憤研讀，至一九九八年，在北京大學百年校慶的學術研討會上，我宣讀了一篇論文《沈括〈夢溪筆談〉所載切韻法繹析》，然而《夢溪筆談》『韻學三條』不解未釋之處仍然不少，二〇二二年李軍、李紅教授主編《宋元切韻學文獻叢刊》，邀我參與，於是『梅開二度』，我再次啃這個『硬骨頭』。在好些時間裏，自朝及暮，孜孜矻矻，爲釋一詞，旬月踟躕，其間辛苦，難與人道。所寫文章，字數雖少，然而終於解決了《夢溪筆談》『韻學三條』的絕大部分問題，在漢語音韻學長達兩千年的歷史上，立了一塊不大不高的里程碑，那就是『沈括音韻學』。

據我的觀察，當今中國學術界的風氣，文科重視書，因此出厚書、出多卷的書、出叢書，尤其『吃香』，而理工科卻不一樣，他們特別重視論文。我曾經對我的一個學生講過：『我走的是理工科學者的道路，我算是理工科型的人文學科的學人。』

三、巧合！沈括晚年居潤州（今江蘇省鎮江市），著《夢溪筆談》，此書身後即廣爲流傳。迄今所見的最早也是最佳的版本是元成宗大德九年（一三〇五）的湖南茶陵陳仁子東山書院刻本。一九六五年，周恩來總理親自過問，由文化部斥鉅資從香港購得，入藏國家圖書館。我在研治《夢溪筆談》時，當然要熟悉此書的刊刻流傳情況，『元成宗大德九年』這七字爛熟於心，可以脱口而出。我這一代學人對西曆比較注意,『一三〇五年』也查到了。但是對農曆年的年份没有在意。這幾天過農曆年,方才注意到今年是乙巳年。此番爲了寫跋,我又一次通閲拙稿作增删改,於是發覺到元成宗大德九年也是乙巳年,不覺大喜,何其巧合!今年是《夢溪筆談》元刊本問世後的整七百二十年,即相隔整整十二個甲子。

如今我可以書寫這樣的句子:在我寫跋的當下七百二十年前的乙巳年,茶陵陳仁子刊刻《夢溪筆談》,美輪美奂,堪稱『一大功德』;陳仁子刊刻《夢溪筆談》之後七百二十年的乙巳年,海陵魯國堯繹析《夢溪筆談》的『韻學三條』最後殺青,條分縷析,可謂『一小功德』。

幸甚至哉,書此以志。(注:一,『美輪美奂』原意形容房屋建築的高大華美,我借用以喻《夢溪筆談》元刊本之精美。二,我是江蘇省泰州市人,泰州古名海陵,最早見《漢書·地理志》。)

魯國堯作於乙巳年元宵節(二〇二五年二月十二日),時年八八

主要參考文獻

［一］班固《漢書》，中華書局，一九六二年
［二］曹述敬、謝紀鋒《音韻學辭典》，湖南出版社，一九九一年
［三］晁公武著、孫猛校證《郡齋讀書志校證》，上海古籍出版社，一九九〇年
［四］陳彭年《宋本廣韻》，江蘇教育出版社，二〇〇二年
［五］陳彭年《鉅宋廣韻》，上海古籍出版社，一九八三年
［六］陳寅恪《金明館叢稿二編》，上海古籍出版社，一九八〇年
［七］丁度《宋刻集韻》，中華書局，一九八九年
［八］杜佑《通典》，中華書局，一九八四年
［九］高承《事物紀原》，中華書局，一九八九年
［一〇］郭錫良《漢字古音表稿》，中華書局，二〇二〇年
［一一］胡道静《胡道静文集・夢溪筆談校證》，上海人民出版社，二〇一一年
［一二］胡道静《胡道静文集・新校正夢溪筆談》
［一三］紀昀《四庫全書》，影文淵閣本，二〇〇八年

［一四］李約瑟《中國科學技術史》，科學出版社，一九九〇年
［一五］李致忠《元大德本〈夢溪筆談〉》，《社會科學戰綫》一九七八年第四期。
［一六］劉勰《文心雕龍》，中華書局，二〇一二年
［一七］盧宗邁《盧宗邁切韻法》，日本國立國會圖書館藏抄本
［一八］魯國堯《盧宗邁切韵法述評》，《中國語文》一九九二年第六期，一八八三年第二期
［一九］魯國堯《魯國堯自選集》，河南教育出版社，一九九四年
［二〇］魯國堯《論宋詞韻及其與金元詞韻的比較》，《中國語言學報》第四期，一九九一年。又收入《魯國堯語言學論文集》，江蘇教育出版社，二〇〇三年
［二一］魯國堯《沈括〈夢溪筆談〉所載切韻法繹析》，北京大學傳統文化研究中心：《文化的饋贈——漢學研究國際會議論文集》（語言文字研究卷），北京大學出版社，二〇〇〇年，又收入《魯國堯語言學論文集》，江蘇教育出版社，二〇〇三年
［二二］魯國堯《語學與史學的會通：三十而立，再證長安論韻開皇六年説》，《古漢語研究》二〇二一年第三期
［二三］羅常培《羅常培文集》，山東教育出版社，二〇〇八年
［二四］寧繼福《校訂五音集韻》，中華書局，一九九二年
［二五］歐陽修《歐陽修詩文集校箋》，上海古籍出版社，二〇〇九年

[二六] 錢玄同《文字學音篇》,《錢玄同文集》第五卷,中國人民大學出版社,一九九九年
[二七] 沈括《夢溪筆談》,元大德東山書院刻本
[二八] 脱脱《宋史》,中華書局,一九九七年
[二九] 魏建功《魏建功語言學論文集》,商務印書館,二〇一二年
[三〇] 王力《詩經韻讀　楚辭韻讀》,上海古籍出版社,一九八〇年
[三一] 王力《中國語言學史》,山西人民出版社,一九八一年
[三二] 王仁昫《唐寫本王仁昫刊謬補缺切韻》,江蘇鳳凰教育出版社,二〇一七年
[三三] 王顯《〈切韻〉的命名和〈切韻〉的性質》,《中國語文》一九六一年第四期
[三四] 聞人軍《〈切韻法〉〈射法〉作者盧宗邁生平述要》,《文史雜志》二〇二一年第六期
[三五] 吴以寧《夢溪筆談辨疑》,上海科學技術文獻出版社,一九九五年
[三六] 向熹《詩經譯注》,商務印書館,二〇一三年
[三七] 行均《龍龕手鏡》,中華書局,一九八五年
[三八] 許寶華、楊劍橋《大辭海語言學卷(修訂版)》,二〇一三年
[三九] 許嘉璐《傳統語言學辭典》,河北教育出版社,一九九〇年
[四〇] 許慎《説文解字》,中華書局,二〇一三年
[四一] 玄奘、辯機《大唐西域記》,中華書局,二〇一二年

[四二] 顏之推《顏氏家訓》，中華書局，二〇〇七年
[四三] 永瑢《四庫全書總目》，中華書局，一九六五年
[四四] 語言學名詞審定委員會《語言學名詞》，商務印書館，二〇一一年
[四五] 張麟之、鄭樵、劉鑒等《等韻五種》，藝文印書館，二〇〇三年
[四六] 鄭樵《通志》，中華書局，一九八七年
[四七] 周祖謨《廣韻校本》，中華書局，二〇〇四年
[四八] 周祖謨《唐五代韻書集存》，中華書局，一九八三年
[四九] 朱熹《詩集傳》，上海古籍出版社，一九八〇年
[五〇] 竺可楨《北宋沈括對地學之貢獻與紀述》，《科學》第一一卷第六期，一九二六年

盧宗邁切韻法

目録

序：切韻學的重要典籍《盧宗邁切韻法》叙説與評論

我的專業是語言學，但是我的第一興趣是歷史學。自能讀書以來，七十多年我讀過許多史書，讀得最多的自然是自家中國的史籍，我也讀過若干外國史書。令我一直銘記於心的是，被譽爲西方史學之祖的古希臘歷史學家、文學家、地理學家希羅多德（Herodotus，前四八四—前四二五年）的名著《歷史》開宗明義的第一段話：『以下所發表的，乃是哈利卡納蘇斯人希羅多德調查研究的成果。其所以要發表這些研究成果是爲了保存人類過去的所作所爲，使之不至於隨時光流逝而被人淡忘。』希氏所云，仁者之言也，於我心有戚戚焉。我現在要講的是我中華民族八百多年前的一位先賢，他的『所作所爲』已經『隨時光流逝而被人淡忘』好幾百年了。在一九九二年以前的漢語音韻學的論著裏，在中國語言學史的論著裏，不見他的名字，不見他的事迹。他不是王侯將相，也没有什麽值得大書特書的豐功偉績。然而他是一位踏實認真，對鑽研學問、對普及教育有特别的感情以至癡迷一生的士人。他，盧宗邁，南宋早期的江西大庾人。他，文武全才，著有《切韻法》，也是《射法》的作者，他嗜好藏書，至幾萬卷。

作爲一個生活在二十和二十一世紀的中國人，一個學習、研究音韻學幾十年的學人，我有責任對先賢遺作做拯救、整理、箋注、表彰的工作。一九五六年浙江昆蘇劇團的新編《十五貫》

進京連續演出四十六場，致使『滿城争説《十五貫》』，周恩來總理譽之爲『一齣戲救活了一個劇種（按，指流行六百年而處瀕危之勢的昆曲）』，成爲新中國文化史上的一個轟動事件而垂諸史册。與之類似，《盧宗邁切韻法》不僅自身從『被人淡忘』至復活回歸故土，而且更有意義的是，使在中國學術史上被湮没六百年之久的切韻學重新回到『國家記憶』的行列。我們在此鄭重宣言：『《盧宗邁切韻法》是漢語切韻學史乃至音韻學史上的一本重要典籍，這本薄薄的古書復活了一門學問，它在中國學術史上應該占有一個重要的地位。』

《盧宗邁切韻法》這本古籍在中國佚失已久，其手抄本幸得在古代流入東瀛古寺，而今藏於日本國会圖書館，成了宇内孤本。該手抄本的複印件於一九九一年回歸故土，如今二十一世紀二十年代，古都南京的鳳凰出版社發『大力弘揚中國傳統文化』的宏願，以現代印刷技術予以出版，終於實現了真正意義上的『起死回生』。

十九世紀末，著名學者黎庶昌、楊守敬於日本發現《韻鏡》，使之回歸故土，學界莫不頌其功。二十世紀末，我在東京發現《盧宗邁切韻法》，携歸祖國，繼撰『述評』，以彰顯之。三十年後，幸『尚能飯』，勉力作『注釋』，似近完功。初心得遂，足慰平生矣！

肩負傳承我國悠久文化之任，我將對《盧宗邁切韻法》這本古籍作全面的叙説與評論。

（一）中國人研究自己的語言和文字有悠久的歷史，其學科體系號稱三大支，即文字之學、音韻之學、訓詁之學。至於音韻學，羅常培先生的名著《漢語音韻學導論》『緒論』開門見山講道：『漢語音韻學即辨析漢字聲、韻、調之發音及類别，並推迹其古今流變者也。』依我之見，羅先生的音韻學定義可以作如下的現代詮釋：音韻學所包爲一『學』一『史』。講得具體些，學者，古漢語音系學（或漢語古典音系學）也；史者，漢語語音史也。羅先生大著在『音韻學研究法』一節裏説：『舊籍韻書之屬判爲「古韻」「今韻」「等韻」三科。』這是講的音韻學本身的學科體系，所包爲語音史的『古韻』『今韻』和音系學的『等韻』。現在我將羅先生的兩段話融會貫通如上述。音韻學界常言：『音韻學是既古老又年輕的學問。』近百年來，音韻學頗有進步，主要表現在對漢語語音史的深入研究，不再是『古韻』『今韻』兩科，並且將名稱也更新了。現代的表述是『上古音（學）』『中古音（學）』『近代音（學）』三科。但是不能令人滿意的是，音韻學的另外一大塊，仍舊是『等韻（學）』，二十世紀迄今的音韻學的通論書、教科書講的仍舊是『等韻（學）』如何如何。

而學術的進展事實是，《盧宗邁切韻法》的發現使魯國堯提出了，唐宋夏金元直至明初，『等韻』一詞迄未出現，在這七百年的學史上只有『切韻』『切韻學』『切韻法』『切韻圖』『切韻家』『切韻詩』諸詞。魯國堯根據《盧宗邁切韻法》、沈括《夢溪筆談》、鄭樵《通志》、張麟之《韻鑒序例》及其他目録書，列舉五十多例，提出唐宋夏金元時期只有『切韻學』，並無『等韻學』。黎錦熙先生曾説：『例不十，不立法。』如今例逾五十，法可立乎？可矣！可矣！唐宋夏金元直至明初七百年間切韻學的歷史存在，不容否認或漠視，而是應予重視，魯國堯一九九二年、一九九三年发表的論文《〈盧宗邁切韻法〉述評》即是爲『切韻學』『揭牌』，宣告了『切韻學』的再生。

（二）首先要説的是，『切韻之學』很容易被理解爲關於隋仁壽元年陸法言編著的《切韻》一書的學問，非也，非也。唐宋夏金元至明初的切韻學，是這一時期的漢語音系學。沈括、鄭樵、盧宗邁等宋代學者都一致認爲『切韻之學，本出于西域』。西域者何？是漢以來玉門關、陽關以西地區的總稱，如歐陽修《新唐書》、鄭樵《通志》所著録的玄奘《大唐西域記》，其中的『西域』即指玄奘西行求法所經歷的二百多個國家和城邦，今印度、尼泊爾、巴基斯坦等地區皆在其内。沈括、鄭樵、盧宗邁等所説的『西域』係指古印度及其周邊地區。隨着佛教傳入中國，佛教經典的載體梵語、梵文也傳進中華。『梵文 māta 或 mātrka 本來指元音説的，後來詞義擴大到連輔音也包括了。傳入中國以來，又只限用在開頭輔音上。』（《中國大百科全書》『字母』條俞敏釋）。漢譯佛典最早提到『字母』二字的是南朝梁時僧伽婆羅譯《文殊師利問經》十四品即『字母品』首叙元音，次述輔音。唐德宗貞元年間，智廣《悉曇字記》在『體文』下注『亦曰字母』。按，『體文』是梵文輔音的中譯詞。梵文字母表的三十幾個輔音是按照人們發音器官的發音部位分組排列的，其中，前五組輔音又稱作「比聲」或「毘聲」，其前後次第係據清音不送氣、清音送氣、濁音不送氣、濁音送氣，最後爲鼻音的順序排列的，井然有序，形態規整。説到中國音韻學，『韻』是核心，研究的歷史最早，成就最高。至於『聲』（聲調），在齊梁時期周顒、沈約等發現了『四聲』，給予『平上去入』的排序。而於『紐』（聲母），即使到了《廣韻》《集韻》，大韻之下，諸小韻的排列實際上是按聲紐排序，但不規則或很不規則。俗語說：『需要是發明之母。』我模仿說：『需要是引進之因。』當此之時，漢語很需要有一個好的聲紐學說，於是梵文輔音排列的範式被奉爲圭臬，中國音韻學在敬佩之餘，予以引進。依照這範式製造出自己的輔音表，即『三十字母』『三十六字母』先後兩個系列。因緣際會，『字母』一詞遂被尊崇而爲音節開頭的輔音所獨享。盧宗邁序中引『昔人之詩』中有『字母唯三六，相生百萬名』，非「母」而何？這就是一首對字母的極度的讚美詩。《盧宗邁切韻法》所集的三十六字母切韻法及許多切韻圖都是關於字母之學的。說唐宋至明初的切韻學的核心是字母之學，絶不爲過！科學而美麗的字母之學是切韻學成功建立的標志，於是漢語的音系學才得以完整、完善，功莫大焉！

总之，中國學者受了梵語語音學的啓示，仿效引進，建成了自己的切韻學，於是自己語言的衆多聲母，不再隨意凌亂排列，而成了有規則的系統，切韻圖是其『地標』。鄭樵之言最有代表性：『七音之韻起自西域，流入諸夏。梵僧欲以其教傳之天下……華僧從而定之，以三十六爲之母，重輕清濁不失其倫，天地萬物之音備於此矣。』我二〇一三年起在日本東京、上海、北京等大學做過幾場演講，題爲《艱難的歷程：中國人認識自己語言的千年史》，我提出：漢語的韻母系統學說、特有的聲調系統學說兩者是中國人的自主知識産權，聲母系統學説則是借鑑梵文而建立的。人類文明互鑒交流在歷史上是司空見慣之事，梵語及其語音學對漢語切韻學的建設起了重要作用，而它對歐洲的比較語言學的崛起與繁榮意義更爲重大。歐洲比較語言學的總結性名著，丹麥學者郝爾格·裴特生《十九世紀歐洲語言學史》曾有如下的警句：『梵語有一種無比的鼓舞人去鑽研的力量。』『梵語知識還産生了革命的後果。』『梵語是（歐洲）早期比較語言學的北斗星……没有這顆星，就不可能找到正確的道路。』

在宋代切韻家看來，字母何其偉大！受梵語學術的影響，聲紐獲得多麽崇高的地位！但是至明末，西洋學者則使聲母回歸其本位，比利時傳教士金尼閣一六二六年出版的《西儒耳目資》稱之爲『字父』，而韻母則被叫作『字母』。在漢語裏，『韻』是核心，重要性自然高過『聲』。

（三）研究《盧宗邁切韻法》所集輯的若干韻圖，特别是其中的我稱之爲『異態韻圖』的『三十六字母切韻法』，可以考慮建立『切韻學史』，我提出切韻圖的『兩期三型説』。即切韻圖分兩期，前期爲『三十字母』階段，演進到成熟階段，則爲後期的『三十六字母』體系。又，每期各有三型（詳下）。

（四）凡研究漢語音韻學史的學人，無不尊奉《韻鏡》《七音略》，尤其是前者。《韻鏡》《七音略》兩韻圖其五音（或七音）排列皆以脣音建首。而《盧宗邁切韻法》的幾張韻圖，除那張『異態韻圖』外，皆以牙音建首，我認爲，這才是借鑒梵語語音學的最初時期的痕迹。

（五）黄耀堃教授著文指出《盧宗邁切韻法》的『三十六字母切韻法』與敦煌遺書『歸三十字母例』有淵源關係，誠爲卓見，令我敬佩。至於這兩圖爲何以『心』『曉』字母建首，是個謎題！待考。

（六）近百年來，音韻學者熟知的《韻鏡》《七音略》皆爲四十三圖，列字主要依據《廣韻》。而《盧宗邁切韻法》跋語云：『世傳切韻四十四圖，用三十六字母與《集韻》中字，隨母所屬，次第均布於圖間。』又云：『四十四圖，字字皆然。』這説明宋代既有《廣韻》系的切韻圖，也有《集韻》系的切韻圖，勾稽文獻可窺《集韻》系切韻圖的若干特徵。這是《盧宗邁切韻法》被發現的重要意義之一。我在二〇〇五年發表一篇論文《張麟之〈韻鑒序例〉中解四題》，第三節爲『從切韻圖的流播以窺南宋時期切韻學的繁榮』，述及《盧宗邁切韻法》及同時期韻圖多種。

（七）切韻學的核心在『字母之學』，其前期是『三十字母』階段，後期是『三十六字母』階段。《盧宗邁切韻法》所集輯的切韻法圖，除了那張『異態韻圖』外，都基本上顯示了三十六字母的完整形態，音理秩然，對應規整。其特點是門法不發達，只有音和切、類隔切、往來切（一作往還切），其後的元代的切韻學著作劉鑒《經史正音切韻指南》『門法玉鑰匙』則多達十三門。《盧宗邁切韻法》對來、日兩字母，只謂之『半徵半商音』，這是跟『樂律五音』『旁通』交集的痕迹。按理，應該跟牙、舌、脣、齒、喉五音的名稱一致，稱作『半舌半齒音』，以徹底擺脱『樂律五音』的牽連。這一點不如《夢溪筆談》『切韻之學』。可認爲《盧宗邁切韻法》在『字母之學』的演進史上屬於早期層次。

（八）《盧宗邁切韻法》未出現『助紐字』專名，但很熱衷於助紐字，多次使用，樂於鼓吹，此可與張麟之《韻鑒序例》相印證。大談助紐字也顯示了此兩書屬於三十六字母之學的早期階段。

（九）《盧宗邁切韻法》明白地揭示了唐宋時期漢語的幾項音變：全濁上變去，知照相混，非敷相混，徹穿相混。

（十）《盧宗邁切韻法》的跋語揭示了漢語『最小析異對』的特色，與印歐語系語言相比較，最小析異對是漢語的亮點，應該大爲表彰。『minimal pair（最小析異對）』是西洋音系學的重要術語，其義爲『除了在語言鏈的某同一位置上有一個音段不同外，其餘音段全同，而音義迥異的兩個詞』，如現代英語的 cab（出租車）與 cad（無賴）、cab 與 cap（帽子）；現代漢語的巴（bā）與趴（pā），巴（bā）與波（bō），巴（bā）與拔（bá），這三對詞都因爲有一個音段（或聲，或韻，或調）不同而意義迥異。在古代漢語的切韻圖《韻鏡》的三十一圖，截取一個『切片』，除了有聲無形的〇外，共有十三個字，其韻相同，皆爲陽韻字，聲調皆爲平聲，惟有聲母相異。無論向哪個方向，每兩字都構成最小析異對，正如盧宗邁所云『每字左右上下各有一字，聲聲皆别』。盧宗邁驚歎：『其非通幽悟微之人，焉能造是？』這是由於印歐語音節結構複雜，而漢語音節結構簡單。漢語是能將最小析異對原理體現得盡善盡美的語言！詳見拙文《中國音韻學的切韻圖與西洋音系學（phonology）的『最小析異對』（minimal pair）》。

莊	章	將
瘡	昌	鏘
床	〇	墻
霜	商	相
〇	常	詳

（十一）人類是最智慧的生物，在認識客觀存在事物的過程中，取得很大的成就，但也可能陷入誤區。語言是人類自身所擁有的珍貴功能，人類在認識自己語言的歷程中，既獲得非凡

的成績，也會犯錯誤。特别在古代，往往與神秘文化、宗教、迷信相糾纏，《盧宗邁切韻法》自難避免，今人應該指出，但亦不必苛責古人。

（十二）三十多年前，我提出基於動態觀的切韻圖的『層累説』，詳見《〈盧宗邁切韻法〉述評》和楊軍《七音略校注·序》。兹不贅言。

三十三年前得到日本友人平山久雄等先生的大助，我得以獲睹《盧宗邁切韻法》手抄本。時隔三十多年，這次再度研究《盧宗邁切韻法》，多得友人黄德寬、黄耀堃、雷漢卿、李軍、平田昌司、余柯君（以姓名的中文拼音字母爲序）賜教，統致謝忱。

魯國堯序於顏之推故里

二〇二二年七月七日晚，時年八十有四

學思半載，悟得如下：

（一）切韻學是唐五代遼宋夏金元明時期的漢語古典音系學。上起晚唐，下迄明代中期，即公元九至十六世紀，約七百年。敦煌寫本《守温韻學殘卷》和《歸三十字母例》所列韻圖都是三十字母系統，而非『宋人三十六字母』系統，研究敦煌文獻的衆多專家都認爲係晚唐物，並無異議。明益莊王朱厚燁《重修廣韻序》：『我先考端王……以《廣韻》附於正韻，復增入《玉篇》，凡切韻七音諧協而分爲二韻者，更入本韻，字各分居於母。』此序作於嘉靖二十八年，即公元一五四九年。明代興於一三六八年，亡於一六四四年，則朱厚熚作序之年實爲明中期偏後。按，歷來史家述中國歷史，都以『宋遼金』爲序，上世紀末宋史權威專家鄧廣銘提出，應以『遼宋西夏金』爲序，遼立國於公元九〇七年，而趙匡胤陳橋兵變黄袍加身爲九六〇年，如此變更次序，是現代史家的中華民族共同體意識的體現。二〇一〇年漆俠主編的《遼宋西夏金通史》七卷八册於人民出版社出版，就是這一觀點的具體體現。語言學人應該緊跟時代，故本文從之。

（二）我們應該重視的是，漢語切韻學興起於唐代，而大盛於宋代之時，在少數民族建立的王國裏也有切韻學流行，沈括《夢溪筆談》卷十五云：『幽州僧行均集佛書中字，爲切韻、訓詁。』金代韓孝彦撰《切韻澄鑒圖》，作《切韻滿庭芳》，述《切韻指迷頌》。行均、韓孝彦看來都是漢人。

研究切韻學的歷史，絶不可忽視的是，西夏有切韻學，即切韻圖《五音切韻》，西夏國王親自爲之作序。特别要指出的是，這不是漢語切韻學，而是西夏語切韻學。晚唐之時有黄巢之亂，羌族之党項部助唐王朝鎮壓，因而崛起，至宋代仁宗時，元昊稱帝，國號大夏。不僅武功稱盛，亦提倡文化。《宋史·夏國傳》：『元昊自制蕃書，命野利仁榮演繹之，成十二卷。字形體方整，類八分。……教國人紀事用蕃書，而譯《孝經》、《爾雅》、四言雜字爲蕃書。』《宋史》所言『蕃書』，今謂之『西夏文』。西夏是一個以党項羌人爲主的多民族王國，其疆域奄有今寧夏大部、甘肅、陝西、青海和内蒙古部分。夏王朝自一〇三八年始，迄於一二二七年，歷時近二百年，其歷史自然值得研究，但被湮没百年之久。一九〇九年沙皇俄國探險家科兹洛夫在黑水城（今内蒙古自治區阿拉善盟額濟納旗達來庫布部東南）發掘出大量文獻，達八千餘件，主要是西夏文獻，涉及西夏的社會、經濟、宗教、文化諸方面。其中有關西夏的語言、文字的有：《番漢合時掌中珠》（夏漢雙語對照詞書）、《義同》（同義詞典）、《音同》（字書）、《文海》（韻書）、《五音切韻》（切韻圖）。這《五音切韻》，當時的國王御制序言，可見受到重視的程度！現存西夏文《五音切韻》，是西夏仁宗（李仁孝）乾祐癸巳年（當南宋孝宗乾道九年，公元一一七三年）寫本，《盧宗邁切韻法》序作於宋孝宗淳熙己亥六年（一一七九），較西夏文《五音切韻》寫本晚六年，可謂十二世紀銀川與杭州的切韻學雙星輝映。黑水城遺址發現的西夏文《五音切韻》有六種寫本，其中多是殘本，六種寫本的切韻圖共計三百七十七圖，重複者自然很多，以前有幾位中、日學者做過研究，漢語音韻學家張竹梅教授於二〇二一年十一月出版了《五音切韻研究》（甘肅文化出版社），是最新的研究成果。西夏文《五音切韻》是我國中古時期党項語的音系學的圖表，彌足珍貴。

秦始皇時，『六王畢，四海一』，繼之以兩漢四百年的大一統。如果説其後的魏晉南北朝是第一次民族大融合的時期，遼宋夏金元的五百年則是第二次民族大融合時期。模仿漢字的西夏文，受漢語切韻學影響的西夏文《五音切韻》，也是這次民族大融合滚滚江河中的一朵浪花。

（三）通過三十多年來對切韻學典籍《夢溪筆談》（音韻學部分）、《盧宗邁切韻法》等的研究，我認爲漢語音韻學的學科體系應該由三部分組成：甲，漢語語音源流史的『上古音』『中古音』『近代音』；乙，音系學的源流史。從晚唐至明代中葉的『切韻學』，明、清、民國的『等韻學』；丙，音韻學思想史。音韻學思想史是我二〇〇五年首先提出來的，詳見拙文《就獨獨缺中國語言學思想史！？》《語言學思想家段玉裁及其〈六書音均表〉書譜》《關於中國語言學史思想的斷想》。

二〇二三年二月五日於金陵

當今知識界人士常言：『歷史不可重複。』我則曰：『未必不可。』十九世紀末，清朝駐日公使黎庶昌與隨員楊守敬在日本廣搜中國本土佚失的古籍，其中有《韻鏡》，使之回歸祖國而大顯，此後音韻學者無不銘記其功。百載之後，一九九〇年我赴東瀛訪學，發現《盧宗邁切韻法》，一九九一年携歸複印件，可謂步黎楊後塵。迄今爲止，自東瀛而獲得佚失的宋代音韻學古籍唯此兩例耳。然我則有逾越前修者，三十餘年，孜孜矻矻，爲《盧宗邁切韻法》，先後撰作、增訂闡發之文達五次之多，矢志不渝弘揚我民族文化之初心故也。今校第五稿畢，書此誌之。

魯國堯於乙巳年初春

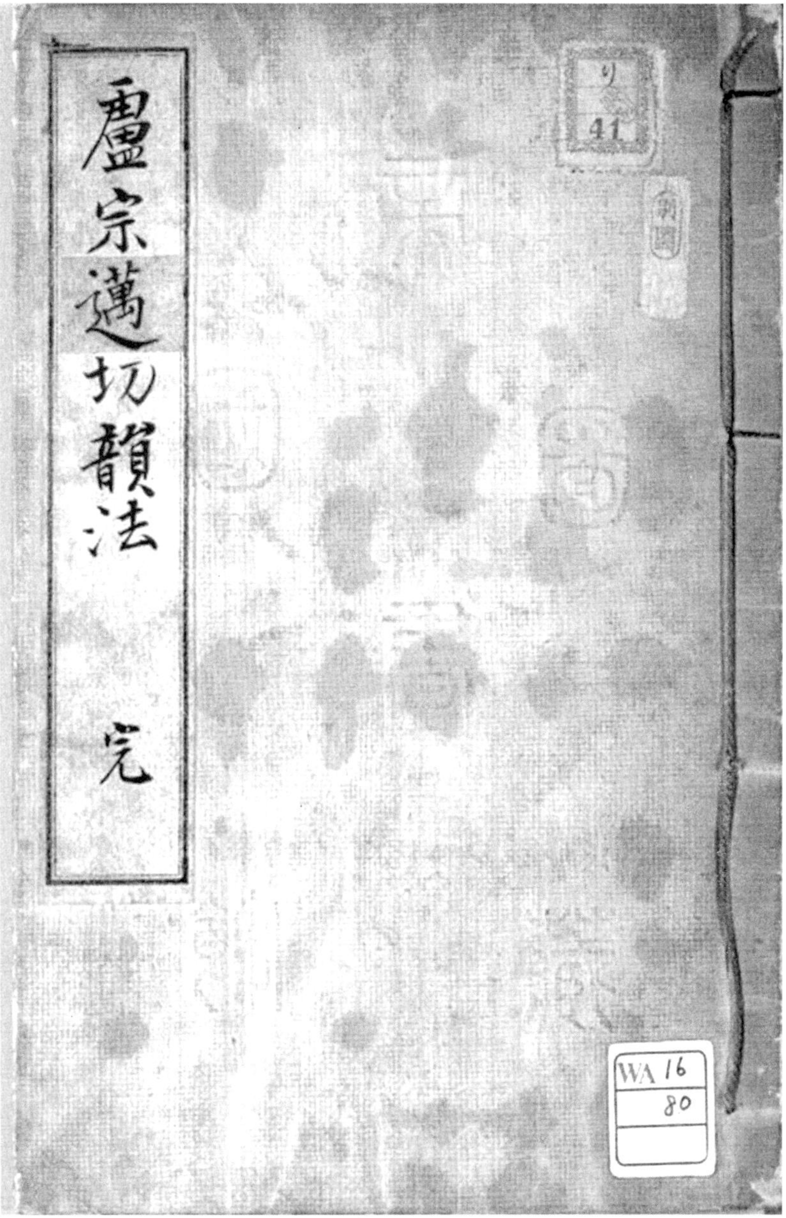
盧宗邁切韻法
完
41
WA 16
80

盧宗邁切韻法
WA16
80
東寺 觀智流

《盧宗邁切韻法》注釋

《盧宗邁切韻法》封皮

〔一〕盧宗邁

盧宗邁，字紹先，生於宋徽宗宣和（一一一九—一一二五）之末，卒於宋寧宗嘉泰二年（一二〇二）或其前（見魯國堯《〈盧宗邁切韻法〉述論》、聞人軍《〈切韻法〉〈射法〉作者盧宗邁生平述要》），宋代江南西路南安軍大庾縣（今江西贛州市大余縣）人。《大明一統志》卷五有盧宗邁小傳：『盧宗邁，汝舟侄。年十三，隸御史府。樞密使汪澈臨邊視師，檄以自隨，熟知險阨，澈深嘉之。歷館職，文雅練達。兩朝日歷成，一歲五遷，官至武翼大夫。晚年藏書萬卷。然不滿致身於武階云。』方志和家譜亦記載盧宗邁著有《切韻法》《射法》。

〔二〕盧宗邁切韻法

《盧宗邁切韻法》，書名。按，『切韻法』，唐遼宋夏金元至明代中葉時期漢語語言學術語，指分析漢語語音成分、闡釋漢語音系結構、講解反切規則的方法。《盧宗邁切韻法》係宋人盧宗邁彙集、編纂當時流行的一些切韻法文獻而成的書。現存中國古代目録書皆未著録，當佚失已久。該書手抄本原藏於日本京都東寺觀智院，現藏於日本國會圖書館（位於東京），係宇内孤本，《日本國會圖書館目録》定爲日本室町時期（一三三六—一五七三）書籍。魯國堯一九九〇年在東京發現此書，隨後研究著文述評，使該書回歸故國。按，宋代書名無冠以作者名之例，此書封皮題『盧宗邁切韻法』，或許是傳入日本後所爲。

〔三〕東寺觀智院

日本京都著名寺廟。本名教王護國寺，始建於八世紀，八二三年日本嵯峨天皇賜予弘法大師空海（七七四—八三五），成爲日本密教真言宗的根本道場之一。東寺之觀智院（創立於十四世紀初）藏有真言宗的大量文獻，江户時代（一六〇三—一八六八）觀智院第十三任住持賢賀曾修繕其中古籍，内有源自中國的《盧宗邁切韻法》手抄本（按：此條承平田昌司教授賜正）。

音釋切韻法難識字

祆 馨煙切胡謟神爲祆 馝字平聲

邅 張連切迍邅 搌字平聲

侲 [音]侲鄰切欲作也與燃 [illegible]字平聲

繽 紕民切紛亂也 匹字平聲

礥 下珍切難也

樠 武言切 [illegible]字平聲

紉 尼鄰切 昵字平聲

切韻之難易盡見昔人之詩有云字母唯三六相生百萬名當家疑是定別國却爲親又有云的當

傎 音顛倒也

羶 尸連切羊臭也 設字平聲

㢟 抽延切安步㢟㢟 徹字平聲

蠙 蒲賔切珠名與玭同 辮字平聲

榛 鋤臻切木叢生

氈 諸延切撚毛也 浙字平聲

[illegible] 此不是文字係有聲無形借用女聯爲形又借女聯爲切呐字平聲爲[illegible]字呐女爲切

塵毛現參差海山嶽傾　閙雜會法影響音誤聰明又有云未明須得旨及曉不關心驗人端的處下口便知音人謂其難予者乃切韻法百八字中有難識者字而又有音聲偏僻遠罕人傳授是以難學也今以難識者字或直音或反切或調聲並集于前使人人可識可識則易於口誦口誦通熟則歸母甚易既能歸母則可反切既能反切則字無不識是使難學之事而終歸於易學也宗邁自僮時悟此今四十年矣鮮聞曉者故書而傳之同志豈曰小補哉淳熙己亥孟春後郎　盧宗邁撰序

音釋切韻法難識字・淳熙己亥盧宗邁序

〔一〕袄

抄手誤寫，應爲『袄』。

〔二〕昔人之詩

《盧宗邁切韻法》中所云『昔人之詩』即當時所謂之『切韻詩』。盧宗邁同時人張麟之《韻鑒序例・横呼韻》云：『故古人切韻詩曰「一字紐縱横，分敷十六聲。」』唐宋時期中國特有的佛教宗派禪宗盛行，禪僧與居士所作的藴含禪理的禪詩流行於世。宋代大學者鄭樵（一一〇四—一一六二）《通志・七音略》云：『釋氏以參禪爲大悟，通音爲小悟。』可見這些佛教徒同時也多通音理，於是利用禪詩的原句或其形式以喻切韻法的切韻詩的存在，便成了中國古代音韻學文化的一景，這些作品的特點在便於記誦與傳播（參見于建松《現見切韻詩及相關問題》）。

〔二〕字母唯三六，相生百萬名。當家疑是客，別國却爲親

前二句意爲，三十六字母可以産生巨量字。後二句源自禪詩（見于建松文所引晚唐五代宋的《古尊宿語録》等），亦見於敦煌寫本伯二〇一二《守温韻學殘卷》：『詩云「在家疑是客，別國却爲親。」』『當家』即『在家』。『客』，客作漢，傭工，非主人。禪宗諷刺『高推聖境，孤負己靈』，即捨近求遠，捨本逐末。禪宗認爲佛性本來人人具足，是每個人的『本分事』，但迷人不認可，却一味向外馳求（此從研究禪宗語録的漢語史專家雷漢卿教授説）。切韻家將此兩句禪詩引進切韻學，以比喻某些有疑滯難以順暢切出正確字音的反切。多數反切，其切上字的紐，被尊爲『字母』，與切下字的韻，拼合和諧，這類反切名『音和切』。但也有少數反切，切上字的字母與切下字的韻拼切時疑滯扞格，不能流暢地切出正確的字音。此或由於音變，該反切成了『老反切』，或由於『折疊型切韻圖』的製圖規則複雜繳繞（見魯國堯《音韻學話語體系的建構——『僑三等』VS『假二等』『假四等』及其他》），於是出現『當家疑是客，別國却爲親』的現象。何以破解？唐宋時代的切韻家立了若干條例，指示需变通拼切方法以獲取正確字音，即所謂『門法』。門法數目起初甚少，《盧宗邁切韻法》可證，後來滋生日繁，增至兩位數。

〔三〕的當塵毛現，參差海嶽傾。世間難會法，影響誤聰明

首句見《建中靖國續燈録》，次句見《天聖廣燈録》。的當：恰當，恰切。參差：不齊，訛誤。此四句意爲：凡事處理恰切則雖細小如塵土、毛髮亦畢現，對待出錯則大海翻騰山嶽崩頽。後兩句：世間難以領悟佛法，目見之影、耳聞之響等虚幻景象都誤人不淺。切韻家取此詩以喻應用切韻法需準確無誤，若有訛錯則差之毫釐謬以千里。（此從雷漢卿教授説）《解釋歌義》智邦歌訣亦化用此詩，分别爲『的當塵毛義始周』，『答詞何異海濤傾』，□髓在『喉音切字弟十一門』歌訣解釋中則引用了前一句，即『知「的當塵毛現」之不謬也』（此李軍教授見告）。

〔四〕未明須得旨，及曉不關心。驗人端的處，下口便知音

未明，天未亮。曉，天剛亮。禪宗認爲不明白佛法時需要領悟佛法的宗旨，等到開悟就不必再執着關心了。末二句，《禪宗頌古聯珠通集》有『趙州驗人端的處，等閒開口便知音』兩句。端的，確實。下口，開口。勘驗對方是否真的開悟，通過機鋒問答，只要他一開口就知道他的悟境的深淺（從雷漢卿教授説）。切韻詩之意則在檢驗對方是否真正會運用切韻法，只要他一開口，便知道他是否念對了字音。

〔五〕牑

此列於『偏』字之下，當爲『偏』字的注音『音片』二字。然有可疑處：『偏』非難識字，盧宗邁何需爲自己所撰文字注音？

〔六〕調聲

注音方法之一，被注字與注釋字聲母、韻母相同，只是聲調不同，變换注釋字聲調即爲被釋字的字音，如祆，顯字平聲；羶，設字平聲；蠙，辮字平聲。

〔七〕歸母

歸，使動詞，使……歸於……。敦煌石窟遺書有手抄本斯〇五一二《歸三十字母例》，北宋沈括《夢溪筆談》：『今切韻之法，先類其字，各歸其母。』歸母，使該字歸屬於某字母，意爲找出該字所從屬的字母，而歸於其下。後有『歸紐』，義同。

〔八〕僮時

未成年之時。《説文解字》：『僮，未冠也。』《禮記·曲禮上》：『男子二十冠而字。』鄭玄

注：『成人矣，敬其名。』

〔九〕**淳熙己亥**

淳熙，南宋孝宗年號。淳熙己亥，公元一一七九年。

〔一〇〕**涿郡盧宗邁**

盧宗邁乃南宋江南西路南安軍大庾縣人，自詡爲東漢末名臣大儒涿郡盧植之後。涿郡，今河北省涿州市。在北朝時期，盧氏係北方四大門閥氏族之一，號稱『北州冠族』。至隋唐，世爲顯宦。

三十六字母切韻訣

欲盡識世間字者當熟誦切韻法一百八字爲呼吸端的無一字差訛則反切若有神助如磁石吸針似子之見母且以東德二字歸母東字則云東丁顛端德字則云德丁顛端是東德二字皆歸端字母也且如德紅切則云德丁顛東紅字與東字同韻故切歸東字也字字用此爲例則無所不通無所不識德紅名音和切而尚有互用往來等切音和既已通曉則諸切皆可意會也

三十六字母切韻訣

訣，訣竅。盧書之『三十六字母切韻訣』，叙述利用三十六字母及其助紐字拼切，可達到『字字用此爲例，則無所不通、無所不識』的境地。

〔一〕切韻法（一百八字）

『切韻法』的三十六字母，每個字母有兩個助紐字，共計一百零八字。

〔二〕且以東、德二字歸母：東字則云東丁傎端，德字則云德丁傎端，是東、德二字皆歸端字母也

此段是示範教學，以『東』『德』二字爲例。欲知『東』字歸何字母，口中先念此『東』字，接着念『丁』『傎』兩個助紐字，第四字必爲『端』，此『端』即端字母，於是得出結論：『東』字歸端字母。按，《盧宗邁切韻法》一書中未出現『助紐字』術語，但同時代人張麟之《韻鑒序例》中有此專名。今之『聲母』古名『紐』，『紐』和『聲母』係通名，但唐宋時代的切韻學的專名爲『字母』。『助紐字』的功用在於『助』，歸母時用以幫助讀出『紐』的音。猶如現代體育跳遠、跳高時先向前快速助跑幾步然後猛地一跳，口中念『丁』『頓』兩個『助紐』字就相當於『助跑』，念『端』就相當於猛地一跳。『東』，『丁』『頓』→端，這四字的紐若以現代拼音字母表示，即爲：d，d、d→D，第二、第三個 d 即類似體育學『助跑』的『助紐』音。由於漢字不是拼音文字，於是用兩個漢字注一個漢字的音，即爲反切注音法。取反切上字的紐，跟反切下字的韻拼合而獲取被切字的音，專門家自不成問題，但是對初學者與基層群衆却是難題，故此種通俗的教學法應運而生。當切韻法普及之時，或似現代人接觸、學習過西方語言文字，自然對這種低級教學法棄之如敝屣，於是助紐成了『古董』，而爲世人所不知。但在宋代，盧宗邁、張麟之這些『教父』都不厭其煩地推介、講解。頓，《盧宗邁切韻法》卷首之『音釋切韻法難識字』：『頓，音顛，倒也。』

〔三〕音和切、互用切、往來切

此三者都是『門法』術語。《盧宗邁切韻法》第四葉下半葉之『切三十六字母法』中有解釋。往來切又稱『往還切』。

三十六字母分清濁

見	全清
端	全清
知	全清
幫	全清
非	全清
精	全清
照	全清
影	全清
來	不清不濁
日	不清不濁
溪	次清
透	次清
徹	次清
滂	次清
敷	次清
清	次清
穿	次清
曉	次清
群	全濁
定	全濁
澄	全濁
並	全濁
奉	全濁
從	全濁
床	全濁
匣	全濁
疑	不清不濁
泥	不清不濁
孃	不清不濁
明	不清不濁
微	不清不濁
心	全清
審	全清
喻	不清不濁
邪	全濁
禪	全濁

全濁字母下字竝上去聲同呼

三十六字母分清濁

將三十六字母按照發音方法，發音時是否送氣、聲帶是否振動以及同部位的鼻輔音，分成四類：全清、次清、全濁、不清不濁。盧書『不清不濁』，沈括《夢溪筆談》名爲『平』，《韻鏡》名爲『清濁』，今名次濁。特别應該注意的是，圖中十個全濁字母及其下的『全濁』二字均以朱筆書寫，以示重視。該圖最後有十二字：『全濁字母下字並上去聲同呼』。在漢語語音史上唐宋時期全濁上聲字發生音變，混同去聲，即當今音韻學界常言之『全濁上變去』。此十二字十分重要，指示語音史上聲調的混併，較張麟之曲説高明多多，張麟之《韻鑒序例·上聲去音字》云：『古人制韻，間取去聲字參入上聲者，正欲使清濁有所辨耳。』

也需要着重指出的是，《盧宗邁切韻法》所集輯的諸圖均以牙音建首，此《三十六字母分清濁》是第一張。按，後面的《三十六字母切韻法》是例外，下詳。

宋代切韻圖的聲紐體系有兩型：

甲型（牙音建首型），依次爲：牙音、舌音、脣音、齒音、喉音、半舌半齒音（如《盧宗邁切韻法》《四聲等子》《切韻指掌圖》），即，

見溪群疑

端透定泥　　知徹澄孃
幫滂並明　　非敷奉微
精清從心邪　　照穿床審禪
影曉匣喻（按，《四聲等子》是『曉匣影喻』）
來日

乙型（脣音建首型），依次爲：脣音、舌音、牙音、齒音、喉音、半舌半齒音（如《韻鏡》《七音略》），即，

幫滂並明　　非敷奉微
端透定泥　　知徹澄孃
見溪群疑
精清從心邪　　照穿床審禪
影曉匣喻
來日

爲何將牙音起首型居前？因爲中國的切韻圖是借鑒古印度語音學的《悉曇章》，彼皆以牙音建首。傳入中國後，自然先是照搬，後來中國的切韻家將次序做了更動，脣音被提至首位，其後爲舌音，再後爲牙音。這是一項創造性的舉措，影響千年，不可小覷。如此則符合『由外

向内』的原則，人們眼睛所看見的他人的發音器官首先是嘴脣，而後是牙齒。漢語二十世紀的注音符號和拼音字母的聲母表，其根源即在於古代切韻法的『三十六字母』的乙型即脣音起首型，淵源有自。

宋代切韻法三十六字母無論牙音起首型或脣音起首型都是音理豐贍、系統秩然、外形規整。

三十六字母五音傍通圖

見	溪	群	疑		牙	音	角木
端	透	定	泥		舌頭	音	徵
知	徹	澄	孃		舌上	音	火
幫	滂	並	明		脣音	重	羽
非	敷	奉	微		脣音	輕	水
精	清	從	心	邪	齒頭	音	商
照	穿	床	審	禪	正齒	音	金
影	曉	匣	喻		喉	音	宮土
來	日	半徵	半商	音	半火	半金	

三十六字母五音傍通圖

在唐宋時期的漢語裏，『圖』的含義較廣，既有今之『圖畫』義，亦有今之『表格』義。《盧宗邁切韻法・三十六字母五音旁通圖》中的『圖』指的是矩形網狀結構的表格。此圖的標題中出現『圖』字，其他幾張圖的標題中無『圖』字。

此圖中的『五音』，筆者命名爲『切韻法五音』（或『切韻五音』），以別於『樂律五音』（宫商角徵羽）。此圖右起第五列自上至下列『切韻法五音』，即以發音部位命名的牙音、舌音（分舌頭音、舌上音兩類）、脣音（分脣音重、脣音輕兩類）、齒音（分齒頭音、正齒音兩類）、喉音，而以三十四個字母分別隸屬之。最末之來、日二字母則作『半徵半商音』『半火半金（音）』，而不像《夢溪筆談》那樣寫作『半齒半舌音』，説明命名原則貫徹不徹底。

該圖右起第七列書寫『樂律五音』和『五行』的名稱，各自與『切韻五音』相配，此即所謂『旁通』，如下表：

切韻法五音	牙音	舌音	脣音	齒音	喉音
樂律五音	角	徵	羽	商	宫

續表

切韻法五音	牙音	舌音	脣音	齒音	喉音
五行	木	火	水	金	土

樂律五音『宮、商、角、徵、羽』，是中國古代音樂學的五聲音階上的五個級，相當於現行簡譜上的1、2、3、5、6。五行，指金、木、水、火、土五種物質。中國古代思想家以五行説明世間萬物的起源（此從《現代漢語詞典（第七版）》説。按，《辭源》第三版：『水、火、木、金、土，古代稱構成各種物質的五種元素。』）而《盧宗邁切韻法》的『五音』是借鑒古印度語語音學《悉曇章》，依據漢語口腔五種發音部位名稱而定的切韻法五音，是漢語古典語音學的術語，與五行、樂律五音牽合，是宋代切韻學的通常現象，毋庸深究，參見羅常培《漢語音韻學導論》。

三十六字母切韻法

心新仙　曉馨祆　端偵　知珎邅　見經堅　審身羶

精津煎　非分蕃　幫賓邊　清親千　溪輕牽　穿嗔昌

透汀天　徹倀延　敷芬番　滂繽偏　並頻蠙　奉墳煩

群勤虔　邪餳涎　匣礥賢　定廷田　澄陳廛　從秦錢

禪辰常　床榛潺　明民綿　微文樠　來隣連　喻匀緣

日仁然　疑銀言　照真氈　影殷焉　泥寧年　孃紉[illegible]

三十六字母切韻法

筆者不揣譾陋，爲此圖定性：這是一張『異態韻圖』、混合型韻圖、頗有學術價值的韻圖。按，『異態韻圖』（或『異態切韻圖』），係筆者借鑒醫學的『異態睡眠』而撰的術語）。《盧宗邁切韻法》一書的第四葉上半葉『三十六字母切韻法』之所以被稱爲『異態韻圖』，係因與該書其他圖相比，呈現多種『異態』。

首先，該圖六列，每列六格，每格三字（一字母與二助紐字），現依該圖之順序迻録其三十六字母於下，筆者分作四組：

一、『心、曉、端、知、見、審、精、非、幫』九字母

二、『清、溪、穿、透、徹、敷、滂』七字母

三、『並、奉、群、邪、匣、定、澄、從、禪、床』十字母

四、『明、微、來、喻、日、疑、照、影、泥、孃』十字母

只須一瞥，即可知道右邊第一列是全清字母，但『曉字母』在前面『三十六字母分清濁』中明確定性爲次清，而在此圖居於全清的第二位。第二列爲次清字母。第三列是全濁字母。第四列絶大多數是不清不濁字母，只有兩個例外。第三十三位的『照』，第三十四位的『影』兩字

母在前圖裏明確定性爲『全清』，而今卻夾在不清不濁的『疑』與『泥』之間。總的來説，這張圖的三十六字母，基本上依照全清、次清、全濁、不清不濁四大類排列（但有三個字母『失序』）。人們不禁要問：前面已經有了清清楚楚的『三十六字母分清濁』，何需再來這麽一個『分清濁』圖？而且有三個例外。更重要的是諸字母排序看來『甚爲淩亂』，且舉一例，以『心』居首，而非『見』亦非『幫』，何故？

三十年前，筆者淺陋，固守三十六字母體系，未能越雷池一步，聯繫三十字母體系思考。而今讀黄耀堃學長關於唐寫本《歸三十字母例》的兩篇雄文，茅塞開啓。欲知盧書此『異態韻圖』之奧秘，須瞭解切韻圖歷史上的『三十字母』體系與『三十六字母』體系的同異與源流。

唐遼宋夏金元時期的切韻學、切韻法的聲紐體系有兩種：前期爲『三十字母』體系，歷來學者認爲係唐五代時期物。而『三十六字母』往往寫作『宋人三十六字母』。後者較前者增加『幫、滂、奉、微、床、孃』六母。

百年前，學者們即已發現兩幀敦煌石室唐寫本：斯〇五一二號《歸三十字母例》，伯二〇一二號《守温韻學殘卷》，兩者均爲三十字母體系。其三十個字母的名稱並同，但字母的排列次序則頗有參差。

關於《歸三十字母例》中的諸字母列序，多數音韻學者主張以『端透定泥』爲首，黄耀堃教授一九八二年發表長文《試論〈歸三十字母例〉在韻學史中的地位》認爲應以『心邪曉』居最前。

（見下圖）

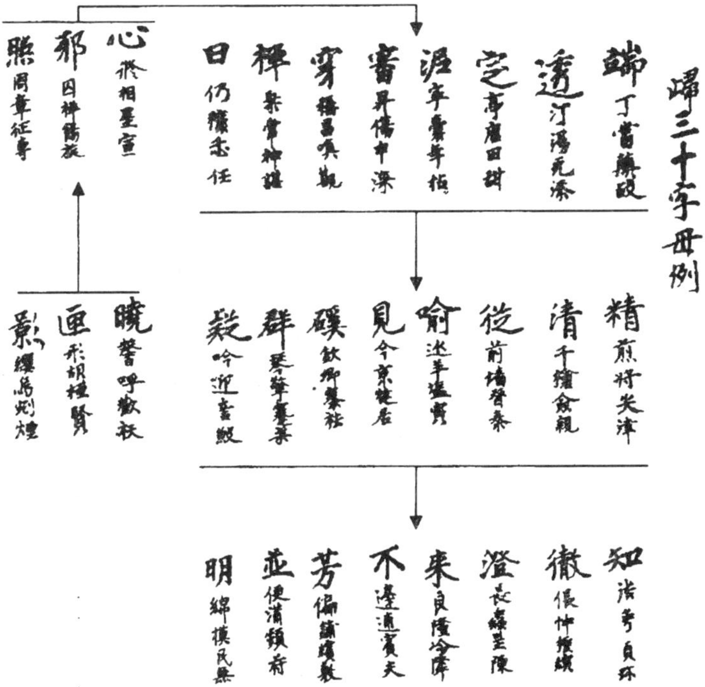

一九九〇年《盧宗邁切韻法》一書的發現，證實了黄耀堃教授的推論。盧書《三十六字母切韻法》裏「心」「曉」相連、「邪」「匣」相連、「照」「影」相連即緣於抄手將《歸三十字母例》中左側三縱列的上「心」下「曉」、上「邪」下「匣」、上「照」下「影」連寫，他如「日」「疑」相連亦是。黄耀堃教授二〇一四年又發表《讀〈盧宗邁切韻法〉小記》，研究深刻，見解高卓。欲知詳情，請參看黄氏二文。

筆者認爲盧書的《三十六字母切韻法》是混併型切韻圖，因爲它源於《歸三十字母例》或與其同類型的韻圖，但增加了「幫、滂、奉、微、床、孃」六母，可以説，它承繼了以前的「心」「曉」爲首的「三十字母」體系，增益爲「三十六字母」體系。

此圖頗有學術價值，因爲它證實了敦煌唐寫本《歸三十字母例》。如今筆者擬推測前期切韻圖「三十字母」體系與後期切韻圖「三十六字母」體系的源流關係。

三十字母甲型：以牙音爲首。因爲梵文字形表皆以牙音建首，中國切韻家模仿照搬。這樣的切韻圖實物有待發現，但現在可從《盧宗邁切韻法》《四聲等子》《切韻指掌圖》等推論存在過這樣的韻圖，它們都以牙音見溪群疑建首，不會是無源之水無本之木。

三十字母乙型：以脣音爲首，伯二〇一二《守温韻學殘卷》即是此型。

三十字母丙型：以「心邪照、曉匣影」爲首，唐寫本斯〇五一二《歸三十字母例》即是此型。

至宋代，添加了「幫滂奉微床孃」六母後，成了三十六字母體系，於是出現了：

三十六字母甲型：《四聲等子》《切韻指掌圖》《經史正音切韻指南》即是。

三十六字母乙型：《韻鏡》《七音略》即是。

三十六字母丙型：盧書《三十六字母切韻法》即是。

可以總結如下：由三十字母系統到三十六字母系統顯然是一個進步。前者不僅字母少，而且齟齬悖理之處非鮮，前輩學者如羅常培、周祖謨兩位先生的論著中皆有評述，兹不贅言。至後者可謂定型，音理豐贍、結構秩然，外形規整。然而三十字母的丙型、三十六字母的丙型以『心邪照、曉匣影』爲首，何以如此？筆者百思不獲其解，祈方家賜教。

切三十六字母法

牙音

見　經電　經堅　見
溪　牽奚　輕牽　溪
群　衢去　勤虔　群
疑　魚其　銀言　疑

舌頭音

端　多官　丁顛　端
透　他候　汀天　透
定　徒徑　廷田　定
泥　奴年　寧年　泥

舌上音

知　珍離　珍邅　知
徹　敕列　伭延　徹
澄　持澄　陳廛　澄
孃　女良　紉𦇧　孃

唇音重
幫 博音 賓邊 幫
滂 普郎 繽偏 滂
並 部迫 頻蠙 並
明 眉兵 民綿 明
齒頭音
精 子盈 津煎 精
清 七情 親千 清
從 牆容 秦錢 從
心 思尋 新仙 心
邪 徐嗟 餳涎 邪

唇音輕
非 匪微 分蕃 非
敷 芳藥 芬番 敷
奉 父勇 墳煩 奉
微 無非 文樠 微
正齒音
照 之笑 真氈 照
穿 昌緣 嗔昌 穿
床 仕莊 榛潺 床
審 式莊 身羶 審
禪 時連 辰常 禪

喉音
影　於境殷焉　影
曉　馨馨祆　曉
匣　轄鳥礥賢　匣
喻　甲俞戌匀緣　喻

半徵半商音
來　郎才鄰連　來
日　入質仁然　日

麻衣道者云納音切脚其理則一納音如甲爲木子爲水
甲子爻合卽生金切脚以德爲父紅爲母德紅反切卽生
東字此乃切韻上一字爲父下一字爲母相生天然非人意可爲

也。如經電切見字，經字見字為母，電字與見字同韻，故反切為見字。前三十六字母切腳，皆音和切。若廣韻、玉篇、集韻、類篇中切腳皆容易反切，便得其字分明者，並名音和切（若遇音聲凝滯便不明音和，當求於類隔等切）。此外有類隔、互用、往還等切。如端字母下字為切，卻切知字母下字，為類隔。又如精字母下字為切，卻切照字母下字，為互用。又如匣字母下字為切，卻切喻字母下字，為往還切。似此切腳不一。若能熟切前三十六字母下音和切，則遇疑滯處自然默曉，合為其切也（明字，韻略中作眉兵切，以眉字用明字為母，則是音和。廣韻中作武兵切，以武字合歸字母，則是互用。其他類隔、往還等切，各以此推之，歸本字母下，尚其母為切，則所切真的也）。

反（音翻）切　又為之歸納法

切三十六字母法

先列三十六字母圖。該圖横行右起列五音三十六字母，每個字母下列該字的反切，接着是兩個助紐字。如『見』下的小字『經電』，是『見』的反切上下字，其後的『經堅』是助紐字。在《盧宗邁切韻法》一書諸圖裏，此圖最爲完善規整。

圖後爲第二部分，講解切韻方法，叙述四種門法。

〔一〕麻衣道者

善於相面的職業迷信者，宋人筆記中多見。

〔二〕納音

中國古代神秘文化的一種，以五音十二律（中國古代音樂的十二調：黄鐘、太簇、姑洗、蕤賓、夷則、無射、大吕、夾鐘、中吕、林鐘、南吕、應鐘）相合爲六十音，與六十甲子相配合，按金、火、木、水、土五行之序旋相爲宫，稱爲『納音』。用以預測人事的吉凶、順逆等等。宋人對納音很熟悉，而納音有甲與子交合生金，音韻學家盧宗邁遂將切韻之『德』與『紅』反切生『東』，同納音類比。

〔三〕切韻（上一字爲切，下一字爲韻）

以『切韻』兩字作爲書名，據現知文獻，南朝宋、齊時代之著名文士周顒最早爲之。《南史·周顒傳》：『始著《四聲切韻》，行于時。』次則爲隋文帝仁壽元年之陸法言。陸法言命名自著之韻書爲《切韻》，依我之見，很可能因襲周顒。周、陸二人未言命名之義。今人王顯一九六一年發表《〈切韻〉的命名和〈切韻〉的性質》，認爲『切韻』之『切』乃『正確的、規範的』的意思，與反切上字即一個音節的聲母無涉。我贊成王顯先生之見。謹申説一言：周、陸書名之『切』是形容詞，非名詞。

『切』有聲母之義見於晚唐時期文獻。魏建功先生一九三六年發表《論切韻系的韻書——十韻彙編序》云：『「切」是聲母。』舉敦煌石室文獻《守温韻學殘卷》下列文句作書證：『若將審穿禪照中字爲切，將高字爲韻，定無字可切。』其中前一『切』指聲母。又上述《殘卷》『兩字同一韻，憑切定端的』之中的『切』亦指聲母。若依前賢定《守温韻學殘卷》爲晚唐時物，則其時『切』指聲母，『韻』指韻母，兩者相對。而至宋時，『上（一）字爲切，下（一字）爲韻』成爲音韻學者的熟語。北宋哲宗時的沈括《夢溪筆談》如是言，其前真宗、仁宗時的王宗道如是言，南宋孝宗時的盧宗邁亦如是言。『切韻』之『切』指反切上字即聲母，『韻』指反切下字即韻母，這是宋代學者的『切韻之學』『切韻家』『切韻圖』諸術語的基石或『硬核』。『切韻學』不是指研究隋人陸法言所著之《切韻》的學問。至晚唐，特别是宋代，學者們拈『切』與『韻』二字，如振衣挈裘，他們的『切韻學』是研究漢語語音聲母與韻母配置、結構的學問，亦即漢語的音系學。

〔四〕切脚

反切。

〔五〕《廣韻》《玉篇》《集韻》《類篇》

宋代的語文辭書學甚爲發達，表現爲『雙軌制』，即以音爲主軸的韻書與以形爲主軸的字書互相配合，相輔而行。宋真宗時《廣韻》修成後，繼修《大廣益會玉篇》與之相配；宋仁宗時修《集韻》，繼而修《類篇》相配。

〔六〕《韻略》

宋代爲科舉考試的需要，官府曾先後頒行與『大而全』的《廣韻》《集韻》相應的簡本，謂之《禮部韻略》《韻略》，有《景德韻略》《景祐韻略》。私家著作有毛晃、毛居正父子的《增修互注禮部韻略》。

〔七〕以武字合歸字母

『合歸』下當奪『微』字。

〔八〕歸紐法

歸納，即前述之『歸母』，『歸納法』即使被切字的紐（聲母）正確地歸於某字母下。

全濁字母下上聲去聲同呼字圖

羣
彊 强 弶 噱
權 圈 倦 蹷
求 臼 舊 ○
琴 噤 拎 及

定
同 動 洞 獨
唐 蕩 宕 鐸
徒 杜 度 ○
屯 芚 鈍 揬
壇 但 憚 達

並
皮 被 髲 ○
蒲 簿 步 ○
便 楩 便 敝
盤 伴 畔 跋

奉
逢 奉 俸 幞
汾 憤 分 佛
凡 范 梵 乏

從
裁 在 在 ○

床
鉏 齟 助 ○
潺 棧 棧 ○
巉 嶃 鑱 磼

禪
常 上 尚 杓
純 盾 順 術
鋋 善 繕 舌
韶 紹 邵 ○
讎 受 授 ○

匣

團斷段奪
陶道導○

澄
長丈仗着
廚柱住○
晁趙召○
儔紂胄○
沈朕鴆蟄

罪啐○
曹皂漕○
雔坐座○
情靜淨籍
邪
詞似寺○
邪灺謝○
璇漩楚

魂混圂搰
寒旱翰曷
桓緩換活
玄泫縣穴
豪皓号○
何荷賀○
遐下暇○
侯厚候○

以上十箇字母並屬全濁，所以上去二聲字同呼。今録出者，並上聲去聲皆有字者，庶明未曉切韻人，以全濁上聲字例調作（次清或全清）字母下上聲字呼之，（如常上尚杓却去常貴尚杓若用貴字爲上聲則令去尚貴餉饟是審字母下字也非禪字母下字也）其悮遠矣。

字母下字呼吸雖相同而輕重音韻

全濁字母下上聲去聲同呼字圖

此圖列十個全濁字母的上聲、去聲字作示範，以示全濁上聲已經與去聲混併，乃反映時音之舉。第三葉上半葉的《三十六字母分清濁》於最末處寫『全濁字母下字並上去聲同呼』，此處又列例字，可謂『一篇之中三致意焉』。並且指出有人不瞭解這一音變，將全濁上聲字調作次清或全清字母下上聲字之誤。舉例：禪母之『上』已變同去聲之『尚』，但却調作『賞』，須知『賞』係審母之上聲，其誤遠矣。

此葉邊欄外，有批語，承認全濁上聲字與去聲字發音相同，但『輕重、音韻、清濁，初非一母，皆仿佛相同耳，其疑似在於毫釐之間』，可見當時音韻學界對這一音變的又一種態度。

清濁初非一母皆聲音相同耳其疑似在於毫釐之間習之通悟自然有所得也

知支 中張豬株 珍冢徵陟知 㞢展竹卓追
照笑 鍾章朱諸 真瞳旹職之 菑征莊真鄒臻爭阻主者側礼簪斬
非支 芳天甫府 僘匪風分弗
敷虛 方孚撫
澈薛 癡稿 忡椿恥楮敕 抽丑
穿仙 蚩 充春齒處叅 窗初芻昌叉車稱楚敞創測察姝音樞

以上六箇字母下一字若切脚上一字是本母下字即切歸上六字母也以知照字非敷字澈穿字母下字呼吸相同故錄出以辯切字時歸母無差

『知照、非敷、徹穿六字母三組各自同呼吸圖』

此圖列三對六個字母，每對的兩字母『呼吸相同』，即混併，此乃反映時音之舉，詳見三十年前拙文《〈盧宗邁切韻法〉述論》。

切韻之學本出于西域漢人訓字止曰讀如某字未用反切然古語已有二聲合為一字者如不可為叵何不為盍如是為爾而已為耳之乎為諸之類以西域二合之音蓋切字之原也殆與聲俱生莫知從來今切韻之法先類其字各歸其母脣音舌音各八牙音喉音各四齒音十半齒半舌音二凡三十六分為五音天下之聲揔于是矣每音有四等謂全清次清全濁不清不濁如顛天田年是也字有平上去入四聲如幫榜謗博是也字有四等輕重如高交驕驍是也字字有此理皆得之自然非人可為也

『切韻之學』概述

此葉大多數文字與沈括《夢溪筆談》『切韻之學』條同，但亦有相異處，請閱本書《〈夢溪筆談〉『切韻之學』部分内容。

〔一〕每音有四等，謂全清、次清、全濁、不清不濁，如顛、天、田、年是也

沈括《夢溪筆談》爲『每音復有四等，謂全清、次清、濁、平也』，《盧宗邁切韻法》後二者作『全濁』『不清不濁』，這反映了宋代切韻法術語的多樣性。

輔音發音，因聲帶顫動與否，因送氣與否以及同部位的鼻輔音而有四種名目，沈括，盧宗邁統謂之『等』。此術語『等』在其他文獻中似未見。這也是切韻學史上的被淡忘的一頁。所舉例四字，『顛天田年』與現存之切韻圖《韻鏡》《七音略》《四聲等子》《切韻指掌圖》《經史正音切韻指南》同。

〔二〕字有四等輕重，如高交驕驍

上文『每音有四等』，此『字有四等輕重』，二者性質不同，但同用一個術語『等』。上『等』指聲母輔音的差異，此『等』是指韻母的主元音和介音的差異，皆有四種類别。此『等』上有所承，敦煌文獻《守温韻學殘卷》有『四等重輕例』，例字有一組：『高交嬌澆。』宋代切韻學文獻《四聲等子》同，而《盧宗邁切韻法》作『字有四等輕重，如高交驕驍是也』，《韻鏡》《七音略》《切韻指掌圖》《經史正音切韻指南》的四字同《盧宗邁切韻法》。

世傳切韻四十四圖用三十六母與集韻中字
隨母所屬次第均布於圖間而有聲有形與有
聲無形萬一千五百二十聲該括世之所有字
並在其中揣其聲數乃易之大衍六十甲子五
行之數若布萬一千五百二十筭以六除之則
筭無餘數其有用二字云切或云反者其理則
一亦五行相生自然之理非人意可強爲之若
按圖調切則有平上去入四法橫念則有隨清
濁歸韻法隨平仄四聲念則有四等重輕法又
有兩字反切歸其字者爲之切韻法相爲表裏

則是切韻有四法也詳此四法乃是前古通曉易數之智士作而成之每字左右上下各有一字聲聲皆别如中央之視四方各有定位若周天之列宿各有分野四十四圖字字皆然其非通幽悟微之人焉能造是而後學者未有能為言其所自之詳者也淳熙丙午歲四月壬午盧宗邁因叙所見附於所集切韻法後而作頌曰

滿塞世界字音容　圖局包含盡在中

若人明了箇箇意　豁然如海與天通三百三十六字

集韻字八萬八百五十六

淳熙丙午盧宗邁跋

〔一〕世傳切韻四十四圖，用三十六字母與集韻中字，隨母所屬，次第均布於圖間

在一九九一年《盧宗邁切韻法》回歸故土前，漢語音韻學界所熟知的早期切韻圖是《韻鏡》《七音略》，皆爲四十三圖，所列字多合於《廣韻》。學界雖亦知宋人孫覿《鴻慶居士集》中的《切韻類例序》記載楊中修《切韻類例》『爲圖四十四』，但此是孤例，非主流，不爲學界所重視，多種教科書通論書均不言宋代切韻圖亦有四十四圖。如今《盧宗邁切韻法》回歸，該書兩次述及『四十四圖』，可見宋代切韻圖是『多元化』的格局，豐富多彩。而且盧宗邁所提到的『四十四圖』是『《集韻》切韻圖』，我三十年前做了論證，不贅。令我輩音韻學人倍感遺憾的是，《切韻類例》失傳，盧宗邁所言的《集韻》四十四圖亦未見。

〔二〕而有聲有形與有聲無形萬一千五百二十聲，該括世之所有字，並在其中。揣其聲數，乃《易》之大衍六十甲子、五行之數

《周易·繫辭上》『大衍之數五十』一段最後云：『二篇之策萬有一千五百二十，當萬物之

數也。』按照盧宗邁的説法,《集韻》四十四圖的有形之聲與無形之聲其和是萬一千五百二十聲,概括世之所有字。而此萬一千五百二十,正好符合《易經》的『萬物之數』。筆者三十年前的《〈盧宗邁切韻法〉述論》一文最後引抄何九盈、黄笑山兩位教授的高見,他們都各自實際數過《切韻指掌圖》二十圖的方格之數,確實是萬一千五百二十。現在我計算了《韻鏡》《七音略》四十三圖的圓圈方格加字之數是一萬五千八百二十四,《四聲等子》的圓圈加字之數是七千三百六十。盧宗邁所講的《集韻》四十四圖已佚失,估計當略大於上述的《韻鏡》《七音略》的龐大數字。前面説過,在宋代,切韻圖豐富多彩,傳世的《切韻指掌圖》符合《周易》的這個數字,其他則未必。而且『萬物之數』與『世之所有字』均爲『萬一千五百二十』,顯然悖於實際。中國古代知識分子往往受宗教、神秘文化、迷信的長期薰染,遂多有牽强附會之舉。何况作爲經典第一的《易經》,更受人尊崇,於是如《四庫全書總目提要》所云:『《易》道廣大,無所不包,旁及天文、地理、樂律、兵法、韻學、算術、以逮方外之爐,皆可援《易》以爲説,而好事者又援以入《易》,故《易》説愈繁。』《切韻指掌圖》與《周易》,其數字相合,是偶合,還是切韻家刻意爲之,待考。若是後者,更具研究價值。

〔三〕每字左右上下各有一字,聲聲皆別,如中央之視四方,各有定位

此乃『最小析異對』問題,是漢語有别於印歐系諸語言的亮點、特色,彌足珍貴。詳見拙文

『《中國音韻學的切韻圖與西洋音系學(Phonology)的「最小析異對」(minimal pair)》』。

〔四〕淳熙丙午

南宋孝宗淳熙十三年，當公元一一八六年。

〔五〕《集韻》字八萬八百五十六

《集韻》卷首《韻例》叙其字數爲『五萬三千五百二十五』，注『新增二萬七千三百三十一』。所謂『新增』是比較《廣韻》的二萬六千一百九十四字而言。此處將《集韻》的字數與『新增』字數相加，居然得出《集韻》八萬八百五十六之數，大誤！

按，這十個字未必是盧宗邁所寫，可能是他人加在葉邊的，而爲抄手抄入。

一文了

抄録者手記

一交了

日語詞，義爲『校過了』『校完了』，抄書者抄畢，懼有衍奪訛誤，須校，校畢然後用筆記下。

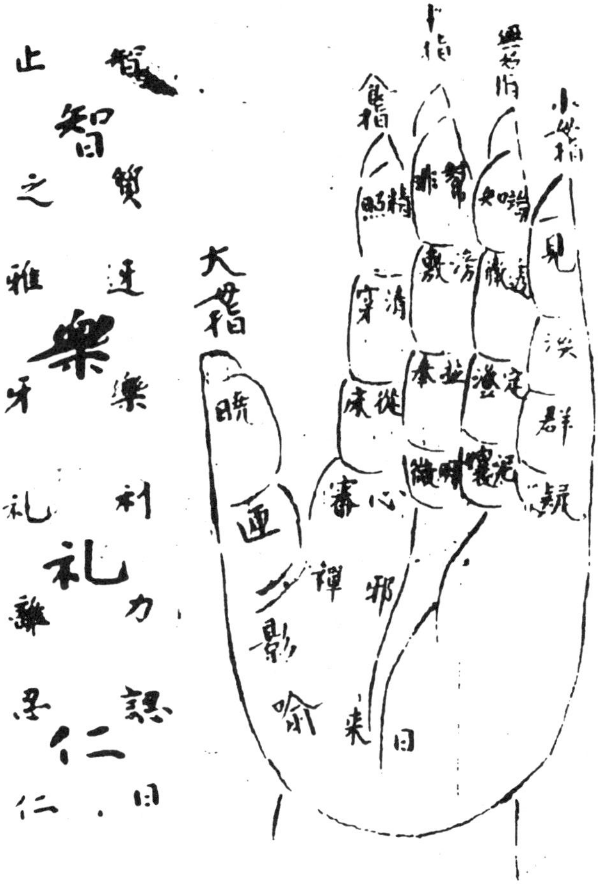
大指
智
樂
礼
仁
心
影
喻
日

三十六字母指掌圖　調四聲例字圖

可注意者是此處喉音條狀鏈體是『曉、匣、影、喻』，與前面的『影、曉、匣、喻』次序不侔。

〔一〕三十六字母指掌圖

〔二〕調四聲例字圖

此圖以四字爲例，示範圈發四聲的方法。從左下角開始，順時針方向，在角端依次列平聲、上聲、去聲、入聲各一字。如『仁』字，其四角爲『仁、忍、認、日』，環繞一周四角。注意：『樂』字，《廣韻》有三音：效韻五教切，好也；覺韻五角切，音樂；鐸韻盧各切，喜樂。此圖『樂』字四角是『牙、雅、迓、樂』，前三字皆疑母字，可見此『樂』係覺韻五角切，音樂之義。

此圖自上而下書四大字『智』『樂』『礼』『仁』，均爲古代儒家的意識形態字眼。按，四聲指平、上、去、入，正序應爲『仁』『礼』『智』『樂』；如爲逆序，則應爲『樂』『智』『礼』『仁』。何以與之相悖若此？按，聲調圈發之法，左下角當爲『仁』，左上角『礼』，右上角『智』，右下角『樂』。此當係抄者據中國傳統直行右起的書寫慣例，先抄右起前一列的『智樂』，接着抄後一列的『礼

『仁』，致此大誤。此從黄耀堃《讀〈盧宗邁切韻法〉小記》之説。盧宗邁乃高層次文士，絶不會犯如此低級錯誤。

按，此處『三十六字母指掌圖』與『調四聲例字圖』皆非《盧宗邁切韻法》内容，當係後人或抄手附益。

延享三年歲舍丙寅孟春廿一日加縫裝了

備中賀茂春秋

六十三歲

日本僧正賢賀裝繕款識

延享三年歲舍丙寅孟春廿二日加繕裝了僧正賢賀春秋六十三歲

延享三年

日本紀年，當公元一七四六年。

僧正

僧官名，政府任命的統管一定地區或某寺廟的僧官名。

賢賀

承平田昌司教授見告，據日本《密教大辭典》，日本高僧賢賀，一六八四年生，一七六九年圓寂，京都東寺（教王護國寺）觀智院第十三世，觀智院金剛藏的古書幾乎都經他裝繕過。

《盧宗邁切韻法》述論

百餘年前，黎庶昌、楊守敬使《韻鏡》返歸故土，中國語言學界奉爲等韻學的經典。無獨有偶，《盧宗邁切韻法》這一宇内孤本也藏於東瀛，由於日本學者的大力幫助，筆者有幸獲睹。我們認爲，只有把宋代音韻學史和宋代語音史作爲廣闊的背景，才能對《盧宗邁切韻法》進行深入的研究，瞭解其珍貴的學術價值。所以筆者窮廿月之功，讀逾萬卷書而成此文。盧宗邁輯《切韻法》，在中國自宋以來的目録書與音韻學書皆不見記載，本文對盧宗邁的生平仕履、『切韻法』的來龍去脉作了儘可能詳密的研究，證明了其在中國語言學史和漢語音韻學史上的重要的學術地位與價值；還闡述了宋代韻書、字書編纂史、三代『篇韻』的變遷，指出宋代既有《廣韻》系韻圖，又有《集韻》系韻圖，特别提出了『切韻圖是層累地造出來的』觀點，而這與流行的韻圖音系説相對立。此文還討論了切韻圖的門法、指掌圖、宋代語音等問題。

一

在宋代(九六〇—一二七九)語言學史中,音韻學占有主導地位。魏了翁①《重校鶴山先生大全文集》卷五三《潘舍人昌年集篆韻序》:『韻書既作,學者趨便就簡……徐鼎臣兄弟著書以行於世,可謂許氏功臣,乃亦分類韻譜以從世好,豈勢之所趨不得不然邪?潘侯之書集韻也,依楚金部叙而加詳焉。』可見韻學是當時的『大勢』和『世好』。

隋陸法言《切韻》出而前此諸家韻書盡廢。唐代是《切韻》系韻書的繁榮時期,述作蜂起。到宋代初期,雖然也有私家著作行世,如曾致堯(九四七—一〇一二)《四聲韻》五卷②,但是韻書多是皇帝下詔令儒臣文士編纂而後頒行的,如作爲科舉功令的多種《韻略》(包括官定增訂本),集前此韻書大成的《廣韻》,具有宋代文化創新特色的《集韻》,這都是中央集權國家推行語文規範化政策的體現。

① 若無必要,宋人姓名前不冠以朝代名。後同。

② 見曾鞏《元豐類稿》卷一二《先大夫集後序》。王偁《東都事略》卷四八謂曾致堯『好纂録』,《宋史》本傳亦如是云。其《四聲韻》當是編纂而成。

宋代音韻學的繁榮還表現在古音學的發端。衆所周知，經學史上有宋學時期，宋學健將吴棫既著有《書裨傳》，是懷疑古文經的先行者之一，吴棫又在《詩經》學上别開生面，著《毛詩叶韻補音》和《韻補》，此二書實是古音學的開山著作，筆者將有專文論述。

值得特别重視的是，切韻學（唐宋西夏金元都叫『切韻學』，明清以來方名『等韻學』，此須辨明，詳後）到宋而臻大盛，可用沈括的『音韻龐駁，師法多門』①來形容，没有官定的印記，倒形成了百家争鳴的局面。但是大多數被湮没，只在宋代目録學著作等書中留下了一些書名，這是由於受到標榜治國平天下的正統儒者的歧視的緣故。如周麟之《海陵集》卷三《論乞進讀本注音切》：『乞於進讀本内間注音切，臣非不知帝王之學志於治道，初不問此區區之言，可謂矜小節而暗大體矣。』歐陽修《居士集》卷四二《韻總序》：『儒之學者信哉遠且大而用功多，則其有所不暇者宜也。文字之爲學，儒者之所用也。其爲精也，有聲形曲直毫釐之别，音響清濁相生之類，五方言語風俗之殊，故儒者莫暇精之。其有精者則往往不能乎其他，是以學者莫肯舍其所事而盡心乎此。』朱熹《晦庵先生朱文公文集》卷五〇《答楊元範》指出在當時士大夫中流行的觀點：『字畫音韻是經中淺事，故先儒得其大者多不留意。』洪邁《容齋五筆》卷七：『小學瑣瑣。』司馬光《温國文正司馬公文集》卷五二《起請科場札子》：『是致舉人……詰之以聖人之

① 《夢溪筆談》卷一五。

道，瞢若面墻，或不知句讀，或音字乖訛。』明楊士奇《歷代名臣奏議》卷一一五載北宋人李新《取士札子》也指出當時舉人『至於所專之經，句讀不知，音切不識。』①凡此皆可見宋代士大夫的一般心態，還是李燾《説文解字五音韻譜序》説得一針見血：『今學者以利禄之路初不假此，遂一切棄捐不省。』②

現在能見到的宋代『等韻圖』屈指可數：《七音略》，它是鄭樵巨著《通志》的二十略之一；《切韻指掌圖》的盛名則是由於傳爲司馬光所著的緣故；《四聲等子》的流傳跟佛門有關；《韻鏡》在清光緒年間方才回歸。如此而已。至於邵雍《皇極經世》中的『聲音唱和圖』和祝泌《皇極經世解起數訣》中的準韻圖，那是爲其象數《易》學服務的。歷來只能靠這些資料來瞭解宋代『等韻學』史，因而有些見解未能中的，甚至不乏錯誤。

如今我們又發現了宋代的一本等韻著作——《盧宗邁切韻法》。筆者於一九九〇年秋應日本學術振興會之邀，與東京大學平山久雄教授合作研究宋元語音史，賴平山久雄、遠藤光曉二位先生的幫助，得以獲睹這一宇内孤本，經研究後特作述論於下。

① 《歷代名臣奏議》所録李新二札子不見於李新《跨鼇集》，李集係據《永樂大典》輯出。如此，可據楊書增補。

② 李燾《説文解字五音韻譜序》，見馬端臨《文獻通考·經籍考》卷一六及魏了翁《鶴山渠陽經外雜抄》。

二

日本《國立國會圖書館漢籍目録》（昭和六十二年，即一九八七年發行）載有「盧宗邁切韻法一卷 宋盧宗邁撰 室町寫 一册 二十五糎 綫」。

此抄本原爲粘葉裝①，共五張紙，每張紙的左上方分別有「一」「二」「三」「四」「五」的字樣，也有膠的痕迹，可知爲粘接處。每張紙折成兩葉，即共十葉。後來改爲綫裝，即現在所見裝訂形式。原抄本紙高二十五釐米，半葉寬十五點六釐米（改作綫裝時，右端加了一點紙，所以寬度擴爲十六點七釐米）。四周單欄，高二十一點三釐米，寬十二點八釐米。書皮題「盧宗邁切韻法」，右下題「東寺（小字）觀智院（大字）」。書皮後半葉即爲正文，此半葉上端鈐朱文大方印「帝國圖書館藏」，右下角有朱文圓記「明治三三・三・三一購求」。日本國會圖書館可溯源至明治八年（一八七五）的東京書籍館，明治十三年（一八八〇）改稱東京圖書館，明治三十年（一八九七）改稱帝國圖書館，昭和二十三年（一九四八）設置國立國會圖書館。《盧宗邁切韻法》

① 一九九〇年十一月至一九九一年二月，我兩次去日本國會圖書館閲讀《盧宗邁切韻法》，一九九三年秋又請遠藤光曉先生專程查閲此書的版本及裝訂情況，今據遠藤先生復函作一概述。

抄本正文每半葉一般十行，也有十一行或八行的，行十八至二十二字不等。第八葉後半葉、第九葉前半葉爲『跋』，第九葉後半葉只有『一交了』一行三字。第十葉前半葉爲三十六字母指掌圖和調四聲例字圖，第十葉後半葉空白。

還有第十一葉，紙張顯然與前十葉不同。第十一葉前半葉是二紙片粘成，右寬八點七釐米，左寬八釐米。此半葉首行題『延享三年歲舍丙寅孟春廿二日加繕裝了』，次行下方署『僧正賢賀（大字）春秋六十三歲（雙行小字）』。此二十七字與書皮之『東寺觀智院』同爲賢賀手筆。延享乃江户時代（一六〇三—一八六七）櫻町天皇年號，延享三年爲一七四六年。承平田昌司先生見示《密教大辭典》（密教大辭典編纂會，一九三一年出版，一九七九年京都法藏館增訂版）『賢賀』條，兹撮其要：賢賀（一六八四—一七六九），東寺觀智院第十三世，俗姓藤原氏，貞享元年生，十歲在觀智院剃度。觀智院金剛藏的古書幾乎都經他親手裝繕過。寬保元年（一七四一）任觀智院僧正，明和六年圓寂。又，《大正藏》第五十册第二〇五二號冥詳《大唐故三藏玄奘法師行狀》一卷，係據平安時代寫觀智院藏本，末有跋記『……遂繕裝畢』，次行寫『延亨（筆者按，「亨」之誤字也）四歲（原注：丁卯）六月廿五日僧上（筆者按，係「正」之誤字）賢賀（原注：行年六十四歲）』，可資參證。

第十一葉後半葉空白。

《盧宗邁切韻法》長期深藏於京都東寺觀智院，大概在明治年間流出，一九〇〇年爲當時的帝國圖書館購得，帝國圖書館於第二次世界大戰後改稱國會圖書館，收藏此書至今。

書皮上的書名『盧宗邁切韻法』六字與書内字同出抄寫者之手，書法較劣。日本圖書館學家定爲室町時期（一三九三—一五七三）寫本，那麽這書名當不晚於該時期。我想書名本來當不致如此，因爲迄今所知的宋代切韻學著作並不冠以編著者的姓名，紹興年間的《秘書省續編到四庫闕書目》著録『僧守温述三十字母圖一卷』，『僧守温』三字並不在書名中。此書盧宗邁跋，自稱『集切韻法』，他輯集的資料中有『三十六字母切韻法』等，又屢言及『切韻法』，也許盧氏匯輯以後，自己命名爲《切韻法》，也許其後的人如此命名。現存宋人書目如《郡齋讀書志》《直齋書録解題》以及《通志・藝文略》《玉海・藝文部》《文獻通考・經籍考》《宋史・藝文志》等不見此書名，但明英宗正統六年（一四四一）楊士奇《文淵閣書目》卷一二昃字號第一厨『韻書』中著録有『《切韻法》，一部一册，闕』，『《五音切韻法》，一部一册，闕』。遺憾的是，《文淵閣書目》既未注明時代，也未載編著者，因此我們無法確指《盧宗邁切韻法》與《文淵閣書目》所載二書是何關係。盧宗邁既是輯集者，又撰序跋，所以後人把他的姓名放進了書名裏，這也許是傳入日本以後的事，因與日本室町時期大致相當的中國明代（一三六八—一六四四），等韻著作也不冠編著者的姓名，不像清代有李汝珍的《李氏音鑒》、徐師臣的《徐氏等韻捷法》，即令如此，也只冠以姓氏。因爲此書書皮是作『盧宗邁切韻法』，日本《國立國會圖書館漢籍目録》也如此著録，所以我們也就姑且仍之。

日本書目定盧氏爲宋人，係據書序：『宗邁自僮時悟此，今四十年矣，鮮聞曉者，故書而傳之同志，豈曰小補哉？淳熙己亥孟春涿郡盧宗邁撰序。』跋尾有『淳熙丙午歲四月壬午盧宗邁因叙所見，附於所集切韻法後。』淳熙己亥是南宋孝宗淳熙六年即一一七九年，『今四十年』，可能是舉其成數，姑認作整數，則上推至高宗紹興十年即一一四〇後，他自稱『僮時悟此』，《説文》：『僮，未冠也。』《禮記・曲禮上》：『男子二十冠而字。』因此可推知盧宗邁當生於徽宗宣和（一一一九—一一二五）後期。書中所能提供的關於輯集者的信息僅此而已。

盧宗邁何許人？宋史無傳，哈佛燕京學社的《四十七種宋代傳記綜合引得》、朱士嘉《宋元方志傳記索引》、昌彼得等《宋人傳記資料索引》、李國玲《宋人傳記資料索引補編》皆未列其人。我們終於在地方志和類書中找到他的傳記，盧宗邁與其從父汝舟密切相關。清同治七年（一八六八）《南安府志》卷一三《選舉・諸科表・武幹科》：『盧汝舟，大庾人。』卷一四《選舉・封蔭表》：『盧宗邁，以從父汝舟蔭，官至武翼大夫。』明天順五年（一四六一）李賢《大明一統志》卷五八《江西布政司・南安府・人物》有二人的簡傳，清康熙五十九年（一七二〇）白潢增修《西江志》卷九三、雍正十年（一七三二）謝旻《江西通志》卷九三的『汝舟、宗邁傳』全襲《大明一統志》。明萬曆凌迪知《萬姓統譜》卷一一有汝舟、宗邁傳，廖用賢《尚友録》卷二也有宗邁傳。同治七年《南安府志》卷一六《宦迹》、卷一七《武略》，同治十三年（一七八四）重刊同治十年《大庾縣志》卷一二《人物・鄉賢》則頗詳細，二書僅文句略有差異，兹録同治《大庾縣志》於下：

盧汝舟，字仲濟，博綜群籍，留心世務。政和間以陸藻薦，隸御史府，廉約守正，不事刻深。紹興中地震，上疏推本劉向、京房之意，無慮數千言。先是，宣和時盧中等出使高麗國，與其國王論中國及其國與女直戰陳之事甚悉，汝舟得其詳於中等，又得鍾邦直所記使女真行程。建炎三年編爲十卷，上聞。復奏趙鼎論戰守之具，意在恢復。秦檜惡之，以武翼大夫領宫祠。

『女直』『女真』並見，原書如此。同書盧宗邁傳：

盧宗邁，字紹先，汝舟從子也。性聰明，務博覽，尤精武藝。年十三，隸御史府。樞密使汪徹臨邊視事，檄之隨行，宗邁知險厄，畫城守屯戍之地，陳攻戰之法，徹深嘉之，拜武階，既而列館職，文雅練達。兩朝日曆成，一歲五遷，官至武翼大夫。宗邁自以性好文史，遭時建武，晚益藏書，多至數萬卷，蓋終耻言致身武階云。

案，『汪徹』應作『汪澈』，字明遠，生於徽宗大觀三年（一一〇九），卒於孝宗乾道七年（一一七一)。據《宋史》汪澈傳與高宗紀、孝宗紀、宰輔表及李心傳《建炎以來繫年要録》卷一九〇、一九一、二〇〇,汪澈任湖北京西宣諭使和參知政事時,於紹興三十一年(一一六一)、三十二年兩次臨邊荆襄。王明清《揮麈録·第三録》卷三亦記載汪明遠爲荆襄宣諭使抗擊金將劉蕚獲勝事。《宋史·孝宗紀》載,乾道二年(一一六六)進呈《欽宗日曆》,淳熙三年(一一七六)上《太上皇日曆》。《宋會要輯稿》職官五五所載孝宗隆興元年(一一六三)八月三日御史臺的一文書中提及盧宗邁,職銜爲『成忠郎六察點檢文字』。地方志中盧傳所涉,多可按稽史籍。

盧宗邁雖出身武職世家,但性聰明,故僮時便悟韻學;從父博綜群籍,本人性好文史,藏書多至數萬卷,這在當時頗爲不易。王明清《揮麈録·前録》卷一:『仕宦稍顯者,家必有數千卷,然多失於讎校也。』張孝祥《于湖居士文集》卷一四《萬卷堂記》述廬陵歐陽滙藏書萬卷,魏了翁《重校鶴山先生大全文集》卷四九《洪氏天目山房記》載洪舜俞藏書一万三千卷,晁公武《郡齋讀書志》自序藏書二万四千五百卷。因此盧宗邁之集切韻法是與其家庭的文化背景和本人的學術修養密不可分的。

承鄧瑞教授見告,陳振孫《直齋書録解題》卷一四雜藝類:『《增廣射譜》七卷,淳熙中詔進士習射,書坊以此爲射利。末二卷爲盧宗邁《射法》,亦簡要可觀。』(馬端臨《文獻通考·經籍考》卷五六子部雜藝術抄録陳振孫語,唯略去末三字)方志稱盧宗邁文武全才,《切韻法》《射法》二書是實證。

既是大庾人，何以自署『涿郡盧宗邁』？盧聯桂等編《江西盧氏通譜》（民國十年石印本，封面題『江西全省盧氏通譜』）推始祖爲東漢末范陽涿人盧植。南北朝時范陽盧氏爲北方著名的世家大族，由北齊入隋的著名詩人盧思道和陸爽、陸法言父子等九人參與了開皇六年（五八六）的長安論韻，因而也是《切韻》綱紀的制定人之一①。唐時盧氏一支遷入江西，此後子孫繁衍於各縣。『集切韻法』的盧宗邁也名列於這家譜中，他自稱涿人，述郡望也。在隋、宋兩代各有一位盧氏對『切韻』之學做出了貢獻，可説是漢語音韻學史上的佳話。

《盧宗邁切韻法》之爲宋代書籍，尚有一證。此存於日本的抄本内有涉及宋帝名諱之字：宣祖弘殷（太祖太宗父）之『殷』兩見，首見缺筆，再見不避；仁宗之嫌名『徵』、欽宗之名『桓』、理宗嫌名『匀』均不缺筆。我們考察了下列四本韻書：日本静嘉堂文庫藏高宗紹興間浙刊本《廣韻》、日本内閣文庫和上海圖書館藏孝宗乾道己丑建寧府黄三八郎書鋪刊《鉅宋廣韻》、北京圖書館藏孝宗時潭州刻本《集韻》（中華書局影印收入《古逸叢書三編》）、日本宫内廳書陵部圖書寮藏淳熙丁未田氏刊本《集韻》，四書並於『殷』字缺筆。宋版書的避諱問題並不像一般版本學、避諱學著作所説的那麼簡單。上述四種韻書對徽宗之『佶』、欽宗之『桓』皆不避。對高

① 魯國堯《長安論韻考——〈切韻序〉史實考之一》，中國聲韻學國際研討會（香港，一九九〇年六月）宣讀。

宗之『構』，紹興《廣韻》、乾道《鉅宋廣韻》缺筆（按，上海古籍出版社一九八三年影印之《鉅宋廣韻》缺去聲一册，故去聲字據日本藏全本），兩《集韻》則否。孝宗之『慎』，乾道《鉅宋廣韻》居然不缺筆，但兩《集韻》避諱。因此，抄本《盧宗邁切韻法》『殷』字再見不缺筆，也許是所據底本『避諱不盡』，也許是『避諱經後人回改未盡』（用陳垣《史諱舉例》語）。這在其他古籍中也有類似現象，如鐵琴銅劍樓藏宋理宗時刊本《附釋文互注禮部韻略》附《韻略條式》第二三至二七葉詳列宋代諸帝諱字，缺筆者十五字，但英宗之『曙』、寧宗之『擴』竟忘了缺筆（而清文淵閣《四庫全書》抄本缺筆，但仁宗之『禎』忘了缺筆），《鐵琴銅劍樓藏書目録》『影宋寫本《切韻指掌圖》跋』：『宋諱惟「匡貞朗」等尚減筆，餘不儘然，蓋轉寫失之。』抄本《盧宗邁切韻法》『殷』字首見時缺筆，當是抄手照録的結果，可見所據底本爲宋本。考《附釋文互注禮部韻略》附《韻略條式》第六一、六二葉載紹熙五年十一月二十三日，孝宗神主祔廟，宣祖『皇帝忌及諱依禮不忌』，《宋史》卷三七寧宗紀紹熙五年、同書卷一〇七『禮志十』慶元二年（一一九六）禮部太常寺奏議亦載此事。如果據此，我們似乎可以這樣猜測，現存日本的抄本《盧宗邁切韻法》所據底本的抄刻的時間下限是紹熙五年十一月二十三日，上限當然是盧宗邁著『跋』的時間淳熙丙午（一一八六）四月壬午。這底本未嘗不可能是盧氏晚年的稿本或抄本。

《韻鏡》自返歸故土後，中國學者對它的重視超過《七音略》，主要原因在於前有刊行者張麟之作的《韻鑒序例》，張序於嘉泰三年（一二〇三），稱年二十得《韻鏡》，研究《洪韻》五十載，設二者相接，則張年稍幼於盧宗邁。一百年前中國音韻學界始知有張麟之（但其人之生平仕履至今尚未能考得），無獨有偶，如今又得盧宗邁，可謂南宋初年『切韻學』的雙璧，他們不僅年相值，而且所傳述的『切韻法』『切韻圖』各爲一系，相映生輝，爲我們提供了宋代音韻學史和宋代語音史的寶貴資料。

衆所周知，漢語『切韻學』與梵語的悉曇學有密切關係，佛教由中國東傳日本，二者也隨之流入扶桑。北宋年間的書禁政策和日本藤原氏的閉關政策影響了兩國的文化交流，但熙寧五年（一〇七二）日僧成尋來宋，後令其弟子携歸佛經四百餘册，内即有《天竺字源》七册。一一六七年（孝宗乾道三年）在日本代表武士利益的平清盛執政，大力發展日宋間的貿易，中國書籍大量傳入日本。南宋間入宋日僧，史乘可考者八十餘人，南宋末宋僧道隆等赴日倡導禪宗。據前賢考證，《韻鏡》傳入日本當在十三世紀中葉左右，即宋理宗年間前後。盧書可能也在南宋或稍後傳入日本。但《韻鏡》大顯，而盧書一直深藏於佛寺，可謂有幸有不幸。

三

《盧宗邁切韻法》（此後一般簡稱『盧書』）是宋代切韻學的一個派系的資料的彙集，原無目録，兹按原書次序述如下（序號係筆者所加）：

（一）音釋切韻法難識字　淳熙己亥盧宗邁序
（二）三十六字母切韻訣
（三）三十六字母分清濁
（四）三十六字母五音傍通圖
（五）三十六字母切韻法
（六）切三十六字母法
（七）全濁字母下上聲去聲同呼字圖
（八）知照、非敷、徹穿字母同呼圖（案，此圖名稱係筆者所擬）
（九）『切韻之學』概述（此名稱亦係筆者所擬）
（十）淳熙丙午盧宗邁跋
（十一）三十六字母指掌圖　調四聲例字圖（此亦筆者所擬）

序跋自是盧氏手筆。（二）至（九）當爲所『集』之『切韻法』，其中有些也可能是盧氏所作或加工過，某些按語和小注更有可能，但很難定。如（九）『切韻之學』概述，大部分與沈括《夢溪筆談》卷一五『切韻之學』條的前百餘字相同，但其後的『全清、次清、全濁、不清不濁』的名稱跟沈書並不同，似爲自增。首先要揭明的是，（一）至（十）體系、術語是内部一致的，如三十六字母的排列始見終日，四處悉同；清濁之名、濁上變去，前後無異。（十一）居於跋後，但中間隔了半葉，即第九葉下半葉，只有一行三字『一交了』，餘爲空白，據此，似可認爲，這(十一)恐係後人或抄手所附益；且『指掌圖』中三十六字母排列順序雖同於(三)、(四)、(六)，但有一點歧異，圖之『曉匣影喻』，盧書作『影曉匣喻』，此變可作爲佐證。

盧書開卷就是『音釋切韻法難識字』，是因爲後面的『三十六字母切韻法』中列有七十二個助紐字，其中有十四個『難識字』，加以音釋。緊接着的是序，移録於下：

切韻之難易盡見，昔人之詩有云：『字母唯三六，相生百萬名。當家疑是客，别國却爲親。』又有云：『的當塵毛現，參差海嶽傾。世間難會法，影響誤聰明。』又有云：『未明須得旨，及曉不關心。驗人端的處，下口便知音。』人謂其難學者，乃切韻法百八字中有難識者字，而又有音聲偏僻遠，罕人傳授，是以難學也。今以難識者字或直音，或反切，或調聲，並集于前，使人人可識。可識則易於口誦，口誦通熟則歸母甚易，既能歸母則可反切，既能反切則字無不識，是使難學之事而終歸於易學也。宗邁自僮時悟此，今四十年矣，鮮聞曉者，故書而傳之同志，豈曰小補哉？淳熙己亥孟春涿郡盧宗邁撰序。

玩文意，音釋難識十四字恐亦係盧氏所爲。序首引『昔人之詩』三首，當即其時泛稱之切韻詩，張麟之《韻鑒序例》『横呼韻』：『故古人切韻詩曰：「一字紐縱横，分敷十六聲。」』盧序所引第一首見於敦煌寫本《守温韻學殘卷》(伯二〇一二卷):『詩云:「在家疑是客,別國却爲親。」』劉復據紙色及字迹,斷此卷爲唐季寫本。潘重規《瀛涯敦煌韻輯別録》説:『此尤足明詩語乃守温以前所傳之歌訣。」『驗人端的處,下口便知音』亦見於宋本《切韻指掌圖》『辨雙聲疊韻例』之『歌』。盧跋爲:

世傳切韻四十四圖,用三十六母與《集韻》中字,隨母所屬,次第均布於圖間。而有聲有形與有聲無形,萬一千五百二十聲,該括世之所有字,並在其中。揣其聲數,乃《易》之大衍,六十甲子,五行之數,若布萬一千五百二十筭,以六除之,則筭無餘數。其有用二字云切,或云反者,其理則一,亦五行相生,自然之理,非人意可强爲之。若按圖調切,則有平上去入四法;横念則有隨清濁歸韻法;隨平仄四聲念,則有四等重輕法;又有兩字反切歸其字者,爲之切韻法:相爲表裏,則是切韻有四法也。詳此四法,乃是前古通曉《易》數之智士作而成之。每字左右上下各有一字,聲聲皆别,如中央之視四方,各有定位;若周天之列宿,各有分野。四十四圖字字皆然,其非通幽悟微之人,焉能造是?而後學者未有能爲言其所自之詳者也。淳熙丙午歲四月壬午盧宗邁因叙所見,附於所集切韻法後,而作頌曰:

滿空世界字音容,圖局包含盡在中。若人明了箇箇意,豁然如海與天通。

原抄『若人明了箇箇意，豁然如海與天通』爲一行，其下有雙行小字『三百三十六字』，大部伸入地脚，恐係抄手所記抄寫的字數。『若人明了』一行後低三字另寫一行『集韻字八萬八百五十六』。按，《集韻》卷首『韻例』末叙字數爲『字五萬三千五百二十五』，注『新增二萬七千三百三十一字』，所謂『新增』是與《廣韻》的二万六千一百九十四字比較而言，此八万零八百五十六乃是誤將二數相加的結果，當亦非盧跋原有的内容。

綜觀序、跋，盧氏特别强調『切韻法』，指出使用辦法，熟練掌握後可達到字無不識的地步。請參看盧書(二)『三十六字母切韻訣』：

欲盡識世間字者，當熟誦切韻法(原注：一百八字)，必呼吸端的，無一字差訛，則反切若有神助，如磁石吸針，似子之見母。且以東德二字歸母，東字則云東丁傎端；德字則云德丁傎端，是東德二字皆歸端字母也。且如德紅切，則云德丁傎東，紅字與東字同韻，故切歸東字也。字字用此爲例，則無所不通，無所不識。

這些跟張麟之《韻鏡識語》的話何其相似乃爾：『讀書難字過，不知音切之病也。誠能依切以求音，即音而知字，故無載酒問人之勞。』『遂知每翻一字，用切母及助紐歸納，凡三折，總歸一律。』借用助紐字熟習反切，是宋人的通用方法。

『切韻法』，盧跋界定爲『兩字反切歸其字』，盧書（六）『切三十六字母法』云：『切脚，如德爲父，紅爲母，德紅反切即生東字，此乃切韻（原注：「上一字爲切，下一字爲韻。」）相生，天然混成。』衢本《郡齋讀書志》於『《切韻指玄論》三卷，《四聲等第圖》一卷』下解題云：『右皇朝王宗道撰，論切韻之學，切韻者上字爲切，下字爲韻。』沈括《夢溪筆談》卷一五亦云：『所謂切韻者，上字爲切，下字爲韻。』《四聲等子》的『辨音和切字例』和宋本《切韻指掌圖》『檢例下』都説：『凡切字，以上者爲切，下者爲韻。』可見這是宋人的普遍觀點。『切韻』二字連言，《廣韻》卷首載《唐韻序》後，有一段話，内有『切韻者本乎四聲，紐以雙聲疊韻』之語，不知出自何處，可能是唐人語，至於宋代韻學文獻在在皆是，《盧宗邁切韻法》出現十四次，沈括《夢溪筆談》卷一五有『切韻之學』『切韻之法』『切韻家』『幽州僧行均集佛書中字爲切韻訓詁』等詞語，袁本《郡齋讀書志》於《四聲等第圖》下解題有『切韻之訣也』之語。張麟之《韻鑒序例》中有『切韻詩』，述及神珙著切韻圖，楊倓得《切韻心鑒》。洪邁《容齋五筆》卷八：『爲四聲切韻之學者，必强立説。』趙彦衛《云麓漫抄》卷一四：『古人文字但取其聲音之協，初無切韻之説。』『詳究古人切韻之始，至簡易而切當。』李燾《説文解字五音韻譜序》：『鉉苦許氏偏旁奥密，不可意知，因令藉以切韻譜其四聲，庶幾檢閲力省功倍。』宋人書目及《玉海》、《宋史·藝文志》著録有柳曜《五音切韻樞》、王宗道《切韻指玄論》、僧鑒言《切韻指玄疏》、謝暉《切韻義》、邱世隆《切韻搜隱》、佚名《切韻内外轉鈐》。值得提出的是一本宋初的韻圖，劉熙古（唐昭宗天復三年即九〇三年——

宋太祖開寶九年即九七六年)的《切韻拾玉》,《宋史》卷二一六三本傳、卷二〇二《藝文志》皆著録;王應麟《玉海》卷五五『小學下』兩次著録,其一次於托名司馬光的《切韻指掌圖》後,可見其爲切韻圖。此外有楊中修《切韻類例》,還有《切韻指掌圖》。藤原佐世《日本國見在書目録》著録來自中國晚唐及其以前的多種書,中即有《切韻圖》一卷,盧跋内有『切韻四十四圖』,甚至有西夏文韻圖《五音切韻》,由此可以斷言:宋代只有『切韻』『切韻之學』『切韻圖』等名稱。金元亦然,金韓道昭《五音集韻自序》:『夫切韻者,蓋以上切下韻,合而翻之,因其號以爲名。』《五音集韻》『韓』字注,叙述韓孝彦注《切韻指玄論》,撰《切韻澄鑒圖》,作《切韻滿庭芳》,述《切韻指迷頌》。元初類書《居家必用事類》甲集『切韻』類有『切韻捷法詩』,首句爲『切韻先須辨四聲』。後至元二年(一三三六)劉鑒《經史正音切韻指南》後附『辨開合不倫』:『今之切韻者多用因煙、人然、經堅、丁顛之類,此法極是浮淺,乃前賢訓蒙誘引切韻入門之法耳。』至正十六年(一三五六)翠岩精舍刻《廣韻》牌記,右直格内刻『五音四聲切韻圖譜詳明』十字①。甚至明初人邵光祖《切韻指掌圖·檢例》跋語云:『按《廣韻》凡二萬五千三百字,其中有切韻者三千八百九十文正。』其中『切韻』二字仍然符合沈括、盧宗邁的定義,明益莊王朱厚燁《重修廣韻序》(嘉靖二十八年即一五四九年):『我先考端王……以《廣韻》附於正韻,復增入《玉篇》,凡切韻

① 李致忠《古籍版本學概論》(書目文獻出版社,一九九〇年)圖版三十。

七音諧協而分爲二韻者，更入本韻，字各分屬於母。』總之，憑上述五十餘證，可『斷獄』矣：唐宋夏金元只有『切韻』一名，『等韻』一名始於明代，『必也正名乎』：宋元切韻學，明清等韻學。本文對宋代的切韻學、切韻圖，不使用『等韻學』『等韻圖』的名稱。盧宗邁等宋代學者所言的『切韻之學』『切韻法』可以説是宋代的漢語音系學。《盧宗邁切韻法》是留給我們這些後世『同志』的一份珍貴文獻。

盧書其他部分將在下面各專節的研究中涉及，此處不贅。

四

《盧宗邁切韻法》的發現使我們力圖對宋代切韻學、切韻圖作深入的研究。

首先要指出的是圖例相輔這一特點。現行《韻鏡》前有張麟之『韻鑒序例』，《四聲等子》前有七音綱目和九『辨』（如『辨音和切字例』），《切韻指掌圖》前有『檢例』上下，等等。最典型的是楊中修一人同時著例十條，爲圖四十四，名曰《切韻類例》。如果發現時只有圖，也會有人補作例，如張麟之：『因撰《字母括要圖》，復解數例，以爲沿流求源者之端。』沈括《夢溪筆談》卷一五的『切韻之學』條即具有依所見韻圖而言例的性質，我們可據以復原出那類韻圖的大致輪廓來（與現存諸圖頗有差異）。盧宗邁的切韻法諸表及序跋，内容體系及所用術語如此一致，顯然有所依托，當即據『切韻四十四圖』立言，遺憾的是此圖迄今未發現。雖然如此，我們仍然可以借助盧書所述諸『例』『挖掘』出與之配合的這一系切韻圖來。

漢語音韻學者無不知《韻鏡》《七音略》，羅常培《〈通志·七音略〉研究》曾做過詳細的比較，二書小異大同，其結語云：『《七音略》所據之《七音韻鑒》與《韻鏡》同出一源。』『要之，皆於原型有所損益，實未可强分先後也。』張麟之《韻鏡識語》：『不出四十三轉，而天下無遺音。其制以韻書自一東以下，各集四聲，列爲定位，實以《廣韻》《玉篇》之字。』據李新魁《〈韻鏡〉研究》，《韻鏡》一書所用的字共三千七百個左右，其中僅有一百七十二字不是使用《廣韻》小韻首字①，可見張麟之語不誣。《七音略》列字也近於《廣韻》。因此從列字所據韻書而言，《韻鏡》《七音略》都是《廣韻》系的切韻圖。

盧書跋云：『世傳切韻四十四圖，用三十六母與《集韻》中字，隨母所屬，次第均布於圖間。』可見這韻圖列字的根據是《集韻》。盧書（六）『切三十六字母法』的按語中論及門法時説：『若《廣韻》《玉篇》《集韻》《類篇》中切脚皆容易反切，便得其字分明者，並名音和切。』孫覿《鴻慶居士文集》卷三〇《切韻類例序》：『昔仁廟詔翰林學士丁公度、李公淑增崇韻學，自許慎而降，凡數十家，總爲《類篇》《集韻》，而以賈魏公、王公洙爲之屬。治平四年，司馬温公繼纂其

① 《語言研究》一九八一年第一期，第一三三、一五六頁。

職，書成上之，有詔頒焉。今楊公又即其書科别户分，著爲十條，爲圖四十四，推四聲子母相生之法，正五方言語不合之訛，清濁重輕，形聲開合。梵學興而有華竺之殊，吴音用而有南北之辯。解名釋象，纖悉備具，離爲上下篇，名曰「切韻類例」。……具見於一圖二篇之中。』孫覿《内簡尺牘》卷三《與致政楊尚書中修》：『序引納上……大意言《類篇》《集韻》，數巨公更兩朝而能成，公因之作類例。』可見宋代確有《集韻》系韻圖在，而且不止一種。

何以有《廣韻》系韻圖，又有《集韻》系韻圖？何以張麟之《韻鏡識語》以《廣韻》與《玉篇》連言，孫覿、盧宗邁二人在各自文章中將《集韻》與《類篇》連言？這就需要瞭解宋代的韻書、字書編纂史。

《文獻通考·經籍考》經部小學類序：『《宋三朝藝文志》①曰：「自齊梁之後，音韻之學始盛，顧野王《玉篇》、陸法言《切韻》尤行於世」。』這是第一代『篇韻』。由五代入宋的郭忠恕（?—九七七）《汗簡》卷首：『《切韻》《玉篇》，相承紕繆。』可見宋初學術界即對二書表示不滿。宋代在統一後，偃武修文，連續編了《太平御覽》等幾部大書，爲了科舉取士的需要，宋初諸帝十分重視韻書、字書，據王應麟《玉海》卷四五『小學』：『太宗太平興國二年六月丁亥，詔太子

① 《宋三朝藝文志》即《三朝國史藝文志》，《宋史·藝文志二》著録：『吕夷簡《宋三朝國史》一百五十五卷』，晁公武、陳振孫、馬端臨並曰一百五十卷。

中舍陳鄂等五人同詳定《玉篇》《切韻》。』李燾《續資治通鑒長編》景德二年(一〇〇五)七月丙子，龍圖閣待制戚綸與禮部貢院上言：『今請除官《韻略》外，不得懷挾書策。』可見景德四年的《韻略》(通稱《景德韻略》)之前已有用於科舉的《韻略》，只是其名不顯。真宗修定的三書規模大，且配套，體現了繁榮、穩定的封建帝國的語文規範化政策，故爲世所重。據《玉海》卷四五，景德四年十一月戊寅，詔頒行《新定韻略》和《校定切韻》，章如愚《山堂考索》前集卷一一『諸子百家門韻學類』述及後者云：『景德四年刊正，大中祥符元年命儒臣增損，改爲重修廣韻。』這是筆者所發現的關於《廣韻》經一次修訂、還是兩次修訂問題的重要史料。關於《景德韻略》，王應麟《玉海》引《崇文總目》云：『略取《切韻》要字，備禮部科試。』按，這《切韻》當爲《校定切韻》，即《廣韻》的景德四年實未刊行本。《宋會要輯稿》選舉八之三一：『仁宗天聖五年(一〇二七)三月十八日詔……《韻略》官中至日給散。』此《韻略》是《景德韻略》。《廣韻》依音查字，那麼『字之有形而未審厥聲者，豈不愈難於檢閱乎？』①鑒於前代《切韻》、《玉篇》並行，於是在祥符六年(一〇一三)編成《大廣益會玉篇》。這是第二代『篇韻』。二者連言，是宋人的習慣，不獨張麟之如此。王觀國《學林》卷二『吴吴』條、卷四『黯黮』條，卷四『牙衙』條、卷五『叒』條、『銛』條、卷九『趣趨』條等皆《玉篇》《廣韻》連言，王楙《野客叢書》卷一二『痟消二義』

① 李燾《説文解字五音韻譜序》。

條亦然。甚至逕以二字簡稱，如《玉海》卷四五載祥符三年邱雍上《篇韻筌蹄》三卷，杜從古《集篆古文韻海序》：「又爬羅篇韻所載。」①李燾《續資治通鑑長編》太平興國七年六月「乃召（王著）令詳定篇韻。」又，景德二年載戚綸與貢院上言：「舊敕止許以篇韻入試。」《切韻指掌圖》「辨匣喻二字母切字歌」：「當今篇韻少相逢。」趙叔向《肯綮録》：「篇韻皆無餡字。」「咻字篇韻皆所不載。」「薷字不見於篇韻。」葉大慶《考古質疑》卷三：「古字音義，有出於經史之通用，而篇韻或不能盡載，亦不可不知也。」後人不察宋代篇韻連言的習慣，就產生誤解。金人韓道昇《五音集韻序》推崇其叔、其弟於「篇韻」有精湛的研究，仍然簡稱連用。《廣韻》與《景德韻略》皆是韻書，有詳略之別。加上字書《大廣益會玉篇》，都是官頒的，可謂第一代的「三位一體」。

據淳熙十四年田氏刊本《集韻》跋記，仁宗景祐元年（一〇三四）宋祁等陳述《廣韻》《韻略》的缺誤，奏請修訂。於是景祐四年《禮部韻略》成，寶元二年（一〇三九）《集韻》成②，較之《廣

---

① 收於《宛委別藏》。

② 《宋會要輯稿》「選舉」四之三九有「景祐元年所修《集韻》」語，是就其始修年而言，此與淳熙田氏刊本《集韻》跋記合併觀之，《集韻》並非如通常所言，景祐四年所修。

韻》，《集韻》革新之處（包括音韻）甚多①。《廣韻》是在《唐韻》及唐五代某些《切韻》修訂本等韻書的基礎上改編的，而《集韻》才是宋人自己纂修的，所以王觀國《學林》卷九『敕』條先言『許氏《説文》、《玉篇》、《廣韻》』，繼言『《集韻》本朝所修』。李燾説：『《切韻》《廣韻》皆莫如《集韻》之最詳』，『度等復奏，《集韻》添字極多，與彭年、邱雍等前所修《玉篇》，不相參協，乞別爲類篇』，『《集韻》《類篇》兩者相須』②。《類篇》遲至英宗治平四年（一〇六七）方成。這是第三代『篇韻』，王柏《正始之音》：『大中祥符，有詔刊正《玉篇》《廣韻》，而《説文》復衰，又有丁度《集韻》、司馬《類篇》之屬……』③李燾説：『自《集韻》《類篇》列於學官，而《廣韻》《玉篇》微矣。』④司馬光《名苑序》：『竊以爲備萬物之體用者，無過於字；包衆字之形聲者，無過於韻。今以《集韻》本爲正。』吳棫《韻補》卷首：『右韻補凡書五十種，其用韻已見《集韻》諸書者皆不載。』李燾自己

---

① 見白滌州《集韻聲類考》、邱棨橘《集韻研究》。《集韻》勝於《廣韻》處甚多，茲舉一例，如『攽』，《廣韻》只收於真韻，《集韻》真删兩韻並收。阮閱（元豐進士）《詩話總龜》前集四〇卷『詼諧門』：『內朝晨入庭內錯立，至駕欲坐，即御史臺知班唱班，欲依班立也，王彥和汾與劉貢父攽同趨朝，王戲劉曰：「內朝日日須呼汝。」劉應聲曰：「寒食年年必上公。」』《集韻》逋還切小韻『班』、『攽』同音。孔平仲《孔氏讀苑》卷二亦載此事。

② 李燾《説文解字五音韻譜序》。

③ 見元程端禮《程氏家塾讀書分年日程》卷三，《四庫全書》本《魯齋集》未收《正始之音》。

④ 李燾《説文解字五音韻譜序》。

的《説文解字五音韻譜》定稿時也改從《集韻》，『起東終甲』①。熊忠《古今韻會舉要》『公』字『案語』：『惟司馬文正公諸儒所作《集韻》，重定音切，最爲簡明。……今從《集韻》，後皆仿此。』頗能説明問題的是宋理宗時刊本《附釋文互注禮部韻略》附《韻略條式》中的『淳熙重修文書式』，這一官頒文書詳列宋代諸帝的諱字，遵《集韻》而不依《廣韻》。凡此可見《集韻》之影響，時代之趨尚。

宋代的切韻學實際上是當時的音系學，多採用圖表形式，尤爲重要的是音節表，如楊中修『二圖二篇』中的『二圖』。造出這種音節表就需要依傍韻書，如『《七音略》以覃、談列陽、唐之前，實沿陸（法言）、孫（愐）舊次』，『至於《韻鏡》轉次則顯依李舟一系重加排定，惟殿以蒸、登，猶可窺見其原型本與《七音略》爲同源耳』②。宋真宗頒行《廣韻》後，切韻家就舊瓶裝新酒，拿舊的韻圖骨架，按新的御定韻書填字，當然有可能對原骨架作些改變，如《七音略》『以列圖方便而升鹽添咸銜嚴凡與覃談爲伍』③，也許即是，但終留下了些舊痕迹，如《韻鏡》之蒸登殿後。這種《廣韻》系韻圖論韻圖骨架，或可溯自宋前；論列字，也在大中祥符元年（一〇〇八）後，編

① 李燾《説文解字五音韻譜序》。
② 羅常培《通志·七音略研究》。
③ 同上。

者名聲不顯，又是在民間悄悄流傳，所以張麟之在嘉泰三年（一二〇三）説：『其來也遠，不可得指名其人。』但是他清楚地知道『實以《廣韻》《玉篇》之字』，就是説，《指微韻鏡》是《廣韻》系的韻圖。《七音略》的原型當也是在《廣韻》頒行後另一切韻家趕時尚的成品。待到仁宗朝《集韻》列於學官，司馬光、李燾都遵奉不違，自然也會有新的切韻家據以列字編出新的韻圖，楊中修《切韻類例》之圖即是，盧宗邁跋所説的『世傳切韻四十四圖』也是。

這裏也要講一下第二代『三位一體』中的景祐《禮部韻略》，王之望《漢濱集》卷五《看詳楊樸禮部韻括遺狀》：『禮部韻止爲場屋程文而設，非如《廣韻》《集韻》普收奇字，務爲該洽，故謂之韻略。』新的功令頒行，景德《韻略》當歸廢棄。此後雖有修訂意見，『然每有陳奏，必下國子監看詳，再三審定，而後附刊韻末』，『故較他韻書特爲謹嚴』①。景祐《禮部韻略》和淳熙監本《禮部韻略》（《中興館閣書目》和《宋史·藝文志》均著録）皆佚亡。但陳振孫《直齋書録解題》：『《附釋文互注韻略》五卷，以監本增注而釋之。』可見是『嫡傳』，今尚存。《宋會要輯稿》選舉五之二：『孝宗淳熙元年八月九日禮部言，昨福州進士黄啓宗上表，禮部韻内有經典所載之字，舉人所常用而禮部韻不收入者，各逐本韻次爲條目，一一收附。紹興十三年六月二十八日指揮許禮部韻後別項刊具，令士子通知。自後場屋士人指爲續降補韻，往往徑行壓用，有司

① 《四庫全書總目提要》經部小學類。

以非正員，盡行黜落。乞將啓宗所類字，各隨聲韻添入，令士人通壓，自淳熙二年省試日爲始，從之。』趙彦衛《云麓漫抄》卷五：『紹興中黄啓宗又取六經諸子史常用字爲獻，元降指揮，令附於《禮部韻略》之後，令學者通知，淳熙重刊《韻略》則分入於逐韻之末。』今存宋刊《附釋文互注禮部韻略》正是『分入於逐韻之末』，可見承自淳熙監本《禮部韻略》。試以之與理宗時歐陽德隆、易有開原纂，郭守正增修之《增修校正押韻釋疑》比較，後者將啓宗所補二百四十五字『别項刊具』。另南宋初毛晃、毛居正父子私人增訂的《增修互注禮部韻略》增加了四千一百六十六字，這是爲了滿足士人求繁的需要，但有吴音化的傾向。北宋太宗太平興國八年（九八三）吴鉉獻《重定切韻》，多吴音。後『詔盡索而焚之』。南宋高宗紹興三十二年（一一六二）毛晃進《增韻》，雖有吴音，但印行不衰，至元猶然。彼一時也，此一時也，可見個中消息。

五

我們説盧跋中的『世傳切韻四十四圖』是《集韻》系韻圖，除了根據原文中的『用』『《集韻》中字』『次第均布於圖間』外，還得有語言内部的證據，這也許更重要些。盧書述及的切韻圖雖不傳，但仍可窺其一斑。

（一）

盧書（七）『全濁字母下上聲去聲同呼字圖』，依次列『群定澄並奉從邪床禪匣』十母的四十七組字，上、去聲字皆以朱筆書寫，平、入聲字列於兩頭，如無字則標以『○』。這四十七組四聲相承的字當係從韻圖中摘出的，我們把它和《廣韻》、《集韻》、《附釋文互注禮部韻略》（鐵琴銅劍樓藏宋刊本，本文此後簡稱《禮韻》）、《增韻》的相當的小韻首字相比較。下面『群一』表示群母第一組，『○』號表示此位無字。同一組異體字《集韻》以見於《説文》者居首，如『辻徒』，但切韻家取韻書小韻首字列圖時往往仍取常用字形，故異體字皆視作相同。

一、盧書同於《集韻》而異於《廣韻》者十八組。

	廣韻	盧書	集韻	禮韻	增韻
群一	强勥弶噱	彊强弶噱	彊强弶噱	彊彊倞噱	彊彊强噱
群三	裘舅舊○	求臼舊○	求臼舊○	求臼舊○	求臼舊○
定三	徒杜渡○	徒杜度○	徒杜度○	徒杜度○	徒杜度○
定四	屯囤鈍突	屯𥫱鈍揬	屯𥫱鈍揬	屯盾鈍揬	屯盾鈍揬
澄三	晁肇召○	晁趙召○	晁趙召○	晁趙召○	晁趙召○
並二	酺簿捕○	蒲簿步○	蒲簿步○	酺簿步○	酺簿步○
並三	便楩便○	便楩便敝	便楩便敝	便○便○	便○便○
並四	盤伴叛䟦	盤伴畔䟦	盤伴畔䟦	盤伴畔䟦	盤伴畔䟦

	從一	從二	床二	床三	匣一	邪三	匣五
廣韻	裁在載○	摧罪○○	潺齴輚○	巉巉鑱○	魂混慁搰	旋○淀菠	豪晧号○
盧書	裁在在○	罪啐○	潺蝬棧○	巉嵁鑱磼	魂混圂搰	臃漩踅	豪晧号○
集韻	裁在在○	摧罪啐○	潺蝬棧○	巉嵁鑱○	魂混圂搰	旋臃漩踅	豪晧号○
禮韻	裁在在○	摧罪○○	潺戲棧○	巉巉讒○	魂混慁鶻	旋○旋○	豪晧號○
增韻	裁在在○	摧罪○○	潺戲棧○	巉巉讒○	魂混慁鶻	旋○旋踅	豪晧號○

『囮笆』,《集韻》爲異體字,《廣韻》爲非異體字。

定四 下的盧書每組字四聲相承,若該位無字則標以『○』,但從二、邪三平聲位空白,可能是抄手漏寫。

床二 組當是删潸諫黠四聲相承,但《廣韻》《集韻》删韻崇母無字,而山韻、仙韻的崇母皆有『潺』字,《韻鏡》《七音略》外轉二十三圖皆以『潺』配其後上、去聲字。

邪三 此表《集韻》的上去入三聲字均非其小韻的首字,但《廣韻》無此三字,盧書當取自《集韻》。

匣五 這是一組匣母字,《廣韻》胡老切小韻有『晧』無『皓』,而《集韻》下老切小韻有『晧』(首字)和『皓』等,《類篇》『皓』字有三音,首列下老切,因此亦可謂盧書之『皓』合於《集韻》。

應予重視的是,盧圖床母的三組字都是床二母即崇母字,而禪母五組字卻顯示了床三母(即船母)與禪母的相混,《集韻》即具有這種傾向,下面對擬予討論的字在括弧内注出反切。

	禪一	禪二	禪三
廣韻	常上尚妁（市若）	純盾（食尹）順（食閏）術（食聿）	鋋善繕折（常列）
盧書	常上尚杓	純盾　順　術	鋋善繕舌
集韻	常上尚杓（實若）	純盾（豎尹）順（殊閏）術（食律）	鋋善繕舌（食列）
禮韻	常上尚杓（實若）	純盾（豎尹）順（食閏）術（食律）	鋋善繕舌（食列）
增韻	常上尚杓（日灼）	純盾（乳尹）順（食閏）術（食律）	鋋善繕舌（食列）

「常上尚」三字，諸韻書均以禪母字作切語上字，毋庸討論。《集韻》實若切小韻有「杓妁」等字，是合船禪爲一。《增韻》日灼切小韻有「杓勺弱」等，是船禪日混同。盧圖四聲相承字當係依據《集韻》。

「純」字，四韻書皆以禪母字出切。《廣韻》後三字均船母字，絶不能與「純」構成一組四聲相承字。而《集韻》「盾順」皆以禪母字作反切上字，「術」雖以「食」作切語上字，但船禪相混，故構成一組四聲相承字。盧書顯然同於《集韻》。可堪注意的是，《增韻》「盾」以日母字出切。

《廣韻》「折」，常列切，禪母字；「舌」，食列切，船母字。《集韻》食列切小韻有「舌折」等字，船禪合一，故可用首字「舌」承上三字。盧圖從之。

二、盧書與《廣韻》《集韻》互有異同者一組：群二。

三、盧書同於《廣韻》而異於《集韻》者一組：定一。

	群二	定一
廣韻	權圈倦○	同動洞獨

續表

	群二	定一
盧書	權圈倦豯	同動洞獨
集韻	權圈券豯	同動洞牘
禮韻	權圈倦○	同動洞牘
增韻	權圈倦○	同動洞牘

其餘二十七組，盧圖與《廣韻》《集韻》悉同：群四琴噤矜及、定二唐蕩宕鐸、定五壇但憚達①、定六團斷段奪、定七陶道導○、澄一長丈仗著、澄二厨柱住○、澄四儔紂胄○、澄五沈朕鴆蟄、並一皮被髮○、奉一逢奉俸幞、奉二汾憤分佛、奉三凡范梵乏、從三曹皁漕○、從四矬坐座。、從五情静淨籍、邪一詞似寺○、邪二邪灺謝○、床一鉏齟助○、禪四韶紹邵○、禪五讎受授○、匣二寒旱翰曷、匣三桓緩換活、匣四玄泫縣穴、匣六何荷賀○、匣七遐下暇○、匣八侯厚候○（以上少數組中，《禮韻》《增韻》有異，如從五入聲字，《增韻》爲『席』，邪二上聲字，《增韻》爲『苴』，皆顯示從邪無別，不贅）。

---

① 《廣韻》此四字在寒旱翰曷韻中，四聲相承。《集韻》『但』（蕩旱切）在緩韻，『憚』（徒案切）在换韻，此由於《集韻》將少數開合韻的歸字兩兩移亂，但反切系統不紊．於此亦可見盧書所據的切韻圖仍沿用原來的骨架，詳後。

可見盧書『全濁字母下上聲去聲同呼字圖』跟《集韻》系韻書關係密切，尤近於《集韻》。《集韻》和景祐《禮部韻略》是詳略的關係，《附釋文互注禮部韻略》和《增韻》都是景祐《禮部韻略》的『後裔』（雖然《增韻》歧異之處甚多），所以我們稱之爲《集韻》系韻書。總之，這位宋代的切韻家爲進行專題考察，從《集韻》系的『世傳切韻四十四圖』中摘取四十七組字而列出了『全濁聲母下上聲去聲同呼字圖』。

（二）

盧書（六）『切三十六字母法』給每個字母注了反切，兹依盧書次序移録於下，並與四韻書比較：

	見	溪	群	疑	端	透	定	泥	知	徹	澄	孃
廣韻	古電	苦奚	渠云	語其	多官	他候	徒徑	奴低	陟離	丑列	直陵	女良
盧書	經電	牽奚	衢云	魚其	多官	他候	徒徑	年題	珍離	敕列	持陵	女良
集韻	經電	牽奚	衢云	魚其	多官	他候	徒徑	年題	珍離	敕列	持陵	尼良
禮韻	經甸	牽奚	渠云	魚其	多官	他候	徒徑	年題	珍離	敕列	持陵	○
增韻	經電	牽奚	渠云	魚其	多官	他候	徒徑	年題	珍離	敕列	持陵	女良

續表

	幫	滂	並	明	非	敷	奉	微	精	清	從	心
廣韻	博旁	普郎	蒲迴	武兵	甫微	芳無	扶隴	無非	子盈	七情	疾容	息林
盧書	博旁	普郎	部迴	眉兵	匪微	芳蕪	父勇	無非	子盈	七情	墻容	思尋
集韻	逋旁	鋪郎	部迴	眉兵	匪微	芳無	父勇	無非	諮盈	親盈	墻容	思林
禮韻	○	普郎	部迴	眉兵	匪微	芳蕪	父勇	無非	子盈	七情	墻容	思尋
增韻	○	普郎	部迴	眉兵	芳微	芳無	父勇	無非	子盈	七情	墻容	思尋

	邪	照	穿	床	審	禪	影	曉	匣	喻	來	日
廣韻	似嗟	之少	昌緣	士莊	式荏	市連	於丙	馨皛	胡甲	羊戍	落哀	人質
盧書	徐嗟	之笑	昌緣	仕莊	式荏	時連	於境	馨鳥	轄甲	俞戍	郎才	人質
集韻	徐嗟	之笑	昌緣	仕莊	式荏	時連	於境	馨鳥	轄甲	俞戍	郎才	人質
禮韻	徐嗟	之笑	昌緣	仕莊	式荏	○	於景	馨杳	轄甲	俞戍	郎才	人質
增韻	徐嗟	之笑	昌緣	仕莊	式荏	時連	於丙	馨杳	胡甲	俞戍	郎才	人質

注：①《禮韻》仙韻無「禪」。綫韻「禪」，時戰切，「〔釋〕又時連切，仙字韻不收」。
②「○」號表示無字。

這三十六字母的反切用字可以作爲我們考察《廣韻》《集韻》《禮韻》《增韻》和《盧宗邁切韻

法》五者之間關係的隨機統計資料。五書全同者六母：端、透、定、微、穿、審。此下的統計數字是就其餘三十字母作出的：

《集韻》同於《廣韻》者一母，異於《廣韻》者二十九母；《禮韻》同於《廣韻》者四母，同於《集韻》者十八母，均異於二者五母，無字者三母；《增韻》同於《廣韻》者八母，同於《集韻》者十七母，均同於二者一母，皆異者三母，無字者一母。可見《集韻》系韻書彼此間的相近以及它們各自與《廣韻》的距離。《增韻》的『返祖』現象與『變異』現象（如上一小節所指出的船禪日母的相混，從邪的相混，當與吴音有關）兼有，《禮韻》距《廣韻》較遠，而《集韻》更甚。這是因爲景祐《禮部韻略》成書後兩年《集韻》方竣工，編者們改革的主張貫徹得更徹底。

盧書『切三十六字母法』的切語同於《廣韻》者五母，同於《集韻》者二十三母，同於《禮韻》者二十四母（其中的『滂精清』三母，《禮韻》同於《廣韻》，盧書亦然，故統計數字高，而《集韻》與《廣韻》於此迥别），同於《增韻》者二十二母（其中的『孃滂精清』四母，《增韻》同於《廣韻》，盧書亦然，故統計數字高）。

誠然盧書與《集韻》最近，與《禮韻》關係也密（特别是『敷心』二母的切語僅與《禮韻》同），但也應看到另一面，它們並不盡合，盧書還有同於《廣韻》者，何以致此？

我們在上節曾指出切韻圖的原型可溯至唐代，因須依傍韻書列字，宋代也就有了《廣韻》系切韻圖、《集韻》系切韻圖之别。我們現在所見的韻圖只是基本上根據某種韻書列字，一則因爲韻書間有繼承關係，對原韻圖的列字似乎没有剷除淨盡的必要和可能；二是韻圖在傳抄刊刻的過程中不斷遭到修改，如郭守正《增修校正押韻釋疑序》：『歐陽先生《押韻釋疑》一書，惠學子至矣。書肆板行，漫者凡幾，一漫則一新，必增數注釋，易一標題，以快先睹。』《韻鏡》共有字三千七百個左右，其中僅有一百七十二字不是《廣韻》小韻首字，因此《韻鏡》是《廣韻》系韻圖。但據李新魁研究，《韻鏡》中不見於《廣韻》而見於《集韻》的有八十四字①。此外，還有受《集韻》甚或《集韻》系韻圖影響之處，如《韻鏡》《七音略》都以『純』『順』相承，二圖皆列『雄』於匣母下，但『雄』，《廣韻》羽弓切，《集韻》胡弓切。可見切韻圖無論從框架結構上或是列字上都是在時間的長流中不斷增删修改的，都有前面韻書韻圖的或多或少的成分、痕迹，又有可能滲進同時代其他韻書韻圖甚或後代韻書韻圖的因素。我們認爲，切韻圖是層累地造出來的。《盧宗邁切韻法》這一派切韻學、切韻圖，基本上依據《集韻》，但又與《廣韻》有若干相合之處，至於和《禮韻》的密切關係更是不足爲奇的。

李新魁先生《〈韻鏡〉研究》認爲，《韻鏡》係據景德《韻略》而作，我們的看法是，切韻圖不可能主要依據《韻略》（無論是景德《韻略》或景祐《禮部韻略》及其各種修訂本）列字。且看紹興十三年（一一四三）二月十二日國子監對黄積厚要求禮部韻增字的『答覆』：『禮部韻專謂約束

① 《〈韻鏡〉研究》，《語言研究》一九八一年第一期，第一五二、一五六頁。

舉人程文，只得押韻内字，庶幾便於考校，故名《禮部韻略》。若廣引訓釋及添入不緊要字，即與《廣韻》無異。」①豈止如此，禮部韻也不收那些不登科舉之堂的表示俗語詞的字。如現存《附釋文互注禮部韻略》《增修校正押韻釋疑》都不收『幫』字，缺此小韻。《禮部韻略》原只有九千多字②，毛氏父子的《增韻》竟增加了四千一百六十六字，但也未增『幫』字。王韻無『幫』，《廣韻》於唐韻末列『幫』字，注曰：『衣治鞋履』，增加了一個小韻。《集韻》才把它安排到『滂』小韻前，但是諸本《韻略》仍然拒收。韻圖是音節表，每個音節只要有字，即令是『不緊要字』、俗字，也缺不得，滿足這種要求的只能是詳本韻書如《廣韻》《集韻》，而不可能是缺了不少小韻的《韻略》，否則我們熟悉的三十六字母代表字就剩了三十五了，這只是一例而已③。

（三）

《盧宗邁切韻法》同《集韻》的緊密關係還在於開卷的『音釋切韻法難識字』。盧書（五）『三

① 見宋刊《附釋文互注禮部韻略》所附之《韻略條式》。

② 熊忠《古今韻會舉要》『凡例』：『《禮部韻略》元收九千五百九十字。』

③ 敦煌文獻三十字母無『幫』字，仁宗時王宗道三十六字母有『幫』字，沈括《夢溪筆談》也有，但都在《廣韻》頒行之後。

十六字母切韻法』，列三十六字母加七十二助紐字，盧氏序云：『切韻法百八字中有難識者字。』『或直音或反切或調聲並集於前。』兹録其十四字原文，並與韻書比較（韻書中無關的文字從略）。《廣韻》每字下先釋義後反切，《集韻》反是，盧書同後者。

祆　盧書：馨煙切。胡謂神爲祆。顯字平聲。

廣韻：呼煙切。胡神。

集韻：馨煙切。胡謂神爲祆。

傎　盧書：音顛，倒也。

廣韻：（『顛』小韻下）倒也。

集韻：（『顛』小韻下）倒也。

邅　盧書：張連切。屯邅。哲字平聲。

廣韻：張連切。迍邅也。

集韻：張連切。屯邅。

羶　盧書：尸連切。羊臭也。設字平聲。

廣韻：式連切。羊臭也。

集韻：尸連切。《説文》：羊臭也。

儃　盧書：癡鄰切。欲仆也。與獮同音，趂字平聲。

廣韻：側鄰切。字林云，養馬者。（𤢿，丑人切。）
集韻：（『𤢿』小韻内）癡鄰切。欲仆也。

延　盧書：抽延切。安步延延。徹字平聲。
廣韻：丑延切。《説文》曰：安步延延也。
集韻：抽延切。《説文》曰：安步延延也。

繽　盧書：紕民切。紛亂也。匹字平聲。
廣韻：匹賓切。繽紛。
集韻：紕民切。繽紛亂也。

蠙　盧書：蒲眠切。珠名。與玭同。辮字平聲。
廣韻：部田切。蠙珠。（玭，部田切。蚌珠。或與蠙同。）
集韻：玭蠙，毗賓切。《説文》：珠也。（玭，蒲眠切。珠名。）

礥　盧書：下珍切。難也。
廣韻：下珍切。鞕也。
集韻：下珍切。難也。

榛　盧書：鋤臻切。木叢生。
廣韻：蓁，士臻切。木叢生。

樠　集韻：榛，鋤臻切。木叢生曰榛。

盧書：武官切。晚字平聲。（按，反切與調聲矛盾。如在《廣韻》，據反切，當爲桓韻明母字；據調聲，則爲元韻明母字。若兼指二音，則悖於其他字的敘述通例。）

廣韻：母官切，武元切，莫奔切。

集韻：謨官切，模元切，莫奔切，里黨切。

氈　盧書：諸延切。撚毛也。浙字平聲。

廣韻：諸延切。席也。《周禮》曰：秋斂皮，冬斂革，供其毳毛爲氈。

集韻：諸延切。《說文》：撚毛也。

紉　盧書：尼鄰切。昵字平聲。

廣韻：女鄰切。

集韻：尼鄰切。

⿰女聮　盧書：此不是字，係有聲無形，借用女聮爲形，又借女聮爲切，吶字平聲爲⿰女聮字。吶，女劣切。

廣韻：吶，女劣切。

集韻：吶，女劣切。

總之，盧書所列十四個難識字，除『樠』外，尚有十三字（包括『吶』字）。合於《廣韻》者二字

（也合《集韻》），合於《集韻》者十二字。《禮韻》無『傎延』，《增韻》無『祅延』。盧書合於《禮韻》者三字：『蠙礩紉』；合於《增韻》者二字：『羶紉』。這更可證明盧書和《集韻》關係密切。

六

盧書反映的切韻圖其依據既已證明，那麼其特點如何？

（一）三十六字母，分二十三行，始見終日。何以知之？盧書（六）『切三十六字母法』首四縱列列牙音四母；其後四列，上爲舌頭音四母，下爲舌上音四母；再後四列，上爲脣音重四母，下爲脣音輕四母；再後五列，上爲齒頭音五母，下爲正齒音五母；最後六列爲喉音影曉匣喻，半徵半商音來日。宋元切韻圖三十六字母大多『以一紙列二十三字母爲行，以緯行於上，其下間附一十三字母』。唯楊倓《韻譜》（已佚）、《切韻指掌圖》變爲綫性排列。《守温韻學殘卷》、『辯字五音法』（載於《廣韻》卷末及《玉篇廣韻指南》内）均脣音居首，王宗道《切韻指玄論》、沈括《夢溪筆談》、《七音略》、《韻鏡》皆始幫終日。盧書相反，始見終日，其同系統的《居家必用事類·切韻》、《玉篇廣韻指南》的『三十六字母五音五行清濁旁通撮要圖』、『三十六字母切韻法』自然雷同，其後的《切韻指掌圖》《四聲等子》《經史正音切韻指南》亦然。

（二）喉音四母的排列順序是影曉匣喻。其前的王宗道是曉匣影喻，但沈括所傳述的一種切韻圖①、《七音略》《韻鏡》和《切韻指掌圖》都是影曉匣喻；盧書後附的指掌圖、《四聲等子》和《經史正音切韻指南》則爲曉匣影喻。

（三）沈括説：『每聲復有四等，謂清、次清、濁、平（按，其後的小注又叫「不清不濁」）也。』《韻鏡》爲清、次清、濁、清濁，盧宗邁則云：『每音有四等，謂全清、次清、全濁、不清不濁。』《切韻指掌圖》《四聲等子》同之（但『邪禪』爲半清半濁），《經史正音切韻指南》則爲純清、次清、全濁、半清半濁。

（四）切韻家喜將切韻五音和樂律五音相配，但如沈括所云，『所分五音，法亦不一』。盧書是逆向换位型：牙—角、舌—徵、脣—羽、齒—商、喉—宫，此以牙音開頭，其前切韻圖如《七音略》以脣音領先，牙音第三，則樂律五音自後向前秩序整齊，可謂之逆向齊序型。詳見本文第十節。

（五）盧書（九）『切韻之學概述』中有『字有四等輕重，如高交驕驍是也』。盧跋述及的切韻四法之三爲『隨平仄四聲念，則有四等重輕法』，溯其源，當爲敦煌《守温韻學殘卷》的『四等重輕例』，惜乎盧書語焉不詳。

（六）未言及攝。

① 《夢溪筆談》卷一五『幫字横調之爲五音，幫當剛臧央是也』『多有聲無字者』『邕胸止有二字』，可證其喉音四母影居曉前。

（七）『實以《廣韻》《玉篇》之字』的《韻鏡》和《七音略》都是四十三轉，盡人皆知，而楊中修的《切韻類例》，孫覿序明確指出其圖四十四，因是孤例，没有引起學術界的足夠重視。如今《盧宗邁切韻法》被發現，其跋云：『世傳切韻四十四圖，用三十六母與《集韻》中字，隨母所屬，次第均布於圖間。』可謂無獨有偶，那麽多出了哪一圖？

自陸法言《切韻》直至景祐《禮部韻略》的各種修訂本總有尤侯幽三韻。《韻鏡》内轉第三十七開，《七音略》内轉四十都列侯韻於一等，尤韻三等、幽韻四等，合爲一圖。尤和幽在韻書中分居侯的前後，這次序就有點怪。本世紀以來的切韻家幾無不認爲幽韻也是三等韻的，董同龢《漢語音韻學》的話具有代表性：

幽韻字韻圖都擺在四等，可是實際上他們都是三等字。因爲：

（一）這個韻只有脣牙喉音，反切上字都用『居方』等見於三等韻的那些類的字，而不用『古博』等見於一、二、四等韻的那些類的字。

（二）有群母字，這是三等韻的特點之一，而四等韻是絶對不會有群母字的。

我們再作補充：《韻鏡》《七音略》裏，幽黝幼只有『幫滂並明見溪群疑影曉來』十一母列字。按切韻學的規定，除群母外，其他十母可以四等俱全。群母雖只限三等，但該圖四等有空位置，既然三等的位置全給尤韻占了，因此硬將幽韻十一母字統統按捺到四等，這已屬不妥。如將韻書諸小韻逐一核查，就會發現《韻鏡》《七音略》隱瞞了重要事實：韻書幽韻還有齒音精母字和生母字。這種韻圖的特點如張麟之所言，『二紙列二十三母爲行，以緯行於上，其下間附一十三字母。』因爲假二等莊組和假四等精組的位置也全給尤韻占了，幽韻的齒音字只得被犧牲。現將韻書尤有宥和幽黝幼的『群精生』三母的小韻對立情況列表於下：

	群母						精母				生母	
	尤	幽	有	黝	宥	幼	尤	幽	有	黝	尤	幽
王韻	裘	虯	舅	蟉	舊	𧿒	遒	稵	酒	愀	搜	犙
廣韻	裘	虯	舅	蟉	舊	𧿒	遒	稵			搜	犙
集韻	求	虯	臼	虬	舊	𧿒	揫	稵			搜	犙

唯一合理的辦法是恢復幽黝幼的三等韻的地位，再列一圖，這樣的切韻圖就必然是四十四圖了。

（八）關於圖的次序，《韻鏡》和《七音略》即有差異。盧書述及的四十四圖，其次序可以考證出一點：盧書『全濁字母下上聲去聲同呼字圖』列四十七組字，細排各字母下的次序（本文第五節列有序號）大多合於韻書，只是陽韻字在群澄禪母下均居首，唐韻字在定母組列於東韻後模韻前，當係江韻牽動陽唐移前，項跋本王韻江與陽唐相次，此時或已合流。與《韻鏡》比較，或許這是韻圖打亂韻書次序的嚆矢。《四聲等子》《切韻指掌圖》江陽唐悉合圖，而《切韻指掌圖》的列圖次序尤與韻書相悖。

七

切韻學的重要内容之一是門法。其淵源甚早，敦煌寫本《守温韻學殘卷》即出現「類隔」一詞三次。《廣韻》前四卷卷末有「新添類隔（今）更音和切」。衢本《郡齋讀書志》著録了王宗道的《切韻指玄論》，提要云：「切歸本母，韻歸本等者，謂之音和，常也。本等聲盡泛入别等者謂之類隔，變也。」按，此實爲王宗道語，王氏當是仁宗時人，與賈昌朝同時①。沈括《夢溪筆談》卷一五「切韻之學」條也叙述了音和、類隔，而且説：「又有互用借用，類例頗多。」

① 戴震《聲類考》卷一「反切之始」條、章太炎《國故論衡·古雙聲説》、羅常培《漢語音韻學導論》「聲母發音部位異名表」皆引晁公武《郡齋讀書志》云云，皆因不知王宗道生平。《宋會要輯稿》「儀制三」載仁宗景祐四年詔賈昌朝與「祠部員外郎崇文院檢討王宗道」「並兼天章閣侍講」，《宋史》卷一六二「職官二」、卷二八五賈昌朝傳載王宗道於景祐元年（一〇三四）爲崇政殿説書，《切韻指玄論》作者當即此王宗道，另文專論。

盧書也述及門法，較上述爲詳。其（二）『三十六字母切韻訣』：『……德紅名音和切，而尚有互用、往來等切。』（六）『切三十六字母法』按語説：『若《廣韻》《玉篇》《集韻》《類篇》中切脚皆容易反切，便得其字分明者，並名音和切。此外有類隔、互用、往還等切，如端字母下字爲切，却切知字母下字，爲類隔；又如精字母下字爲切，却切照字母下字，爲互用；又如匣字母下字爲切，却切喻字母下字，爲往還切。』

音和類隔，毋庸多言。這裏先討論互用切，上段引文明確指出是指精照互用，推其原始，敦煌《守温韻學殘卷》已有詳細叙述（文繁不録），只是未立其名罷了。元劉鑒《經史正音切韻指南》内的『門法玉鑰匙』有『精照互用門』。但是盧書（六）『切三十六字母法』末的雙行小注云：『明字，《韻略》中作眉兵切，以眉字用明字爲母，則是音和。《廣韻》中作武兵切，以武字合歸（微）字母，則是互用。其他類隔、往還等切，各似此推之。』①這裏的『互用』，跟常説迥異，録以待考。《廣韻》卷一上平聲末『新添類隔今更音和切』所舉八字全是脣音字。《集韻》卷首《韻例》：『凡字之翻切，舊以武代某，以亡代茫，謂之類隔，今皆用本字。』

盧書往還切（按，『往』爲喻三，『還』爲匣，拈此二字較『往來』爲勝）以匣喻爲例，宋本《切韻指掌圖》内有『辨匣喻二字母切字歌』：『匣闕三四喻中覓，喻虧一二匣中窮。上古釋音多具

① 『微』字原抄奪。據《玉篇廣韻指南》補。

載，當今篇韻少相逢。』董同龢《等韻門法通釋》：『《切韻指掌圖》的「辨匣喻二母切字歌」既説到反切，也説到字母等第，歷來却不算爲門法。』但盧書三次提及『往還切』，這失去的一環終於重現。盧説提供了切韻學門法的早期史料。

八

《四庫全書總目提要》『經部易類一』云：『《易》道廣大，無所不包，旁及天文、地理、樂律、兵法、韻學、算術，以逮方外之爐，皆可援《易》以爲説，而好異者又援以入《易》，故《易》説愈繁。』宋代邵雍的《皇極經世》和祝泌的《皇極經世解起數訣》是象數《易》學利用切韻學的典型，而《盧宗邁切韻法》則『援《易》以爲説』的色彩較濃，是其特點。

盧跋説：『世傳切韻四十四圖，用三十六母與《集韻》中字，隨母所屬，次第均布於圖間。而有聲有形與有聲無形萬一千五百二十聲，該括世之所有字，並在其中。揣其聲數，乃《易》之大衍，六十甲子，五行之數，若布萬一千五百二十筭，以六除之，則筭無餘數。』『切韻有四法也，詳此四法，乃是前古通曉《易》數之智士，作而成之。』『四十四圖，字字皆然，其非通幽悟微之人，焉能造是？』所謂萬一千五百二十聲，合於《周易》的萬物之數，《周易·繫辭傳上》：『大衍之數五十，其用四十有九。……天數二十有五，地數三十，凡天地之數五十有五。此所以成變化而行鬼神也。……二篇之策萬有一千五百二十，當萬物之數也。』①

盧書（四）『三十六字母五音傍通圖』將切韻五音與樂律五音和五行相配。就現有文獻言，切韻五音和五行挂鈎似以盧書爲較早②。盧跋云：『其有用二字云切或云反者，其理則一，亦五行相生，自然之理，非人意可强爲之。』其具體的闡述見於盧書（六）『切三十六字母法』的按語：『麻衣道者云，納音、切脚，其理則一。納音如甲爲木，子爲水，甲子交合即生金；切脚如德爲父，紅爲母，德紅反切即生東字。此乃切韻（原注：上一字爲切，下一字爲韻）相生，天然混成，非人意可爲也。』納音切脚同理説是宋人流行的觀點，如羅泌《路史·餘論》卷三『納音五行説（婚歷妄）』：『甲乙木，丑未土，子水而午火，六者無一金。而風后妃合，乃以甲子、乙丑、甲午、乙未爲之金，此出乎數者，然也。數之所合，變之所由生也。乾爲天，坤爲地，乾坤合而爲泰。德爲父、紅爲母，德紅合而爲東。干爲君，支爲臣，支干合而納音生。』

平田昌司説：『用掌圖形式表示訣要的，主要是術數家。』盧書在跋後有一指掌圖，左手，但與宋本《切韻指掌圖》的指掌圖頗異。小拇指寫『見溪群疑』，無名指寫兩行：端組四母、知組四

---

① 『大衍之數五十』，高亨《周易大傳今注》引金景芳《易通》：『當作「大衍之數五十有五」，轉寫脱去「有五」二字。』金先生近著《周易講座》亦如是説。但宋人沈作喆《寓簡》卷一引陸秉曰：『此脱文也，當云「大衍之數五十有五」。』

② 王觀國（北宋、南宋之際人）《學林》『雙聲疊韻』條也將五音與五行相配，然與盧書有歧異。

母；中指寫幫組四母、非組四母；食指爲精組五母、照組五母；大拇指爲『曉匣影喻』；掌心下方爲『來日』。（見下書影）次序同於盧書（三）（五）（六），只是後三者喉音是『影曉匣喻』。

關於宋代切韻學和術數學的關係，平田昌司和黄耀堃二先生已有專文，兹不贅論。盧書的發現提供了新的資料，可以解决若干疑難。

九

《盧宗邁切韻法》的手抄本長期藏於日本古寺，但在中國行世的古代典籍中有它的部分痕迹。

盧書（九）『切韻之學概述』：『切韻之學本出于西域。漢人訓字，止曰「讀如某字」，未用反切。然古語已有二聲合爲一字者，如「不可」爲「叵」，「何不」爲「盍」，「如是」爲「爾」，「而已」爲「耳」，「之乎」爲「諸」之類，以西域二合之音，蓋切字之原也。殆與聲俱生，莫知從來。今切韻之法，先類其字各歸其母。脣音舌音各八，牙音喉音各四，齒音十，半齒半舌音二，凡三十六，分爲五音，天下之聲，總於是矣。每音有四等，謂全清、次清、全濁、不清不濁，如顛天田年是也，字有平上去入四聲，如幫榜謗博是也，字有四等輕重，如高交驕驍是也，字字有此理，皆得之自然，非人可爲也。』從『切韻之學』至『總於是矣』係抄自沈括《夢溪筆談》卷一五，唯中間删去二句①。

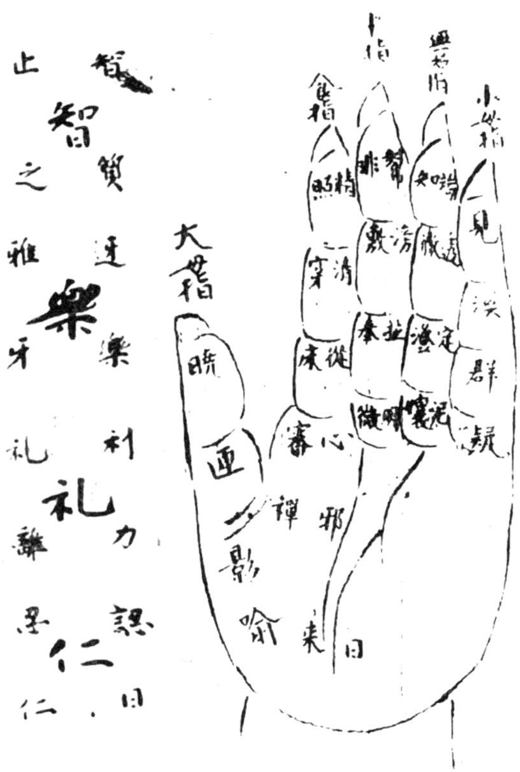

①『以西域二合之音』之『以』，胡道静《夢溪筆談校證》以光緒番禺陶氏愛廬刊本爲底本，作『似』，今據《盧宗邁切韻法》和文物出版社一九七五年影印元大德本，『以』爲是。

此下則見於《居家必用事類》甲集『切韻・總論』。關於《居家必用事類》，《四庫全書總目提要》云：『不著撰人名氏，載歷代名賢格訓及居家日用事宜，以十干分集，體例頗爲簡潔。辛集中有大德五年吴郡徐元瑞《吏學指南》並序。聖朝字俱跳行。又《永樂大典》屢引用之，其爲元人書無疑。』日本京都中文出版社一九八四年影印寬文十三年（一六七三）松柏堂和刻本，其出版説明云：『就其刻工與内容推定，其成書當在元初到世祖皇帝時代之間。』

《居家必用事類》在其後，還有一段話類似盧書（二）『三十六字母切韻訣』，如『加以熟讀誦，自然通悟，如磁石引針，母喚其子』之類，只是文句有點竄。其『三十六字母五音清濁傍通圖』全同盧書（四）『三十六字母五音傍通圖』，只是上端有『全清、次清、全濁、不清不濁』『以緯行於上』，又補了『半舌半齒音』五字，五字皆較盧書爲强。誤置『心審』，脱『來日』，當是刻印粗劣所致。《居家必用事類》還有『切三十六字母總括』，屬於盧書（六）『切三十六字母法』的系統，更換了幾個字：盧書助紐字『丁傎、廷田、分蕃、芬番、親千』，此作『丁顛、庭田、分番、芬蕃、清千』。徹母助紐字盧爲『侲延』，是；此作『辰辿』，誤。

《居家必用事類》甲集『切韻』下之『總論』和『切韻捷法詩』亦見於瞿氏《鐵琴銅劍樓書目》

卷七著録的影元抄本《切韻指掌圖》，此二者宋本《切韻指掌圖》所無①。

《四部叢刊初編》影印建德周氏藏元刊《大廣益會玉篇》卷首《新編正誤足注玉篇廣韻指南》（下簡稱《指南》）内有下列四物：

甲，《指南》『三十六字母五音五行清濁旁通撮要圖』就是以盧書（四）『三十六字母五音傍通圖』爲主體，加上盧書（三）『三十六字母分清濁』，合二而一，比盧書和《居家必用事類》精緻得多，製圖頗費匠心。命名中加了『五行』二字，更爲切合。

乙，《指南》『三十六字母切韻法』的内容就是盧書（五）『三十六字母切韻法』（次序凌亂不堪）和（六）『切三十六字母法』，但製圖井然，緊凑美觀遠勝盧書。只有一點差異：照母的助紐字『征氈』，盧書原作『真氈』。拙文《〈南村輟耕録〉與元代吴方言》曾研究了宋元直至《輟耕録》『射字法』條的七種助紐字系統，指出存在着助紐字的後字逐漸全變爲山攝三四等字，前字逐漸全變爲梗攝三、四等字的傾向②，因此易『真』爲『征』，不無意義。

丙，《指南》『切韻内字釋音』脱胎於盧書『音釋切韻法難識字』，盧書原有十四字，被删去

① 參見陳操《〈切韻指掌圖〉重印記》（附於中華書局一九六二年影印之《切韻指掌圖》後），二者幾經輾轉保存在《四庫全書》本内。

② 《中國語言學報》第三期，第一一〇—一一二頁。

『亶旣繽嬪旣紉』六字，很對，此六字是可不算『難識字』。《指南》有誤字，其『侲』字下注：『與聯同音，趂字同音。』盧書作『與獵同音，趂字平聲』，盧是。

丁，《指南》在『切韻内字釋音』後低二格有一段話：『切韻之法以音和爲正，若《廣韻》《玉篇》中切脚容易反切，便得其字分明者，謂之音和切。又有互用切，如明字，《韻略》中作眉兵切，則是音和，《廣韻》中作武兵切，則是互用，蓋武字合歸微字母下也。其他類隔、往還等切，各以此推之。』顯然這是節抄盧書（六）『切三十六字母法』按語及小注中語，聯綴得宜。惟盧書在《廣韻》《玉篇》後尚有『《集韻》《類篇》』，被删，也許因書名爲『玉篇廣韻指南』的緣故吧。

又，盧書手抄本奪『微』字，可據以校補。

美國國會圖書館藏明成化十四年（一四七八）葉氏南山精舍刻本《廣韻》附《玉篇廣韻指南》，承陳慕勤先生複印見示，取以相校，知與上述元刊《新編正誤足注玉篇廣韻指南》幾無二致。這是一本小型類書，所以常被書賈取來置於小學書卷首或作附録。

明王圻（上海人，一五三〇—一六一五）《續文獻通考》（萬曆刻本）卷一八五『六書考·韻學』收有『三十六字母切韻法』，與盧書相校，更動了十幾個助紐字，有的反映了語音之變，如『徹穿』的助紐字同爲『稱燀』；『孃』的助紐字改成『寧年』，則與『泥』同；『床』的助紐字改爲『秦前』，顯示『床從』相混；『禪』的助紐字爲『辰然』，當是『禪日』合一的反映。

明張位（隆慶、萬曆時人）《問奇集》（寶顏堂秘笈本）内收『三十六字母切韻法』，取與《盧宗邁切韻法》的『切三十六字母法』相較，前者有手民之誤數字，另『澄』，時陵切，盧書爲持陵切，其他相同。張著還有『切韻内釋音』，列七字，注釋也多了些字。

清丁人可（寧都人）《字音正訛》（乾隆乙亥刊）據《問奇集》改編而成，内亦有《三十六字母切韻法》和《切韻内字釋音》，幾與張全同（此承儲泰松先生見告）。

可見《盧宗邁切韻法》這一套切韻法『澤遠流長』。

盧書在跋後有一頁，指掌圖左邊自下而上大字書寫『仁禮樂智』四字，每字四角有四小字，如『仁』自左下角順時鐘方向寫四小字『仁忍認日』。這種調四聲法淵源有自，空海《文鏡秘府論》天卷『調四聲譜』即是，但不是這種四角環列法。宋末陳元靚《新編纂圖增類群書類要事林廣記》後集卷九幼學類『字有四聲』，列圖如盧書，四大字爲『仁礼義樂』。這不是《盧宗邁切韻法》的内容，但是也可藉以考證某些音變，兹不贅。

宋代印刷術的發達促進了出版事業的繁榮。書商們雇文人編輯各種實用類書，如《事林廣記》《玉篇廣韻指南》即是，而且常出修訂本，於是冠以『新編』等字。岳珂《愧郯録》卷九『場屋編類之書』：『凡編類條目，撮載綱要之書，稍可以便檢閲者，今充棟汗牛矣。建陽書肆，方日輯月刊，時異而歲不同，以冀速售，而四方轉致傳習。』《宋會要輯稿》：『選舉』六之二七：『今郡至棘闈，日未及中，殘編散帙，盈於階戺，甚者以經史纂輯成類，或賦論全篇刊爲小本，以便場屋。』陳善《捫虱新語》下集卷四：『編次文字，或是或非』條：『今市書肆，往往逐時增添改换，以求速售，而官不禁也。』所以我們得以從宋元明的類書中發現《盧宗邁切韻法》的痕迹。也許它們源於盧書，也許抄自更早的祖本，但它們後出轉精，盧書早於它們則是可以斷言的。

十

如今我們可以肯定，南宋初至少有兩本同一性質的切韻學著作、切韻圖流行。一是楊中修的《切韻類例》，已佚，據趙蔭棠考證，楊書編於紹興八年（一一三八）左右；一是《盧宗邁切韻法》，盧跋在淳熙丙午年（一一八六）。兩者的共同點是顯著的：皆以《集韻》爲根據，據孫覿的《切韻類例序》知楊書有『例』十條、圖四十四，盧書所集切韻法也是十條左右，兩次言及四十四圖。據《宋會要輯稿》職官五十五，盧宗邁隆興元年（一一六三）在京城做官，據方志本傳，他是位『性好文史』的藏書家，孫覿（一〇八一—一一六九）官高名大，盧宗邁不可能不知，而盧跋只言『世傳四十四圖』，隻字未及孫、楊，因此我們没有證據説盧書承自楊書。孫覿是文章老手，這篇序寫得有氣勢，但不無誇張的色彩，他説楊中修『著』『作』類例，用現代話説，實是

『編』，最多是『編著』①，因爲切韻學、切韻圖均前有所承，而又代有更革，層累地造出來的，不可能全部自我作古，盧宗邁自稱『集』切韻法，實事求是。既共有所據，同有所承，楊、盧的『例』圖當有很多相同和相近之處。

自清同治元年（一八六二）鄒伯奇《切韻指掌圖跋》指出《切韻指掌圖》的司馬光序係抄自孫覿《切韻類例序》，此後大矢透、趙蔭棠、董同龢、姚榮松諸家繼續證明，已成定讞。既然序可抄孫覿，那些『檢例』、九『辨』、圖表就毫無抄襲的可能嗎？楊書已佚，但是我們却發現了盧書與《切韻指掌圖》的若干相同之處。

宋紹定刻本《切韻指掌圖》今存，其例與圖有矛盾，例與例有矛盾。例如『辨分韻等第歌』：『見溪群疑四等連／端透定泥居兩邊／知徹澄孃中心納／幫滂四等亦俱全／更有非敷三等數／中間照審義幽玄／精清兩頭爲真的／影曉雙飛亦四全／來居四等都收後／日應三上是根源』這歌所表現的韻圖是：三十六母，始見終日（《廣韻》系韻圖始幫終日），分二十三行，知組四母、非組四母、照組五母各自夾插於同類音中，這種『夾心式』的結構與盧書及《韻鏡》等全同。而《切韻指掌圖》二十圖中的三十六母雖也是始見終日，但一綫排列，不產生『居兩邊』『中心

① 張麟之《韻鏡序作》述及楊倓『撰韻譜』，引楊自序：『得歷陽所刊《切韻心鑒》，因以舊書手加校定，刊之郡齋。』可見據底本校定亦謂之撰。

納』的問題。

在切韻五音和樂律五音相配的問題上，《切韻指掌圖》例有三套系統，按出現先後，A.『辨五音例』，B.『辨字母次第例』，C.『三十六母切韻五音樂律五音傍通圖』（宋本第十一葉上半葉，此名乃筆者所擬）。A和《守温韻學殘卷》的『辨宫商徵羽角例』、神珙《四聲五音九弄反切圖》、安然《悉曇藏》、韓鄂《四時纂要》所載大致相同（歧異處不具言，參看黄耀堃文）。其樂律五音整齊有序，姑名曰齊序型。C系統『牙—角』躍前，謂之逆向换位型，與《盧宗邁切韻法》《經史正音切韻指南》的『總括五姓分配例』相同。B系統則進一步，脣和喉所配者互换，謂之换位更配型。王應麟《小學紺珠》的甲、乙式分别同於此處的A、B型。今列表，並與其他切韻文獻相比較，表中的阿拉伯數字是原書中的出現順序。

類型	切韻法文獻	脣	舌	牙	齒	喉
齊序型	A. 七音略	5羽	4徵	3角	2商	1宫
		1羽	2徵	3角	4商	5宫
逆向换位型	C. 盧書、經史正音切韻指南	3羽	2徵	1角	4商	5宫
换位更配型	B. 四聲等子	3宫	2徵	1角	4商	5羽

上述A、B、C三型是各不相同的，《切韻指掌圖》的例不管齟齬與否，兼收並納，這倒像《玉篇廣韻指南》《事林廣記》《居家必用事類》，具有類書的性質。

盧宗邁序言中引的切韻詩有『驗人端的處，下口便知音』，《切韻指掌圖》『雙聲疊韻例』的『歌』也有此二句。本文第五節曾經指出，盧書反映的切韻圖船禪相淆合於其所依據的《集韻》，《切韻指掌圖》船禪亦混，如二者都將『純盾順術』列爲禪母四聲相承的一組字。董同龢、姚榮松二文都列舉了很多《切韻指掌圖》源於《集韻》的字，兹不贅述。《切韻指掌圖》在宋代韻圖中無疑是最富有革新精神的，它根據宋代韻部的簡化，歸併成二十圖，任何韻圖都是層累地造出來的，都有所因革，《切韻指掌圖》與《集韻》和《集韻》系韻圖關係密切。圖前總要有個例，也許是其後的切韻家或書肆主人纂例時就胡抄亂凑，成爲雜燴，以致或自相矛盾，或與圖相背。鄒伯奇發現了序的抄襲痕迹，我們從『例』的矛盾中發現的不協調的因素，其中有些恰恰都跟盧書相同或相近。

宋本《切韻指掌圖》在諸例之末即十一葉後半葉有一掌圖，聞名遐邇。也是左手，所列三十六母順序是脣音居首（按，脣音領先是《韻鏡》《七音略》和王宗道《切韻指玄論》、沈括《夢溪筆談》卷一五所傳述的『切韻之法』的特點），但其後二十圖皆爲牙音置前。而且大拇指上所寫的脣音八字居然幫組四母殿後，更屬瞀亂。董同龢因爲此圖同意其友張政烺的推測，《切韻指掌圖》是南宋時江西和尚做的，而其例中有與盧書相同的成分，平田昌司先生提醒我，盧宗邁是淳熙年間的江西人。

十一

《盧宗邁切韻法》不僅在漢語音韻學史上有珍貴的學術價值，而且也爲漢語語音史提供了若干宋代的語音資料。

（一）全濁上變爲全濁去。韓愈《諱辨》、李涪《刊誤》都是中晚唐全濁上變去的史料，張麟之《韻鑒序例·上聲去音字》：『凡以平側呼字，至上聲多相犯。古人制韻間取去聲字參入上聲者，正欲使清濁有所辨耳。或者不知，徒泥韻策，分爲四聲，至上聲多例作第二側讀之，此殊不知變也。若果爲然，則以士爲史，以上爲賞，以道爲禱，以父母之父爲甫，可乎？今逐韻上聲濁位並當呼爲去聲。』盧宗邁『三十六母分清濁』表將十個全濁字母及其右下角小字『全濁』都用朱筆書寫，而且在該表左下空處大書『全濁字母下字並上去聲同呼』。盧書（七）『全濁字母下上聲去聲同呼字圖』，列四十七組四聲相承字，按語：『以上十個字母並屬全濁，所以上去二聲字同呼。今録出者並上聲去聲皆有字者，庶明未曉切韻人。以全濁上聲字，例調作次清或全清字母下上聲字呼之（原注：如『常上尚杓』却云「常賞尚杓」，若用「賞」字爲上聲，則合云「商賞餉鑠」，是審字母下字也，非禪字母下字也），其誤遠矣。』盧宗邁和張麟之都指出南宋時人調聲的普遍錯誤，把全濁上聲字調作清上字，而變同全濁去才是對的。王辟之《澠水燕談録》卷一〇：『范應辰爲大理評事，(胡)旦畫一布袋，中藏一丐者，以遺范，題云「袋裹貧士」也。』『士』，崇母上聲止韻；『事』，崇母去聲志韻，則是濁上變去。同上：『有張獻圖者，應舉久不第，好嘲戲，以五舉推恩，得三班奉職，以詩寄其妻云：「吾今爲奉職，子莫怨鸞孤。」『奉職』諧『鳳隻』、『奉』，奉母上聲腫韻；『鳳』，奉母去聲送韻，是濁上變去。陳叔方《潁川語小》：『「父輔婦道抱」數字皆上聲也，而以去聲讀之，其杭浙之音歟？』這也是一則濁上變去的史料。

(二)非敷合一、知照合一、徹穿合一。盧書(八)知照、非敷、徹穿字母同呼圖，列若干字，按語云：『以上六個字母下字，若切脚上一字是本母下字，即切歸上六字母也。以知照字、非敷字、徹穿字母下字，呼吸相同，故録出以辯切字時，歸母無差。』

先録非敷兩字母圖：

非（支）	芳	夫	甫府	仿匪風分弗
敷（虞）	方	孚	撫	

原抄『夫』誤作『天』，而且在『芳方』『夫孚』『甫府撫』三組同音字間誤以綫隔開。『方』爲非母字，『芳』爲敷母字，兩字顛倒正説明非敷相混的深入人心，連切韻家都糊塗了。羅常培先生《唐五代西北方音》指出唐五代時非敷爲一類，王力先生《漢語語音史》指出《説文繫傳》的朱翺反切系統非敷合一。

知支	中	張	猪株	珍	冢	徵	陟	知	屯展竹卓追
照笑	鍾	章	朱諸	真	腫	止旨	職	之	甾征莊專鄒臻争阻主煮質側札簪斬

『札』原抄誤作『礼』。上列照母字中照二（即莊母）字爲『甾莊鄒臻争阻側札簪斬』，餘爲照三即章母字。

徹薜	癡笞摛	忡	椿	耻	褚	敕	抽丑
穿仙	蚩	充	春	齒	處	尺赤	窗樞初芻昌叉車稱楚敞創測察姝（音樞）

上列穿母字中穿二（即初母）字爲『窗初芻叉楚創測察』，餘爲穿三（即昌母）字。

據盧圖，當是莊章先合，再與知合；初昌先合，再與徹合。仁宗嘉祐元年（一〇五六）黄河決口，《宋史》卷九一《河渠志》：『宦者劉恢奏：……河口乃趙征村，於國姓、御名有嫌。』則是仁宗之名『禎』（《集韻》知盈切）與『征』（諸盈切）同音，又岳珂《桯史》卷一三『冰清古琴』條，爲避宋仁宗諱，將『貞元』寫作『正元』，都可見宋時知照已合一。辛棄疾有首藥名詞《定風波・山雨風來草木香》内有一句『故應知子草玄忙』，『知（知母字）子』諧『梔（章母字）子』足證知章合一。王力先生《漢語語音史》認爲朱熹反切系統裏三組合併。盧宗邁和朱熹爲同時人。於此可見，現存宋代韻圖都是三十六母，無論是一綫排列或二十三行，都不反映語音事實，都是保守的，如知徹或單列或與端透相次，實已與照穿合併。

（三）未言澄床『呼吸相同』，盧書（七）『全濁字母下上聲去聲同呼字圖』列十個全濁聲母，其床母字實爲床二（即崇母）字，床三（即船母）併入禪母，詳見本文第五節。盧書未言濁音消失，但朱熹反切系統濁音清化。《居家必用事類》和元刻本《切韻指掌圖》所收的《切韻捷法詩》有『難呼語句皆爲濁，易紐言辭盡屬清』、『字母貫通三十六，要分清濁重和輕』，這説明濁音的清化給切韻家們帶來了難題，所以反復叮嚀。

（四）魚虞合一。知照同呼圖列『猪魚株虞朱虞諸負』爲同音字。秦少游詞名句『杜鵑聲裏斜陽暮』的末字，宋人范温《潛溪詩眼》、項安世《項氏家説》卷八『因諱改字』條、王楙《野客叢書》卷二〇『少游斜陽暮』條、元人黄清《日損齋筆記》皆曾論及，或以爲本作『曙』『樹』，因避英宗諱，而改作『暮』。陸游《老學庵筆記》卷一〇：『廟諱同音，「署」字常恕反，「樹」字殊遇反，然皆避諱，則以爲一字也。……而今學士大夫乃不能辨，方嘉祐、治平之間，朝士如宋次道、蘇子容輩，皆精於字學，亦不以爲言，何也？』宋刻《附釋文互注禮部韻略》附《韻略條式》第二十五葉載英宗諱字，列『曙（常恕切）署』等九字、『樹（殊遇切）豎』等十八字，則是宋代魚虞混一的鐵證。又，陳師道《後山談叢》卷五：『魯直爲禮部試官，或以柳枝來，有法官曰：「漏泄春光有柳條。」魯直曰：「榆條準此。」蓋律語有「餘條準此」也。一坐大哄，而文吏共深恨之。』按，『榆餘』同音表示虞魚二韻混。

（五）支脂之微相混。非敷同呼圖於『非』下注小字『支』，意爲『非』是支韻字，而『非』在《切韻》系韻書中是微韻字。知照合一圖列『徵止止止旨旨』同音，『知支之之』同音。徹穿同呼圖列『癡之笞之摛支蚩之』同音。邵博《邵氏聞見後録》卷二七：『俗語：借書一瓻，還書一瓻。借與人書爲一癡，還書與人爲一癡。予每疑此語近薄。』後知『古語：借書一瓻，還書一瓻』，『蓋俗誤以爲癡也』。（周煇《清波雜志》卷四、吴坰《五總志》均有一則類似）『癡』，之韻字，『瓻』，脂韻字，可證二韻混。孔平仲《孔氏談苑》卷二『王洙侏儒』條：『林瑀、王洙同作直講，林謂王：「何相見之闊也？」王曰：「遭此霖雨。」瑀云：「今後轉更疏闊也。」王曰：「何故？」答云：「逢這短晷。」蓋譏王之侏儒。』因『晷』（旨韻字）與『鬼』（尾韻字）同音。王辟之《澠水燕談録》卷一〇：『（劉）貢父晚年鼻既斷爛，日憂死亡，客戲之云：「顔淵、子路微服同出，市中逢孔子，惶怖求避，忽見一塔，相與匿於塔後，孔子既過，顔子曰：「此何塔也？」由曰：「所謂避孔子塔也。」」』陳師道《後山談叢》卷五亦載此事。這是利用和『鼻孔子塌』同音開惡性玩笑，可見『避』（真韻字）『鼻』（至韻字）同音。文瑩《湘山野録》卷中：『高副樞若訥一日召姚嗣宗晨膳，忽一客老郎官者至，遂自舉新詩喋喋不已。……姚亦關中詩豪，辨謔無羈，潛計之，此老非玩不起。……又舉《秋日峽中感懷》曰：「猿啼旅思凄。」姚應曰：「好對『犬吠王三嫂』。」』『旅思凄』同音爲『吕四妻』，『四』是至韻字，『思』是志韻字，可見至志二韻之併。龐元英《文昌雜録》卷五：『昔年有一大臣，留守北京，方暑，至上關，因得詩句云：「河上荷花何處好。」坐上幕客，河朔人也，應聲對云：「市中柹子是誰甜。」』據此可知北宋時河朔地區『市柹是』三者同音，則是止紙二韻混，崇禪二母混。宋詞即以支脂之微齊祭廢諸韻爲一部押韻。如柳永《看花回·屈指勞生百歲期》叶『隨支飛微爲支稀微眉脂枝支歸微』，晏幾道《臨江仙·身外閒愁空滿》叶『稀微詩之時之知支歸微枝支』，詳見拙文《論宋詞韻及其與金元詞韻的比較》（下三條同）。

（六）昔職相混。徹穿同呼圖列『敕職尺昔赤昔』爲同音字。《澠水燕談録》卷一〇：『有張獻圖者，應舉久不第，好嘲戲，以五舉推恩，得三班奉職，以詩寄其妻云：「吾今爲奉職，子莫怨鸞孤。」』『奉職』同音字爲『鳳隻』，『隻』是昔韻字，可見昔職二韻混。其相配的陽聲韻『清』與『蒸』亦混，可爲佐證。《附釋文互注禮部韻略》附《韻略條式》載宋帝諱字，仁宗名『禎』（陟盈切），諱字有『徵』（知陵切）。吴處厚《青箱雜記》卷二：『仁宗廟諱禎，語訛近蒸，今内庭上下皆呼蒸餅爲炊餅。』程大昌《演繁露續集》卷六『蒸餅』條：『本朝讀蒸爲炊，以蒸字近仁宗廟諱故也。』按，『徵蒸』都是蒸韻字，前爲知母，後爲照母，據盧宗邁書，知照合一，則二字同音，宋代定『徵』爲仁宗的嫌名，則是宋代『徵蒸禎』三字同音。

（七）東鍾混一。知照同呼圖列『中東鍾鍾』爲同音字。張麟之《韻鑒序例》有三處反映了當時東冬鍾合併，例如『歸字例』中的歸難字法，如得『千竹反』，『取嵩字横呼，則知平聲次清是爲樅字』。按，『嵩』是東韻字，『樅』是鍾韻字，因爲實際語音已混，張氏才如此説。

（八）江陽合流。盧書（七）『全濁字母下上聲去聲同呼字圖』列四十七組字，各組次序合於《切韻》系韻書，唯陽韻字在群澄禪母組中居首，唐韻字在定母組中位於東韻字後，模韻字前，當係江陽合流牽動陽唐趨前。《四聲等子》《切韻指掌圖》都是江陽合圖。曾敏行《獨醒雜志》卷二:『劉丞相沆爲士人時,携一僕赴禮部,夜卧忽驚起哭。丞相怪問……再三詰之,曰:「夢主君爲人斫去頭。」丞相曰:「此乃吉證,斫去頭留得項,我當爲第二人。」果于王拱辰榜第二人賜第。』按,『劉留』同音,『沆項』同音,是蕩韻講韻相混。

(九)值得注意的是,知照同呼圖中列『知之』同音,徹穿同呼圖列『耻齒』同音。而在元代的《中原音韻》裏,『知耻』隸齊微韻,『之齒』屬支思韻,並不同音,明代的《韻略易通》亦然。何以解釋?俟他日以專文討論。

十二

盧宗邁裒集的這個《切韻法》是宋代切韻學的某個派系的資料的匯輯,這個派系是以《集韻》爲宗的,這套切韻法的匹配物是某種《集韻》系切韻圖,惜乎此圖至今尚未發現,但是我們仍能依據《盧宗邁切韻法》考證出這種《集韻》系韻圖的若干情況。這裏我們想考察一下這套切韻法産生的時間,上限當然是《集韻》頒行之年即仁宗寶元二年(一〇三九),盧宗邁『書而傳之同志』的時間是南宋孝宗淳熙己亥(一一七九),但這不能是下限之年,因爲盧氏自述:『自僮時悟此,今四十年矣。』就是説,他在高宗紹興十年(一一四〇)前即熟悉這套切韻法。看來說它是北宋之物，估計不會遭到反對，（九）『切韻之學』概述一章多半與《夢溪筆談》同，即是一證。這套切韻法長期在文士中流傳，源遠流長。它可能是比較早的東西，理由是這套切韻法粗糙了些，一種學說，愈早則愈粗糙原始，愈晚則愈精緻完善，這是通則。第一，請看《盧宗邁切韻法》中的（五）《三十六字母切韻法》所列三十六字母的次序是：『心曉端知見審精非幫清溪穿透徹敷滂並奉群邪匣定澄從禪床明微來喻日疑照影泥孃』，最多只能勉强說，似乎以『全清、次清、全濁、不清不濁』四類爲序，然而『照影』夾於『疑泥』之間，四類各母毫無相應之處，相當紊亂，連相傳爲唐末人的守温的《韻學殘卷》也不至如是。第二，《盧宗邁切韻法》涉及的門法不算複雜，個別術語名稱不一致，如（二）《三十六字母切韻訣》提出的一種門法是『往來切』，（六）『切三十六字母法』却言『往還切』，如果統一起來就不給人粗糙之感。第三，《盧宗邁切韻法》（四）《三十六字母五音傍通圖》依『牙舌脣齒喉』『角徵羽商宫』『木火水金土』給自『見』至『喻』的三十四字母逐個定位，而『來日』二字母只標了『半徵半商』音、『半火半金』音，（六）《切三十六字母法》列牙音四母，舌頭音八母，脣音八母，齒頭音十母，喉音四母，最後却是『半徵半商音』二母。如果按照類推律，定名爲『半舌半齒音』，簡直呼之欲出！然而始終未見這一術語出現。元刊《大廣益會玉篇》卷首的《玉篇廣韻指南》却清清楚楚地列『半舌半齒音』，《韻鏡》在來、日二字母位置上冠以『舌音齒』，王宗道《切韻指玄論》、沈括《夢溪筆談》都謂之『半齒半舌音』。於此一端，亦可見《盧宗邁切韻法》比較粗糙原始，借用張麟之的話，『其來也遠』。如果這一看法能成立的話，《盧宗邁切韻法》中的『全濁字母下上聲去聲同呼』，『知照字、非敷字、徹穿字母下字呼吸相同』所反映的不能看作是南宋初年的語音現象，當是北宋時期的語音現象，其他類此。

《盧宗邁切韻法》是宋代切韻學著作中的一種，它在第（八）部分明確指出『知照字，非敷字、徹穿字母下字，呼吸相同』，可是在（一）（二）（三）（四）（五）（六）中不厭其煩地講述三十六字母及其助紐字問題，占了全書過半的篇幅。張麟之也特爲《韻鏡》『撰字母括要圖』，《四聲等子》和《切韻指掌圖》的例也屢屢言及三十六字母。傳世的宋元韻圖及已佚的《洪韻》、《切韻心鑒》、楊倓《韻譜》都牢牢死守三十六字母。大凡難題才會再三解釋，三十六字母早已過時，但又要拘守，所以切韻家反復强調，唯恐不周。至於韻母系統，《廣韻》系韻圖、《集韻》系韻圖與宋代實際語音距離頗遠，自不必言；即令《四聲等子》《切韻指掌圖》接近從宋詞用韻歸納出的韻部系統，它們都未必盡合時音。『全濁上歸去』已是宋人共識，但韻圖仍然拘泥舊的四聲系統不變，張麟之云：『古人制韻間取去聲字參入上聲者，正欲使清濁有所辨耳。』可謂曲説，還是盧宗邁書（七）『全濁字母下上聲去聲同呼』符合事實。總之，韻圖是層累地造出來的，有或多或少的因襲，有或多或少的更新，所以對研究漢語語音史的學人來説，就存在一個如何利用切韻圖的問題。

十三

清代末年，楊守敬在日本獲得《韻鏡》，黎庶昌收入《古逸叢書》，其《刻古逸叢書序》：『古書之不亡，古人之精神自寄之，豈予所能增重？而獨至搜輯之責似若有默以畀予者，固不敢不勉也。』百餘年後，我得平山久雄先生及其高足之助，游學扶桑，獲睹此沉埋八百餘年之古籍，可謂大幸。平山先生囑我著文公布此宇内孤本，以饗學界，不敢不勉。平山先生殷切關懷，賜教良多，理應同署，請之再三，却之再三，先生高風，令我愈加欽敬。

限於篇幅，有些問題未及討論，俟之他篇。雖時及廿月，地歷三國，勉强成文，誤謬必多，祈請方家教正。

一九九二年六月十日結稿於美國俄亥俄州立大學

一九九三年六月修改，一九九四年三月再次修改

主要參考文獻

[一]白滌州《集韻聲類考》,《中央研究院歷史語言所集刊》第三本第二分,一九三一。
[二]陳垣《史諱舉例》,中華書局,北京,一九六二。
[三]董同龢《董同龢先生語言學論文選集》,食貨出版社,臺北,一九七四。
[四]董同龢《漢語音韻學》,文史哲出版社,臺北,一九七七。
[五]方孝岳《廣韻韻圖》,中華書局,北京,一九八八。
[六]岡井慎吾《玉篇の研究》,東洋文庫發行,東京,一九三三年初版、一九六九年再版。
[七]何九盈《中國古代語言學史》,河南人民出版社,鄭州,一九八五。
[八]黄耀堃《試釋神珙〈九弄圖〉的『五音』——及『五音之家』略説》,《均社論叢》第一一期,京都,一九八二。
[九]《有關『五音之家』資料初編(一)》,《均社論叢》第一二期,京都,一九八二。
[一〇]《有關『五音之家』資料初編(二)》,《均社論叢》第一三期,京都,一九八三。
[一一]《試論〈歸三十字母例〉在韻學史上的地位》,《均社論叢》第一七期,京都,一九九一。
[一二]姜亮夫《瀛涯敦煌韻書卷子考釋》,浙江古籍出版社,杭州,一九九〇。

[一三] 李孟晉《宋代書禁與槧本之外流》,《宋史研究集》第十三集,臺北,一九八一。
[一四] 李榮《切韻音系》,科學出版社,北京,一九五六。
[一五] 李新魁《韻鏡研究》,《語言研究》一九八一年第一期。
[一六] 《漢語等韻學》,中華書局,北京,一九八三。
[一七] 劉伯驥《宋代政教史》,中華書局,臺北,一九七一。
[一八] 魯國堯《〈南村輟耕録〉與元代吳方言》,《中國語言學報》第三期,一九八八。
[一九] 魯國堯《論宋詞韻及其與金元詞韻的比較》,《中國語言學報》第四期,一九九一。
[二〇] 羅常培《羅常培語言學論文選集》,中華書局,北京,一九六三。
[二一] 寧繼福《金代漢語語言學述評》,《社會科學戰綫》第一期,一九八七。
[二二] 潘重規《瀛涯敦煌韻輯新編·瀛涯敦煌韻輯別録》,文史哲出版社,臺北,一九七四。
[二三] 朴現圭、朴貞玉《廣韻版本考》,學海出版社,臺北,一九八六。
[二四] 平田昌司《〈皇極經世聲音唱和圖〉與〈切韻指掌圖〉》——論語言神秘思想對宋代等韻學的影響,《東方學報》第五六册,京都,一九八四。
[二五] 邱棨鐊《集韻研究》(稿本影印發行),臺北,一九七四。
[二六] 邵榮芬《切韻研究》,中國社會科學出版社,北京,一九八二。
[二七] 辻本春彦《廣韻切韻譜》(第三版),京都均社,京都,一九八六。

[二八]王力《漢語史稿》(修訂本)上卷,科學出版社,北京,一九五八。
[二九]王力《漢語語音史》,中國社會科學出版社,北京,一九八五。
[三〇]薛鳳生《試論等韻學之原理與内外轉之含義》,《語言研究》一九八五年第一期。
[三一]姚榮松《切韻指掌圖研究》,《臺灣師範大學國文研究所集刊》第十八號,一九七四。
[三二]遠藤光曉《敦煌文書 P2012(守温韻學殘卷)》,青山學院大學《論集》第二九號,一九八八。
[三三]趙蔭棠《等韻源流》,商務印書館,北京,一九五七。
[三四]周寶珠《簡明宋史》,人民出版社,北京,一九八五。
[三五]周法高《中國語言學論文集》,崇基書店,香港,一九六八。
[三六]周祖謨《問學集》,中華書局,北京,一九六六。
[三七]《唐五代韻書集存》,中華書局,北京,一九八三。
[三八]《大宋重修廣韻》,周祖謨《廣韻校本》,余迺永《互注校正宋本廣韻》(臺北聯貫出版社,一九七五),日本靜嘉堂文庫藏高宗紹興間浙刊本。
[三九]《鉅宋廣韻》,日本内閣文庫藏孝宗乾道己丑建寧府黄三八郎書鋪刊本(全本),上海古籍出版社一九八三年影印上海圖書館藏本(缺去聲一册)。
[四〇]《集韻》,中華書局一九八九年影印北京圖書館藏孝宗時潭州刻本,日本宫内廳書陵部

圖書寮藏淳熙丁未田氏刊本(缺第一册)。

[四一]《附釋文互注禮部韻略》五卷附《韻略條式》一卷,《四部叢刊續編》影印鐵琴銅劍樓藏宋理宗時刊本。

[四二]《增修校正押韻釋疑》,《四庫全書》本。

[四三]《增修互注禮部韻略》,日本内閣文庫藏元至正本,東京八木書店影印元至正本(一九八二)。

[四四]《集篆古文韻海》(杜從古),《宛委别藏》本。

[四五]《校訂五音集韻》(韓道昭著,寧忌浮校訂),中華書局,一九九二。

[四六]《七音略》,元至治本。

[四七]《韻鏡》,古籍出版社影印本(一九五五),龍宇純《韻鏡校注》(藝文印書館,一九七六),李新魁《韻鏡校證》(中華書局,一九八二)。

[四八]《切韻指掌圖》,宋紹定刻本(中華書局影印,一九八六),渭南嚴氏《音韻學叢書》本。

[四九]《等韻五種》,藝文印書館(臺北,一九八一)。

[五〇]《〈玉篇〉〈廣韻〉指南》,《四部叢刊初編》影印元刊《大廣益會玉篇》卷首,明成化十四年葉氏南山精舍刻本《廣韻》附。

[五一]史書十餘種,如《宋會要輯稿》《東都事略》《續資治通鑒長編》《建炎以來繫年要録》《路

史》《宋史》《續資治通鑒》《宋史紀事本末》《宋名臣奏議》《歷代名醫奏議》等。

[五二] 宋人文集三九六種（單刊本、點校本、校注本、《四部叢刊》本、《四部備要》本、《叢書集成初編》本、文淵閣《四庫全書》本），共計八四四二卷，如周麟之《海陵集》（海陵叢刻本、《四庫全書》本），孫覿《鴻慶居士集》、《内簡尺牘》（《常州先哲遺書》本、《四庫全書》本），魏了翁《重校鶴山先生大全文集》（《四部叢刊初編》影印宋刻本），王之望《漢濱集》（《四庫全書》本）等。

[五三] 宋元明類書數十種，如王應麟《玉海》（元後至元三年慶元路儒學刊本），陳元靚《新編纂圖增類群書類要事林廣記》（中華書局一九六三年影印元刻本），章如愚《山堂考索》（《四庫全書》本），佚名《居家必用事類》（北京圖書館藏明刻本，日本京都中文出版社一九八四年影印寬文十三年，即一六七三年松柏堂和刻本），凌迪知《萬姓統譜》（《四庫全書》本），廖用賢《尚友録》（光緒年間刊），陳繼儒《寶顔堂秘笈》，《宛委別藏》等。

[五四] 宋元筆記百種，如沈括《夢溪筆談》、洪邁《容齋隨筆》、文瑩《湘山野録》、王觀國《學林》、劉攽《貢父詩話》、龔鼎臣《東原録》、朱翌《猗覺寮雜志》，許觀《東齋記事》、白珽《湛淵静語》、劉壎《隱居通議》、俞成《螢雪叢説》、程端禮《程氏家塾讀書分年日程》等。

[五五] 宋以來書目近百種，如《四庫闕書目》《秘書省續編到四庫闕書目》《中興館閣書目》《郡齋讀書志》《直齋書録解題》《通志・藝文略》《文獻通考・經籍考》《宋史・藝文志》《文

淵閣書目》《内閣藏書目録》《述古堂書目》《四庫全書總目提要》等。另藤原佐世《日本見在書目》《日本國會圖書館漢籍目録》等。

［五六］地方志數種，如天順五年《大明一統志》、康熙《西江志》、雍正《江西通志》、同治《南安府志》、同治《大庾縣志》。

［五七］盧聯桂：《江西盧氏通譜》（民國十年石印本）。

［五八］《大正藏》。

［五九］索引、引得多種。

後記

一九九〇年九月我應日本學術振興會之邀，赴日與東京大學平山久雄教授合作研究，在平山久雄、遠藤光曉先生的幫助下，發現了《盧宗邁切韻法》，在研究和撰文的過程中得到平山久雄、平田昌司、岩田禮、遠藤光曉諸先生的熱情幫助。初稿也曾請薛鳳生、侍建國先生賜閱，陳慕勤先生爲我提供了若干資料。爲寫此文，我先後在日、中、美讀了與課題有關的大量論著，又發奮翻閱了三九六種宋人别集，近百種古代書目。承《中國語文》破格，將拙文連載於一九九二年六期、一九九三年一期。一九九三年春，河南教育出版社約我出自選集，於是又翻閲了數十種宋元明類書，一九九三年六月對拙文作了第一次修訂。承查道元先生允許，我在讀了百種宋元筆記後，於一九九四年三月再作修改，在修改的過程中還承唐作藩、胡雙寶、何九盈、遠藤光曉、黄耀堃等先生賜教、賜助，鼓勵良多，謹於此向誨我、助我的諸位先生統致謝忱。

一九九四年三月

這兩年來很多先生鼓勵、賜教，特别是鄧瑞、黄笑山、儲泰松先生告訴我若干資料，我非常感謝這些先生。這次結集，我又作了若干修改、增補，並將原題『述評』改爲『述論』。

一九九六年十二月十日三時六分

一九九三年春我回母校，見到北大出版社編審胡雙寶學長，他主動建議將《盧宗邁切韻法》影印出版，並附上拙文，我深爲感動，因爲在當今，出版這種絶對不能賺錢的生僻古籍和絶學文章，只有具慧眼的學者編輯才能如是。於是我請何九盈學長賜序，他在十一月從澳門寄來了序文。我總想把拙文改得好一些，兼之拖拉成性，以致迄今也不敢跟胡雙寶學長聯繫，也愧對何兄。值此編集拙集之時，先把何兄序文抄録於下：

盧宗邁《切韻法》的被發現，是等韻學上的一件大事。國堯學兄對此書的述評同樣具有重要意義。

《切韻法》篇幅不長，除了盧氏自己寫的前序後跋，從『音釋切韻法難識字』到『指掌圖與調四聲例』，共計十個專題。没有音系圖表，也没有其他背景材料。應該説，内容是相當簡略的，要弄清楚這部《切韻法》所反映的音系和與此相關的一些問題，是很不容易的。國堯功底深厚，精於考證，又善於把微觀研究與宏觀考察結合起來。據片言隻語能做出妙手文章，從蛛絲馬迹可看到大千世界。許多結論發前人之所未發。值得稱道的有以下六點：

一、《切韻》和《玉篇》相配，《廣韻》和《大廣益會玉篇》相配，《集韻》和《類篇》相配，這是人所共知的。而明確劃分爲『第一代』、『第二代』、『第三代』篇韻，這是前所未有的。至於指出『宋代確有《集韻》系韻圖在，而且不止一種』，這種韻圖和《廣韻》系韻圖的根本區別是有四十四圖，盧宗邁《切韻法》所依據的韻圖就是反映《集韻》音系的四十四圖，這都是嶄新的發現。

二、《韻鏡》《七音略》都是四十三圖，爲何盧宗邁等人都談到切韻有四十四圖呢？這多出的一圖是什麼内容？國堯指出：《韻鏡》《七音略》不載幽韻精母字和生母字，故少了一圖。這又是新的發現。

三、根據韻圖與韻書的錯綜關係，又根據圖與例之間所存在的種種矛盾，魯文指出：『切韻圖是層累地造出來的。』這個理論的提出，其價值是顯而易見的。有了這個理論作爲指導，人們就可以更科學、更客觀地分析韻圖，剥離出其中的異質成分，判斷其時代特點和音系特點。

四、『等韻』這個術語産生於何時？『等韻』這個詞産生之前與之相當的名稱是什麼？魯國堯斷言：『等韻』二字連言，不見於宋代典籍，至明清方見。宋代只有『切韻之學』『切韻圖』。老吏斷獄，毫釐不爽，令人嘆服。宋之『切韻法』『切韻圖』，即明清之等韻學，名異而實同。明清棄『切韻』而立『等韻』，概念更爲清楚，名稱更爲得當，這是一個進步，徹底揭示了韻圖不同於韻書的本質特徵。

五、將楊中修的《切韻類例》與盧宗邁的《切韻法》相提並論，認爲它們是屬於同一系統的韻圖，這一結論也相當重要。因爲既然《切韻類例》的性質同於《切韻法》，所依據的音系相同，那麼我們就更有理由對前人將《切韻指掌圖》的著作權歸在楊中修名下的結論進行徹底否定。楊的《類例》有四十四圖，《指掌圖》只有二十圖，這是很不相同的。楊書已佚，但從盧宗邁的《切韻法》中可以看出：四十四圖的入聲配置與《指掌圖》的入聲配置完全不同。前者只配陽聲韻，後者可陰、陽相配。《切韻法》的『全濁字母下上聲去聲同呼字圖』列舉四十七組從韻圖中摘出來的四聲相承字例，其中有二十一組字例屬陰聲韻，均無相配之入聲。《指掌圖》反是，大部分配以入聲。請看下面的對比，左欄爲《切韻法》的材料，右欄爲《指掌圖》與之相應的材料①：

求臼舊○	求舅舊趫
徒杜度○	徒杜度獨
陶道導○	淘道導鐸

① 編者按：何九盈文初發表時係橫排，今收入本書，依竪排體例，『左欄』對應上部分，『右欄』對應下部分。

厨柱住〇
晁趙召〇
儔紂胄〇
皮被髲〇
蒲簿步〇
裁在在〇
　罪啐〇
曹皁漕〇
矬坐座〇
詞似寺〇
邪灺謝〇
鉏齟助〇
韶紹邵〇
讎受授〇
豪皓号〇

厨〇筯〇
晁肇召著
儔紂胄秩
皮被髲弼
酺簿捕暴
才在在巀
摧罪蕞捽
曹皁漕昨
矬坐座柮
詞兕寺〇
邪灺謝〇
鉏齟助〇
韶紹邵妁
讎受授實
豪皓号涸

何荷賀◯
遐下暇◯
侯厚候◯

何荷賀曷
遐下暇黠
侯厚候劾

根據上面的對比，不僅可以肯定《指掌圖》與楊中修的《類例》、盧宗邁的《切韻法》在内容上有所不同，就是在時代上也應晚於《切韻法》，但也不會相差太遠。

張麟之《韻鏡序》曾談到楊倓撰《韻譜》，變二十三字母的行列爲三十六字母一字排列。所謂『楊變三十六，分二紙，肩行而繩引』。又戴震《答段玉裁論韻書》説：『上年於《永樂大典》内，得宋淳熙初楊倓《韻譜》，校正一過。其書亦即等呼之説，於舊有入者不改，舊無入者，悉以入隸之。』足見淳熙（一一七四——一一八九）初年問世的《韻譜》已定三十六母『肩行繩引』，一圖『分二紙』；又以入聲兼配陰陽。這兩個特點與《切韻指掌圖》相符合。只是張麟之並未談到《韻譜》變四十三圖爲二十圖。二十圖的格局大概是對楊倓《韻譜》的改進吧，其時不得晚於十三世紀初年。

六、我們還得感謝魯國堯的，是他從浩繁的資料中弄清了盧宗邁的一些基本情況。江西人，這一條最重要。從今以後，盧宗邁這個久已湮没的名字將要在古代語言學史上占一席之地。《切韻法》一書也將通過北京大學出版社的出版，由藏於東洋的宇内孤本而成爲廣大音韻學家都可研究的珍貴文獻。

關於《切韻法》的研究，魯國堯的述評，可謂『盡美矣，又盡善也』，『吾無間然矣』。只是還有一個疑團未能解開，寫出來求教於國堯和海内外高明。

盧宗邁的跋文説：『世傳切韻四十四圖，而有聲有形與有聲無形，萬一千五百二十聲，該括世之所有字，並在其中。』盧氏所説的聲數包括有形之字和無形之聲，是否包括《韻鏡序例》中所説的『無聲無形』呢？又，這『萬一千五百二十聲』的來歷，是否就是『合於《周易》的萬物之數』而與韻圖的格局全然無關呢？我計算了一下《切韻指掌圖》的方格，包括有形之字和無字之圈（圍），以及既無字又無圈的空格，二十圖的總數正好爲一萬一千五百二十。這是巧合呢？還是《指掌圖》與《切韻法》之間還有某種聯繫未被揭示出來呢？抑或盧宗邁的表述有問題呢？海島無書，亦無處求教，望國堯讀此序後，不吝賜教。

何九盈一九九三年十一月於澳門氹仔島

何大學長的學問以精深著稱，他的問題我至今也答不出，愧我不學。不約而同，黄笑山同志也書面向我提出這個問題，兹撮其要於後：

據盧跋、盧書（九），知盧書所據的圖亦是三十六字母、四聲、四等，若依此推算，則：

44圖×23行（字母）×4聲×4等＝16192有聲有形與有聲無形或：

44圖×36行（字母）×4聲×4等＝25344有聲有形與有聲無形都不符盧跋中『萬一千五百二十聲』之數。即便考慮《韻鏡》式的入聲配陽聲，不計陰聲韻裏入聲四個等的地位，也得不出『萬一千五百二十』來。

『萬一千五百二十聲』與象數《易》關係密切，《易·繫辭上·傳》：『天數二十有五，地數三十，凡天地之數五十有五……乾之策二百一十有六，坤之策百四十有四，凡三百有六十，當期之日。二篇之策萬有一千五百二十，當萬物之數也。』據此似乎可説盧跋中『萬一千五百二十』之數純屬跟術數色彩相關的數位借用，與韻圖的『有聲有形與有聲無形』無直接關係，正如《指掌圖》董南一《序》中『以三十六字母總三百八十四聲』一樣，三百八十四跟圖中五百七十二格不符。但是，正是這個『萬一千五百二十』跟《指掌圖》的格子正相符。《指掌圖》三十六字母綫性排開，與三十六這個神秘數字正同，因以四個等，再因以四聲，再因以二十圖，正好是盧跋所謂『有聲有形與有聲無形萬一千五百二十聲』：

36字母×4聲×4等×20圖＝11520聲

這是否説明盧跋雖兩次提到四十四圖，但他所依據的却可能不止此一種韻圖？《指掌圖》是三十六字母一式排開，而僅依《檢例》中『辨分韻等第歌』判斷，我們也許會説它是三十六母排成二十三行。同理，依盧書(六)『切三十六字母法』判斷，我們就會作出二十三行的推論，但却無法得出『萬一千五百二十聲』來。《韻鏡序》謂楊倓於宋淳熙間撰《韻譜》，『變三十六，分二紙，肩行而繩引』，盧宗邁《切韻法》之序、跋亦在淳熙間，是時除了『世傳切韻四十四圖』外，《指掌圖》那種三十六字母爲行的二十圖韻圖想必也已盛行，所謂『楊變三十六』或許只是代表。盧書既然是『集切韻法』，所據所輯會不會既有四十四圖者，又有二十圖三十六字母綫性排列者？

我十分感謝何九盈、黄笑山等同志對我的幫助！

何九盈先生序文刊於《古漢語研究》一九九九年第一期(其末段本集未引)。我想對《盧宗邁切韻法》加深研究，想對整個切韻法的歷史(如《夢溪筆談》所傳述之切韻法)作全面研究，所以擬著之書迄今未得畢工。

南京的吴葆勤先生和東京的宫紀子小姐今年先後各自告訴我：『和刻本《新編群書類要事林廣記》戊集卷之三講射箭的『前後手法』時提到『宋朝太尉盧宗邁釋(中華書局一九九九年影印本頁三七九右上)。』謹此表示謝意。

原題爲《〈盧宗邁切韻法〉述評》，現改今題。

二〇〇二年十二月

附録　耄耋之年憶往事兩則

這篇《〈盧宗邁切韻法〉述論》，原名《〈盧宗邁切韻法〉述評》，是三十年前的六月在美國俄亥俄州立大學訪學時寫成的，而後郵寄回國，承《中國語文》採用，於一九九二年第六期、一九九三年第一期連載。一九九一年河南教育出版社計劃出版《著名中年語言學家自選集》叢書，計十册，承顧問吕叔湘先生，編委曹先擢、李行健兩位教授青睞，也令我出一本，於是在一九九三年六月、一九九四年三月對《述評》作了兩次增補而後收入《魯國堯自選集》。一九九六年江蘇教育出版社垂青，擬出版《魯國堯語言學論文集》，於是我又作了一次訂補，文題改爲今名，該書在二〇〇三年正式出版。拙文十一年内總共出了三版。二〇二一年李軍、李紅教授主編的《宋元切韻學文獻叢刊》，將《盧宗邁切韻法》收入，令我寫了『注釋』。至於《述論》，還是基本保存多年前的『歷史』面貌爲宜，一般不作修改，只是將簡化字改成繁體字，個别錯字更正。這次爲《盧宗邁切韻法》做注釋，比較詳細些，也有若干新見，如對切韻法的字母之學，提出「二期三型説」，分爲前後兩個階段，每個階段分爲三種類型。對盧宗邁所集的《三十六字母切韻法（圖）》，以前所云未能中的，這次將它定性爲『異態韻圖』，源於接受了黄耀堃教授的卓見，等等。

當年發現、研究《盧宗邁切韻法》的時候，正值盛年，可以整夜讀書、寫作，而今耄耋之年，精力就衰，重温舊業，不禁往事縈懷。兹録兩則於下。

一、『精诚所至，金石爲开』

一九九〇年秋我應國際著名語言學家平山久雄教授之邀至東京大學做宋元語音史的研究工作，在日本國會圖書館發現了中國失傳的宋代韻學要籍《盧宗邁切韻法》，欣喜之後面臨的便是辨僞證真的問題，要解決的第一個難題是此古抄本序中的自署『涿郡盧宗邁』有否其人。衆所周知，日本學者的索引工作做得很出色，那裏的工具書很多很多，但是遍求「盧宗邁」三字而不得，憂思焦慮，百端煎熬。離開東京的前一天（一九九一年二月二十二日），我知道今後再來東京的機會没有或很少，於是下决心再作一次最後的搜尋，步行近兩小時到了日本國會圖書館，連續搶讀了六個半小時的書。離閉館時間只剩最後一小時了，幾乎是絶望了。忽然靈機一動，向管理員試調了幾部盧姓家譜，最後一部是民國十年石印的《江西盧姓宗譜》，趕緊翻閲，猛然跳出了三個字——『盧宗邁』，其後有摘自清代方志的小傳。要不是閲覽規章的約束，我真要手之舞之、足之蹈之了。在館員的最後的很禮貌的催促聲中，我累得幾乎站不起來。好不容易走出館外，路燈下發現，鼻血濺了手帕一片。古話説『精誠所至，金石爲開』，我算是親身經歷了一次。人生能得幾回搏？歸國以後我全力以赴，翻閲了三百八十六種宋人文集，計八千四百四十二卷，看了宋元明類書幾十部，自宋以來的書目百種，宋元筆記百餘種，史書十餘部，方始下筆，反反復復地修改，僅得三萬餘字。（主要抄自《魯國堯語言學論文集》第一序，一九九六年十二月二十五日作）黄耀堃教授在其大文《讀〈盧宗邁切韻法〉小記》中，説我『用移山的氣力論證盧宗邁真有其人，從而證明《切韻法》並非僞作』，知我者其惟黄子乎？

二、『人之有德於我也，不可忘也』

一九九一年的某日，我忽然接到從北京來的長途電話，原來是《中國語文》主編侯精一先生打來的。侯主編對我説：『明年，就是一九九二年，《中國語文》創刊四十周年，我們要出紀念刊，現在向你約稿，請你給一篇精彩的論文。』一聽，我慌不迭地回答：『不行，不行，《中國語文》紀念刊上登文章，我不够格。』侯主編立馬説：『老弟，是吕先生點你的名！』吕先生的信任，我得向前，我得拼命，最終以二十個月，做成了這篇論文。《古文觀止》『唐雎説信陵君』：『人之有德於我也，不可忘也。』當年吕、侯先生之恩，豈可忘哉？

順便再寫幾句。又過了十年，二〇〇二年《中國語文》創刊五十周年紀念刊，發了拙文《『顔之推謎題』及其半解》，也是兩期連載。又過了十年，二〇一二年，我寫了篇《語言學和美學的會通——讀木華〈海賦〉》。又過了十年，二〇二一年我寫了《語學和史學的會通：三十而立，再證『長安論韻開皇六年説』》。後兩篇刊於《古漢語研究》。俗諺：『萬事開頭難，開了頭就不難。』自《〈盧宗邁切韻法〉述評》開了個例，回過頭來一看，好像成了慣例：每隔十年，我要寫出一篇用大氣力的論文，四十年四篇。在這些文章的研究撰作過程中，我的確是很辛苦，很累很累，咬着牙堅持到最後，總算是寫成了。飲水思源，絶不能忘記提携、鼓勵、推動、幫助過我的衆多師友。

二〇二二年六月二十四日晚

《解釋歌義》與等韻門法

目録

門法之始創，當由來已久，《守温韻學殘卷》有「類隔」與「憑切」等切字法的説明，如論類隔切字法：

夫類隔切字有數般，須細辨輕重，方乃明之引例於後。如都教切罩，他孟切掌，徒幸切瑒此是舌頭舌上隔；如方美切鄙，芳逼切愊，苻巾切貧，武悲切眉此是切輕韻重隔；如疋問切忿，鋤里切士此是切重韻輕隔①。恐人只以端、知，透、徹，定、澄等字爲類隔，迷於此理，故舉例，可更須子細。

詩云：在家疑是客，别國却爲親多見士流，不明此語，身説多般，故注釋於後。在家疑是客即是類隔傍韻切也，如韻中都江切椿字，迷者言都字歸端字，椿字歸知字，云眷屬不用字，生疑。或不知端字與知字俱是一家，家故言「在家疑是客」也，别國却爲親緣都字歸端字，椿字歸知字，歸處不同，便成别國。雖歸處不同，其切椿字是的，親之，故言「别國却爲親」也。

① 「鋤里切士」非類隔，存疑，或當爲「徂里切士」。

守温「類隔」包括輕、重脣音類隔，舌頭、舌上音類隔，精、照二組類隔三種形式。「憑切」則是指反切上字同爲照組聲母，反切下字同韻的情況下，根據反切上字確定反切讀音的切韻方法，如：

兩字同一韻，憑切定端的例

諸，章魚反；菹，側魚反。辰，常鄰反；神，食隣反。禪，市連反；潺，士連反。朱，章俱反；傷，莊俱反。承，書陵反；繩，食鄰反①。賞，書兩反；爽，疏兩反。

守温切字法是以三十二聲母爲基礎，對韻書特殊反切提出的相關切字法，還没有與韻圖反切拼讀方法相關聯。不過《守温韻學殘卷》已經有四等分韻「定四等重輕」的内容，並提出了「聲韻不和無字可切門」，如：

高，此是喉中音濁，於四等中是第一字，與歸審穿禪照等字不和。若將審穿禪照中字爲切，將高字爲韻，定無字可切。但是四等喉音第一字，總如高字例也。

① 當爲「繩食陵反」。

交，此字是四等中第二字，與歸精清從心邪中字不和。若將精清從心邪中字爲切，將交字爲韻，定無字可切。但是四等第二字，總如交字例也。

精清從心邪、審穿禪照九字中字，只有兩等重輕音。歸精清心從邪中字，與歸審穿禪照兩等中字第一字不和。若將歸精清從心邪中爲切，將歸審穿禪照中一第字爲韻，定無字，何？尊生反，舉一例諸也。

又，審穿禪照中，却與歸精清從心邪兩等字中第一字不和。若將審穿禪照中字爲切，將歸精清從心邪中第一字爲韻，定無字可切。生尊反，舉一例諸也。

『聲韻不和』，説明守温切字法已經關注到了韻書反切中，聲母與韻母四等的拼合是有一定的規律的。切字法是對韻書反切規律與方法的認識、利用。

宋元切韻圖本身就是韻書的音系結構表，是服務於韻書反切系統的。守温所談論的切字法，無疑也是韻圖門法不可迴避的内容，成爲門法非常重要的組成部分。

宋代切韻學進入成熟期，利用韻圖分析韻書系統而産生的等韻理論被廣大讀書人所熟知，與等韻理論相伴生的等韻門法亦日臻成熟。北宋沈括（一〇三一—一〇九五）《夢溪筆談》卷一五『藝文二』就記載了切韻理論與『音和』『類隔』門法：

所謂切韻者，上字爲切，下字爲韻。切須歸本母，韻須歸本等。切歸本母，謂之音和，如『德紅』爲『東』之類。『德』與『東』同一母也。字有重中重、輕中輕，本等聲盡，汎入别等，謂之類隔。雖隔等須以其類，謂脣與脣類，齒與齒類。如『武延』爲『緜』，『符兵』爲『平』之類是也。韻歸本等，如『冬』與『東』字母皆屬『端』字，『冬』乃『端』字中第一等聲，故『都宗』切。『宗』字第一等韻也，以其歸精字，故精徵音第一等聲。『東』字乃端字中第三等聲，故『德紅切』。『紅』字第三等韻也，以其歸匣字，故匣羽音第三等聲①。又有互用、借聲，類例頗多。

《夢溪筆談》『切韻法』記載了聲母的五音分類，脣、舌、牙、齒、喉與宫、商、角、徵、羽五音相配，横爲聲母五音（宫、商、角、徵、羽），縱調聲母四等（指發音方法『清、次清、全濁、不清不濁亦作平』之别）。聲母的排列順序始幫終日，與宋代早期切韻圖一致。所記音和、類隔已經與韻圖等冬韻，符合音和要求。

---

① 沈括論音和『切須歸本母，韻須歸本等』，所舉『都宗切冬』反切上字『都』爲端母一等，反切下字『宗』爲一等冬韻，符合音和要求。所舉『德紅切東』同樣符合『切須歸本母，韻須歸本等』的要求。但沈氏認爲『東』爲端字三等聲，『紅』爲匣羽音第三等聲，不當。沈括所謂『四等』一指韻之四等，一指聲之四等（同五音而發音方法不同，即清、次清、濁、不清不濁的區别）。『東』『紅』於韻均爲一等；於聲，『東』爲舌音端組一等聲，『紅』爲喉音影組三等聲。均與沈氏所述不符。

聲母五音、韻母四等相關聯，説明切韻門法在當時已經流傳較廣，爲士人階層所熟知。

現存所見最早且比較系統的門法記載當爲《四聲等子》。但《四聲等子》序指出：『切韻之作，始乎陸氏；關鍵之設，肇自智公。』『關鍵』即入門之法，説明《四聲等子》所載門法當上承『智公』。智公著《指玄論》，有圖有論。《四聲等子》對其内容做了比較簡單的介紹：『其指玄之論，以三十六字母約三百八十四聲，别爲二十圖，畫爲四類。審四聲開闔，以權其輕重，辨七音清濁，以明其虚實，極六律之變，分八轉之異。』以上所述當爲《指玄論》所編韻圖的特點。『遞用則名音和徒紅切同字，傍求則名類隔補微切非字。同歸一母則爲雙聲和會切會字；同出一類則爲疊韻商量切商字，同韻而分兩切者謂之憑切求人切神字，丞真切脣字①，同音而分兩韻者謂之憑韻巨宜切其字，巨祁切祈字，無字則點窠以足之，謂之寄聲，韻缺則引鄰韻以寓之謂之寄韻。』以上所述當爲《指玄論》門法内容。

『智公』是誰？李新魁推測是『智光』，但『是否是智光，還不能肯定』（李新魁一九八三：一二八），黑水城出土的《解釋歌義》則明確指出《指玄論》的作者『智公』爲『智峀(邦)』。

《解釋歌義》，殘抄本，俄羅斯科學院東方研究所聖彼得堡分所藏品，巾箱本，首尾殘佚。首頁題『解釋謌義壹畚』，據聶鴻音（二〇〇六）介紹，原件護封左面題簽『□髓解謌義壹畚』，聶

① 『求人切神字』，『求』群母字，『神』船母字，『求』當爲『乘』之字形訛。

氏認爲作者當爲金代女真人□髓。該書主要内容有兩部分，一是『訟（頌）』，是王忍公以歌訣形式對智峀《指玄論》門法的闡釋；二是『義』，即□髓對王忍公歌訣的注疏，實際上也就是對智峀門法的注疏，也有對《指玄論》及王忍公相關情況的介紹。

聶鴻音認爲，王忍公就是北宋初年《四聲等第圖》的作者王宗彦，《切韻指玄論》作者亦可能爲王忍公（聶鴻音二〇〇六：一一六）（詳見下文討論）。

『門法』本質上就是利用韻圖拼讀反切的方法。門法的産生有不同的原因，最主要的原因是韻圖語音系統、韻圖編撰理論與韻書語音結構的矛盾。早期韻圖反映的是《切韻》系韻書的語音系統，這些韻書的語音系統與韻圖編撰者時代的語音系統存在一定的差異。其中《韻鏡》《七音略》都是依據三十六字母的系統，以開合分圖、四等分韻的等韻理論爲《切韻》系韻書編製的韻圖。在韻圖結構與韻書語音系統存在矛盾不一致的情況下，韻圖編撰者採取了一系列的調和方法。如三十六字母正齒音照組包含《廣韻》章、莊兩組聲母，章組聲母拼三等韻，莊組聲母拼二、三等韻，因此韻圖正齒音三等欄中就會出現章、莊組字對立的現象。爲調和矛盾，韻圖將所有的莊組字列齒音二等欄。這樣，齒音二等欄所列字就有兩種可能：或來自真正的二等莊組字（真二等，屬外轉韻攝），或本爲三等韻字而借列在二等的莊組字（稱爲假二等，屬内轉韻攝）。因此，當以莊組字做反切下字時，要根據不同的情況，分別切相應的音：反切下字爲真二等莊組字，切二等字音；反切下字爲假二等莊組字，切三等字音。這樣，爲了幫助韻圖使用者正確辨析這些不同的情况，正確拼讀反切，内、外轉門法就應運而生。另一方面的原因是語音的古今變化，韻書反切與韻圖語音結構的矛盾。如《廣韻》保留了部分類隔切，端、知組聲母字互爲反切上字，幫、非組聲母字互爲反切上字，精組與莊組字互爲反切上字，這樣就與利用韻圖拼讀反切的一般規律不符，類隔門法由此産生。

《韻鏡》卷首『歸字例』『横呼韻』『上聲去聲字』等内容，是説明韻圖體例與利用韻圖拼讀反切的方法，實際上就是門法的雛形。但還没有針對韻圖與韻書語音結構的矛盾，提出具體的拼讀反切的條例（即門法）。《四聲等子》記載有九例十二門法（與《經史正音切韻指南》十三門法相比，無『輕重交互門』，歸入『類隔門』）；《切韻指掌圖》則有檢例（上、下）與『辨内、外轉例』『辨廣通、侷狹例』。《經史正音切韻指南》所附『門法玉鑰匙』，歸納了十三門法，等韻門法至此成爲定規。明代真空和尚《直指玉鑰匙門法》則在『門法玉鑰匙』十三門法基礎上，另爲特殊反切立了七門法，共計二十門法。

明清以降，不僅門法日繁，解説門法者亦有幾十家之多。其中比較系統的有明代若愚《直指捷徑門法》，以格子門法的方式對『二十門法』進行了解説。袁子讓《字學元元》『十三門法附袁氏注』則對《經史正音切韻指南》『門法玉鑰匙』十三門法、『玄關歌訣』七音門法分别進行了注解、評述，並列格子門法。明代王三聘主編《字學大全》所輯《經史正音切韻指南》附列了『門法指掌圖』，將真空二十門法與指掌圖相結合，在明清等韻門法注解中别具一格。方中履《切字釋疑》，清羅愚《切字圖訣》分别對二十門法進行了注解、評論或歸納。清代《續通志・七音略》「門法圖」「門法解」兩卷，分門法二十門，門内多分子目，對二十門法進行了解説，同樣以格子門法的方式對二十門法内容進行了圖解。

但「歷來説者，既没有推原究委，明其變革；又不能洞察韻圖體制與反切條理，察其本質。於是就不免强不同以爲同，妄以己意附會而立説紛紜了。」（董同龢一九四八：二五八）曾運乾的《門法》①，分别對「内外轉例」「廣通門」「偈狹門」「振救門」「喻下憑切門」「窠切門」「小廣通偈狹門」「正音憑切門」「寄韻憑切門」「交互門」的内容與實質進行了言簡意賅的梳理。董同龢《等韻門法通釋》②一文，對以上所論及的等韻門法，從韻圖的體制與韻圖反映韻書反切的方式入手，對門法所反映的實質内容和含義進行了「逐一勘究疏證」，用比較清晰的文句對二十門法進行了詮釋解讀。可以説，該文比較全面、清晰地將針對宋元切韻學系列韻圖而提出的門法進行了合理科學的闡述。董同龢之後，對門法進行系統研究的還有李新魁《等韻門法研究》（一九八四），陳新雄的《等韻述要》（一九九九）等。

① 見曾運乾《音韻學講義》，中華書局，二〇〇四年，頁八六—九六。該文另以《等韻門法駁議》發表於中山大學《語言文學專刊》第一卷第二期。

② 見《中研院歷史語言研究所集刊》第十四本，一九四八年六月。

《解釋歌義》的發掘則對進一步探討韻圖門法的發展源流問題具有非常重要的文獻價值與學術價值。聶鴻音《黑水城抄本〈解釋歌義〉與早期等韻門法》(一九九七)以及《智公、忍公和等韻門法的創立》(二〇〇五),通過對黑水城出土的等韻門法著作《解釋歌義》的研究,指出,音韻學界一向認爲集大成於元明兩代的等韻門法,實際上在五代或宋初就已具系統的雛型。孫伯君(二〇〇四)《黑水城出土等韻抄本〈解釋歌義〉研究》則對該書的等韻理論進行了系統的梳理與比較深入的研究。以上研究成果也進一步豐富了漢語等韻學研究的内涵。

爲比較全面地瞭解漢語等韻門法的發展演變過程,本書在對《解釋歌義》進行校釋的基礎上,將宋元以來有關『門法玉鑰匙』『玄關歌訣』以及『直指玉鑰匙門法』注釋、評議的内容進行了初步搜集,將其中幾家有代表性的注解進行了匯集,以期比較全面地反映等韻門法的發展過程、主要内容,展現古人對門法的不同訓釋方式,揭示古人對門法不同的理解、主要觀點、分歧的原因。爲幫助讀者對等韻門法内容有比較科學、正確的理解,從而對所匯集的諸家注解内容有比較全面、準確的認識和判斷,二十『門法』及『玄關歌訣』匯解後,均附董同龢《等韻門法通釋》對相關門法内容的疏證。

上編 《解釋歌義》五音切字門法校釋

第一章 《解釋歌義》門法校釋與簡論

第一節 《解釋歌義》内容簡介及門法術語

一、《解釋歌義》内容簡介

聶鴻音(二〇〇六)《黑水城出土音韻文獻四種》第四部分對《解釋謌義壹畬》内容進行了釋讀與校勘,我們則以圖文對照的方式將《解釋歌義壹畬》列入了《宋元切韻學文獻叢刊》,以供學術界對《解釋謌義壹畬》開展更深入的討論與研究。《解釋歌義》從『脣音切字弟七門』①開始,依次論述了『舌音切字弟八門』『牙音切字弟九門』『齒音切字弟十門』『喉音切字弟十一

① 原書無此名,據後四音切字門補充。

門』。按『脣、舌、牙、齒、喉』五音的順序，對各組聲母所涉及的門法進行了歸納與論述，基本上涵蓋了等韻門法的主要内容。門法按聲母順序排列，排列順序與早期切韻圖聲母的排列順序一致。《經史正音切韻指南》『總括玉鑰匙玄關歌訣』同樣以五音爲序，以歌訣的形式對各聲母涉及的門法進行了歸納與闡述，從内容上看，依次爲『牙』『舌』『脣』『齒』『喉』『半舌半齒』。聲母排列順序與《解釋歌義》有别，而與《切韻指掌圖》《四聲等子》等宋元後期切韻圖聲母排列順序一致，反映了宋元切韻學不同階段韻圖聲母排列順序的不同。從内容上來看，『玄關歌訣』内容更爲完整，包含了《解釋歌義》没有論及的『半舌半齒』音切字門法。但從《解釋歌義》『五音切字門』與『玄關歌訣』内容的比較來看，無論是以五音分類方式解説門法，還是以歌訣形式歸納門法内容，乃至歌訣内容本身，二者都有很大程度的一致性。《解釋歌義》『五音切字門』所引王忍公歌訣，很可能就是『玄關歌訣』的直接源頭。

《解釋歌義》解釋門法的基本方式是：先引用王忍公對智甞《指玄論》門法進行歸納、闡述的歌訣，然後以『義曰』的方式開頭，對歌訣内容逐一進行注疏，對歌訣所涉及的門法進行歸納，並結合反切用例對相關門法内容進行説明。

五音門法歌義後，還有『七言四韻』『七言四韻歌奥』。『七言四韻』是王忍公以歌訣方式對智甞《指玄論》闡述歸納切韻門法的讚譽，以及□髓對各句歌訣的解釋。『七言四韻歌奥』内容殘缺，但從前幾句内容來看，應當是王仁公以歌訣的形式，記録了與智甞以問答方式對門法進行討論和進一步歸納，闡述的內容，以及□髓對『七言四韻歌奧』各句歌訣內容的注疏。形式與五音切字門一致。

二、《解釋歌義》門法術語

《解釋歌義》『歌訣』中出現了一系列的等韻術語，『釋義』除對歌訣中的術語進行解釋外，本身也出現了許多術語。這些術語是正確理解『歌義』的前提，歸納如下。

（一）反切構成術語及反切術語

切、韻、子、音：切，即反切上字；韻，即反切下字；子，即被切字。音，即被切字讀音。如『切與韻並子等弟居同，切與子上歸一母，韻與子下歸一韻，名音和切』。

切：『若切者，謂從脣舌牙齒喉五音之上紐弄，歸在何音，指定不移，故名爲切』『切者，親也。謂與所切之字同歸一母，又是一音，故名爲親也』『切屬律，同母，表陰』。

韻：『韻者，順也，要與陰類相順，方有所切之字。言類者，聲類、等、重輕、開合之類』『蓋緣韻是同類之義，謂要切得韻中同類之義字』『韻屬吕，同父，表陽』。

子：『父母陰陽，和合之時，方有子，有所切之字。』

憑切體：舌音聲母反切門法的術語。當反切上字爲知組字，反切下字爲照組聲母字的時候，根據反切下字等第決定被切字的等第，即憑韻。『切體』，指反切下字；『憑切體』，即依據反切下字確定被切字韻母讀音等第。

歌訣：『正齒隻䨇而做韻，但憑切體不媕娿。』釋義：『用歸知徹澄孃等中字爲切，將照穿床審禪兩等中弟一（按：隻，二等韻）、弟二（按：䨇，三等韻）字俱爲韻，即爲憑切。如一者，陟山譠；二者，陟輸切猪是也。』即當以知組聲母字做反切上字，照組二、三等字做反切下字時，依據反切下字確定被切字讀音的四等。當反切下字照組聲母字爲二等韻時，切知組二等字音；反切下字照組聲母字爲三等韻時，切知組三等字音。

憑切道：正齒音聲母反切門法術語，當反切上字爲照組字，反切下字爲三、四等字的時候，根據反切上字等第決定被切字的等第，即憑切。和『門法玉鑰匙』『正音憑切』有所不同，『憑切』還包括了反切上字爲照組三等的音和切。

歌訣：**『四四四三憑切道。』**釋義：『四者，四等也；又四者，弟四也；又四者，四等也；三者，弟三也。如用歸審穿禪床照中字爲切，將四等中弟三字爲韻，如士尤愁，市流切讎；弟四字爲韻，如崇玄切狗，山幽切摻，出幽瘷，俱爲憑切也。』

能切：即音和切。如『前文言四等中弟四字爲韻之時，成於類隔。今將四等中影、喻母下弟四母爲韻，即成於能切。』『能切』特指知組聲母字爲反切上字，影、喻母四等字爲反切下字，被切字讀知組三等的現象。《四聲等子》及《經史正音切韻指南》均歸入『窠切』。

無切、無聲：指精、照互用，如『**正音兩一還無切** 義曰：正音者，正齒音也；兩者，兩等也；一者，弟一也；無切者，互用也。如用歸精清從心邪中字爲切，將審穿禪床照兩等中弟一字爲韻，即切照等中爲互用，如子監覽。』『**齒頭兩一又無聲** 義曰：齒頭者，清從心邪也；兩者，兩等也；一者，弟一。如用歸照穿等中字爲切，將精清從心邪兩等中第一字爲韻，即切精等中字爲互用也。如側溝褧，是也。』

見形：即反切用語。如『**見形由自足分拏** 義曰：見形謂是切脚之名。』

盈縮：即音和，如『音和者，切與韻並子等弟居同，切與子上歸一母，韻與子下歸一韻，名音和切。音和切者，一得一，二得二，三得三，四得四，切與韻順，故曰是盈縮音和也。』

寬狹：即不和類隔之切，如『上歸一母，名寬；下歸一韻，名狹。韻切相違，故曰是寬狹類隔也。幫、非，端、知，精、照，各有寬狹二義也。』

（二）聲母術語

精清從心邪兩等：亦稱爲**齒頭兩等**，是指齒頭音精清從心邪母字韻圖列一等、四等兩聲母位，列在一等位置的稱爲精組第一，或兩等中第一、或齒頭兩一、齒頭第一；列在四等位置的稱爲精組第二，或兩等中第二。

審穿禪床照兩等：亦稱爲**正齒兩等**，是指正齒音照穿床審禪母字韻圖列二等、三等兩聲母位。列二等的稱爲**正齒第一**，或**兩中一**，或**隻**、或**單**；列三等位置的稱爲**正齒第二**，或**兩二**，或**雙**、或**二**。如『**正齒隻雙而做韻** 義曰：正齒者，審穿禪床照也。隻者，弟一；雙者，弟二。』『**切單韻二一方成** 義曰：弟一爲切，弟二爲韻，弟一爲音也。』

（三）韻的術語

内轉：除正齒音外，其他聲母二等無字的韻攝。以這些韻攝的正齒二等爲反切下字時，所切字讀三等。『釋義』：『幫等字爲切，正齒弟一字爲韻，如内轉字不切弟二。』

外轉：除正齒音外，其他聲母二等位也有字的韻攝。以這些韻攝的正齒二等爲反切下字時，所切字仍讀二等。『釋義』：『用幫等中字爲切，用審穿禪床照兩等中弟一字爲韻，若是外轉，切弟(二)字。』

重韻：指開口韻，『釋義』指出『開口成重，合口成輕』。

輕韻：指合口韻，『釋義』指出『開口成重，合口成輕』。

前三韻：是指做脣音聲母字的反切下字時，所切字音讀重脣幫組聲母的韻，又稱爲『**重中重**』韻。『釋義』指出：『前三者，是重中重韻……平聲五十九韻，並上、去、入聲共有二百七韻，在於二百七韻之中，分一百七十四韻，故名前三韻。』

後一韻：是指做脣音聲母字的反切下字時，所切字音讀輕脣非組聲母的韻，又稱爲『**輕中**

輕』韻。『釋義』指出：『後一者是輕中輕韻……所收於平聲五十九韻，並上、去、入聲共有二百七韻，在於二百七韻内，分三十三輕韻，故名後一音也。』

第一字、第二字、第三字、第四字：以上術語如不與齒頭精清從心邪、正齒審穿禪床照連用，分别指『一等韻字』『二等韻字』『三等韻字』『四等韻字』。如『用幫等中字爲切，用審穿禪床照兩等中弟一字爲韻，若是外轉，切弟二字，如布删班。内轉切弟三字，如彼側切逼，是也。又，如用幫等中字爲切，將審穿禪床照兩等中弟二字爲韻，即切本母下弟三字，如弭闡免；若遇廣通，即切弟四字，如弭正切詺，是也。』

四一、四雙（四二）、四三，四四：『四』是四等，『四一』是四等中第一等，『四雙（四二）』是四等中第二等，『四三』是四等中第三等，『四四』是四等中第四等。如『**端透爲切四一隨**　義曰：端透定泥四母爲切，四者，四等；一者，弟一』；『**若逢四内雙三韻**　義曰：四者，四等；雙者，弟二；三者，弟三』；『**四三四四二名振**　義曰：四者，四等也；三者，弟三；又四者，亦是四等也；又四者，弟四也；二者，切得弟二字，爲音和也』。

頭、尾：『頭』指第一等字，『尾』指第四等字。如『**若將頭尾爲其韻**　義曰：頭者，第一；尾者，弟四也』。

韻下舒寬：即廣通韻。如『**韻下舒寬順四親**　義曰：舒寬者，廣通也』。

聲下促：即偪狹韻，如『**如所引文聲下促**　義曰：是偪狹韻也』。

第二節　《解釋歌義》『五音切字門』門法校釋

下文按《解釋歌義》五音切字門的順序，對該書進行校釋，對其所論及的門法進行歸納，並將其與《四聲等子》《經史正音切韻指南》相關門法内容進行比較。《解釋歌義》主要内容爲女真人□髓對王忍公『頌』，即門法歌訣的『釋義』。校釋過程中，以五音爲序，首先列出《解釋歌義》原書圖版（引自聶鴻音二〇〇六年影印件），再轉寫其内容，王忍公歌訣以黑體字表示，□髓『釋義』另起一行，據原文以『義曰』表示。對原文進行校勘的地方以脚注進行説明；五音門法後，分别以按語的形式，對五音切字門釋義所反映的門法内容進行歸納，並將其與《四聲等子》《經史正音切韻指南》門法内容進行比較。

一、脣音切字第七門①

解釋謌義壹番

解釋謌義壹番

幫非互用稍難明　義曰幫

者是幫滂並明非者是非敷

奉微互用者是切脚之名脣音

下有三名切字一名吳楚二名類

隔三名互用稍難明者謂末

達政理謂之是稍難明也

① 編號爲筆者所加，後同。「脣音切字第七門」原書無，據下文補充。後同。

為偈諸師兩重輕　義曰為
者有深奧之理即是人多暗昧
難明偈者是偈短長其偈數
有其隘側諸師者即是古師
自指陸法言孫愐劉臻魏
淵裴顏蕭該太子若薛道
衡已上可八即人是撰集數本

之人致得兩重輕君口成重合
口成輕故曰是兩重輕也
信彼理特宗有失　義信曰彼
者此也宗者本也失者錯也若此
時人只用此兩重輕教源本有
於失錯也　符今叙處事若傾
義曰符者元也傲也今者智貝公

達玄指玄謂論之是今教者
指教也處者是處理也傾者是傾差
也儒中有事但依智當指教處
理必差傾差也
前三數上分封帛體　義曰前三
者是重中重數封帛體者是
封帛傍並明母中字在前三數

所收於平聲五十九數并上去入聲
共有二百七數在於二百七數之中
分一百七十四數故名前三數如用對帚
寸中字為切用前三為數即切本
母下字為音和覆用對帚寸中
字為切用後一音為數即切非
寸中字為互用也

後一音中立奏形　義曰後一音
者是輕中輕聲立奏形者是非
敷奏徵母中字在於後一聲中所
收於平声五十九聲并上去入声共有
二百七聲在於二百七聲内分三十三
輕聲故名後一音也如用非等
中字爲切用後一音爲聲即切

本母下字為音和兩覆用非寸
中字為切將前三數為數即
切封帛寸中字為互用也
凡切直須隨寸次　義曰前明
四用分輕重今將齒頭正齒
為數之時但隨寸次辯之必無
差矣如用封帛寸中字為切將

精清從心邪兩寸中第一字為
數即切本母下第一字為音和
莫崔切枚是也又用鬱帚寸中字
為切將精清從心邪兩寸中第
二字為數即切本母下第四字
如殞箭切面若遇傷者即切第
三字如箄悚稟狭者方憑破

是也　又如用封帛寸中字為切用
審穿禪床照兩寸中第一字為
韻若是外轉切第字如布删班
內轉切第三字如彼側切逼是也
又如用封帛寸中字為切將審穿禪
床照兩寸中第二字韻為即切本
母下第三字如彌闡免若遇廣

通即切第四字如頦正切韶是也
唯於內轉二等名　義曰謂第三等字
為切正齒第一字為數如內轉
字不切第二故曰二名等因何不切
有个士莊切床叅五音只此對
舌音切切第字八門　舌頭
此舌音第八者摠標也　以次於

幫非互用稍難明

義曰：幫者，是幫滂並明；非者，是非敷奉微。互用者，是切脚之名。脣音下有三名：切字一名，吳楚二名，類隔三名。互用稍難明者，謂未達政理，謂之是稍難明也。

爲侷諸師兩重輕

義曰：爲者，有深奧之理，即是人多暗昧難明。侷者，是侷短，長其侷韻，有其隘側。諸師者，即是古師，自指陸法言、孫愐、劉臻、魏淵、裴頠、蕭該、李若、薛道衡，已上等八人即①是創集韻本之人。致得兩重輕，開口成重，合口成輕，故曰是兩重輕也。

信彼理時宗有失

義曰：信②彼者，此也；宗者，本也；失者，錯也。若此時人只用此兩重輕韻，源本有於失錯也。

符今教處事無傾

義曰：符者，凡也，倣也；今者，智公達立《指玄論》，謂③之是今；教者，指教也；處者，是

① 原文爲「即√人」，「√」爲原書抄録時所標注的倒文符號。正文據原文標注改，下文同。
② 原文爲「信√曰」。
③ 原文爲「謂√論」。

處理也；傾者，是傾差也。儒中有事，但依智嵓指教處，理必無傾差也。

前三韻上分幫體

義曰：前三者，是重中重韻；幫體者，是幫滂並明母中字，在前三韻。所收於平聲五十九韻，並上去入聲，共有二百七韻。在於二百七韻之中，分一百七十四韻，故名前三韻。如用幫等中字爲切，用前三爲韻，即切本母下字，爲音和。覆用幫等中字爲切，用後一音爲韻，即切非等中字，爲互用也。

後一音中立奉形

義曰：後一音者，是輕中輕韻；立奉形者，是非敷奉微母中字，在於後一韻中。所收於平聲五十九韻，並上去入聲，共有二百七韻，在於二百七韻內，分三十三輕韻，故名後一音也。如用非等中字爲切，用後一音爲韻，即切本母下字，爲音和。覆用非等中字爲切，將前三韻爲韻，即切幫等中字，爲互用也。

凡切直須隨等次

義曰：前明四等，用分輕重；今將齒頭、正齒爲韻之時，但隨等次辯之，必無差矣。如用幫等中字爲切，將精清從心邪兩等中弟一字爲韻，即切本母下弟一字，爲音和，莫崔切枚①是

① 莫崔切枚，枚，《廣韻》莫杯切，《集韻》謨杯切，《宋本玉篇》莫回切。

也。又用幫等中字爲切，將精清從心邪兩等中弟二字爲韻，即切本母下弟四字，如弭箭切面①。若遇侷者，即切弟三字，如筆悚稟②；狹者，方瞻砭③是也。又如用幫等中字爲切，用審穿禪床照兩等中弟一字爲韻，若是外轉，切弟[二]④字，如布删班⑤；内轉，切弟三字，如彼側切逼⑥是也。又如，用幫等中字爲切，將審穿禪床照兩等中弟二字爲韻⑦，即切本母下弟三字，如弭闡免⑧；若遇廣通，即切弟四字，如弭正切詺⑨是也。

---

① 弭箭切面，面，《廣韻》《集韻》《宋本玉篇》並彌箭切。

② 筆悚稟，「稟」《廣韻》筆錦切；「悚」，《廣韻》息拱切，通攝合口三等上聲腫韻字。此字符合「釋義」所提出的門法要求「精清從心邪兩等中弟二字爲韻」，但與被切字韻母讀音不符。

③ 方瞻砭，「砭」《廣韻》府廉切；「瞻」《廣韻》職廉切，照母三等字，與「釋義」所提出的門法要求「精清從心邪兩等中弟二字爲韻」不符。

④ 原文無「二」字，當脱，今補。

⑤ 布删班，班，《廣韻》《宋本玉篇》布還切，《集韻》逋還切。

⑥ 彼側切逼，同《廣韻》。下文所舉反切用例没有附加脚注的，都表示與《廣韻》反切一致。

⑦ 原文爲「韻√爲」。

⑧ 弭闡免，「免」《廣韻》「亡辨切」。

⑨ 弭正切詺，《廣韻》《集韻》並彌正切。

唯於內轉二無名

義曰：幫等字爲切，正齒弟一字爲韻，如內轉字，不切弟二，故曰二無名①。因何不切？有个士莊切床②。答：五音只此一對。

【按】

（一）『脣音切字門』歌義門法內容

『脣音切字門』歌義所論述的門法有：①互用，②音和，③侷狹，④廣通，⑤內外。

①互用

歌訣：**『幫非互用稍難明，爲侷諸師兩重輕……前三韻上分幫體，後一音中立奉形』**。釋義：『如用幫等中字爲切，用前三爲韻，即切本母下字，爲音和。覆用幫等中字爲切，用後一音爲韻，即切非等中字，爲互用也』『如用非等中字爲切，用後一音爲韻，即切本母下字，爲音和。覆用非等中字爲切，將前三韻爲韻，即切幫等中字，爲互用也』。

① 原文作『二名√無』。

② 『士莊切床』不符合『幫等字爲切』的要求。『莊』（莊），《廣韻》有『薄萌切』一音，梗攝二等幫組字。床，《廣韻》士莊切，《集韻》《宋本玉篇》仕莊切。

所謂『前三韻』是指含有幫組聲母字的韻，或作脣音字的反切下字時，被切字讀幫組聲母的韻；《指玄論》所論及的韻書共二百零七韻，其中包含『前三韻』的一百七十四個。『後一音』是指含有非組聲母字的韻，或作脣音字的反切下字時，被切字讀非組聲母的韻；二百零七韻中，『後一音』共計三十三個。以幫組聲母爲反切上字（出切），以『前三韻』各韻字爲反切下字（行韻），被切字讀幫組聲母音，是音和；如果以『後一音』各韻字爲反切下字，則被切字當讀非組聲母音，是『互用』。同樣，以非組聲母字爲反切上字，以『後一音』各韻字爲反切下字，被切字讀非組聲母音，是音和；如果以『前三韻』各韻字爲反切下字，則被切字當讀幫組聲母音，是『互用』。

釋義將『互用』與『音和』相對，《四聲等子》將這種現象歸納爲『辨類隔切字例』之一，除『脣重脣輕』類隔外，還包括『舌頭、舌上』『齒頭、正齒』類隔。《經史正音切韻指南》則將幫非互用獨立爲一類，稱之爲四『輕重交互』門：『輕重交互者，謂幫等重音爲切，韻逢有非等處諸母第三，便切輕脣字；非等輕脣爲切，韻逢一、二、四皆切重脣字。』從定義來看，輕脣非組切重脣幫組的內容並不完整，除反切下字爲一、二、四等韻字外，還包括大部分開口三等幫組聲母字。《解釋歌義》前三韻、後一音的區分無疑更爲科學、準確。

②音和

『音和』是指幫組聲母字爲反切上字，被切字讀幫組音；非組聲母字爲反切上字，被切字讀非組字音的現象。即釋義所言『如用幫等中字爲切，用前三爲韻，即切本母下字，爲音和』，

「用非等中字爲切，用後一音爲韻，即切本母下字，爲音和」。

幫組聲母字做反切上字，大部分情況下「凡切直須隨等次」，即被切字與反切下字四等一致，但在侷狹、通廣韻攝，內、外轉韻攝中有所區别。

③ 侷狹

「侷狹」是指幫組聲母字爲反切上切，精組四等（精清從心邪兩等中弟二）字爲反切下字，侷狹韻內，被切字讀幫組三等。即釋義所言「將精清從心邪兩等中弟二字爲韻……若遇侷者，即切弟三字，如筆悚禀；狹者，方瞻砭是也。」

《解釋歌義》中雖然没有明確指出「廣通」「侷狹」所包括的具體韻攝，但區分已經非常明確，説明「廣通」「侷狹」韻的區分在當時已經爲大家所熟知。同時，歌訣釋義也已經與《經史正音切韻指南》一樣，將「侷狹」韻進一步區分爲「侷」「狹」兩類。如「悚」，鍾韻上聲字，侷韻；「瞻」，鹽韻，狹韻；分類與《經史正音切韻指南》完全相同。

④ 廣通

「廣通」是指幫組聲母字爲反切上字，照組三等（審穿禪床照兩等中弟二）字爲反切下字，廣通韻內，被切字讀幫組四等音。即釋義所言「將審穿禪床照兩等中弟二字爲韻……若遇廣通，即切弟四字，如弭正切詺」。

《四聲等子》將幫組聲母字爲反切上字，通廣、侷狹韻內精、照組字爲反切下字，所切字音等第不一致的情況列入『辨廣通侷狹例』。反切上字除脣音外，還包括牙喉音；反切下字除精、照組聲母字外，侷狹包括影、喻母，廣通包括知組、來、日母。

《經史正音切韻指南》與《四聲等子》大體相同，但區分爲『十一通廣』門，『十二侷狹』門，見下文『牙音切字門』討論部分。

⑤內、外

內、外，即內轉、外轉切字門法，是指以幫組聲母字爲反切上字，以照組二等（審穿禪床照兩等中弟一）聲母字做反切下字，外轉韻攝中，被切字讀幫組二等字音；內轉韻攝，被切字讀幫組三等字音。即釋義所言：『用幫等中字爲切，用審穿禪床照兩等中弟一字爲韻，若是外轉，切弟[二]字，如布删班；內轉，切弟三字，如彼側切逼是也。』

《四聲等子》將脣音內、外轉韻攝切字的情況歸入『辨內外轉例』，指出『內轉者，脣舌牙喉四音更無第二等字，唯齒音方具足。外轉者，五音四等都具足』，與王忍公歌訣『**凡切直須隨等次，唯於內轉二無名**』所言大體一致。《四聲等子》具體區分了內、外轉所包括的韻攝，即『今以深、曾、止、宕、果、遇、流、通括內轉六十七韻，江、山、梗、假、效、蟹、咸、臻括外轉一百三十九韻』。

《經史正音切韻指南》將反切上字爲脣音，反切下字爲照組二等，被切字音與反切下字四等不一致的情況歸入『十三內外』門：『謂脣牙喉舌來日下爲切，韻逢照一，內轉切三，外轉切二。』

《解釋歌義》『脣音切字門』所涉及的門法內容歸納如下（表格第一欄『切』，表出切字，即反切上字；『韻』，表行韻字，即反切下字；『音』，表取字，即被切字音，下文同）：

表一 《解釋歌義》脣音切字門法内容

切	韻	音	門法	歌訣
幫組	前三韻	幫組	音和	前三韻上分幫體
非組	前三韻	幫組	互用	
幫組	後一音	非組	互用	後一音中立奉形
非組	後一音	非組	音和	
幫組	精組一等（第一）	幫組一等	音和	凡切直須隨等次 唯於内轉二無名
	精組四等（第二）	幫組四等	音和	
		偈狹幫組三等	偈狹	
	照組二等（第一）	外轉幫組二等	内外	
		内轉幫組三等		
	照組三等（第二）	幫組三等	音和	
		通廣幫組四等	通廣	

（二）《解釋歌義》「脣音切字門」與《經史正音切韻指南》「玄關歌訣」「脣音」門法内容比較

《經史正音切韻指南》「玄關歌訣」「脣音」部分，對幫非組聲母爲切上字所涉及的門法進行了歸納（括弧内列《解釋歌義》歌訣，以進行比較）：

幫非爲切最分明，照一須隨内外形。
來日舌三並照二，廣通第四取真名。
精雙喻四爲其韻，偈狹却將三上迎。
輕見重形須切重（**前三韻上分幫體**），重逢輕等必切輕（**後一音中立奉形**）。
唯有東尤非等下，相違不與衆同情。
重遇前三隨重體，輕逢後一就輕聲。

除脣音廣通門反切下字範圍擴大到來、日、知組，脣音偈狹門反切下字擴大到喻母，並增加了東、尤兩韻爲切下字而出現的例外現象外，「玄關歌訣」與《解釋歌義》所論及的脣音門法内容大體相同。

此外，對「前三」「後一」的解釋，《經史正音切韻指南》與《解釋歌義》有所不同。《解釋歌義》「前三」「後一」分别指重中重韻、輕中輕韻，是幫、非組聲母字韻系分布的分類。幫組聲母字分布於其中一百七十四韻，稱爲『前三』；非組聲母字分布於三十三韻中，稱爲『後一』。《經史正音切韻指南》『前三』指的是輕脣音字，『後一』指的是重脣音字。『玄關歌訣』『脣音』對歌訣『**唯有東尤非等下，相違不與衆同情。重遇前三隨重體，輕逢後一就輕聲**』進行釋義時指出：『重，謂重脣音，在第一等，名後一』，『輕謂第三等輕脣音，爲前三。』所舉反切分別爲『莫浮切謀，莫六切目』『馮貢切鳳』。

『莫浮切謀，莫六切木』，反切上字爲重脣音；反切下字『浮』是輕脣音，而『六』並不是，但都屬於《解釋歌義》的『後一韻』；被切字『謀』『目』均讀重脣，即『隨重體』。『馮貢切鳳』，反切上字爲輕脣音；反切下字並不是重脣音，而是屬於《解釋歌義》的『後一音』中的一等字；被切字『鳳』爲輕脣音，即『就輕聲』。因此從歌訣與反切舉例來看，並不相符。並且這一歌訣是針對《廣韻》東、尤兩韻三個特殊的脣音聲母反切而提出的門法，應當是非常後起的門法。因此將『前三』『後一』與一、三等混同起來，誤解了『前三』『後一』的含義。應當爲『**唯有東尤非等下，相違不與衆同情。重遇後三隨重體，輕逢後一就輕聲**』。『後三』表示『反切下字爲三等字』，『後一』表示『反切下字爲一等字』。

二、舌音切①字弟②八門　舌頭

通即切弟四字如殞正切鄙是也
唯於内轉三等名　義曰舊弟寸字
為切正齒弟一字為類如内轉
字不切弟二故曰二名等因何不切
有人丨士莊切床吞五彡只此對
舌音切切弟字八門　舌頭
此舌音弟八者揔標也以次於

① 原文作「切卜切」，「卜」爲原文抄録時所標注的衍文符號，注字右側，今注衍文之前，表示此字當删。下文均據原文標注删除衍文。

② 原文作「弟√字」。

前端合明於舌音凡舌音有二舌頭舌上先故明舌頭 訣曰端透為切四一隨 義曰端透為定泥四母為切四者四等一者弟一如用端透定泥字為切將四等中弟一等字為韻即切本母下弟一字為音 和如德紅切東

故曰定歸本位不拋離也
若逢四內雙三數　義曰四者
四等覆者第二三者第三如用
歸端透定泥中字為切將四等
中第二第三為數即切知寸中字
為類陽都江椿丁呂切貯是也
便證都江丁呂基　義曰此證明

都江丁吕之類屬也緣都字是舌
頭字切得樁字是舌上二字俱
是舌音故曰類也又都字是
弟一字江字是弟二弟字故名屬也
於四取四同弟四　義曰四者弟四
爲切也又四者弟四爲歎也又四者弟
四爲音如用帰端透定泥中字

第四字爲切將四寸中第四字爲
韻即切本母下第四字爲音
和丁魚切故是也達人視此理
莫違此句結上文也
齒頭寸レ兩成其數　義曰齒
頭者精清從心邪也兩寸中
第壹第二也如用歸端透定

泥中字為切將精清從心邪
兩廿中第一第二字俱為數並切
本母下字為音和知都數之宗
徒四切地故曰並切音和故莫疑
此一句結上義也
正齒兩中一數處　義曰正齒
者審穿禪床照也兩者兩

寸也一者第一如用端透定泥
中字爲切將審穿禪床照兩寸
中第一字爲數若外轉切第二字
如德山切譠如內轉切第三字如
丁驪切知俱切知寸字爲類隔
也故曰內三外二表玄微此結上義也
更將照寸二爲數　義曰照

音照穿床審禪二音第二也如
用歸端透定泥中字為切將
審穿禪床照兩等中第二等字
為教之即切知等字中為類隔
如得章平切張也故曰類隔名中
但切之此義結上文句也
舌上音日切字　頌曰

此舌音弟八者，揔摽也。以次於前篇，合明於舌音。凡舌音有二：舌頭、舌上。故先①明舌頭。

舌頭音切字②

訟曰：

端透爲切四一隨

義曰：端透③定泥四母爲切。四者，四等；一者，弟一。如用歸［端］④透定泥字爲切，將四等中弟一字爲韻，即切本母下弟一字，爲音和，如德紅切東。故曰：

定歸本位不抛離也。

若逢四内雙三韻

義曰：四者，四等；雙者，弟二；三者，弟三；如用歸端透定泥中字爲切，將四等中弟二、弟三爲韻，即切知等中字，爲類隔，都江椿、丁呂切貯是也。

---

① 原文作『先√故』。
② 原文無『舌頭音切字』，仿下文『舌上音切字』而增。
③ 原文『端透』後有『爲』字，當爲衍文。
④ 原文無『端』字。

便證都江丁呂基

義曰：此證明都江、丁呂之類隔也。緣『都』字是舌頭字，切得『椿』字是舌上，二字俱是舌音，故曰類也。又『都』字是弟一字，『江』字是弟二①字，故名隔也。

於四取四同弟四

義曰：四者，弟四爲切也；又四者，弟四爲韻也；又四者，弟四爲音。如用歸端透定泥中②弟四字爲切，將四等中弟四字爲韻，即切本母下弟四字，爲音和，丁兼切战是也。

達人視此理無違

此句結上文也。

齒頭兩等③成其韻

義曰：齒頭者，精清從心邪也，兩等中弟壹、弟二也。如用歸端透定泥中字爲切，將精清從心邪兩等中弟一、弟二字俱爲韻，並切本母下字，爲音和。如都宗冬④，徒四切地。故曰：

---

① 原文作『二√弟』。
② 原文『中』字後有『字』，當爲衍文。
③ 原文作『等√兩』。
④ 原文作『冬√宗』。

並切音和故莫疑

以此一句結上義也。

正齒兩中一韻處

義曰：正齒者，審穿禪床照也；兩者，兩等也；一者，弟一。如用歸端透定泥中字爲切，將審穿禪床照兩等中弟一字爲韻，若外轉切弟二字，如德山切譠①。如内轉，切弟三字，如丁飁切知②。俱切知等字，爲類隔也。故曰：

内三外二表玄微

此結上義也。

更將照等二爲韻

義曰：照者，照穿床審禪；二者，弟二也。如用歸端透定泥中字爲切，將審穿禪床照兩等中弟二等字爲韻③，即切知等中字④，爲類隔，如得章切張⑤也，故曰：

---

① 德山切譠，譠，《廣韻》陟山切，《集韻》知山切。

② 丁飁切知，知，《廣韻》陟離切，《集韻》珍離切。

③ 原文「韻」後有「之」字，當爲衍文。

④ 原文作「字√中」。

⑤ 得章切張，張，《廣韻》《宋本玉篇》俱陟良切，《集韻》中良切。

類隔名中但切之
此義結上文句也。
舌上音切字

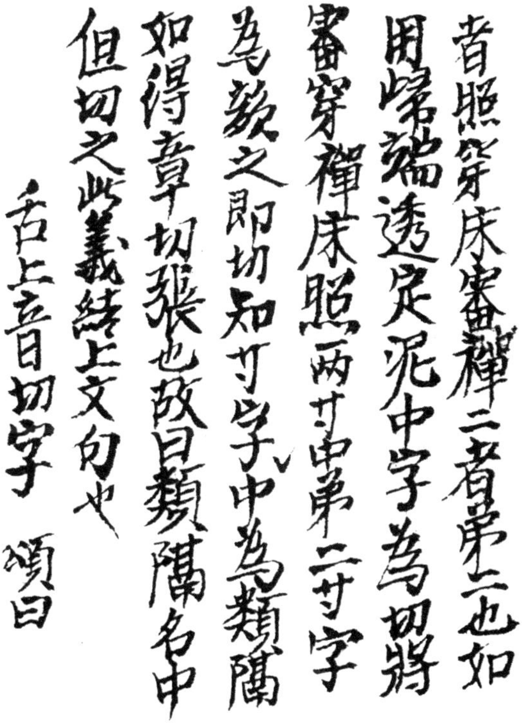
音照穿床審禪二音第二也如
用照端透定泥中字為切將
審穿禪床照兩寸中第二寸字
為韻之即切知寸字中為類隔
如得章切張也故曰類隔名中
但切之此義結上文句也
舌上音切字　頌曰

知徹澄娘要切蹉　義曰以知徹
澄娘四母下為切也
四三正音和　義曰四者四等二三者
第三也二者第二也如用歸知徹
澄娘等中字為切將四等中第三
如陟交嘲第三字為即教本母下
字為音和如陟魚豬是也

若將頭尾為其類 義曰頭者第一
尾者第四也如用帰知徹澄孃廿中
第ト字為切將四廿中第一第四字為類
即切端廿中字為類隔如頭者女
灘穤尾者澄丁庭故曰類隔
由來多喘訛也此結上義也
齒頭兩一還同類 義曰齒頭者

精清從心邪也兩者兩寸也一者第
一如用歸知徹澄娘寸中字爲切
將精清從心邪兩寸中第一字爲
數即切端寸字爲類隔如娘尊
切曆馳草切道是也
兩二須歸本位窠　義曰兩者
兩寸也二者第二也如用歸知徹

澄娘寸中字為切將精清從心邪
兩寸中第二字為韻即切本母下
字為音和知母小切幽韻是也
正齒隻雙而作韻　義曰正齒
者審穿禪床照也隻者第一雙
者第二如用帰知徹澄娘寸中
字為切將照穿床審禪兩

等中第一第二字俱為數即為
憑切如一者陟山譠二者陟輸
切猪是也故曰但憑切脚下俺宴
此句結上文也　已此舌音解畢未
盡其理前文言四等中第四字為
數之時成於類隔今將四等中數
喻則母下第四字為數即成於能

切故列後音　頌曰
舌音爲切理幽微　義曰舌音
者舌上音也幽者深也微者妙也
爲舌上音更有幽玄深奥微
妙之切也　定字之因悉曉知
義曰以定度此因依悉皆曉
知時人也　唯有數逢影喻四

義曰如用歸知徹澄孃寸中字爲切將影喻母下第四字爲韻即切本母下字爲能切不以爲類隔如竹益鏑丑延脠故曰音和但切勿生疑此句假作音和之切謂古師晦昧不達所能切今習者解釋分剖玄奧之理也　頌曰

聲祖下事幽微　通重兼輕分有之
影喻逢第四冊中　揔隨能切可堪依

牙音切字第九門

此章顯明牙音爲切不明哥
何也元只有妻和切也第九者次
於前章也　頌曰
切時若用見溪群　義曰見溪

頌曰：

知徹澄孃要切蹉

義曰：以知徹澄孃四母下爲切也

四中三二定音和

義曰：四者，四等；三者，弟三也；二者，弟二也。如用歸知徹澄孃等中字爲切，將四等中弟二，如陟交嘲，弟三字爲韻，即①［切］②本母下字，爲音和，如陟魚猪是也。

若將頭尾爲其韻

義曰：頭者，第一；尾者，弟四也。如用歸知徹澄孃等中③字爲切，將四等中弟一、弟四字爲韻，即切端等中字，爲類隔。如頭者，女溝羺④；尾者，澄丁庭⑤。故曰：

---

① 原文作「即√韻」。
② 「切」字原文無。
③ 原文作「中ㅏ弟」，「弟」字爲衍文。
④ 女溝羺，羺，《廣韻》奴鉤切，《集韻》奴侯切，《宋本玉篇》奴溝切，唯《篆隷萬象名義》女偆反。
⑤ 澄丁庭，庭，《廣韻》特丁切，《集韻》唐定切，《宋本玉篇》大丁切。

類隔由來無端訛①也

此結上義也。

齒頭兩一還同類

義曰：齒頭者，精清從心邪也；兩者，兩等也；一者，弟一。如用歸知徹澄孃等中字爲切，將精清從心邪兩等中弟一字爲韻，即切端等字，爲類隔。如孃尊切黁②，馳草切道③是也。

兩二須歸本位窠

義曰：兩者，兩等也；二者，弟二也。如用歸知徹澄孃等中字爲切，將精清從心邪兩等中弟二字爲韻，即切本母下字，爲音和。如丑小切髜是也。

正齒隻雙而做韻

義曰：正齒者，審穿禪床照也。隻者，弟一；雙者，弟二。如用歸知徹澄孃等中字爲切，將照穿床審禪兩等中弟一、弟二字俱爲韻，即爲憑切。如一者，陟山譠④；二者，陟輸切

① 『端訛』，當爲『舛訛』。

② 孃尊切黁，黁，《廣韻》《集韻》俱奴昆切。

③ 馳草切道，道，《廣韻》徒皓切，《集韻》杜皓切，《宋本玉篇》徒老切。

④ 見上文『德山切譠』脚注。

猪[1]是也。

故曰：

但憑切體不𡠂㜸

此句結上文也。

已此舌音解畢，未盡其理。前文言四等中弟四字爲韻之時，成於類隔；今將四等中影喻母下弟四母爲韻，即成於能切。故列後音。

頌曰：

舌音爲切理幽微

義曰：舌音者，舌上音也；幽者，深也；微者，妙也。爲舌音更有幽玄深奧微妙之切也。

定字之音悉曉知

義曰：以定度此，因依悉皆曉知時人也。

唯有韻逢影喻四

義曰：如用歸知徹澄孃等中字爲切，將影喻母下弟四字爲韻，即切本母下字，爲能切，不以爲類隔。如竹益黐、丑延脡。故曰：

① 陟輸切猪，猪，《廣韻》陟魚切，《集韻》張如切。「猪」魚韻字，「輸」虞韻字。

音和但切勿生疑

此句假作音和之切，謂古師晦昧不達所能切，今智嵒解釋分剖玄奧之理也。

頌曰：

知澄祖下事幽微，通重兼輕分有之。影喻母逢弟四中[1]總隨能切可堪依。

【按】

（一）舌音切字門所涉及的門法

舌音切字門法歌義分舌頭與舌上兩部分論述，所涉及的門法有：①音和，②窠切，③類隔，④内外，⑤能切，⑥憑切體

①音和

Ⅰ舌頭音端組聲母音和切包括以下三種情況：

i 歌訣：**『端透爲切四一隨，定歸本位不抛離。』**釋義：『用歸［端］透定泥字爲切，將四等中弟一字爲韻，即切本母下弟一字，爲音和，如德紅切東。』即端組一等字爲反切上字，一等韻字爲反切下字，被切字讀端組一等音，爲音和切。

---

① 原作『影喻逢弟四母中』。有校勘符號表示『母』爲倒文。

ⅱ 歌訣：『**於四取四同弟四，達人視此理無違**。』釋義：『用歸端透定泥中弟四字爲切，將四等中弟四字爲韻，即切本母下弟四字，爲音和，丁兼切战是也。』即端組四等字爲反切上字，四等韻字爲反切下字，被切字讀端組四等音，爲音和切。

ⅲ 歌訣『**齒頭兩等成其韻，並切音和故莫疑**。』釋義『用歸端透定泥中字爲切，將精清從心邪兩等中弟一、弟二字俱爲韻，並切本母下字，爲音和。如都宗冬，徒四切地。』即以端組聲母字爲反切上字，精組一、四等字爲反切下字，被切字分别讀端組一、四等音，爲音和切。

《四聲等子》『辨音和切字列』指出：『凡切字，以上者爲切，下者爲韻。取同音、同母、同韻、同等，四者皆同，謂之音和。』《解釋歌義》舌上音端組聲母『音和』切字歌義與《四聲等子》對『音和』切字的辨析基本一致。

Ⅱ 舌上音知組聲母音和切

歌訣：『**知徹澄孃要切蹉，四中三二定音和**。』釋義：『用歸知徹澄孃等中字爲切，將四等中弟二，如陟交嘲，弟三字爲韻，即[切]本母下字爲音和，如陟魚猪是也。』即知組聲母爲反切上字，二、三等韻字爲反切下字，被切字讀知組聲母二、三等字音，爲音和。

② 窠切

『窠切』在釋義中亦稱爲音和，或知組聲母音和切的一種特殊表現形式。歌訣：『**齒頭兩一還同類，兩二須歸本位窠**。』釋義：『用歸知徹澄孃等中字爲切，將精清從心邪兩等中弟二字爲韻，即切本母下字，爲音和。如丑小切䫐是也。』即知組聲母字爲反切上字，精組四等字爲反切下字，被切字讀知組聲母音，爲音和切；韻母等第與反切上字一致，讀三等。

《解釋歌義》知組聲母切字的這一音和現象，《四聲等子》歸入『辨窠切門例』：『知母第三爲切，韻逢精等影喻第四，並切第三等是也。』《經史正音切韻指南》歸納爲『三窠切』門：『窠切者，謂知等第三爲切，韻逢精等影喻第四，並切第三，爲不離知等第三之本窠也。』

《四聲等子》《經史正音切韻指南》『窠切』除下字爲精組四等外，還包括切下字爲影、喻母四等的情况。這一現象，《解釋歌義》稱之爲『能切』，見下文分析。

③ 類隔

Ⅰ 端組聲母類隔切有兩種情况：

i 歌訣：**『若逢四内雙三韻，便證都江丁吕基。』**釋義：『用歸端透定泥中字爲切，將四等中弟二、弟三爲韻，即切知等中字，爲類隔，都江樁、丁吕切貯是也。』即以端組聲母字爲反切上字，以二、三等韻字爲反切下字，被切字讀知組聲母音，爲類隔。

何謂『類隔』？釋義指出：『「都」字是舌頭字，切得「樁」字是舌上，二字俱是舌音，故曰類也。又「都」字是弟一字，「江」字是弟二字，故名隔也。』所謂『類』是指反切上、下字聲母不同組，但同五音，爲同『類』。所謂『隔』是指反切上、下字四等有别。所謂類隔是指聲母同類、讀音不同，四等有别的字互爲反切上字的現象。

ⅱ歌訣：**『正齒兩中一韻處，内三外二表玄微。更將照等二爲韻，類隔名中但切之。』**釋義：『用歸端透定泥中字爲切，將審穿禪床照兩等中弟一字爲韻，俱切知等字，爲類隔也』『用歸端透定泥中字爲切，將審穿禪床照兩等中弟二等字爲韻，即切知等字中，爲類隔，如得章切張也。』即端組聲母字爲反切上字，照組二等（審穿禪床照兩等中弟一）、三等（審穿禪床照兩等中弟二）字爲反切下字，均切知組聲母字音，爲類隔。其中反切下字爲照組二等字的情况下，根據其所屬内、外轉韻攝的情况，被切字分别讀知組二、三等音，見下文分析。

Ⅱ　知組聲母類隔切同樣包括以下兩種情况：

ⅰ歌訣：**『若將頭尾爲其韻，類隔由來無端訛。』**歌義：『用歸知徹澄孃等中字爲切，將四等中弟一、弟四字爲韻，即切端等中字，爲類隔。如頭者，女溝糯；尾者，澄丁庭。』即知組聲母字爲反切上字，一等韻（頭）、四等韻（尾）字爲反切下字，被切字讀端組字音，爲類隔切。

ⅱ歌訣：**『齒頭兩一還同類。』**歌義：『用歸知徹澄孃等中字爲切，將精清從心邪兩等中弟一（一等韻）字爲韻，即切端等字，爲類隔。如孃尊切麐，馳草切道是也。』

齒頭音精組字列一、四等，根據歌訣**『若將頭尾爲其韻，類隔由來無端訛』**，當精組一等字爲反切下字時，當然屬類隔切。但精組四等字做反切下字時，並不完全符合以上知組聲母類隔切歌訣的要求，而是上文所分析的音和切的一種特殊形式——『窠切』。故《解釋歌義》分别進行了論述。

《四聲等子》將重脣、輕脣，舌頭、舌上，齒頭、正齒音字互爲反切上字的現象，歸納爲『辨類隔切字例』：『凡類隔切字，取脣重、脣輕，舌頭、舌上，齒頭、正齒三音中清濁者謂之類隔。如端知八母下，一四歸端，二三歸知。一四爲切，二三爲韻，切二三字。或二三爲切，一四爲韻，切一四字是也。』而《經史正音切韻指南》僅將舌頭、舌上音字互爲反切上字的現象歸納爲『類隔』門：『類隔者，謂端等一四爲切，韻逢二三，便切知等字；知等二三爲切，韻逢一四，却切端等字。爲種類阻隔而音不同也，故曰類隔。』《經史正音切韻指南》『類隔門』的範圍顯然比《四聲等子》『類隔』進一步縮小。從與《解釋歌義》的比較來看，《經史正音切韻指南》『知等二三爲切，韻逢一四，却切端等字』的表述顯然不是非常嚴謹的，當反切上字爲知組三等字，反切下字是精組、喻母四等字的時候，需要區别窠切與類隔。《解釋歌義》的論述則更爲科學明了，區分了窠切、能切與類隔。

④ 内外

端組聲母内外門切字法其實是類隔切的一種特殊表現形式。歌訣：『**正齒兩中一韻處，内三外二表玄微**。』釋義：『用歸端透定泥中字爲切，將審穿禪床照兩等中弟一字爲韻，若外轉切弟二字，如德山切譠。如内轉，切弟三字，如丁釃切知。』即以端組聲母字做反切上字，以照組二等字做反切下字時，外轉韻攝切知組二等字，内轉韻攝切知組三等字，即歌義所言『俱切知等字，爲類隔也』。

《四聲等子》『辨内外轉例』辨析了舌音爲切，内轉不讀二等的現象。《經史正音切韻指南》『十三内外門』指出：『脣牙喉舌來日下爲切，韻逢照一内轉切三，外轉切二』，與《解釋歌義》歌訣**『内三外二』**釋義『外轉切弟二字，内轉切弟三字』内容一致。

⑤ 能切

能切也是知組聲母音和切的一種特殊形式，歌訣：**『舌音爲切理幽微，定字之音悉曉知。唯有韻逢影喻四，音和但切勿生疑。』**釋義：『用歸知徹澄孃等中字爲切，將影喻母下弟四字爲韻，即切本母下字，爲能切，不以爲類隔。如竹益豴、丑延脡。』

即一般情況下，以知組聲母字做反切上字，以四等韻字做反切下字的時候，被切字當讀端組四等音，爲類隔。但當反切下字爲影母、喻母四等的時候，仍切知組聲母音，爲音和，稱之爲『能切』。

《解釋歌義》『能切』在《四聲等子》《經史正音切韻指南》均歸入『窠切』。《四聲等子》『辨窠切門』：『知母第三爲切，韻逢精等影喻第四，並切第三是也。』《經史正音切韻指南》『三窠切門』：『窠切者，謂知等第三爲切，韻逢精等影喻第四，並切第三。爲不離知等第三之本窠也。』

⑥ 憑切體

舌音憑切體是以知組聲母字做反切上字，照組聲母字做反切下字時，而出現的一種特殊反切方式。歌訣：**『正齒隻霻而做韻，但憑切體不婮嫛。』**釋義：『用歸知徹澄孃等中字爲切，將照穿床審禪兩等中弟一（按：即隻，二等韻）、弟二（按：即䨇，三等韻）字俱爲韻，即爲憑切。如一者，陟山譠；二者，陟輸切猪是也。』即當以知組聲母字做反切上字，照組二、三等字做反切下字時，依據反切下字確定被切字讀音的四等。當反切下字爲照組二等字時，切知組二等字音；反切下字爲照組三等字時，切知組三等字音。

舌音聲母憑切體即憑韻，《四聲等子》《經史正音切韻指南》均無相關門法。這種憑切實際上就是知組聲母音和切的表現形式之一。當知組聲母字做反切上字，照組聲母字做反切下字時，被切字仍讀知組聲母，但被切字等第由反切下字決定：下字爲照組二等，讀知組二等字音；下字爲照組三等，讀知組三等字音，故稱爲『憑切體』。

《解釋歌義》舌音切字門法内容列表如下：

表二 《解釋歌義》舌音切字門法

切	韻	音	門法	歌訣
端組	一等	端組一等	音和	端透爲切四一隨，定歸本位不拋離
	二等（雙）、三等	知組二、三等	類隔	若逢四内雙三韻，便證都江丁呂基
	四等	端組四等	音和	於四取四同弟四，達人視此理無違
	精組一、四等	端組一、四	音和	齒頭兩等成其韻，並切音和故莫疑

續表

切	韻	音	門法	歌訣
端組	照組二等(兩中一)	外轉知組二等 內轉知組三等	內外/類隔	正齒兩中一韻處,內三外二表玄微
	照組三等(照二)	知組三等	類隔	更將照等二爲韻,類隔名中但切之
知組	二等、三等	知組二、三等	音和	知徹澄孃要切蹉,四中三二定音和
	一等(頭)、四等(尾)	端組一、四等	類隔	若將頭尾爲其韻,類隔由來無喘訛
	精組一等(兩一)	端組一等	類隔	齒頭兩一還同類
	精組四等(兩二)	知組三等	窠切音和	兩二須歸本位窠
	照組二等(照一、隻)	知二	憑切體音和	正齒隻霎而做韻,但憑切體不媕娿
	照組三等(照二、霎)	知三		
	影喻四等	知三	能切音和	唯有韻逢影喻四,音和但切勿生疑

(二)《解釋歌義》「舌音切字門法」與《經史正音切韻指南》「玄關歌訣」「舌音」的比較

除知組聲母憑切體外,《解釋歌義》所論及的舌音切字門法在《經史正音切韻指南》「玄關歌訣』『舌音』部分均有論述，歌訣如下：

一四端泥二三知，相承類隔已明之。
知逢影喻精邪四，窠切憑三有定基。
正齒兩中一韻處，内三外二表玄微。
舌頭舌上輕分析，留與學人做指歸。

其中『**正齒兩中一韻處，内三外二表玄微**』顯然就是承襲《解釋歌義》的歌訣内容，相似情況下文亦有同樣的表現。因此《經史正音切韻指南》『玄關歌訣』是否與王忍公《切韻指玄論》有一定的承襲關係，值得懷疑。

從内容上來看，《解釋歌義》以精組四等字爲反切下字，切知組三等字音的知組聲母『窠切』門法，與以影、喻母四等字爲反切下字，並切知組三等字音的知組聲母『能切』門法，在《經史正音切韻指南》『玄關歌訣』中並稱爲『窠切』，『門法玉鑰匙』歸納爲『三窠切門』。

三、牙音切字弟九門

澄祖下事幽微　通重兼輕分有之
影喻逢弟四冊中　揔隨能切可堪依

牙音切字弟九門

此章顯明牙音為切不明罸
何也元只有姜和切也弟九者次
於前章也　頌曰
切時若用見溪群　義曰見溪

群疑四毋為[illegible]
精一迎來一自照　義曰精者精清
從心邪兩廾也一者弟一也如用歸見
溪群疑中字為切將精清從心邪
兩廾中弟一字為韻即切本毋下弟
一字為音和如古三切甘是也
照類兩中一作韻　義曰照者照穿

床審禪也兩者兩等也一者第四
如用照見溪群疑中字為切將
審穿禪床照兩等中第一字為韻
是外轉字切第二如居楷切文
如日內外轉字為韻切第三如去愁
切惆故曰內三外二自名分照上文
齒中十字俱明二　義曰齒中

十字者精清從心邪審穿禪床
照也二者第二兩解如用歸見溪
群疑中字爲切將精清從心邪
兩等中第二字爲韻即切本母下
第四字如須雪韻若遇偏狹即
切第三字如居悚拱又用見溪
群疑中字爲切將精清從心

審穿禪床照兩廿中第二字爲
韻即切太十母下第三字如齟主齲
若遇廣通即切第四如居正切勁也
韻下舒寬順四親　義曰舒寬
者廣通也順四親者切得第四字
爲音和也　如所引文声下促
義曰是偈狹韻也

第三切出即為真　義曰得第
三字為音和是也
齒音切字第十門
此明齒音凡於有二音齒頭正
齒先明齒者頭第十者以次於
前篇也　頌曰
頭將四內一為數　義曰頭者是

此章顯明牙音爲切，不明四等，何也？元只有音和切也。弟九者，次於前章也。

頌曰：

切時若用見溪群

義曰：見溪群疑四母爲切也。

精一迎來一自臻

義曰：精者，精清從心邪兩等也；一者，第一也。如用歸見溪群疑中字爲切，將精清從心邪兩等中弟一字爲韻，即切本母下弟一字，爲音和，如古三切甘是也。

照類兩中一作韻

義曰：照者，照穿床審禪也；兩者，兩等也；一者，弟一也。如用歸見溪群疑中字爲切，將審穿禪床照兩等中弟一字爲韻，若外轉字，切弟二，如居梢切交①；如内②轉字爲韻，切弟三，如去愁切惆③。故曰：

---

① 居梢切交，交，《廣韻》《宋本玉篇》俱古肴切，《集韻》居肴切。

② 原文作「内ㅏ内」，後一「内」字爲衍文。

③ 去愁切惆，惆，《廣韻》去秋切。

内三外二自名分

此結上文。

齒中十字俱明二

義曰：齒中十字者，精清從心邪、審穿禪床照也；二者，弟二。兩解：如用歸見溪群疑中字爲切，將精清從心邪兩等中弟二字爲韻，即切本母下弟四字，如傾雪缺；若遇偈狹，即切弟三字，如居悚栱。又，用見溪群疑中字爲切，將審①穿禪床照兩等中第二字爲韻，即切本母下第三字，如驅主齲②；若遇廣通，即切弟四，如居正切勁也。

韻下舒寬順四親

義曰：舒寬者，廣通也；順四親者，切得弟四字，爲音和也。

如所引文聲下促

義曰：是偈狹韻也。

弟三切出即爲真

義曰：切得弟三字，爲音和是也。

---

① 原文作『將ト精ト清ト從ト心審』，『精、清、從、心』均爲衍文。

② 驅主齲，齲，《廣韻》驅雨切，《集韻》顆羽切，《宋本玉篇》丘禹切。

【按】

（一）牙音切字門所涉及的門法内容

此章解釋以牙音見組聲母字爲切上字的門法。見組聲母與四等韻中任一韻相拼，所切音都讀見組聲母，爲音和切。但在内外轉、偈狹、廣通韻攝中，被切字音與反切下字四等有別，因此，牙音聲母切字門所涉及的門法有一般『音和』，以及『内外』『偈狹』『廣通』等音和的特殊形式。

①音和

歌訣：『**切時若用見溪群，精一迎來一自臻。**』釋義：『用歸見溪群疑中字爲切，將精清從心邪兩等中弟一字爲韻，即切本母下弟一字，爲音和，如古三切甘是也。』

即以見組字爲反切上字，精組一等字爲反切下字，被切字讀見組一等字音。被切字與反切上字聲母相同，與反切下字四等一致。

②内外

歌訣：『**照類兩中一作韻，内三外二自名分。**』釋義：『用歸見溪群疑中字爲切，將審穿禪床照兩等中弟一字爲韻，若外轉字，切弟二，如居梢切交。如内轉字爲韻，切弟三，如去愁切惆。』

即見組聲母字爲反切上字，照組二等字爲反切下字，外轉韻攝中被切字讀見組二等，内轉韻攝中被切字讀見組三等。

見組聲母與照組二等相拼，内轉韻中被切字之所以讀三等，是因爲内轉韻攝見組聲母無二等韻。《四聲等字》『辨内外轉例』所歸納的『内外轉』的區别就是：『内轉者，脣舌牙喉四音更無第二等字，唯齒音方具足；外轉者，五音四等都具足。』《經史正音切韻指南》則以『十三内外』門的形式歸納了牙音等聲母字做反切上字時，内外轉中不同的拼讀特點：『内外門者，謂脣牙喉舌來日下爲切，韻逢照一，内轉切三，外轉切二。』

③ 廣通

歌訣：**『齒中十字俱明二，韻下舒寬順四親。』**釋義：『用見溪群疑中字爲切，將審穿禪床照兩等中第二字爲韻……若遇廣通，即切弟四，如居正切勁也』，『用歸見溪群疑中字爲切，將精清從心邪兩等中弟二字爲韻，即切本母下弟四字，如傾雪缺』。『舒寬者，廣通也；順四親者，切得弟四字，爲音和也。』

即見組聲母字爲反切上字，照組三等字、精組四等字爲反切下字，廣通韻攝中，被切字讀見組四等。

④ 侷狹

歌訣：**『如所引文聲下促，弟三切出即爲真。』**釋義：『用歸見溪群疑中字爲切，將精清從心邪兩等中弟二字爲韻……若遇侷狹，即切弟三字，如居悚栱』『用見溪群疑中字爲切，將審穿禪床照兩等中第二字爲韻，即切本母下第三字，如驅主齲」，「（聲下促）是偈狹韻也，切得弟三字，爲音和是也。」

即以見組聲母字爲反切上字，精組四等字、照組三等字（俱爲兩等中第二）爲反切下字，偈狹韻攝內，被切字讀見組三等。

《解釋歌義》已明確區分了廣通、偈狹韻，歌訣將「廣通」稱爲「韻下舒寬」，將「偈狹」稱爲「聲下促」。雖然没有明確指出「廣通」「偈狹」韻所包括的範圍，但從「釋義」論述中可以發現，「廣通」「偈狹」的區分非常明確，乃至「偈」韻與「狹」的區分也非常明確，見「脣音切字門」。

《四聲等子》「辨廣通偈狹例」將通廣、偈狹的定義進行了説明，將通廣、偈狹韻進行了明確的分類，並歸納了通廣、偈狹切字門法：「廣通者，第三等字通及第四等字。偈狹者，第四等字少，第三等字多也。凡脣牙喉下爲切，韻逢支、脂、真、諄、仙、祭、清、宵八韻，及韻逢來、日、知、照、正齒第三等，並依通廣門法，於第四等本母下求之」，「韻逢東、鍾、陽、漁、蒸、尤、鹽、侵，韻逢影、喻及齒頭精等四爲韻，並依偈狹門法，於本母下三等求之。」

《四聲等子》「辨廣通偈狹例」中所論述的反切上字爲牙音見組字，反切下字爲照組三等、精組四等字，被切字在廣通、偈狹韻攝内分别讀見組四等、三等的切字門法説明，與《解釋歌義》完全一致。

《經史正音切韻指南》則將廣通、偈狹獨立爲「通廣」「偈狹」兩種門法，並區分了通、廣，偈、狹所包含的韻。『十一通廣』門指出：『通廣者，謂「脣牙喉下字爲切，以脂韻真諄是名通，仙祭清宵號廣門，韻逢來日知照三，通廣門中四四上存」。所謂通廣者，以其第三通及第四等也，故曰通廣。』『十二偈狹門』指出：『偈狹門者，亦謂脣牙喉下爲切，韻逢「東鍾陽魚蒸爲偈，尤鹽侵麻狹中依，韻逢精等喻下四，偈狹三上莫生疑」。所謂偈狹者，爲第四等字少，第三等字多，故曰偈狹。』

《解釋歌義》牙音切字門所涉及的門法内容列表歸納如下：

表三　《解釋歌義》牙音切字門法内容

切	韻	音	門法	歌訣
見組	精組一等	見組一等	音和	切時若用見溪群，精一迎來一自臻。
	照組二等（兩中一）	外轉：見組二等	内外轉音和	照類兩中一作韻，内三外二自名分。
		内轉：見組三等		
	照組三等（兩中二）	偈狹：見組三等	偈狹音和	齒中十字俱明二，韻下舒寬順四親。如所引文聲下促，第三切出即爲真。
		廣通：見組四等	廣通音和	
	精組四等（兩中二）	廣通：見組四等	廣通音和	
		偈狹：見組三等	偈狹音和	

（二）《解釋歌義》牙音切字門與《經史正音切韻指南》『玄關歌訣』『牙音』内容的比較

《經史正音切韻指南》『玄關歌訣』『牙音』部分，所歸納的見組聲母門法歌訣及其内容與《解釋歌義》大體相同。不同點在反切下字的内容有所擴展。其歌訣爲：

切時若用見溪群，四等音和隨韻臻。

照類兩中一作韻，内三外二自名分。

精雙喻四爲其法，偏狹須歸三上親。**（如所引文聲下促，弟三切出即爲真）**

來日舌三並照二，廣通必取四爲真。**（齒中十字俱明二，韻下舒寬順四親）**

其中前四句有三句與王忍公歌訣完全相同。偏狹反切下字增加了喻四，廣通反切下字增加了來日和知組三等，其他内容與《解釋歌義》完全一致。《解釋歌義》『歌訣』將精組四等、精組三等以廣通、偏狹分爲兩類，廣通切四等，偏狹切三等；『釋義』則突出精組四等偏狹切三等，照組三等廣通切三等，與『玄關歌訣』内容一致。

四、齒音切字第十門（齒頭音）

第三切出即爲真　義曰得第
三字爲音和是也
齒音切字第十門
此明齒音凡於有二音齒頭正
齒先明齒者頭第十者以次於
前篇也　頌曰
頭將四內一爲數　義曰頭者是

齒頭五母爲切也四者四等一者第
第一也如用歸精清從心邪中字
爲切將四等中第一字爲韵即切本
母下第一字爲音和如借官切鑽
故曰定向兩中一上認也此言總上義也
四相違差可呼　　義曰四者四等二者
第二也相違者互用也如用歸精清從

心邪中字爲切將四寸中第二字
爲數即切照等中字爲互用
如昨闕慮是也　四三四四二名振
義曰四者四呈寸也三者第三又四者亦
是四寸也又四者弟四也二者切得
第二字爲音和也如用歸精清
從心邪中字爲切將四寸中第二

三字字如捐居胥月第四字為
數息絹即選切本母下第二字
為音和也　正音兩互還為切
義曰正音者正齒音也兩者首兩等也
一者第一也互切者互用也如用歸一
精清從心邪中字為切將審
穿禪床照兩等中第一字為

歎即切照寸中爲互用如子監覽兩二二來玄必順　義曰兩者兩寸也二者第二又二者切得第一爲和音也又如用精清從心邪中字爲切將照穿床審禪兩寸中第二字爲歎即切本母下第二字爲音日和知疾之切慇是也　互用皆憑歎次看

義曰此互用即著有於數照等第一四等第二字為數俱成互用也

已前得悞須歸信　義曰已者止也已止於前章悞者性悞也前章已得性悞人皆歸於有信也　又頌曰

精清從類自為親　義曰此明

齒頭五母為切交互為類故曰自為親也　在處應知別立身義曰昔日古師混為四等智當今分為兩等故曰別立身也

長子是居高位主　義曰長子者是齒頭第一為切第一為類第一為多如用歸精清從心邪兩

等中第一字爲欵將精清從心邪
兩忖中第一字交互爲欵即切精
清從心邪兩忖中第一字如組尊存
是也　小兒常作下行貫
義曰小兒者第二切第二交互爲欵
第二爲音如閑精清從心邪兩忖
中第二爲切將精清從心邪兩忖

中第二字為數即切本母下第二
字如子仙切煎是也
尊卑品定還依次 義曰尊者
第一卑者第二品者行第也用於齒
頭五母為切為數為第但依次尊
卑次第為準也
相貞形声不辯真 義曰相貞

相似也當家為親交互為類
難辨的真之理也
雖即久來經隔遠義曰雖者假令
之辭也久來遠者齒頭令正齒
相隔也久來作隔遠之親今為
的親之類也

始終元是一家人
義曰始者初也終者久也一家者

俱是齒頭也今各俱兩寸也

正齒音切字例 頌曰

正齒音四一不和平 義曰正齒者正齒音也四者四等也者第一不和平者互用也如用歸審穿禪床照兩寸中第一字爲切將四寸中第一字爲韻即切精等字爲互用也又如用精

此明齒音，凡有①二音：齒頭、正齒。先明齒頭②弟十者，以次於前篇也。

齒頭音切字例③

頌曰：

頭將四内一爲韻

義曰：頭者，是齒頭五母爲切也；四者，四等；一者，弟④一也。如用歸精清從心邪中字爲切，將四等中弟一字爲韻，即切本母下弟一字，爲音和，如借官切鑚。故曰：

定向兩中一上認

此言結上義也。

四二相違無可呼

義曰：四者，四等；二者，弟二也；相違者，互用也。如用歸精清從心邪中字爲切，將四等中弟二字爲韻，即切照等中字，爲互用，如昨閑切戲是也。

① 原文作『凡於有』，『於』字當爲衍文，今删。
② 原文作『齒ᅡ者頭』，『者』字衍文。
③ 原文無，據下文『正齒音切字例』增補。
④ 原文作『ᅡ弟弟』，第一『弟』字衍文。

四三四四二名振

義曰：四者，四等也；三者，弟三；又四者，亦是四等也；又四者，弟四也；二者，切得弟二字爲音和也。如用歸精清從心邪中字爲切，將四等中弟三字①，如相居胥，弟四字爲韻，息絹選，即②切本母下弟二字，爲音和也。

正音兩一還無切

義曰：正音者，正齒音也；兩者，兩等也；一者，弟一也；無切者，互用也。如用歸精清從心邪中字爲切，將審穿禪床照兩等中弟一字爲韻，即切照等中[字]③，爲互用，如子監覽④。

兩二二來言必順

義曰：兩者，兩等也；二者，弟二；又二者，切得弟二，爲音和⑤也。又如用精清從心邪中字爲切，將照穿床審禪兩等中弟二字爲韻，即切本母下弟二字，爲音和，如疾之切慈是也。

---

① 原文作『弟三字字』，後一『字』當爲衍文，今刪。

② 原文作『即√選』，倒文。

③ 原文無『字』。

④ 『子監覽』，覽，《廣韻》子鑒切，《集韻》子鑒切。反切下字『監』是見組二等字，不符合反切下字爲『正音兩一』，即照組二等字的要求。

⑤ 原作『和√音』，倒文。

互用皆憑韻次看

義曰：此互用，即看於韻。照等弟一、四等弟一字爲韻，俱成互用也。

已前得誤須歸信

義曰：已者，止也，已止於前章；誤者，性誤也，前章已得性誤，人皆歸於有信也。

又

頌曰：

精清從類自爲親

義曰：此明齒頭五母爲切，交互爲韻，故曰自爲親也。

在處應知别立身

義曰：昔日古師，混爲四等，智嵩今分爲兩等，故曰别立身也。

長子定居高位主

義曰：長子者，是齒頭弟一爲切，弟一爲韻，弟一爲音。如用歸精清從心邪兩等中弟一字爲切①，將精清從心邪兩等中弟一字交互爲韻，即切精清從心邪兩等中弟一字，如徂尊存是也。

① 「切」字原作「韻」，今改。

小兒常作下行賓

義曰：小兒者，弟二切，弟二交互爲韻，弟二爲音。如用精清從心邪兩等中弟二爲切，將精清從心邪兩等中弟二字爲韻，即切本母下弟二字，如子仙切煎是也。

尊卑品定還依次

義曰：尊者，弟一；卑者，弟二；品者，行弟也。用於齒頭五母爲切、爲韻、爲音，但依次尊卑次弟爲准也。

相鳥形聲不辯真

義曰：相鳥，相似也。當家爲親，交互爲韻，難辯的真之理也。

雖即久來經隔遠

義曰：雖者，假令之辭也；久來遠者，齒頭令正齒相隔也。久來作隔遠之親，今爲的親之類也。

始終元是一家人

義曰：始者，初也；終者，久也；一家者，俱是齒頭也，今各俱兩等也。

正齒音切字例

俱是齒頭也今各俱兩寸也

正齒音切字例　頌曰

正齒四一不和平　義曰正齒者正齒

音也四者四等也一者第一不和平者互

用也如用照審穿禪床照兩寸中

第一字為切將四寸中第一字為韻即

切精等字為互用也又如用精

清審穿禪床照兩等中第二字

爲切將四等中第一字爲韻即切本

毋下字第二爲寄韻士垢切鯫是也

四二兩中一自迎　義曰四者四等也二者

第二也一者第一爲韻也如用歸審、、

穿禪床照兩等中第二字爲韻即

切本毋下第二字爲音和如所葅切是也

四四三憑切道　義曰四者四等也又四者第四也又四者四等也三者第三也如用帰審穿禪床照中字為切將四等中第三字為韻如士尤愁市流詔鄒巢四字為韻如崇玄翔狗山幽搊摻出幽[illegible]俱為憑切也

齒頭兩一又呈声　義曰齒頭者

清從心邪也兩者兩寸也一者第一如
用歸照穿寸中字為切將精清從
心邪兩寸中第一字為數即切精寸中
字為互用也如則滿果是也
兩中二復為濁憑切　　義曰兩者兩
寸也二者二第也如用歸照寸中字
為切將精寸中第二字為數即

為憑切如充自切痓是也

互用幽深以次明　義曰互用者是古類隔也此切幽深智遠以逐數明也

切數兩中一得一　義曰此相正齒五母為數為麥也第一者第一為數第一為麥如用歸正齒第一字為切將照等中字第一字交互為數即切照

寸中第一字如士莊切床是也

切單數二一方成　義曰第三為切第三

為數第一為韻也如鋤針切岑如用

歸照等中第一為韻字切將照等中

第二字交互為數即切照等中第一

字也　切雙數隻還呼一

義曰第二為切第一為數第一為毫

如用照等中第二字為切將照等中第一字交互為韻即切照等中第二字如充山切撣是也

切韻俱雙見二名　義曰第一為切第一為韻第二為彥也如用照等第二字為切將照等第一字交互為韻即切照等第一字如式脂尸昌

垂吹是也　已上照穿床等切

義曰已者止也已止其前章也照

者正齒爲切爲數爲齒也

細分歌頌顯微精　義曰此乘上

句謠結其釋此訟細括得顯明

微妙之理也然緒齒齒淺也

喉音切字第十一門

三

頌曰：

正音四一不和平

義曰：正音者，正齒音也；四者，四等也；一者，弟一；不和平者，互用也。如用歸審穿禪床照兩等中弟一字爲切，將四等中弟一字爲韻，即切精等字，爲互用也。又如用審①穿禪床照兩等中弟二字爲切，將四等中弟一字爲韻，即切本母下弟二字，爲寄韻，士垢切鯫②是也。

四二兩中一自迎

義曰：四者，四等也；二者，弟二也；一者，弟一爲音也。如用歸審穿禪床照兩等中[字

① 原文作「卜精卜清審」，「精、清」爲衍文，今删。

② 「鯫」，《廣韻》有一等「士垢切」，亦有三等「士九切」（韻圖列二等）。此例有可能以「士垢切」取「士九切」之音，但「士」爲照組二等聲母，不符合歌訣與釋義以照組三等字做反切上字的要求，因此此例當爲反切舉例不當。這一反切很可能爲上文釋義所言精照互用門法，即「用歸審穿禪床照兩等中弟一字爲切，將四等中弟一字爲韻，即切精等字，爲互用也」的反切用例。因抄録失誤，作爲了寄韻門法的反切。因抄録錯位，寄韻門法的反切舉例反而落而未録。其反切舉例當如《經史正音切韻指南》「玄關歌訣」齒音所舉「昌來切」「昌紿切茝」，見下文分析。

爲切，將四等中」①弟二字爲韻，即切本母下弟(二)[一]字②，爲音和，如所姦删是也。

四四四三憑切道

義曰：四者，四等也；又四者，弟四也；又四者，四等也；三者，弟三也。如用歸審穿禪床照中字爲切，將四等中弟三字爲韻，如士尤愁、市流切讎，弟四字爲韻，如崇玄切狗③、山幽切犙④、出幽稵⑤，俱爲憑切也。

齒頭兩一又無聲

義曰：齒頭者，[精]⑥清從心邪也；兩者，兩等也；一者，弟一。如用歸照穿等中字爲切，

---

① 原文無[字爲切，將四等中]等字，當爲脱文，今補。

② 當爲『即切本母下第一字』，即照組二等字。這樣方符合歌訣『兩中一自迎』，釋義『一者，第一爲音』的要求。

③ 狗，《廣韻》崇玄切，山攝合口四等先韻字，《韻鏡》《四聲等子》《經史正音切韻指南》《切韻指掌圖》均列二等崇母位。此字當據門法而列。

④ 原文作『摻』，當爲『犙』，『犙』《廣韻》山幽切。

⑤ 『稵』或爲『犨』之訛誤。『稵』《廣韻》《集韻》有子幽切，聲母不符。『犨』《集韻》蚩周切，切下字不符。又，『出幽』或爲衍文，『稵』有補列而删的現象。

⑥ 『精』字原文無。

將精清從心邪兩等中第一字爲韻，即切精等中字，爲互用也，如側溝棸①是也。

兩中二復爲憑切

義曰：兩者，兩等也；二者，弟二②也。如用歸照等中字爲切，將精等中弟二字爲韻，即爲憑切，如充自切痓是也。

互用幽深以次明

義曰：互用者，是古類隔也。此切幽深智遠，以逐韻明也。

切韻兩中一得一

義曰：此明正齒五母爲韻、爲音也。第一者，第一爲韻、第一爲音。如用歸正齒弟一字爲切，將照等中字第一字交互爲韻，即切照等中弟一字，如士莊切床是也。

切單韻二一方成

義曰：弟一爲切，弟二爲韻，弟一爲音也，如鋤針切岑。如用歸照等中弟一字爲③切，將照等中弟二字交互爲韻，即切照等中弟一字也。

---

① 「側溝棸」，反切下字爲見組一等字，不符合反切下字「齒頭兩一」，即精組一等字的要求。棸，《廣韻》直由、除柳二切，《集韻》另有甾尤、士九二切，無一等字音。《廣韻》有「棷」字，子侯切，又側鳩切。「棸」當爲「棷」字。

② 原文作「二√弟」，倒文。

③ 原文作「爲√字」，倒文。

切雙韻隻還呼一

義曰：弟二爲切，弟一爲韻，弟一爲音也。如用照等中弟二字爲切，將照等中弟一字交互爲韻，即切照等中弟(二)[一]字①，如充山切獬是也。

切韻俱雙見二名

義曰：弟二爲切，弟二爲韻，弟二爲音也。如用照等弟二字爲切，將照等弟二字交互爲韻，即切照等二字，如式脂尸、昌垂吹是也。

已上照穿床等切

義曰：已者，止也，已止其前章也；照者，正齒爲切、爲韻、爲音也。

細分歌頌顯微精

義曰：此來上句，證結其釋此訟，細括得顯明微妙之理也。此結齒音終也。

【按】

（一）齒音切字門所涉及的門法内容

---

① 原文爲『即切照等中第二字』，當爲『即切照等中第一字』，方符合歌訣『切雙韻隻還呼一』的要求。『切照等中第二字』，亦與釋文『弟二爲切，弟一爲韻，弟一爲音也』矛盾。《廣韻》『獬』，二等山韻字。

齒音切字門分齒頭、正齒兩部分進行闡述，所涉及的門法有：① 音和，② 交互，③ 振救，④ 互用，⑤ 憑切，⑥ 寄韻

① 音和

齒音切字音和分齒頭音切字音和、正齒音切字音和兩種情況。

Ⅰ 齒頭音切字音和

歌訣：『**頭將四内一爲韻，定向兩中一上認。**』釋義：『用歸精清從心邪中字爲切，將四等中弟一字爲韻，即切本母下弟一字，爲音和，如借官切鑽。』

即精組聲母字爲反切上字，一等韻字爲反切下字，被切字讀精組一等音，爲音和切。

Ⅱ 正齒音切字音和

歌訣：『**四二兩中一自迎。**』釋義：『用歸審穿禪床照兩等中[字爲切，將四等中]弟二字爲韻，即切本母下弟(二)[一]字，爲音和，如所姦删是也。』

即照組聲母字爲反切上字，二等韻字爲反切下字，切照組二等字音，爲音和。

② 交互

交互分齒頭音交互與正齒音交互兩種情況，所謂交互就是齒頭音精組聲母一等或四等字，正齒音照組聲母二、三等字互爲反切上下字的反切。

Ⅰ 齒頭音交互

歌訣：『**精清從類自爲親，在處應知别立身。長子定居高位主，小兒常作下行賓。**』釋義：『用歸精清從心邪兩等中弟一字爲切，將精清從心邪兩等中弟一字交互爲韻，即切精清從心邪兩等中弟一字，如徂尊存是也』『用精清從心邪兩等中弟二爲切，將精清從心邪兩等中弟二字爲韻，即切本母下弟二字，如子仙切煎是也。』

即精組聲母一等字或四等字互爲反切上、下字，仍切精組字，一等切一等，四等切四等。釋義稱之爲『齒頭交互』切。

Ⅱ 正齒音交互

ⅰ 歌訣：『**切韻兩中一得一**。』釋義：『用歸正齒弟一字爲切，將照等中字第一字交互爲韻，即切照等中弟一字，如士莊切床是也。』

ⅱ 歌訣：『**切單韻二一方成**。』釋義：『用歸照等中弟一字爲切，將照等中弟二字交互爲韻，即切照等中弟一字也。』

即照組二等字爲反切上字，照組二、三等字爲反切下字，切照組二等。

ⅲ 歌訣：『**切雙韻隻還呼一**。』釋義：『用照等中弟二字爲切，將照等中弟一字交互爲韻，即切照等中弟(二)[一]字，如充山切獮是也。』

ⅳ 歌訣：『**切韻俱雙見二名**。』釋義：『用照等弟二字爲切，將照等弟二字交互爲韻，即切照等二字，如式脂尸、昌垂吹是也。』

即反切上字爲照組三等字，反切下字爲照組二等字，仍切照組二等；反切下字爲照組三等字，則切照組三等。

以上反切，均爲音和切。反切上、下字均屬於正齒音，被切字亦讀正齒音，故《解釋歌義》稱爲『正齒交互』。『正齒交互』從形式上看是交互，而從反切結果來看，第一、四種情況實際上是一般音和；第二種情況實際上就是《解釋歌義》正齒音憑切的具體表現形式，見下文。只有第三種情況稍特殊。

③ 互用

互用，是指精、照組聲母字互爲反切上字的現象，有兩種情況：

Ⅰ 齒頭音精組聲母字爲反切上字，二等韻字爲反切下字，被切字讀照組二等音。《解釋歌義》從以下兩方面進行了歸納與釋義。

i 歌訣：『**四二相違無可呼**。』釋義：『用歸精清從心邪中字爲切，將四等中弟二字爲韻，即切照等中字，爲互用，如昨閑戲是也。』

即精組字爲反切上字，二等韻字爲反切下字，被切字讀照組二等音，爲精、照互用。

ii 歌訣：『**正音兩一還無切**。』釋義：『用歸精清從心邪中字爲切，將審穿禪床照兩等中弟一字爲韻，即切照等中[字]，爲互用，如子監覽。』

即精組字爲反切上字，照組二等字爲反切下字，被切字讀照組二等，亦爲互用。這實際上是『**四二相違無可呼**』所歸納的精、照互用切的一種具體表現形式而已，更能體現精、照互用的特徵（但舉例不當）。

Ⅱ 正齒音照組聲母字做反切上字，一等韻字做反切下字，被切字讀精組一等，包括兩種情況：

ⅰ 歌訣：『**正音四一不和平**。』釋義：『用歸審穿禪床照兩等中弟一字爲切，將四等中弟一字爲韻，即切精等字，爲互用也。』

這句歌訣有兩層意思，這裏是指正齒音照組聲母二等字做反切上字，一等韻字做反切下字，切精組一等字音，爲照、精互用切。

ⅱ 歌訣：『**齒頭兩一又無聲**。』釋義：『用歸照穿等中字爲切，將精清從心邪兩等中第一字爲韻，即切精等中字，爲互用也，如側溝聚是也。』

即照組聲母字爲反切上字，精組一等字爲反切下字，被切字讀精組一等，同樣爲照、精互用。這實際上是『**正音四一不和平**』照精互用的一種具體表現形式。

『釋義』認爲，精、照互用實際上就是類隔切的一種表現形式。歌訣『**互用幽深以次明**』後，釋義指出：『互用者，是古類隔也。』精、照互用或類隔的條件是『憑韻』，即精組聲母字做反切上字，反切下字爲二等韻字，則切照組二等；照組二等韻字做反切上字，反切下字爲一等韻字，則切精組一等。齒頭音切字歌訣指出『**互用皆憑韻次看，已前得誤須歸信**』，即釋義所言：

『此互用，即看於韻。照等弟一、四等弟二字爲韻，俱成互用也。』《四聲等子》將齒頭、正齒音互切的現象歸納爲『辨類隔切字例』，《經史正音切韻指南》獨立爲『七精照互用』門：『精等字爲切，韻逢諸母第二，只切照一字；照等第一爲切，韻逢諸母第一，却切精一字。故曰精照互用，如士垢切鯫字，則減切斬字之類是也。』反切舉例『士垢切鯫』與《解釋歌義》寄韻門法舉例相同，更説明了《解釋歌義》寄韻門法反切舉例當爲誤抄互用門法反切用例。除此之外，其餘内容與《解釋歌義》完全相同。

④振救

振救也是精組聲母音和切的一種特殊稱謂，歌訣名之爲『振』，包括以下兩種表現形式：

Ⅰ歌訣：**『四三四四二名振。』**釋義：『用歸精清從心邪中字爲切，將四等中弟三字，如相居胥，弟四字爲韻，息絹選，即切本母下弟二字，爲音和也。』即精組聲母字爲反切上字，三、四等韻字爲反切下字，均切精組四等字音。歌訣名『振』，釋義稱之爲音和。

Ⅱ歌訣：『（正音）**兩二二來言必順。**』釋義：『用精清從心邪中字爲切，將照穿床審禪兩等中弟二字爲韻，即切本母下弟二字，爲音和，如疾之切慈是也。』

這實際上是將振救門中，照組三等字做反切下字的情況單獨進行説明。精組字爲反切上字，照組三等字（按：兩二，照組聲母兩等中第二類，即照組三等，也就是四三）爲反切下字，被切字讀精組四等（按：二，即精組聲母第二類）。與上文振救歌訣『**四三四四二名振**』所概括的內容一致。

振救門是齒頭音精組聲母做反切上字時的一種門法，當反切下字爲三、四等韻時，被切字音均讀精組四等。其中反切下字爲四等韻字，被切字讀精組四等，是普通音和切，所以《四聲等子》『辨振救門』只將反切下字爲三等韻字，被切字音讀精組四等的現象稱爲『振救』：『精等五母下爲切，韻逢諸母第三，並切第四，是名振救門法例。』

《經史正音切韻指南》『五振救』門內容與《四聲等子》一致：『振救者，謂不問輕重等第，但是精等字爲切，韻逢諸母第三，並切第四，是振救門。』

⑤ 憑切

憑切是照組聲母字爲反切上字時出現的特殊反切現象，正齒音照組聲母憑切亦有兩種表現：

Ⅰ 歌訣：『**四四四三憑切道。**』釋義：『用歸審穿禪床照中字爲切，將四等中弟三字爲韻，如士尤愁、市流切讎，弟四字爲韻，如崇玄切狗、山幽切（摻）［犙］、出幽樕，俱爲憑切也。』

即照組聲母字爲反切上字，三、四等韻字爲反切下字，被切字音根據反切上字決定。即反切上字爲照組二等字，被切字讀照組二等，即照二憑切；反切上字爲照組三等字，被切字讀照組三等，即照三憑切。

Ⅱ歌訣：『**兩中二復爲憑切**。』釋義：『用歸照等中字爲切，將精等中弟二字爲韻，即爲憑切，如充自切痓是也。』

即照組聲母字爲反切上字，精組四等字爲反切下字，被切字根據反切上字決定。反切上字爲照組二等字，被切字讀照組二等；反切上字爲照組三等字，被切字讀照組三等。這實際上是『**四四四三憑切道**』的具體表現形式之一。

正齒音憑切門法在《守温韻學殘卷》中就有比較詳細的説明和論述，這也反映了古人以三十二聲母系統或三十六字母系統去分析《切韻》系韻書語音系統時，已經非常明確地認識到了正齒音分爲對立的兩組聲母。也透露了三十二聲母系統或三十六字母系統的産生雖有一定的實際語音的依據，但並不是分析《切韻》系韻書聲母系統得出的結果。憑切門是對《切韻》系韻書正齒音兩組聲母對立的認識，與對反切拼讀的合理運用。從内容上看，《解釋歌義》正齒音憑切與《守温韻學殘卷》所述『憑切』相同，包括照二憑切與照三憑切。

《四聲等字》『辨正音憑切、寄韻門法例』，《經史正音切韻指南》『六正音憑切』對『正音憑切門』内容的説明，與《解釋歌義》『憑切』具有細微的差別。《四聲等字》『正音憑切寄』内容爲：『照等五母下爲切，切逢第二，韻逢二、三、四，並切第二，名正音憑切門。』《經史正音切韻指南》『六正音憑切』的内容爲：『照等第一爲切，韻逢諸母三四，並切照一，爲正齒音中憑切也。』

從門法切上字來看，《四聲等子》與《經史正音切韻指南》『正音憑切』均只包括《解釋歌義》

的照二憑切，不含照三憑切。從反切下字來看，《四聲等子》包括下字爲二、三、四等韻的情況，《解釋歌義》和《經史正音切韻指南》均只包括反切下字爲三、四等韻字的情況。反切下字爲二等韻的情況，實際上是一般的音和切，即『歌括』『**四二兩中一自迎**』。

⑥ 寄韻

『寄韻』也是反切上字爲照組聲母字的一種特殊反切現象。歌訣：『**正音四一不和平**。』釋義：『用審穿禪床照兩等中弟二字爲切，將四等中弟一字爲韻，即切本母下弟二字，爲寄韻，士垢切鯫是也。』這是歌訣『**正音四一不和平**』的第二層含義。

不過，釋義舉例不當，『鯫』字，《廣韻》有一等『士垢切』，亦有三等『士九切』（韻圖列二等），分別讀從母一等與床母二等（正音第一）。釋義明白指出『寄』韻的前提是『用審穿禪床照兩等中弟二字爲切』，即以照組三等字做反切上字，『士』是照組二等字，不符合反切上字爲『本母下第二字』，即照組三等字的要求。『鯫』只有照組二等讀音，沒有照組三等讀音，不符合被切字爲『本母下第二字』的要求。『士垢切鯫』屬於照精互用反切，與『**正音四一不和平**』第一層的含義沒有區別。

根據《解釋歌義》釋義的特點，每一門法都會列舉相應的反切對門法內容進行説明。歌訣『**正音四一不和平**』包含精照互用和寄韻兩種門法，釋義也從兩方面進行了解釋，但『精照互用』沒有反切舉例；『寄韻』門法舉了不符合門法內容的『士垢切鯫』。因此，『士垢切鯫』當爲抄録錯位，當移至『正音四一不和平』第一種情況，即『精照互用門法』後，作爲其反切舉例。因爲反切舉例的抄録錯位，《解釋歌義》『寄韻』門法没有舉例，根據門法要求，當如《經史正音切韻指南》等，以『昌來犆』『昌紿茝』等作爲法切用例。

以上《解釋歌義》『憑切』『寄韻』都是有關正齒音照組聲母字爲反切上字的情況，《四聲等子》同歸納爲『辨正音憑切、寄韻門法例』，除包含了喻母、日母爲反切上字的憑切、寄韻門法外，與《解釋歌義》還是有一定的區別：『照等五母下爲切，切逢第二，韻逢二、三、四，並切第二，名正音憑切。切逢第一，韻逢第二，只切第一，名互用門憑切。切逢第三，韻逢一、三、四，並切第三，是寄韻憑切門。』

《四聲等子》『辨正音憑切寄韻門法例』實際上包含了《解釋歌義》的三種門法：（一）照二憑切（正音憑切），（二）精照互用（互用門憑切），（三）照三憑切、寄韻（寄韻憑切門）。《四聲等子》將齒頭、正齒互用歸入了『類隔門』，但没有具體舉例，這裏又歸入『辨正音憑切寄韻門法例』中的『互用門憑切』，但又没有完整概括精、照互用的情況。

《經史正音切韻指南》有『六正音憑切』門與『八寄韻憑切』門。『六正音憑切』門内容爲：『照第一爲切，韻逢諸母三四，並切照一，爲正齒音中憑切也，故曰正音憑切。』『八寄韻憑切』門内容爲：『照等第二爲切，韻逢一四，並切照二。言雖寄於別韻，只憑爲切之等也。故曰寄韻憑切。如昌來切犆字，昌紿切茝字之類是也。』

與《四聲等子》一樣,《經史正音切韻指南》『正音憑切』不包括反切上字爲照組三等的情況,將照三憑切歸入『寄韻憑切』。《經史正音切韻指南》『寄韻憑切』實際上包括了《解釋歌義》的照三憑切與寄韻,但與《四聲等子》不同,不包括反切下字爲三等韻的情況。從舉例來看,《經史正音切韻指南》『寄韻憑切』没有舉切下字爲四等的情況,切下字爲一等的例子都是《廣韻》『咍』韻系兩個特殊反切,與《解釋歌義》『正音四一不和平』釋義的第二層含義『寄韻』門法内容一致,即照組三等字爲反切上字,一等韻字爲反切下字,被切字讀照組三等音的情況。

上文指出,《解釋歌義》寄韻所舉反切『士垢切鯫』顯然並不符合釋義的内容,當屬於《解釋歌義》精照互用門法反切用例。《經史正音切韻指南》『士垢切鯫』就是作爲『七精照互用』門的反切舉例。

根據以上分析,以表格的方式,將《解釋歌義》齒音切字門所涉及的門法内容歸納如下:

表四 《解釋歌義》齒音切字門法內容

	切	韻	音	門法	歌訣
齒頭	精組	一等	精組一等	音和	頭將四內一爲韻，定向兩中一上認
	精組	二等	照組二等	互用	四二相違無可呼
	精組	三、四等	精組四等	振救音和	四三四四二名振
	精組	照組二等	照組二等	互用	正音兩一還無切
	精組	照組三等	精組四聲	音和	兩二二來言必順
	精組一等	精組一等	精組一等	交互	長子定居高位主
	精組四等	精組四等	精組四等		小兒常作下行賓
正齒	照組二等	一等	精組一等	互用	正音四一不和平
	照組三等		照組三等	寄韻	
	照組	二等	照組二等	音和	四二兩中一自迎
	照組二等	四等、三等	照組二等	憑切	四四四三憑切道
	照組三等		照組三等		

續表

切	韻	音	門法	歌訣
照組二等	精組一等	精組第一	互用	齒頭兩一又無聲
照組二等	精組四等	照組二等	憑切	兩中二復爲憑切
照組三等		照組三等		
照組二等	照組二等	照組二等	交互	切韻兩中一得一
照組二等	照組三等	照組二等		切單韻二一方成
照組三等	照組二等	照組二等		切雙韻隻還呼一
照組三等	照組三等	照組三等		切韻俱雙見二名

（二）《解釋歌義》齒音切字門法與《經史正音切韻指南》『玄關歌訣』『齒音』部分歌訣及内容的比較

《經史正音切韻指南》『玄關歌訣』『齒音』部分的内容與《解釋歌義》有很大的一致性，兹引如下（括弧内爲《解釋歌義》對應的門法歌訣）：

精邪若見一爲韻，定向兩中一上認（**頭將四内一爲韻，定向兩中一上認**）。

四二相違互用呼（**四二相違無可呼**），四三還歸四名振（**四三四四二名振**）。
照初却見四中一，互用還歸精一順（**正音四一不和平**）。
逢三遇四盡歸初，正音憑切成規訓（**四四四三憑切道**）。
照二若逢一、四中，只從寄韻三中論（**正音四一不和平/四四四三憑切道**）。
切三韻二不離初（**切雙韻隻還呼一**），精照昭然真可信。

《經史正音切韻指南》『玄關歌訣』『齒音』的内容與『門法玉鑰匙』的相關門法内容亦完全一致。將憑切局限在反切上字爲照組二等，反切下字爲三、四等韻，被切字讀照組二等的情況。而《解釋歌義》憑切是指反切上字爲照組聲母，反切下字爲三、四等字的情況下，被切字根據反切上字決定，照組二等切照組二等，照組三等切照組三等。顯然，《解釋歌義》的『憑切』更符合概念的内涵。而《經史正音切韻指南》『門法玉鑰匙』門法及『玄關歌訣』均將反切上字爲照組三等、反切下字爲四等，所切字讀照組三等的情況歸入『寄韻』或『寄韻憑切』門。

從歌訣内容來看，《經史正音切韻指南》『玄關歌訣』齒音部分的内容，與《解釋歌義》齒音切字門部分的歌訣大同小異，這也進一步説明『玄關歌訣』當與《切韻指玄論》有很大的承襲關係。

五、喉音切字弟十一門

垂吹是也　　巳上照穿床等切

義曰巳者指也巳指其前章也照

者正齒為切為數為商也

细分歌頌顯微精　義曰此業上

句謠結其釋此訟細括得顯明

微妙之理也此結齒商深ゝ也

喉音切字弟十一門

三

隃前切四中上得一　義曰隃前者曉匣影
隃前四字母爲切也四者四等也一者第一
也又一者第一爲韻如用曉匣影隃前四
母爲切也四者四等一者第一也又一者
行
第一爲音如用曉匣影隃前中字爲
切將四等中第一字爲韻即切奉盃
下第一字爲妻和如與改顛是也

四雙隨數必無失　義曰四者四等

也雙者第二隨數者切得第二也

如用曉匣影喻中字為切將四等中

第二字為韻即切第二字為韻　王藏君

第三四遇四中三　義曰三四者第三第

四為切四者四等三者第三如用曉匣

影喻母中第三第四為切將四等

中第三字爲敎，即爲憑切，如廉
余鹽與久酉余救幼余宍育余兩
養良已此五對改曰憑切自然分體質
已此句結上文也　切敎四時見四名
義曰切与敎多俱爲第四也如角曉
匣影喻前中第四字爲切將四等中
第四字爲敎即切第四爲和多

如余頌切營是也
齒頭兩寸得四一　義曰齒頭者
精清從心邪也兩者兩寸弟一弟二
也四一者弟四爲音也如用端曉匣
影喻中字爲切將精寸中弟爲
韻切得弟一字如夷在切佁如弟二
爲韻切得弟四如以淺演俱爲

音和也　又將喻内四三切

義曰用喻等第三第四字爲切也

正齒爲享乎理實貝　義曰正齒爲類也

兩一之中外轉雙　義曰兩者兩寸也

一者第一如用曉匣影喻中字爲

切將審穿禪床照兩寸中第一外

轉爲類即切第二字如于小切

許若是內轉字爲數即切第
三字如王鉏于故曰若逢內轉
三等窒也已此一句結上義也
照中二數切還憑、　義曰照者照
穿床審禪二者第二也如用前寸
中字爲切將照寸第二字爲數
即切爲憑切音與切平曰憑切如

遂支為文恍吹蓨是也
自古難明今義、出　義曰自古者
即先師也不曉曰難明也指玄曰
今詳論義、曰自唐已來未見
其義所出斯論其哉美矣
已上明喉音中歸踰字為切也實
謂理通玄奧妙絕古今自來

諸師未見所以今明此例冀後進
者知的當塵毛規之不繆矣因詳
上義復頌七言
喻影穿床與照邪　義曰曉匣影
喻前為切齒音十字為數也
古來學者昧根牙　義曰古者言
上代先師也昧者懞昧之理也言

喻切四中一得一

義曰：喻者，曉匣影喻四字母爲切也；四者，四等也；一者，弟一也；又一者，弟一爲音。如用曉匣影喻四母爲切也。四者，四等；一者，弟一也；又一者，弟一爲音。如用曉匣影喻中字爲切①，將四等中弟一字爲韻，即切本母下弟一字，爲音和。如與改腴是也。

四雙隨韻必無失

義曰：四者，四等也；雙者，弟二；隨韻者，切得第二也。如用曉匣影喻中字爲切，將四等中弟二字爲韻，即切弟二字，爲音和也，王咸碞②。

弟三四遇四中三

義曰：三四者，弟三、弟四爲切；四者，四等；三者，弟三。如用曉匣影喻母中弟三、弟四

---

① 「也。四者，四等；一者，弟一也；又一者，弟一爲音。如用曉匣影喻中字爲切」，當爲衍文。

② 「王咸碞」，反切下字「咸」，二等字，被切字「碞」亦爲二等字，符合釋義所言「四等中弟二字爲韻，即切弟二字」的要求。但反切上字「王」爲喻母三等字，被切字「碞」爲疑母字。碞，《廣韻》五咸切。原文「王咸切」爲增補內容，當爲抄録時所補，聶鴻音、孫伯君均直接轉寫爲「五咸碞」，或認爲「王」爲「五」之訛誤。但「五」爲疑母，同樣不符合「用曉匣影喻中字爲切」的要求。

爲切，將四等中第三字爲韻，即爲憑切。如余廉①塩、與久酉、余救幼②、余六育、余兩養。已此五對，故曰：

憑切自然分體質

已此句結上文也。

切韻四時見四名

義曰：切與韻、音俱爲弟四也。如用曉匣影喻中弟四字爲切，將四等中弟四字爲韻，即切弟四，爲和√音，如余傾切營是也。

齒頭兩等得四一

義曰：齒頭者，精清從心邪也；兩者，兩等，弟一、弟二也；四一者，弟［一］四爲音③也。如用歸曉匣影喻中字爲切，將精等中弟一爲韻，切得弟一字，如夷在切佁；如弟二爲韻，切得弟四，如以淺演，俱爲音和也。

又將喻内四三切

---

① 原文作「廉√余」，倒文。

② 余救幼，「余」爲喻母四等字，「救」爲宥韻字。幼，《廣韻》《集韻》俱「伊謬切」，幼韻影母字。

③ 根據歌訣與釋義舉例，當爲「弟一四爲音」，原文脱「一」字。

義曰：用喻等弟三、弟四字爲切也。

正齒爲音取理實

義曰：正齒爲韻也。

兩一之中外轉雙

義曰：兩者，兩等也；一者，弟一。如用曉匣影喻中字爲切，將審穿禪床照兩等中弟一外轉爲韻，即切弟二字，如于山切訮①。若是内轉字爲韻，即切弟三字，如王鉏于②。故曰：

若逢内轉三無窒也。

已此一句結上義也。

照中二韻切還憑

---

① 于山切訮，反切上字「于」，喻母三等字；「山」照組二等字，「訮」，山攝二等字，符合釋義所言「曉匣影喻中字爲切，將審穿禪床照兩等中弟一外轉爲韻，即切弟二字」的要求。但「訮」《廣韻》「五閑切」，牙音疑母字，與反切上字「于」聲母不同，不符合喉音切字門例上字爲喉音的要求。

② 王鉏于，反切上字「王」爲喉音喻母三等字，「鉏」爲内轉遇攝照組二等字，被切字「于」爲喉音喻母三等字，符合釋義所言「用曉匣影喻中字爲切，將審穿禪床照兩等中弟一……内轉字爲韻，即切弟三字」的要求。不過反切下字「鉏」爲遇攝三等魚韻字，被切字「于」爲遇攝三等虞韻字，被切字與反切下字音韻來源有别。于，《廣韻》「羽俱切」。

義曰：照者，照穿床審禪；二者，弟二也。如用喻等中字爲切，將照等弟二字爲韻，即切爲憑切，音与切平曰憑切。如蘧支爲，又悦吹蒨是也。

自古難明今義出

義曰：自古者，即先師也；不曉，曰難明也。《指玄》曰：『今評論曰義①。』自唐已來，未見其義所出。斯論其美矣哉②。

已上明喉音中歸喻字爲切也，實謂理通玄奥，妙絶古今，自來諸師，未見所出。今明此例，冀後進者，知的當塵毛現之不謬也。因評上義，復頌七言。

（下文略，見『附：《解釋歌義》喉音評義及七言頌』）

【按】

（一）喉音切字門所涉及的門法内容

喉音包括曉匣影喻四母，但《解釋歌義》喉音切字門實際上討論的主要是喻母爲反切上字的情况。以上所引釋義最後一段也明確指出：『已上明喉音中歸喻字爲切也，實謂理通玄奥，

① 原文爲『義∨曰』，倒文。
② 原文爲『哉美矣』，當爲『美矣哉』。

妙絶古今，自來諸師，未見所出。今明此例，冀後進者，知的當塵毛現之不謬也。」歌訣釋義中雖將曉匣影與喻母相提並論，但舉例均爲喻母，所涉及的門法有音和、憑切、内外三種。

Ⅰ音和

ⅰ歌訣：『**喻切四中一得一，四雙隨韻必無失。**』釋義：『用曉匣影喻四母爲切，將四等中弟一字爲韻，即切本母下弟一字，爲音和。如與改腴是也』，『用曉匣影喻中字爲切，將四等中弟二字爲韻，即切弟二字，爲音和也，王咸碞。』

即喉音曉組聲母字（實只指喻母，下同）爲反切上字，一、二等韻字爲反切下字，分別切曉組聲一、二等字音，爲音和。

ⅱ歌訣：『**切韻四時見四名，齒頭兩等得四一。**』釋義：『用曉匣影喻中弟四字爲切，將四等中弟四字爲韻，即切第四，爲音和，如余傾切營是也』『用歸曉匣影喻中字爲切，將精等中弟一爲韻，切得弟一字，如夷在切佁；如弟二爲韻，切得弟四，如以淺演，俱爲音和也。』

即喉音（喻母）四等做反切上字，四等韻字做反切下字，被切字讀喉音（喻母）四等；喉音（喻母）字做反切上字，精組一、四等字做反切下字，被切字分別讀喉音一、四等。以上均爲音和切。精組一、四等字做反切下字，實際上是前一種音和切的具體表現形式。

Ⅱ憑切

喻母憑切在《解釋歌義》裏分兩種情況進行了論述：

i 歌訣：『**弟三四遇四中三，憑切自然分體質。**』釋義：『用曉匣影喻母中弟三、弟四爲切，將四等中弟三字爲韻，即爲憑切。如余廉塩、與久酉、余救幼、余六育、余兩養。』

即喉音（喻母）三、四等字爲反切上字，三等韻字爲反切下字，被切字讀音根據反切上字決定。如反切上字爲喻母四等，被切字亦讀喻母四等，稱爲憑切。從所舉五例來看，反切上字『與』『餘』均爲喻母四等字，反切下字『廉』『久』『救』『六』『兩』均爲三等韻字，被切字『塩』『酉』『幼』『育』『養』均爲喻母四等字。由釋義舉例可知，□髓將喉音憑切局限在了喻母四等做反切上字，三等韻做反切下字，所切音依據反切上字切喻母四等的現象。不過從歌訣『**弟三四遇四中三，憑切自然分體質**』來看，喻母憑切應當指喻母三、四等字做反切上字，與三等韻相拼的時候，被切字當依據反切上字，分別讀喻母三、四等的情況。這樣就與下文『**照中二韻切還憑**』所舉例一致了。

ii 歌訣：『**照中二韻切還憑。**』釋義：『用喻等中字爲切，將照等弟二字爲韻，即切爲憑切，音与切平曰憑切。如薳支爲，又悦吹蘤是也。』

即喻母字爲反切上字，照組三等字爲反切下字，被切字讀音根據反切上字決定，反切上字爲喻母三等，被切字讀喻母三等音，如『薳支切爲』；反切上字爲喻母四等，被切字讀喻母四等音，如『悦吹切蘤』。這兩種情況均稱爲憑切，憑切就是被切字讀音與反切上字的聲母、四等一致，即『音與切平』。

與上一喻母憑切的釋義不同，後一憑切的釋義區分了反切上字爲喻母三、四等的情況，被切字依據反切上字，分別讀喻母三、四等音。因爲喻母三等與三等韻（含照組三等）相拼，被切字仍讀喻母三等，屬於普通的音和切。所以，《解釋歌義》中喻母憑切一般指喻母四等字爲反切下字，三等韻字爲反切下字，被切字讀喻母四等音的現象。

《四聲等子》將喻母憑切的現象納入『辨正音憑切寄韻門法例』，即『單喻母下爲切，切逢第四，韻逢第三，並切第四，是喻下憑切門。』這一門法無疑與《解釋歌義》喉音喻母憑切第一種釋義情況是一致的。《經史正音切韻指南》『九喻下憑切』門則與《解釋歌義》喻母憑切門的第二種釋義情況類似，其解釋爲：『喻下憑切者，謂單喻母下三等爲覆，四等爲仰。仰覆之間，只憑爲切之等也，故曰喻下憑切。如餘招切遥字，于筆切颶字之類是也。』同時把喻下憑切分爲了兩種：反切上字爲喻母三等的憑切，稱爲喻三覆憑切，反切上字爲喻母四等的憑切，稱爲喻四仰憑切。

Ⅲ内外轉

歌訣：**『又將喻内四三切，正齒爲音取理實。兩一之中外轉雙，若逢内轉三無窒。』**釋義：『用喻等弟三、弟四字爲切……審穿禪床照兩等中弟一外轉爲韻，即切弟二字，如于山切訮。若是内轉字爲韻，即切弟三字，如王鉏于。』

即喻母三、四等字爲反切上字，照組二等韻字做反切下字，如反切下字爲外轉韻字，切二等字；如反切下字爲內轉韻字，切三等字。

喉音內外門當不限於喻母，應該還包括曉、匣、影母。《四聲等子》『辨內外轉例』《經史正音切韻指南》『十三內外』門，將喉音與脣舌牙音一起歸入內外門法。

《解釋歌義》喉音切字門法列表歸納如下：

表五 《解釋歌義》喉音切字門所涉及的門法內容

切	韻	音	門法	歌訣
喻	一等韻	一等韻	音和	喻切四中一得一
喻	二等韻	二等韻	音和	四雙隨韻必無失
喻四	四等韻	喻四	音和	切韻四時見四名
喻	精組一、四等	一、四等	音和	齒頭兩等得四一
喻三	三等韻	喻三	憑切	第三四遇四中三
喻四		喻四		憑切自然分體質
喻三	照組三等	喻三	憑切	照中二韻切還憑
喻四		喻四		

續表

切	韻	音	門法	歌訣
喻三、喻四	照組二等	二等	外轉	又將喻内四三切，正齒爲音取理實。兩一之中外轉雙，若逢内轉三無窒。
		三等	内轉	

（二）《解釋歌義》喉音切字門法與《經史正音切韻指南》『玄關歌訣』『喉音』切字内容的比較

《經史正音切韻指南》『玄關歌訣』『喉音』切字包括曉、匣、影、喻四母，除音和門、憑切門外，還有通廣、侷狹門。將《經史正音切韻指南》『玄關歌訣』『喉音』部分引述如下：

曉喻四音隨韻至，法同見等不差參。
韻三來日連知照，通廣門中四上擔。
精喻四時何以辨，當於侷狹第三函。
如逢照一言三二（兩一之中外轉雙，若逢内轉三無窒），喻母復從三四談。
若逢仰覆但憑切（弟三四遇四中三，憑切自然分體質），玄論分明有指南。

『玄關歌訣』『韻三來日連知照，通廣門中四上擔』，是指喉音聲母字做反切上字，來自通廣韻攝的來、日、知組、照組三等字做反切下字，被切字讀喉音四等韻的現象。《解釋歌義》喉音切字門没有提到通廣侷狹門中，喉音聲母的切字情況。這是因爲通廣門主要是針對《廣韻》重紐字而提出的切字門法。早期《廣韻》系韻圖中，重紐脣牙喉音字分别列三四等，其中列四等的重紐字，《廣韻》多以舌齒音字做反切下字。因此，重紐韻中，喉音字做反切上字，來、日、知、照等三等舌齒音字做反切下字時，所切字多爲重紐四等字，稱之爲『通廣』。不過，重紐喉音僅包括影、曉、匣母，並不包括喻母。《解釋歌義》喉音切字門實際上主要討論喻母爲反切上字的情況，所以没有提到通廣門。

同樣喻母四等爲反切上字，反切下字爲精組四等字時，無論侷狹、通廣韻攝，均讀喻母四等。而喻母三等做反切上字，精組、喻母四等做反切上字，則屬於憑切的範疇。所以，《解釋歌義》中也没有出現與喻母有關的侷狹門法。『**精喻四時何以辨，當於侷狹第三函**』也僅指影、曉、匣母做反切上字的情況。

附：《解釋歌義》喉音評義及七言頌

一、喉音評義

諸師未見所以今顯此例冀後進
者知的當塵毛規之不謬矣又因評
上義復頌七言
喻影穿床與照邪　義曰曉匣影
喻爲切齒音十字爲數也
古來學者昧根牙　義曰古者言
上代先師也昧者懵昧之理也言

上古先師不達政理也
浮疎豈得超深奧 義曰浮疏
淺智也超者達也為浮疏淺智
之人未達深奧之理也
審諦方能曉互差 義曰審者
詳也諦者第也若審詳第篇方
能曉得互差之理也

憑切定知難作準 義曰不知當
切之理古師難為準定也
見形由自足分拏 義曰見形
謂是切腳之名未曉謂之足拏不
善人聖之義理也
因茲剖析玄微後 義曰因者
親也茲者此也剖謂分析也玄者

奥也微者妙也習義今因此玥
剖分析玄奥微妙之後
虹玉隨珠絕類瑕　義曰似虹蜺
之玉隨侯之珠絕紕類之瑕〻玉之
病也又云隨侯之珠者楚王有
一夜之光ㄥ珠問曰何處得此珠答曰
楚臣隨侯出行見群牧放小

見打一虵傷血流在沙中宛轉命
將欲終隨侯怜之救取向水中
洗以神藥封之得活遂然入水
而去其虵是東海龍王之子後
銜七寸明珠來報与隨侯為恩侯
夜庭中忽有見光明謂言曰有
賊將火入來侯乃按劍向門而

立久之不見人乃开戶看之有一
虵子銜珠在戶外侯問是何虵
子銜珠在外戶其時吐珠在地口
作人言答曰我是海龍王之子變
作虵身来向草中遊戲遇逢
放牛小兒妄知打我損傷出血在
地中命將欲死蒙先生救命傳

以神藥封之得活故來報恩以明
珠贈与先生侯得珠將進上楚
王〻夜中安於殿上見光明号為
隨侯之珠也紕纇者喻如錦絲
精絲去除緼袍之知絮也

七言四韻頌曰

切韻名雖自古流　義曰切韻者

喻影穿床與照邪

義曰：曉匣影喻爲切，齒音十字爲韻也。

古來學者昧根牙

義曰：古者，言上代先師也；昧者，懞昧之理也。言上古先師不達政理也。

浮疏豈得超深奧

義曰：浮疏，淺智也；超者，達也。爲浮疏淺智之人，未達深奥之理也。

審諦方能曉互差

義曰：審者，詳也；諦者，弟也。若審詳弟篇，方能曉得互差之理也。

憑切定知難作準

義曰：不知當切之理，古師難爲準定也。

見形由自足分拏

義曰：見形，謂是切脚之名；未曉，謂之是拏。不善聖人①之義理也。

因兹剖析玄微後

義曰：因者，親也；兹者，此也；剖謂分析也；玄者，奥也；微者，妙也。智公我今因此

---

① 原文作『人』『聖』，倒文。

開剖分析玄奥微妙之後。

虹玉隨珠絶纇瑕

義曰：似虹蜺之玉，隨侯之珠，絶紕纇之瑕。瑕，玉之病也。又云，隨侯之珠者，楚王有一夜光之①珠，問曰：『何處得此珠？』答曰：『楚臣隨侯出行，見群牧放小兒打一虵傷血流，在沙中宛轉，命將欲終。隨侯怜之，救取向水中洗，以神藥封之，得活，遁然入水而去。其虵是東海龍王之子，後銜七寸明珠，來報與隨侯爲恩。侯夜庭中忽見有②光明，謂言曰：「有賊，將火入來！」侯乃按釼向門而立，久之不見人。乃開户看之，有一虵子銜珠在户外。侯問曰：「是何虵子，銜珠在户外③？」其時吐珠在地，口作人言答曰：「我是海龍王之子，變作虵身，來向草中游戲。遇逢放牛小兒，無知打我，損傷出血在地中，命將欲死。蒙先生救命，傅以神藥，封之得活。故來報恩，以明珠贈與先生。」侯得珠，將進上楚王。王夜中安於殿上，見光明，號爲「隨侯之珠」也。』紕纇者，喻如錦綵精絲，去除緼袍之絮也。

---

① 原文作『之√光』，倒文。
② 原文作『有√見』，倒文。
③ 原文作『外√户』，倒文。

二、七言四韻

以神藥封之得活故來報恩以明珠贈與先生侯得珠將進上楚王王夜中安於殿上見光明号為隨侯之珠也紙纇者喻如錦絲精絲去除縕袍之絮也

七言四韻頌曰

切韻名雖自古流　義曰切韻者

飜音之音者，盖以上切下韻合而飜音，因以為飜。回切之與數優劣何分？若切者謂從脣舌牙齒喉五音之上紐弄歸在何音，指定不移，故名為切。雖此能切之切亦從廣狹通侷數上而來，不取義。此要但取五音屬在何音用將爲切敬此二名音數謂要切得同音之字是以先舉 只用五音不求八囀 又云切者親也謂與所切之字同歸一母又是一音故名爲親也數者順也要與陰類相順方有所切之字言類者音聲類等重輕開合之類然此數上亦乃屬於五

音之義今且不取而但隨於廣狹通侷內外之處以明其類蓋緣類是同類之義謂要切得類中同類之義字是以只用廣狹不取五音乃名爲類又云切屬律同母表陰類屬呂同父表陽即是父母陰陽和合之時方有子有所切之字

名雖者假今之辭也自者後也古
者即是上代先師悉公是出家之
人故云公表是釋家迎弟子天竺
四姓出家者皆号釋子謂觀智
公著撰不群故於文求相本中斯讚夫說切
談者自古及今若要指準的定
極甚少矣何故知耳釋曰蓋爲

根器利鈍不同智解有淺深亦
復有異何得同共窺瞻歟目其
中精微暗昧不同却意（顯）智公作精
餘人即昧（歟有斯理）故如上談恳公玄但我多
幸得瞻　琢磨多是錯推求
義曰非今智公搦說據理不應偏讚
奈以切琢研磨多妄推尋由我也

因君指決參差後　義曰智公指決
刊定參差不文且之義也
的當塵毛義始周　義曰此寸義如
塵之微如毛之細方始的准中當而
復周備矣　入數八行王氏括
義曰王氏者其人姓王名氏字忍公
將入声六十四字以攝入声此云六十四字

者但是入声括頭兒實有形者三十五
數四聲重輕攝之為八行共是六十四声
不必一一有字言其數珍寶者假者
不用如世間珍寶甚可仰重故此為
釋庶者衆也異也意云異衆英賢
讚謌無以窮極我今一人歌謡吟詠
豈能盡之矣　　平声六智家收

義曰智公所撰指玄論之圖簡頗然用豁往日迷滯之情而又智家將平聲五十九數皆以重輕四廿列之一十六韻以包括平聲攝之上去二聲真真者韻實真並准此理也

目瞪耳聽歌賢真者　義曰忽公義今眼目觀瞪耳中聽即謌謠

賢者誦習讚念無暇也

學子進無勞未肯休　義曰習

賢公是聖賢達之人由是所集之文

後代英奇之者習學子進趣無

其勞慮率自未肯休息者焉

七言四韻歌奥

四句幽微理未精　義曰句四者四韻

頌曰：

切韻名雖自古流

義曰：切韻者，翻音之音，蓋以上切、下韻，合而翻云，因以爲稱。曰：『切之與韻，優劣何分？』若切者，謂從脣、舌、牙、齒、喉五音之上紐弄，歸在何音，指定不移，故名爲切。雖此能切之切，亦從廣、狹、通、侷韻上而來。不取此義①，而今但取五音屬在何音，用將爲切。故此二名音韻，謂要切得同音之字。是以先舉只用五音，不求八囀。

又云：切者，親也，謂與所切之字同歸一母，又是一音，故名爲親也。韻者，順也，要與陰類相順，方有所切之字。言類者，聲類、等、重輕、開合之類。然此韻上，亦乃屬於五音之義。今且不取，而但隨於廣狹、通侷、内外之處，以明其韻。蓋緣韻是同類之義，謂要切得韻中同類之義字。是以只用廣等，不取五音，乃名爲韻。

又云：切屬律，同母，表陰；韻屬吕，同父，表陽。即是父母陰陽和合之時，方有子，有所切之字。

名雖者，假令之辭也；自者，從也；古者，即是上代先師。忍公是出家之人，故云公，表是釋家迦弟子。天竺四姓，出家者皆號釋子。謂觀智公著撰不群，故於文末因申斯贊。夫説切

① 原文作『義此』，倒文。

韻者，自古及今，若要指準的定，極甚少矣。何故知耳？釋曰：蓋爲根器利鈍不同，智解有淺深，亦復有異，何得同共？窺瞻韻目，其中精微暗昧不同，却意顯智公作精，餘人即昧。既有斯理，故如上談。忍公云：『但我多幸得瞻。』

琢磨多是錯推求

義曰：非今智公創説，據理不應偏贊，奈以切琢研磨多妄，推尋由我也。

因君指决參差後

義曰：智公指决刊定參差不齊之義也。

的當塵毛義始周

義曰：此等義如塵之微，如毛之細，方始的準中當，而復周備矣。

入韻八行王氏括

義曰：王氏者，其人姓王，名氏，字忍公。將入聲六十四字以攝入聲。此言六十四字者，但是入聲括頭，兙實有形者三十五韻，四等重輕，攝之爲八行，共是六十四聲。不必一一有字，言其韻珍寶者，假者不用。如世間珍寶，甚可仰重，故此爲釋。庶者，衆也、冀也。意云：冀衆英賢，贊誦無以窮極。我今一人，歌謡吟詠，豈能盡矣。

平聲十六智家收

義曰：智公所撰《指玄論》之圖簡，頓然開豁往日迷滯之情。而又智家將平聲五十九韻，皆以重輕四等列之一十六韻，以包括平聲，攝之上去二聲。真真者尅實並準此理也。

目瞻耳聽歌賢者

義曰：忍公我今眼目觀瞻，耳中聽聞，歌謠賢者，誦習贊念無暇也。

學進無勞未肯休

義曰：智賢公是賢達之人，由是所集之文，後代英奇之者，習學進趣，無其勞慮，率耳未肯休息者焉。

三、七言四韻歌奥

賢者誦習讚念無暇也

學子進無勞未肯休　義曰啓

賢公是聲賢達之人由是所集之文

後代英奇之者習學子進趣無

其勞慮率自未肯休息者焉

七言四數歌奥

四句幽微理未精　義曰句四者四數

也幽者奧也深也微者妙也未猶
不也其數深奧微妙不見謂之是
未精　遣余未陳義定宗爭
義曰遣者皆隨變數而已余
者我也陳者是陳其義也定
者以定度因衣也宗者大也爭
者相爭也凡公前来皆隨變數

已而足度因衣根共本習八么足宗更
音和返效弄方立　義曰忍公問九魚
是何切　答曰是音和切又曰音和
自多盈縮何者名盈何者名縮何
者名陰何者名陽何者名律何
者名呂何者名父何者名母
類隔分三品始成　義曰忍公問丁

呂是何切　答曰是類隔切又曰
類隔切者各有寬狹二義何者
名寬何者名狹何者名類何者名
隔何者名三　類何者名三隔
問意豈殊江浪覆　義曰忍公
問前來兩段之義象如江浪之
水沉來　答曰何異海濤傾

義曰智公答義象如江浪之水流來答得傾、陷、必前來問盈縮音和寬狹類隔兩段之義今先答盈縮音和次答寬狹類隔

音和者切與韻并子寸弟居同切与子上歸一母韻与子下歸一韻名音和切〻〻〻者一得一二得二三得三

四得四切與數順故曰是盈縮音
和也又玄切屬律同母表陰數屬、
已同父表陽即是父母陰陽和合
之時方有子、有所切之字也
類隔者　切爲數寸帚不同名隔子
爲切母不同名類　三類者一者純類
二者寸類三者即母[illegible]不和之切也

三隔者一音總隔[illegible]若寸隔三音即
是不和之切也又云上歸二母名寬見、
下歸一數名狹數切相違故曰是寬
狹類、隔也　封帛非端邪精照　各有寬
狹六義也　見溪群疑曉匣影喻
來日自為盈縮之義也
若非和流朝門侯　義曰下和

衣朝門為士者被文王武王刖了二足
問因何刖了二足答曰南楚池荊山
崑崙谷中出美玉問曰不說諸玉獨
說此玉答曰昔六國之時楚国有一
人姓下名和別玉向荊山崐崙
谷中得一玉扑將進楚文王王王不
納答云[illegible]乃刖下和左

[illegible]
王責曰和昔日取我先君今又来
誑我復刖右足卞和見二王不識
此玉遂抱朴泣於荊山之下　詩曰
抱玉豈前桂蘂彫　碧溪寒水至今
空山落日猿啼叫　疑是荊人哭未休
説云卞和眼中泣血感得荊山茲

之類武王九十三而崩子成王立
將此玉扑進成王〻使人雕之果然得
此美玉更摯擊玄藏估其玉價摯
啓大王此玉甚價甚要得知此玉價
大王出樊城外使人運金填滿一城不
實得不知此玉

[illegible]表[illegible]
莫玉郎嫁与[illegible] [illegible]也[illegible]
趙二国傳學[illegible]具還城璧[illegible]同秦王
賞趙王有美玉割十五城博趙王玉
使藺相如送玉割得十五城也 詩人
蔣蘭莫莫當門 懷玉莫向楚
楚客別玉人 門非蔣荀

四句幽微理未精

義曰：四句①者，四韻也；幽者，奥也，深也；微者，妙也；未，猶不也。其韻深奥，微妙不見，謂之是未精。

遣余陳義定宗争

義曰：遣者，皆隨音韻而已；余者，我也；陳者，是陳其義也；定者，以定度因衣也；宗者，本也；争者，相争也。忍公前來，皆隨音韻而已②，定度因衣根共本，智公定宗争。

音和返教開方立

義曰：忍公問，九魚是何切？答曰，是音和切。又問，曰音和，自無盈縮。何者名盈？何者名縮？何者名陰？何者名陽？何者名律？何者名吕？何者名父？何者名母？

類隔分三品始成

義曰：忍公問，丁吕是何切？答曰：是類隔切。又問曰：類隔切者，各有寬狹二義，何者名寬？何者名狹？何者名類？何者名隔？何者名三類？何者名三隔？

---

① 原文作『句√四』，倒文。

② 原文作『已√而』，倒文。

問意豈殊江浪覆

義曰：忍公問前來兩段之義，象如江浪之水泛來。

答詞何異海濤傾

義曰：智公答義，象如江浪之水泛來，答得傾陷也。前來問盈縮音和、寬狹類隔兩段之義，今先答盈縮音和，次答寬狹類隔。

音和者，切與韻并子等弟居同，切与子上歸一母，韻与子下歸一韻，名音和切。音和切者，一得一，二得二，三得三，四得四，切與韻順，故曰是盈縮音和也。又云，切屬律，同母，表陰；韻屬吕，同父，表陽，即是父母陰陽和合之時，方有子，有所切之字也。

類隔者，切与韻等弟不同，名隔；子与切母不同，名類。三類者，一者純類；二者等類；三者即是不和之切也。三隔者，一者純隔，二者等隔，三者即是不和之切也。又云，上歸二母名寬，下歸一韻名狹，韻切相違，故曰是寬狹類隔也。幫、非、端、知、精、照，各有寬狹二義也。見溪群疑、曉匣影喻、來日，自無盈縮之義也。

若非和泣朝門候

義曰：卞和，衣朝門爲士者，被文王、武王刖了二足。問曰：『因何刖了二足？』答曰：『南楚池荆山崑崙谷中出美玉。』問曰：『不説諸玉，獨説此玉？』答曰：『昔六國之時，楚國有一人，姓卞名和，別玉。向荆山崐崙谷中得一玉朴，將進楚文王玉。王不別，云卞和欺誑楚王，則刖卞和左……玉朴。武王責曰：「和昔日欺我先君，今又來誑我。」復刖右足。卞和見二王不識此玉，遂抱朴泣於荆山之下。

詩曰

抱玉岩前桂葉稠，碧溪寒水至今流。
空山落日猿啼叫，疑是荆人哭未休。①

説云卞和眼中泣血，感得荆山爲之頽。武王九九十三而崩，子成王立。卞和將此玉朴進成王。王使人雕之，果然得此美玉，史摯玄藏估具玉價。摯云：『啟大王，此玉無價。若要得知此玉價，大王出楚城外，使人運金，填滿一城，不博得卞和此玉也』……美玉即嫁與楚王……趙二國傳嘗號曰連城珍。西國秦王聞趙王有美玉，割十五城博趙王玉。使藺如相送玉，割得十五城也。

---

① 此詩爲唐代詩人胡曾（約八四〇——？）所做，爲其代表作《詠史詩》第二首《荆山》。

詩曰

蒔蘭莫當門，懷玉莫向楚。
楚無别玉人，門非蒔蘭處。①

---

① 此詩改編自南北朝時袁淑所作《種蘭》，原詩爲：種蘭忌當門，懷璧莫向楚。楚少别玉人，門非植蘭所。

第二章　從《解釋歌義》到《四聲等子》《經史正音切韻指南》門法内容的演變

第一節　《解釋歌義》與《四聲等子》《經史正音切韻指南》門法内容比較

《解釋歌義》所論及的門法，根據上文分析，可歸納爲：（一）音和，（二）互用，（三）類隔，（四）廣通，（五）偈狹，（六）内外，（七）窠切，（八）能切，（九）憑切，（一〇）寄韻，（一一）振救，（一二）交互。與《經史正音切韻指南》十三門法比較，除日寄憑切門之外，其他十二門法在《解釋歌義》均有詳細的論述，表現形式與内容基本一致。將《解釋歌義》所論述的門法表現形式、内容及其與《四聲等子》《經史正音切韻指南》的對應關係比較如下。

一、音和

《解釋歌義》『七言四韻歌奥』部分，記載了王忍公與智峀以問答形式對有關門法問題的探討。□髓在對這些歌訣進行釋義的過程中，對音和的概念進行了説明：『音和者，切與韻並子等弟居同，切與子上歸一母，韻與子下歸一韻，名音和切。音和者，一得一，二得二，三得三，四得四，切與韻順，故曰是盈縮音和也。又云，切屬律，同母，表陰；韻屬吕，同父，表陽。即是父母陰陽和合之時，方有子，有所切之字也。』

從釋義來看，音和是指被切字與反切上、下字四等相同，被切字與反切上字同聲母、與反切下字同韻母。

但實際上音和在《解釋歌義》中包括的範圍非常廣泛，有廣義與狹義兩種。『七言四韻歌奥』所反映的是狹義的音和；廣義的音和是指：凡被切字與反切上字聲母讀音相同的均可以稱之爲音和。因此，《解釋歌義》中偈狹、廣通、内外等門法都屬於廣義音和的範疇。不過，因爲這些門法的反切現象與一般音和還是有所區别，特别是被切字韻母四等與反切下字等第有别，所以《解釋歌義》釋義也在概念上進行了區分。

《廣益玉篇》『玉篇廣韻指南』對『音和』的概念進行了闡述，指出：『切韻之法，以音和爲正，若《廣韻》《玉篇》中切脚，容易反切，便得其字分明者，謂之音和切。』《夢溪筆談》所記『切韻法』則認爲『切須歸本母，韻須歸本等。切歸本母，謂之音和』。凡反切上字與被切字聲母讀音相同者則謂之『音和』。這一概念無疑和《解釋歌義》廣義音和的内涵一致。不過《解釋歌義》已經將反切下字與被切字四等不同的現象，以專門的名稱區分開來，如内外轉音和、振救音和、廣通音和、偈狹音和等。這也應當是《經史正音切韻指南》『門法玉鑰匙』區分十三門法的緣由，其中『門法玉鑰匙』音和門的内涵與《解釋歌義》《夢溪筆談》基本一致，並不局限在牙音聲母，其定義爲：『謂切脚二字，上者爲切，下者爲韻，先將上一字歸知本母，於爲韻等内本母下，便是所切之字，是音和門。』其所舉例子爲牙音反切，並以歌訣進行了歸納：『音和切字起根基，等母同時便莫疑。記取古紅公式樣，故教學切起初知。』

而從真空《直指玉鑰匙門法》開始，音和門專指見組聲母字的反切法，音和的定義爲：『謂見溪群疑此四母下字爲切，隨四等韻去，皆是音和。』而後《字學元元》、《續通志·七音略》門法皆沿襲這一説法，並認爲音和只是指見組聲母。這一説法一方面可能混同了廣義音和與狹義音和的内涵，誤解了《解釋歌義》以來音和的概念。上文指出，《解釋歌義》透露，早期門法只區分音和與類隔。凡被切字與反切上字聲母相同的就是音和，被切字與反切上字聲母不同的即爲類隔。五音中脣、舌、齒音均具有類隔反切的現象，即輕重脣類隔、舌頭舌上類隔、齒頭正齒類隔，而牙、喉音没有類隔切，所以《解釋歌義》在『牙音切字門』後指出：『此章顯明牙音爲切，不明四等，何也？元只有音和切也。』事實上除狹義的音和切之外，如上文所述，牙喉音切字門同樣還有内外轉、偈狹、廣通等門法，只不過這些門法均屬於廣義的『音和』門。另一方面，《直指玉鑰匙門法》將音和局限在牙音見組聲母，還可能是因爲受『門法玉鑰匙』音和歌訣『記取古紅公式樣，故教學切起初知』的影響。

《直指玉鑰匙門法》音和的概念也引起了明清等韻學家的批評，方中履《切字釋疑》就指出：『無往非音和，而專以角音爲音和，已泥矣。如東之于端，奔之于幫，皆和也。』明代若愚《直指捷徑門法》格子圖，一方面接受了《直指玉鑰匙門法》對音和的定義，列了牙音音和格子，但同時另列了『一四音和門』『四一音和門』格子，將脣、舌、齒、喉音的音和反切都包含在裏面，音和的内涵與《經史正音切韻指南》『門法玉鑰匙』一致。《字學元元》以及《續通志·七音略》格子門所舉音和反切例也均符合狹義音和門的基本内容。詳見下文門法匯解部分。

二、互用、類隔

《解釋歌義》『互用』是指幫、非組聲母字，精組（一等）、照組（二等）聲母字互爲反切上字的反切現象；『類隔』主要指端、知組聲母字互爲反切上字的現象。『齒音切字門』歌訣『**互用幽深以次明**』釋義指出：『互用者，是古類隔也。』《守温韻學殘卷》就明確指出，類隔包括輕、重脣音類隔，舌頭、舌上音類隔，精、照二組類隔三種形式。即《解釋歌義》『互用』與『類隔』都屬於『類隔』的範疇，《解釋歌義》的類隔是狹義的概念，是從古類隔中逐漸獨立出來的一種門法。

《廣益玉篇》『玉篇廣韻指南』則對『互用』和『類隔』的關係也進行了論述。指出，韻書除音和切之外，還有『互用切』：『如明字，《韻略》中做眉兵切，則是音和，《廣韻》中做武兵切，則是互用。蓋武字合歸微字母下也。其他類隔往還等切，各以此推之。』可見，『互用』與『類隔』本質上無別，『互用』是類隔反切的具體表現形式，『類隔』是『互用』現象的歸類。

《四聲等子》將幫、非組，精、照組，端、知組字互爲反切上字的現象均歸入『類隔切』，依據的應當就是『互用者，是古類隔』。而《經史正音切韻指南》則將《四聲等子》中的類隔區分爲『（端、知）類隔』『輕重交互』『精照互用』三種門法，與《解釋歌義》將類隔區分爲『幫非互用』『精照互用』『端知類隔』三種形式是一脉相承的。

（一）幫、非互用

從對幫、非互用門法的解釋來看，《解釋歌義》從輕、重脣音聲母字分布的範圍進行分類，將分布幫組聲母字的韻，或作脣音聲母字的反切下字，被切字讀重脣音的韻，稱爲『前三韻』，二百零七韻中共有一百七十四韻。將分布非組聲母字的韻，或作脣音聲母字的反切下字，被切字讀輕脣音的韻，稱之爲『後一音』，二百零七韻中共有三十三韻。《解釋歌義》歸納的幫非互用歌訣爲：『**前三韻上分幫體，後一音中立奉形。**』這種定義非常科學，以具體的韻爲條件，而不是單純的以四等爲依據。

《經史正音切韻指南》『輕重交互』的定義，部分接受了《解釋歌義》的内容，但不够完善。其定義爲：『謂幫等重音爲切，韻逢有非等處諸母第三，便切輕脣字；非等輕脣爲切，韻逢一、二、四，皆切重脣字。』前半部分將重、輕脣音互用的條件定義爲『有非等處諸母第三』，與《解釋歌義》輕脣音字分布的範圍『後一音』相同。後半部分將輕、重脣音互用的條件定義爲『韻逢一、二、四，皆切重脣字』，顯然就不十分準確。因爲非組聲母除流攝三等外，一般只與合口三等韻相拼。以開口三等韻字做輕脣音聲母字的反切下字，被切字讀音仍爲重脣音。

同樣，《解釋歌義》的『前三』『後一』在《經史正音切韻指南》『玄關歌』中的含義也完全被改變。『玄關歌訣』將『後一』指重脣音，『重謂重脣音，在第一等，名後一』；『前三』指輕脣音，『輕謂第三等輕脣音，爲前三』。

（二）精、照互用

精、照互用，《解釋歌義》與《經史正音切韻指南》基本一致，但《解釋歌義》所反映的表現形式更爲具體，包括了四種形式：

①精組一等字爲反切上字，二等字爲反切下字，被切字讀照組二等；

②照組二等字爲反切上字，一等字爲反切下字，被切字讀精組一等；

③精組一等字爲反切上字，照組二等字爲反切下字，被切字讀照組二等；

④照組二等字爲反切上字，精組一等字爲反切下字，被切字讀精組一等。

實際上③④兩種情況只是①②兩種情況的具體表現形式。因此，《經史正音切韻指南》『精照互用』門法則只概括了《解釋歌義》前兩種情況，即『精等字爲切，韻逢諸母第二，只切照一字；照等第一爲切，韻逢諸母第一，却切精一字。故曰精照互用，如士垢切鯫字，則減切斬字之類是也。』

（三）端、知類隔

端、知類隔，《解釋歌義》列舉了五種情況，即：

①端組聲母字做反切上字，二、三等字做反切下字，被切字讀知組二、三等；

②端組聲母字做反切上字，照組二等字做反切下字，外轉韻中被切字讀知組二等，內轉韻中被切字讀知組三等；

③端組聲母字做反切上字，照組三等字做反切下字，被切字讀知組三等；

④知組聲母字做反切上字，一、四等韻字做反切下字，被切字讀端組一、四等；

⑤知組聲母字做反切上字，精組一等韻字做反切下字，被切字讀端組一等。

其中第②③兩種情況是第①種情況所歸納的二、三等韻字爲反切下字的類隔具體表現形式，之所以特別列出這兩種形式，是因爲照組二、三等字做反切下字，被切字讀音有別，其中照組二等字做反切下字時，同時包含了內外門法，即第②種類隔形式。第⑤種類隔形式是第④種類隔所歸納的具體表現形式之一，即以精組一等字做反切下字的類隔形式。之所以特別强調第五種形式，是因爲知組聲母字做反切上字，精組一等與四等字做反切下字時，拼切結果不一，精組四等字做反切下字時，被切字有讀知組三等的現象，屬於窠切門切法，不屬於類隔切。

《四等等子》『辨類隔切字例』對舌音類隔進行了説明：『如端知八母下，一四歸端，二三歸知。一四爲切，二三爲韻，切二三字；或二三爲切，一四爲韻，切一四字是也。』《經史正音切韻指南》『門法玉鑰匙』『二類隔門』的説明與《四聲等子》一致：『謂端等一四爲切，韻逢二三，便切知等字；知等二三爲切，韻逢一四，却切端等字。』以上與《解釋歌義》舌音類隔第①④條所歸納的内容一致。

但兩相比較，《四聲等子》《經史正音切韻指南》没有説明『知等二三爲切，韻逢一四，却切端等字』中，還應該排除上字爲知組三等，下字爲精組四等，屬於窠切門，需要讀知組三等的情况。也没有説明端組字爲反切上字，照組二等字爲反切下字，要同時根據内、外轉門法，分别讀知組二等或三等的情况。《解釋歌義》在説明普通類隔的基礎上，將反切下字爲照組、精組字的舌音類隔的不同表現形式進行了具體説明，更爲全面合理。

在《七言四韻歌奥》中，□髓在對王忍公與智岀問答進行釋義時有以下一段説明：

類隔者，切與韻等弟不同，名隔；子與切母不同，名類。三類者，一者純類；二者等類；三者即是不和之切也。三隔者，一者純隔，二者等隔，三者即是不和之切也。又云：

上歸二母名寬，下歸一韻名狹，韻切相違，故曰是寬狹類隔也。幫、非，端、知，精、照，各有寬狹二義也。見溪群疑、曉匣影喻、來日，自無盈縮之義也。

明確指出了古類隔包括幫、非，端、知，精、照三組聲母互爲反切上字的情況。因此，《四聲等子》將以上三種切字情況歸入『辨類隔切字例』是有原因的，而《經史正音切韻指南》將以上三種類隔分立爲三種門法，也應當與《解釋歌義》釋義所反映的切字門法有一定的內在聯繫。

《解釋歌義》幫非互用、精照互用、端知類隔與《四聲等子》『類隔』，《經史正音切韻指南》『輕重交互』『精照互用』『端知類隔』表現形式與内容列表比較如下：

表六　《解釋歌義》與《四聲等子》《經史正音切韻指南》互用、類隔比較

反切形式			門法		
切	**韻**	**音**	**解釋歌義**	**四聲等子**	**經史正音切韻指南**
非組	前三韻	幫組	幫非互用	類隔	輕重交互
幫組	後一音	非組	幫非互用	類隔	輕重交互
精組	二等	照組二等	精照互用	類隔	精照互用

續表

反切形式			門法		
切	韻	音	解釋歌義	四聲等子	經史正音切韻指南
精組	照組二等	照組二等	精照互用		
照組二等	一等	精組一等	精照互用	類隔	精照互用
照組二等	精組一等	精組第一	精照互用		
端組	二等、三等	知組二、三等	類隔	類隔	類隔
	照組二等	外轉知組二等 內轉知組三等	內外/類隔		
	照組三等	知組三等	類隔		
知組	一等、四等	端組一、四等	類隔	類隔	類隔
	精組一等	端組一等	類隔		

三、廣通(通廣)、偈狹

《解釋歌義》釋義中有了「廣通」韻與「偈狹」韻之别，歌訣中稱之爲「韻下舒寬」「聲下促」。

如『牙音切字門』中指出：『**齒中十字俱明二，韻下舒寬順四親**　義曰：舒寬者，廣通也；順四親者，切得弟四字，爲音和也。**如所引文聲下促**　義曰：是偈狹韻也，**弟三切出即爲真。**』但通廣韻、偈狹韻的區別，所包含的具體韻攝，《解釋歌義》没有論述。

《切韻指掌圖》對廣通、偈狹韻的概念進行了解釋，以歌訣的形式對廣通、偈狹韻的分類進行了説明：

所謂廣通者，第三等通及第四等字也。偈狹者，第四等字少，第三等字多也。

歌曰：支脂真諄蕭仙祭，清宵八韻廣通義。正齒第二爲其韻，脣牙喉下推尋四。

歌曰：鍾陽蒸魚登麻尤，之虞齊鹽偈狹收。影喻齒頭四爲韻，却於三下好推求。

從廣通、偈狹的分類來看，《切韻指掌圖》有不合理的地方，如明確指出通廣韻爲八韻，但多出了四等『蕭』韻；偈狹則有一等『登』韻、四等『齊』韻，顯然不符合廣通、偈狹韻爲三等韻的要求。《經史正音切韻指南》將『廣通』稱之爲『通廣』，《四聲等子》與《解釋歌義》《切韻指掌圖》一致，亦稱爲『廣通』，但對廣通、偈狹的分類與《經史正音切韻指南》比較一致。不過《經史正音切韻指南》在廣通、偈狹韻的基礎上進一步區分了通、廣韻，偈、狹韻，以上三書廣通、偈狹韻的分類對比如下：

表七　《切韻指掌圖》《四聲等子》《經史正音切韻指南》廣通、偏狹韻比較

	通	廣	偏	狹
《切韻指掌圖》	支脂真諄（蕭）	仙祭清宵	鍾陽蒸魚（登）	麻尤之虞齊鹽
《四聲等子》	支脂真諄	仙祭清宵	東鍾陽蒸漁	尤　鹽侵
《經史正音切韻指南》	脂真諄	仙祭清宵	東鍾陽蒸漁	麻尤　鹽侵

從廣通、偏狹韻的分類來看，《切韻指掌圖》當前有所本，偏狹韻所涵蓋的範圍比較全面，但區分並不完全合理。《四聲等子》與《經史正音切韻指南》基本一致，但《經史正音切韻指南》支、脂不分，《四聲等子》與《經史正音切韻指南》魚、虞不分，與兩書韻圖一致，則可能受實際語音的影響。而《經史正音切韻指南》將通廣韻、偏狹韻二次分類並無一定的理據，廣、通，偏、狹韻的排列順序與《切韻指掌圖》《四聲等子》所舉例基本一致，可能只是在《切韻指掌圖》《四聲等子》通廣、偏狹韻的基礎上强加區分而已。

《切韻指掌圖》《四聲等子》《經史正音切韻指南》『廣通』（『通廣』）『偏狹』門法都是針對反切上字爲脣牙喉音而提出來的，但内容並不完全一致。

從反切上字來看，《切韻指掌圖》《四聲等子》《經史正音切韻指南》『廣通』『偏狹』門法包括脣牙喉音；《解釋歌義》『廣通』門法没有論述喉音爲反切上字的情況，『喉音切字』門法部分主要討論的是喻母字爲反切上字的情況。而『廣通』韻攝實際上多是重紐韻，『廣通門』是針對韻圖四等所列重紐韻脣牙喉音字而提出的門法。《廣韻》中這些字的反切下字多爲舌齒音，但喉音重紐四等並不包括喻母，因此《解釋歌義》在喉音切字門中自然没有涉及廣通、偏狹門法。

從『廣通』門法反切下字的要求來看，《切韻指掌圖》和《解釋歌義》一致，只包括照組三等；《四聲等子》與《經史正音切韻指南》一致，《四聲等子》包括『來日知照正齒第三』，《經史正音切韻指南》包括『來日知照三』。

從『偏狹』門法反切下字的要求來看，《切韻指掌圖》包括『影喻齒頭四』，《四聲等子》包括『影喻及齒頭精等四等』，二者一致；《經史正音切韻指南》包括『精等喻下四』，不包括影母。《解釋歌義》只包括精組四等字，而没有包括影母與喻母。

《解釋歌義》與《切韻指掌圖》《四聲等子》《經史正音切韻指南》廣通、偏狹門法對比如下：

表八　《解釋歌義》與《切韻指掌圖》《四聲等子》《經史正音切韻指南》廣通、偈狹門内容比較

反切形式			門法			
切	韻	音	解釋歌義	切韻指掌圖	四聲等子	切韻指南
幫組	照三	幫四	廣通	廣通	廣通	通廣
	來日三	幫四			廣通	通廣
	知三	幫四			廣通	通廣
見組	照三	見四	廣通	廣通	廣通	通廣
	來日三	見四			廣通	通廣
	知三	見四			廣通	通廣
曉組	照三	曉四		廣通	廣通	通廣
	來日三	曉四			廣通	通廣
	知三	曉四			廣通	通廣

續表

反切形式			門法			
切	韻	音	解釋歌義	切韻指掌圖	四聲等子	切韻指南
幫組	精四	幫三	侷狹	侷狹	侷狹	侷狹
	影四	幫三		侷狹	侷狹	
	喻四	幫三		侷狹	侷狹	侷狹
見組	精四	見三	侷狹	侷狹	侷狹	侷狹
	影四	見三		侷狹	侷狹	
	喻四	見三		侷狹	侷狹	侷狹
曉組	精四	曉三		侷狹	侷狹	侷狹
	影四	曉三		侷狹	侷狹	
	喻四	曉三		侷狹	侷狹	侷狹

四、内外

内外門法是針對反切下字爲照組二等字而提出的切字法。内外轉的區分是以攝爲單位，根據韻圖二等位列字情況進行劃分的。《韻鏡》《七音略》各韻圖均以『内、外轉』進行區分，但没有出現十六攝之名。《切韻指掌圖》各韻圖没有内外轉的名稱，但『檢例』『辨内外轉』部分明確指出了『舊圖』以『八字括内轉』『八字括外轉』，説明在此之前，十六攝内、外轉的分類已經非常成熟。《四聲等子》《經史正音切韻指南》都以將十六攝和内外轉相結合的方式，對各韻圖進行了區分。《切韻指掌圖》與《四聲等子》『辨内外轉例』只是對内外轉的分類及其理據進行了説明，還没有針對内外轉所提出的切字門法進行歸納，引述如下：

《切韻指掌圖》『辨内外轉例』：内轉者，取脣舌牙喉四音，更無第二等字，唯齒音方具足；外轉者，五音四等都具足。舊圖以通、止、遇、果、宕、流、深、曾八字括内轉六十七韻，江、蟹、臻、山、效、假、咸、梗八字括外轉一百三十九韻。

《四聲等子》『辨内外轉例』：内轉者，脣舌牙喉四音更無第二等字，唯齒音方具足；外轉者，五音四等都具足。今以深、曾、止、宕、果、遇、流、通括内轉六十七韻，江、山、梗、假、效、蟹、咸、臻括外轉一百三十九韻。

除十六攝的排列順序不同，二書的内容完全一致。

《解釋歌義》根據内、外轉韻圖的特點，針對照組二等字爲反切下字的情況，提出了『内外』

門法，所涉及的反切上字有脣音幫組、舌音端組、牙音見組、喉音喻母。當用以上聲母字做反切上字，以照組二等字做反切下字時，反切下字屬於内轉韻攝的，被切字讀三等韻；反切下字屬於外轉韻攝的，被切字讀二聲韻，即所謂『内三外二』。

《經史正音切韻指南》歸納了『内外』門法，内容與《解釋歌義》基本一致，但參考『玄關歌訣』，反切上字除脣音幫組、舌音端組、牙音見組、喉音喻母外，還包括了脣音非組、喉音曉匣影母、來日母。

《解釋歌義》與《經史正音切韻指南》内外門法表現形式對比如下：

表九　《解釋歌義》與《經史正音切韻指南》内、外門法内容比較

反切形式			門法	
切	韻	音	解釋歌義	經史正音切韻指南
幫組	照二	幫二	外轉	外轉
		幫三	内轉	内轉
非組		幫二		外轉／交互
		幫三、非三		内轉／交互

續表

反切形式			門法	
切	韻	音	解釋歌義	經史正音切韻指南
端組	照二	知二	外轉/類隔	外轉/類隔
		知三	内轉/類隔	内轉/類隔
見組		見二	外轉	外轉
		見三	内轉	内轉
喻		喻二	外轉	外轉
		喻三	内轉	内轉
曉匣影		曉匣影二		外轉
		曉匣影三		内轉
來		來二		外轉/音和
		來三		内轉
日		孃二		外轉
		日三		内轉/日寄憑切

《解釋歌義》喻母切字内、外轉門法舉例有不當之處，所舉外轉反切『于山切訮』，内轉反切『王鉏切于』均不符合門法對切字的要求。『訮』疑母二等字，『于』喻母三等字，以喻母三等切疑母二等，不符合外轉要求；『王』喻母三等，『于』喻母三等，『鉏』遇攝字，符合内轉切三等的要求，但『鉏』爲三等魚韻字，『于』爲三等虞韻字，同攝而韻不同，開合亦不同。以上兩反切顯然不是《切韻》系韻書的反切，很可能是□髓在釋義過程中自造的，並且喻母包括三、四等，舉例均只有三等。以喻母四等爲反切上字，以照組二等字爲反切下字，内轉韻中被切字也只可能是喻母四等，而不可能是喻母三等，並且《廣韻》中並未發現喻母字爲反切上切，照組二等字爲反切下字的反切。

喻母切字内、外門法是王忍公提出來的，其原因有二：一是因爲喻母有憑切門法，適用于照組三等爲反切下字的情況，需要與照組二等區别開來，故將照組二、三等爲反切下字的情況分别進行討論。二是脣牙舌喉均有内、外門切法，喻母屬喉音，亦當有内外門切字法，故提出了喻母三、四等字爲反切上字，照組二等爲反切下字時，也必須根據内、外門法進行拼切。這是一種類推的門法表現形式，但韻書中並没有類似的反切用例，故□髓根據實際語音，生造了兩個反切以達到合理解釋王忍公歌訣的目的。

《解釋歌義》脣音切字内、外門只包括幫組聲母字爲反切上字的情況，不包括非組，非組爲反切上字的内、外門法可以歸入類隔切。《經史正音切韻指南》所舉非組切字内轉例『非側切逼』，實際上是改編了《解釋歌義》釋義所舉例『彼側切逼』。

《解釋歌義》『喉音切字門』主要是討論以喻母字做反切上字時所涉及的門法，之所以没有特别提及曉匣影母，因爲這些聲母做反切上字時，多爲音和切。但實際上曉匣影母做反切上字除有内外門法外，還有廣通門，侷狹門，《解釋歌義》均没有提及。

《解釋歌義》只討論了五音切字門，没有半舌、半齒音的門法討論内容，在舌、齒音部分，也没有論及來、日母的切字門法問題。

五、窠切、能切

《解釋歌義》舌音切字門『歌訣』出現了『窠切』的術語：『**齒頭兩一還同類，兩一須歸本位窠**。』韻圖知組聲母字列二、三等，當知組聲母字爲反切上字，精組四等字爲反切下字時，被切字當讀知組聲母三等，韻母由四等回歸知組聲母的三等位，故曰『歸本位窠』。《解釋歌義》將這種反切稱之爲音和，《四聲等子》《經史正音切韻指南》則將這一反切現象獨立出來，稱之爲『窠切』。

與《解釋歌義》不同的是，《四聲等子》《經史正音切韻指南》窠切門反切下字除精組四等字外，還包括影、喻母四等。不過《解釋歌義》亦有針對反切上字爲知組聲母字，反切下字爲影、喻母四等字的情況，提出了專有的門法『能切』。同樣，《解釋歌義》將『能切』亦稱爲音和。

《解釋歌義》將知組聲母爲反切上字，精組四等、影喻母四等字爲反切下字的現象特別加以强調，只是爲了和『類隔』切進行區分。知組聲母『類隔』切的條件之一是：反切下字爲四等字，被切字讀端組四等。但精組、影喻母四等做反切下字時，被切字讀知組三等，『不以爲類隔』，故釋義稱之爲音和，以與『類隔』相對。

《解釋歌義》『窠切』『能切』門法産生的内在原因是：《切韻》系韻書三等韻中的精組、喻母（即以母）字，韻圖列四等位，即假四等。因此當這些字做知組聲母字的反切下字時，並不真正具備知組聲母類隔切的基本條件。同時，《切韻》系韻書知組三等韻字，在韻圖中只列三等位，因此以列四等的精組、喻母三等韻字做反切下字時，被切字知組聲母字也都列韻圖三等位。也正因爲精組四等字與喻母四等字做知組聲母的反切下字時，拼切結果一致，因此《四聲等子》《經史正音切韻指南》將《解釋歌義》『窠切』『能切』合併爲『窠切』門。

《解釋歌義》『窠切』『能切』的表現形式及其與《四聲等子》《經史正音切韻指南》的對應關係如下表：

表十　《解釋歌義》『窠切』『能切』與《四聲等子》《經史正音切韻指南》『窠切』内容比較

反切形式			門法		
切	韻	音	解釋歌義	四聲等子	經史正音切韻指南
知組	精四	知三	窠切音和	窠切	窠切
	影、喻四		能切音和		

六、憑切體、憑切、寄韻（寄韻憑切）

（一）憑切體

憑切在《解釋歌義》中共有兩種情況：① 正齒照組聲母憑切，② 喉音喻母憑切。

除以上兩種情況外，《解釋歌義》有『舌音憑切體』切字門，不過這一門法與憑切名稱相似，内容不同，是特指知組聲母做反切上字，照組聲母做反切下字，被切字讀知組聲母，韻母等第根據反切下字決定：照組二等切二等韻，照組三等切三等韻，這實際上只是音和切的表現形式之一。《解釋歌義》之所以特别加以討論，是因爲照組聲母字做舌音一、四等，即端組聲母的反切下字時，會涉及類隔、内外等門法，而做舌音二、三等，即知組聲母的反切下字時，不用受類隔、内外等門法的約束，聲母與反切上字一致，韻母與反切下字等第一致。

但這種『憑切體』實質上只是音和的表現形式之一，因此，《四聲等子》《經史正音切韻指南》均没有保留，或特立門法，而是作爲音和門切字法的表現形式之一。

（二）憑切

《四聲等子》序中對『憑切』的概念進行了説明，並舉了兩個反切用例：『同韻而分兩切者謂之憑切求人切神字，丞真切脣字。』『神』『脣』同爲『真（諄）』韻字，《廣韻》同爲船母字，但有開合之别。舉例中『神』的反切爲『求人切』，『求人切』當爲『乘人切』之訛誤，上字『乘』爲船母；『脣』字反切『丞真切』，反切上字『丞』爲禪母；兩字的反切下字均爲開口三等真韻。《四聲等子》是爲了通過反切舉例，説明憑切的含義就是同一韻的兩個反切，實際語音讀音相同，語音區别是通過反切上字進行反映的，韻圖列不同聲母位，故曰『憑切』。不過，脣，《廣韻》食倫切、職鄰切，並無禪母讀音，亦無開口三等船禪母讀音；這兩字的反切當爲辨析船、禪母之别而自造的。並且《四聲等子》序的憑切舉例與『辨正音憑切寄韻門法例』中的憑切内容，以及《經史正音切韻指南》『憑切門』還是有所區别。

《四聲等子》『辨正音憑切寄韻門法例』中，『憑切』包括了《解釋歌義》中的『正齒憑切』與『喻母憑切』。不過《四聲等子》將『正齒憑切』『喻母憑切』與『精照互用』『寄韻』『日寄憑切』同歸納爲一大類。《經史正音切韻指南》則將『正齒憑切』與『喻母憑切』各自獨立爲門法。其中『正齒憑切』獨立爲『六正音憑切』；『喻母憑切』獨立爲『九喻下憑切』，並區分爲覆、仰兩類。《四聲等子》與《經史正音切韻指南》『正音憑切』的內容大體一致，與《解釋歌義》正音憑切有所不同。《解釋歌義》『正齒音憑切』是指『**四四四三憑切道**』，即照組聲母字做反切上字，三、四等字做反切下字，被切字根據切上字等第決定，切上字爲照組二等字，被切字讀照組二等；切上字爲照組三等字，被切字讀照組三等。《解釋歌義》憑切的內容與《守温韻學殘卷》『憑切』舉例所反映的內容一致。所謂『憑切』或『正齒音憑切』最初當是爲了區分同一韻中照組聲母所包含的章、莊兩組字的讀音區別。反切拼讀過程中則依據兩組聲母字在韻圖二、三等的排列位置進行區分。而《四聲等子》與《經史正音切韻指南》『正音憑切』淡化了『憑切』區分章、莊兩組聲母字的目的，只指前一種情況，即反切上字爲照組二等字，反切下字爲三、四等韻字，被切字讀照組二等的情況。《四聲等子》『憑切』所舉『乘人切神、丞真切脣』兩個反切用例顯然不符合『正音憑切』的要求。而《解釋歌義》『正音憑切』的第二種情況在《四聲等子》與《經史正音切韻指南》中都歸納爲了『寄韻憑切門』。

從反切下字的要求來看，《四聲等子》包括了二、三、四等韻字的情況，而《解釋歌義》只包括了三、四等韻字的情況，反切下字爲二等韻，歸入音和切。《經史正音切韻指南》與《解釋歌義》一致。

《解釋歌義》『喻母憑切』，特意列舉了照組三等字爲反切下字的情況，是爲了和照組二等字做反切下字時涉及内外門法相區別。

（三）寄韻、寄韻憑切

『寄韻』在《解釋歌義》中只包括一種情況，即『正音四一不和平』，是指照組三等字爲反切上字，以一等韻字爲反切下字，被切字讀照組三等。與『正音憑切』的共同點是被切字的等第由反切上字決定，具有『憑切』的特點，故《四聲等子》與《經史正音切韻指南》均稱爲『寄韻憑切』。

《解釋歌義》立『寄韻』，是因爲『正音四一不和平』有兩層含義。另一層含義中的『正音』指的是照組二等，當以照組二等字做反切上字，一等韻字做反切下字時，被切字讀精組一等，屬於精、照互用，《解釋歌義》以寄韻的方式將二者區分開來。而《四聲等子》與《經史正音切韻指南》則以正齒音照組聲母的二、三等爲條件，將《解釋歌義》的照組聲母『憑切』區分爲兩類：『正音憑切』專指照組二等字爲反切上字的憑切現象；『寄韻憑切』專指以照組三等字爲反切上字的憑切現象，同時將《解釋歌義》『寄韻』歸入『寄韻憑切』。不過《經史正音切韻指南》『寄韻憑切』只包括反切下字爲一、四等的情況，三等歸入音和門。

《解釋歌義》與《四聲等子》與《經史正音切韻指南》『憑切』『寄韻』門法表現形式與對比關係列表如下：

表十一《解釋歌義》與《四聲等子》與《經史正音切韻指南》『憑切』『寄韻』門法内容比較

反切形式			門法		
切	韻	音	解釋歌義	四聲等子	經史正音切韻指南
知	照二	知二	憑切體	音和	音和
知	照三	知三	憑切體	音和	音和
照二	二	照二	音和	正音憑切	音和
照二	三、四	照二	憑切	正音憑切	正音憑切
照三	三	照三	憑切	寄韻憑切	音和
照三	四	照三	憑切	寄韻憑切	寄韻憑切
照三	一	照三	寄韻	寄韻憑切	寄韻憑切
喻三	三	喻三	憑切		喻下覆憑切
喻四	三	喻四	憑切	喻下憑切	喻下仰憑切
喻三	照三	喻三	憑切		喻下覆憑切
喻四	照三	喻四	憑切	喻下憑切	喻下仰憑切

七、振救、交互

（一）振救

《解釋歌義》『歌訣』中出現了『振』的名稱，是針對精組聲母字做反切上字，三、四等韻字做反切下字，被切字均讀精組四等音所提出的反切門法，歌訣爲『**四三四四二名振**』，《四聲等子》《經史正音切韻指南》稱之爲『振救門』。『**兩二二來言必順**』則是上一歌訣的具體表現形式，即精組字做反切上字，照組三等字做反切下字，亦讀精組四等。《解釋歌義》釋義中，以上反切形式均稱爲『音和』。

《四聲等子》、《經史正音切韻指南》『振救門』與《解釋歌義》不同的是，反切下字只包括下字爲三等韻字的現象，不包括四等韻。四等韻切精組四等，當屬於音和切。與憑切等門法一樣，這種不同，反映了反切門法由切字分類，逐漸細化爲注重概念分類的發展過程。

《解釋歌義》『振救』門反切的表現形式及其與《四聲等子》《經史正音切韻指南》的對應關係列表如下：

表十二　《解釋歌義》與《四聲等子》與《經史正音切韻指南》『振救』門法內容比較

反切形式			門法		
切	韻	音	解釋歌義	四聲等子	經史正音切韻指南
精組	三	精四	振救音和	振救	振救
	四			音和	音和
	照三			振救	振救

（二）交互

《解釋歌義》『交互』門法實質上也是音和切的表現形式之一，主要涉及齒音聲母字互相做反切上、下字的現象，即齒頭音或正齒音同時作反切上、下字的情況。齒頭精組聲母與正齒照組聲母韻圖均列兩等。精組列一、四等，《解釋歌義》分別稱之爲精等第一、精等第二；照組列韻圖二、三等，二等稱爲照等第一，三等稱爲照等第二。精組一等、照組二等又各自稱爲兩一或兩中一、隻，精組四等、照組三等則各自稱爲兩二或兩中二、雙。因爲齒音所涉及的門法甚多，脣牙舌喉音切字門法中，多對齒音爲切下字的現象單獨進行了討論，齒音也不例外。

其中，精組交互包括兩種情況：①精組一等字互爲反切上下字，被切字讀精組一等；

② 精組四等字互爲反切上下字，被切字讀精組四等。

照組交互包括四種情況：① 照組二等互爲反切上下字，被切字讀照組二等；② 照組三等字互爲反切上下字，被切字讀照組三等；③ 照組二等字爲反切上字，照組三等字爲反切下字，被切字讀照組二等；④ 照組三等字爲反切上字，照組二等字爲反切下字，被切字讀照組二等。

以上照組『交互』反切中，①②兩種情況屬於音和切；第③種情況實際上屬於照二憑切，《四聲等子》、《經史正音切韻指南》歸入『正音憑切』，第④種情況屬於爲特殊反切『充山切燀』而立的門法，《四聲等子》《經史正音切韻指南》没有保留，因此没有『交互』這一門法。

表十三　《解釋歌義》交互門法表現形式及其與《四聲等子》《切韻指南》的比較

反切形式			門法		
切	韻	音	解釋歌義	四聲等子	經史正音切韻指南
精一	精一	精一	交互	音和	音和
精四	精四	精四			
照二	照二	照二			
照三	照三	照三			
照二	照三	照二		正音憑切	正音憑切
照三	照二	照二			

第二節　《解釋歌義》的幾個相關問題討論

一、《解釋歌義》反切來源問題再論

門法是利用韻圖拼讀反切的規則和方法，韻圖是韻書的語音結構表，門法制定的根本目的是解決韻圖音系與韻書語音結構不一致的矛盾。門法産生的前提應當是韻圖的編撰理論與實踐的成熟。當然門法的起源要早於韻圖的出現，因爲早期的類似於門法概念的提出並不服務於韻圖，而是處理韻書語音與現實語音的矛盾。如《守温韻學殘卷》出現的類隔切與憑切，前者是針對韻書中的幫、非，知、端，精、照二組聲母字互爲反切上字而提出的切韻法；後者是針對照組聲母在韻書中區分爲兩組，需要根據反切上字區分反切讀音而提出來的切韻法。這兩個概念與門法在本質上是有區别的，稱之爲『切韻法』更爲合理。之所以稱爲『切韻法』，是因爲這兩種門法實際上最初是爲拼讀韻書反切服務的，守温只是以舉例的方式揭示了韻書中的兩種特殊反切現象與類型，説明了這兩類反切拼讀的特殊性，而没有對這兩種反切的條件，即韻母的等第進行歸納説明。

守温提出這兩種切字法依據的是三十二聲母系統，實際上就是宋人三十六字母的雛形。

而早期切韻圖所依據的聲母系統也是三十六字母系統。因此在根據韻圖三十六字母以及開合四等排列韻書反切代表字的時候，韻書的這兩種反切現象同樣反映在韻圖中，而韻圖的進步在於以等第的形式將這些反切合理地進行了區分，以門法的方式對這些反切的拼讀方法進行了明確定義。類隔、憑切與韻圖的等第相結合，守温類隔、憑切等切韻法以條例性質的門法形式確定了下來。從這一方面説，這兩種等韻門法並不是爲韻書而創造的，而是隨着等韻學的發展，在已有的切字法的基礎上，在將其内涵進一步科學化、明晰化的過程中，逐漸發展而來的。和其他門法一樣，類隔、憑切門法都是爲了調和韻書語音系統與韻圖語音結構不一致的矛盾，而提出的反切的拼讀方式與門徑。

《解釋歌義》成書的十二、十三世紀，《廣韻》或《廣韻》系韻書，如《禮部韻略》等已經取得了權威的地位，金代科舉沿襲宋制，詩賦取士，《廣韻》系列韻書自然影響深遠。根據上文所引聶、孫二人的觀點，□髓爲金代人。《解釋歌義》在釋義過程中爲説明門法而援引的反切，理論上也當出自《廣韻》系韻書。但聶鴻音、孫伯君在將《解釋歌義》釋義所舉反切用例與《廣韻》進行對比以後發現，《解釋歌義》所舉反切共有三分之一不同於《廣韻》。因此他們認爲：『《指玄論》和《解釋歌義》所依托的並不是《廣韻》，而是《廣韻》之前的某部韻書。』（聶鴻音二〇〇六：一一一）這也反映，聶鴻音認爲《指玄論》和《解釋歌義》所依托的是同一部韻書。孫伯君則認爲，這些反切舉例『使得我們猜想《指玄論》的撰寫時間早於《廣韻》，它所依據的韻書是有别於《廣韻》，分韻爲二百零七韻的其他的書」。（二〇〇四：六八）孫伯君的觀點更爲謹慎些，認爲這些反切只可能反映了《指玄論》的成書年代早於《廣韻》，而不能反映《解釋歌義》的成書年代。

二人的觀點有一定的合理性，但值得商榷。即使如二君所言，釋義所提到的《指玄論》依據的二百零七韻韻書，可能是《廣韻》之前的韻書。不過《解釋歌義》中的反切都出現在釋義部分，能否作爲《指玄論》的成書年代的依據？《解釋歌義》成書晚於《指玄論》，兩百年後，在《廣韻》系韻書盛行的金代，釋義的作者□髓，是否有可能看到同一本書？釋義的過程中，□髓是否有必要以《指玄論》所依據的韻書反切用例來解釋《切韻指玄論》的門法歌訣？或□髓所舉反切用例是否就是《指玄論》所舉的用例？這還得將釋義所舉反切的目的、内容，所反映的語音特徵綜合起來進行考察。

下文將五音門法所舉反切用例、所要説明的門法内容，以及《廣韻》中相應的反切，分類列表對比如下。

表十四 《解釋歌義》各門法反切舉例及與《廣韻》反切的比較

門法要求				反切舉例			是否符合門法要求	《廣韻》反切	反切同異
門法	切	韻	音	上字	下字	被切字			
音和	幫	精一	幫一	莫	崔	枚	是	莫杯切	下字異
		精四	幫四	弭	箭	面	是	彌箭切	上字形異
偈狹			幫三（偈）	筆	悚	稟	是	筆錦切	下字異
			幫三（狹）	方	瞻	砭	否	府廉切	上下字均異
內外		照二	幫二（外）	布	删	班	是	布還切	下字異
			幫三（內）	彼	側	逼	是	彼側切	同
音和偈狹		照三	幫三	弭	闡	免	是	亡辨切	上下字均異
廣通			幫四（廣通）	弭	正	詺	是	彌正切	上字形異
音和	端	一等	端一	德	紅	東	是	德紅切	同
類隔		二等	知二	都	江	椿	是	都江切	同
		三等	知三	丁	吕	貯	是	丁吕切	同

續表

門法	門法要求：切	門法要求：韻	門法要求：音	反切舉例：上字	反切舉例：下字	反切舉例：被切字	是否符合門法要求	《廣韻》反切	反切同異
音和	端四	四等	端四	丁	兼	战	是	丁兼切	同
音和	端	精一	端一	都	宗	冬	是	都宗切	同
音和	端	精四	端四	徒	四	地	是	徒四切	同
內外［類隔］	端	照二	知二（外）	德	山	譠	是	陟山切	上字異
內外［類隔］	端	照二	知三（內）	丁	釃	知	是	陟離切	上下字均異
類隔	端	照三	知三	得	章	張	是	陟良切	上下字均異
音和	知	二等	知二	陟	交	嘲	是	陟交切	同
音和	知	三等	知三	陟	魚	猪	是	陟魚切	同
類隔	知	一等	端一	女	溝	羺	是	奴鉤切	上下字均異
類隔	知	四等	端四	澄	丁	庭	是	特丁切	上字異
類隔	知	精一	端一	孃	尊	黁	是	奴昆切	上下字均異
類隔	知	精一	端一	馳	草	道	是	徒晧切	上下字均異

續表

門法	門法要求：切	門法要求：韻	門法要求：音	反切舉例：上字	反切舉例：下字	反切舉例：被切字	是否符合門法要求	《廣韻》反切	反切同異
寠切音和	知	精四	知三	丑	小	⿰齒巢	是	丑小切	同
憑切體	知	照二	知二	陟	山	譠	是	陟山切	同
	知	照三	知三	陟	輸	猪	是	陟鱼切	下字異
能切	知	影四	知三	竹	益	⿰黍啇	是	竹益切	同
	知	喻四		丑	延	脠	是	丑延切	同
音和	見	精一	見一	古	三	甘	是	古三切	同
内外	見	照二	見二(外)	居	梢	交	是	古肴切	上下字均異
	見		見三(内)	去	愁	惆	是	去秋切	下字異
音和廣通	見	精四	見四	傾	雪	缺	是	傾雪切	同
偈狹	見	精三	見三	居	悚	栱	是	居悚切	同
偈狹	見	照三	見三	驅	主	齲	是	驅雨切	上下字均異
廣通	見		見四	居	正	勁	是	居正切	同

續表

門法	門法要求：切	門法要求：韻	門法要求：音	反切舉例：上字	反切舉例：下字	反切舉例：被切字	是否符合門法要求	《廣韻》反切	反切同異
音和	精	一等	精一	借	官	鑽	是	借官切	同
		二等	照二	昨	閑	戲	是	昨閑切	同
振救		四等	精四	相	居	胥	是	相居切	同
		三等		息	絹	選	是	息絹切	同
互用		照二	照二	子	監(見)	⿱斬見	否	子鑒切	下字異
振救		照三	精四	疾	之	慈	是	疾之切	同
交互	精一	精一	精一	徂	尊	存	是	徂尊切	同
	精四	精四	精四	子	仙	煎	是	子仙切	同
互用	照二	一等	精一	無					
寄韻	照三	一等	照三	士	垢	鯫	否	仕垢切	上字異
音和	照	二等	照二	所	姦	删	是	所姦切	同

續表

門法	門法要求：切	門法要求：韻	門法要求：音	反切舉例：上字	反切舉例：下字	反切舉例：被切字	是否符合門法要求	《廣韻》反切	反切同異
憑切	照二	三等	照二	士	尤	愁	是	士尤切	同
	照三	四等	照三	市	流	讎	是	市流切	同
	照二		照二	崇	玄	狗	是	崇玄切	同
				山	幽	犙	是	山幽切	同
	照三		照三	出	幽	（稵）⿰牜壽	是	（子幽）蚩周切《集韻》	上下字均異
互用	照二	精一	精一	側	溝	棸、棷	否	子侯切	上下字均異
憑切	照三	精四	照二	無					
		精四	照三	充	自	痓	是	充自切	同
交互	照二	照二	照二	士	莊	床	是	士莊切	同
		照三	照二	鋤	針	岑	是	鋤針切	同
	照三	照二	照二	充	山	⿰犭單	是	充山切	同

續表

門法	門法要求：切	門法要求：韻	門法要求：音	反切舉例：上字	反切舉例：下字	反切舉例：被切字	是否符合門法要求	《廣韻》反切	反切同異
交互	照三	照三	照三	式	脂	尸	是	式脂切	同
				昌	垂	吹	是	昌垂切	同
音和	喻	一等	喻一	與	改	⿰月與	是	與改切	同
		二等	喻二	王	咸	碞	是	五咸切	上字異
憑切	喻三	三等	喻三	無					
	喻四		喻四	余	廉	塩	是	余廉切	同
				與	久	酉	是	與久切	同
				余	救	幼	是	伊謬切	上下均異
				余	六	育	是	余六切	同
				余	兩	養	是	余兩切	同
		四等	喻四	余	傾	營	是	余傾切	同

續表

門法要求				反切舉例			是否符合門法要求	《廣韻》反切	反切同異
門法	切	韻	音	上字	下字	被切字			
音和	喻	精一	喻一	夷	在	佁	是	夷在切	同
		精四	喻四	以	淺	演	是	以淺切	同
內外	喻	照二	喻二(外轉)	于	山	訮	是	五閑切	上下字均異
			喻三(内轉)	王	鉏	于	是	羽俱切	上下字均異
憑切	喻三	照三	喻三	薳	支	爲	是	薳支切	同
	喻四		喻四	悦	吹	蓨	是	悦吹切	同

以上門法反切舉例共計七十一例，其中有一例兩見：士莊切床，一處爲照組聲母交互門法舉例，另一處爲説明内轉二等無字的反切現象。

以上七十一例門法反切舉例中，有二十六例與《廣韻》反切不同，分爲以下幾種情況：

（一）反切舉例與門法要求不符

這一現象共有四例，分别爲：

①脣音幫組偈狹門，門法要求爲：反切上字（出切）爲幫（非）組字，反切下字（行韻）爲狹韻精組四等字，被切字（取字）讀幫組三等。所舉反切爲『方瞻切砭』。反切下字『瞻』，咸攝三等鹽韻幫母字，鹽韻《經史正音切韻指南》歸『狹』韻。出切、取字均符合門法的要求。但『瞻』爲咸攝三等鹽韻照母字，不符合反切下字爲精組四等的要求。『砭』，《廣韻》府廉切。

②齒頭音精組與照二互用門，門法要求爲：反切上字爲精組字，反切下字爲照組二等字，被切字讀照組二等。所舉反切爲：子監切覽。反切上字『子』爲精母字，被切字『覽』爲照組二等字，符合門法要求。但反切下字『監』是咸攝二等見母字，不符合反切下字爲照組二等字的要求。『覽』，《廣韻》子鑒切。

③正齒音照組三等寄韻門，門法要求爲：反切上字爲照組三等字，反切下字爲一等韻字，被切字讀照組三等。所舉反切爲：士垢切鯫。鯫，士垢切，與《廣韻》『仕垢切』讀音相同。但反切上字『士』爲照組二等字，顯然不符合寄韻門『反切上字爲照組三等字』的要求；被切字『鯫』爲一等侯韻字，也不符合寄韻門『被切字讀照組三等』的要求。這一反切符合上一門法『精照互用』的要求，即反切上字爲照組二等字，反切下字爲一等韻字，被切字讀精組一等。《韻鏡》《七音略》《四聲等子》《切韻指掌圖》《切韻指南》『鯫』均列流攝一等上聲從母位。寄韻門反切『士垢切鯫』很可能是因爲抄録錯誤出現的

舉例不當現象。也正因爲『寄韻』門法反切舉例的抄録錯位，導致了『互用』門法没有舉例，真正的『寄韻』門法反切用例也被落下。

④正齒音照二與精一互用門，門法要求爲：反切上字爲照組二等字，反切下字爲精組一等字，被切字讀精組一等字。所舉反切爲：側溝切聚。

反切上字『側』爲照組二等字，被切字『聚』當讀『棷』音。棷，《廣韻》子侯切，精組一等字，與互用門法要求相符。但反切下字『溝』爲見組一等字，不符合該『互用』門法反切下字爲精組一等字的要求。

以上四例除第③例外，都屬於釋義舉例不當的現象。這幾例反切既不符合門法要求，也與《廣韻》反切不同。很大的可能性是：這些反切是釋義者根據門法要求自造的反切，但由於對門法概念的要求理解不够，並没有達到準確説明門法内容的目的。

（二）反切上字或下字與被切字聲韻地位不符

除以上四例外，其餘二十二例反切從上、下字的條件以及被切字的讀音來看，大多與相應的門法要求非常符合，但都與《廣韻》反切有别，具體表現爲反切用字不同。反切用字不同，是反映所據韻書不同的有力證據。這也是聶、孫兩位先生認爲《解釋歌義》依據的是《廣韻》之外的韻書的主要依據。不過這些反切中，還有部分反切上、下字的聲韻地位與被切字不符的現象，共計六例。這些反切明顯不屬於《廣韻》之前的韻書或《廣韻》系韻書反切，列舉如下：

①脣音偈狹門，門法要求爲：反切上字爲脣音聲母字，反切下字爲偈韻精組四等字，被切字讀幫組三等。所舉反切爲『筆悚切禀』。

反切上字『筆』，幫母；反切下字『悚』，鍾韻係三等精組字（韻圖列四等心母位），鍾韻係屬偈韻；被切字『禀』，韻圖列深攝三等侵韻系上聲幫母位。出切、行韻、取字均符合門法要求，但『悚』爲通攝三等腫韻字，『禀』爲深攝三等寢韻字。聶鴻音認爲反切下字不符合被切字韻母要求，當爲『懍』之形訛。（聶鴻音二〇〇六：一六四）『懍』與『伈』異體，伈，《廣韻》斯甚切，符合門法反切下字爲精組聲母字的要求，也與被切字『禀』韻母相同。不過『釋義』指出，門法另一要求是反切下字爲偈韻字，『悚』，鍾韻系字，屬偈韻，符合門法的要求。而『懍』，侵韻系字，屬狹韻，與門法要求不符。因此，『悚』與『懍』是受字形影響而産生的訛誤現象，還是受方音影響而自造的反切，有待考證。

②舌上音憑切體，門法要求爲：反切上字爲知組聲母字，反切下字爲照組聲母字，被切字根據照組聲母的等第决定，反切下字爲照組三等字，則被切字讀知組三等。所舉反切用例爲『陟輸切猪』。

『陟』，知母三等，『輸』審母三等，被切字『猪』知母三等，反切舉例完全符合門法要求。但『輸』爲遇攝合口三等虞韻字；『猪』爲遇攝開口三等魚韻字，《廣韻》反切爲『陟魚切』。『陟輸切豬』明顯不是出自《廣韻》系韻書，魚、虞相混很可能是受宋元實際語音影響，爲解釋門法而造的反切。如《切韻指掌圖》《四聲等子》與《切韻指南》對廣通、侷狹韻的區分中，侷狹韻中只有魚韻，没有虞韻，反映魚、虞兩韻已經不再區分。這和以上韻圖將遇攝三韻並列一圖，魚虞不分的做法是一致的。

受實際語音魚、虞相混影響而自造的門法反切不是孤例，喉音切字内外門舉例也反映了類似的情況。

③喉音切字内外門，門法要求爲：反切上字爲喻母字，反切下字爲内轉韻攝照組二等字，被切字讀喻母三等。所舉反切用例爲『王鉏切于』。

反切上字『王』爲喻母三等字，反切下字『鉏』爲内轉遇攝照組二等字，反切下字『于』韻圖列三等喻母位。出切、行韻、取字均符合門法要求。但反切下字『鉏』爲遇攝開口三等魚韻字，被切字『于』爲遇攝合口三等虞韻字。反切下字與被切字韻母條件不符合，顯然不是出自宋元之前的韻書反切，而是釋義者爲解釋門法而自造的反切。

④喉音切字音和門，門法要求爲：反切上字爲喻母，反切下字爲二等字，被切字讀喻母二等字。所舉反切用例爲『王咸切咢』。

反切上字『王』爲喻母三等字，反切下字『咸』爲咸攝開口二等字，符合門法要求。但被切字『咢』爲疑母二等字，《廣韻》五咸切。聶、孫二人均將『王咸咢』直接轉寫爲『五咸咢』，不當。

首先，原書『王咸皛』爲漏抄而增補的字，字迹非常清晰，並非『五咸皛』。其次，如改爲『五咸皛』，反切上字雖然與被切字聲母條件一致，但不符合門法所規定的上字爲喻母的要求。因此，這一反切中反切上字與被切字聲母不一致的原因，當是受實際語音疑母與喻母讀音相混的影響。

宋元實際語音中，疑母與喻母相混，例證甚多，《經史正音切韻指南》『交互音』部分就指出：『知照非敷遞互通，泥娘穿徹用時同。澄床疑喻相連屬，六母交參一時窮。』這也反映了該處喉音音和門反切舉例，是釋義者爲説明門法内容而自造的反切，不是依據《廣韻》，也不是依據《廣韻》之前的某部韻書。

受實際語音疑、喻相混而自造的反切同樣不是孤例，喉音切字内外門中也有類似的反切舉例。

⑤喉音切字内外門，門法要求爲：反切上字爲喻母字，反切下字爲外轉照組二等字，被切字讀喻母二等。所舉反切用例爲『于山切訮』。

反切上字『于』爲喻母三等字，『山』爲外轉山攝開口二等生母字，符合門法出切、行韻字的要求。但被切字『訮』爲疑母字，《廣韻》五閑切。這一反切與『王咸切皛』一樣，很顯然是受實際語音疑、喻母讀音相混的影響而自造的反切。

⑥喉音憑切門，門法要求爲：反切上字爲喻母字，反切下字爲三等字，被切字等第由反切

上字決定，反切上字爲喻母四等，則被切字讀喻母四等。所舉反切用例爲『余救切幼』。反切上字『余』韻圖列喻母四等位，反切下字『救』爲流攝三等見母字（韻圖列三等見母位），符合門法反切要求。被切字『幼』列韻圖四等，但並不是喻母字，而是影母字，《廣韻》伊謬切。反切上字與被切字聲母有別，『余救切幼』應當是受實際語音影、喻合流特征的影響而自造的反切。

影、喻相混在宋元時期已經非常普遍，如鄭樵《七音略》卷首所附『諧聲製字六圖』之『聲音俱諧圖第二』中，『因引印壹』『伊以饐壹』四聲相承。平、去聲『因、印』『伊、饐』，入聲『壹』均爲影母字，上聲『引』『以』則爲喻母字。

以上六例除第一例存疑，其他五例都比較明確地反映了實際語音對反切舉例的影響，這同時反映了《解釋歌義》釋義中，與《廣韻》不一致的門法反切舉例，很大可能就是□髓自造的。

（三）《解釋歌義》反切舉例爲類隔切，《廣韻》相應的反切爲音和切

聶、孫二人認爲《解釋歌義》反切當出自《廣韻》之前的韻書，還有一個重要證據：這些與《廣韻》不同的反切，有很多是類隔切，而相應的反切在《廣韻》中是音和切。反映了《解釋歌義》所依據的韻書類隔切在前，《廣韻》改爲音和切在後。（參見孫伯君二〇〇四：六八）

①《解釋歌義》類隔切舉例

《解釋歌義》類隔（含幫非交互、精照互用）反切舉例共計十一個，其中，

1）《廣韻》同爲類隔切的三例

這三例類隔反切分別爲：都江切椿，丁呂切貯，子監切覽（覽，『子監切』；《廣韻》『子鑒切』，『監』『鑒』讀音相同）。

2）《廣韻》爲音和切，《解釋歌義》爲類隔切的八例

這八例類隔反切出現的門法及門法要求如下：

［1］端知類隔（指以端組注知組，下文倣此）

門法條件：反切上字爲端組字，反切下字爲照組字。如，德山切譠，丁釃切知，得章切張。

《廣韻》反切分別爲音和切：陟山切譠，陟離切知，陟良切張。

［2］知端類隔

門法條件：反切上字爲知組字，反切下字爲一四等字（含精組一等字）。如：女溝切羺，澄丁切庭，孃尊切黁，馳草切道。

《廣韻》反切分別爲音和切：奴鉤切羺、特丁切庭、奴昆切黁、徒晧切道。

［3］照二、精類隔

門法條件：反切上字爲照組二等字，反切下字爲精組一等字，如：側溝切棸（棷）。

《廣韻》反切爲音和切：子侯切棷。

② 《廣韻》收録的類隔切情況

那麽《解釋歌義》所舉的這八例類隔切是否爲引用《廣韻》之前的某部韻書的反切？音和切是否爲編撰《廣韻》時所改？我們查閲了唐寫本《王仁昫刊謬補缺切韻》，以上《解釋歌義》所舉反切與《廣韻》一樣，均作音和切，如：知，陟移反；張，陟良反；羺，奴溝反；庭，特丁反；道，徒浩反等。我們查閲了《古音匯纂》，《廣韻》之前的音義書亦僅『張』，《文選・左思〈蜀都賦〉》『躡塵張天』，《集注》引《音決》音『丁亮反』。『庭』，《經典釋文・莊子〈逍遥游〉》『大有徑庭』，音『敕定反』。但均與《解釋歌義》所舉反切不同。

『棷』，《廣韻》平聲侯韻『子侯切』，但上聲『倉苟切』後有四聲互見的又音『側溝切』，與《解釋歌義》反切舉例相同。因此類隔切不見於《廣韻》的，實際上共只有七例。

據《切韻指掌圖》所附『廣韻類隔今更音和』部分的統計，《廣韻》共有類隔切一百二十六例。其中輕、重脣音類隔切九十二例；其他類隔切共計三十四例，但並不準確。後三十四例類隔反切的具體表現分析如下：

一）端知類隔十一例（不含泥、孃互注，泥、孃互注單獨統計）：

二）知端類隔四例，《廣韻》均非類隔切。其中：［一］『對，知内切』，《廣韻》都對切，屬音和切；［二］『箋，丑淚切』屬於校勘錯誤①；［三］『髱，陟賄切』，非類隔切，爲祭韻上聲字②；［四］『歡，丑歷切』，如爲類隔，則與『逖，他歷切』重出，此字爲入聲錫韻最後一小韻，當爲後人增補，余迺永認爲當與『逖』小韻合併。（余迺永二〇〇八：五二四）『歡』另有『丑力切』，但職韻無。

三）精照類隔三例，但只有一例屬於類隔切（覽，子鑒切），其他兩例均屬音和（齜，側宜切；趚，查獲切）。

四）照精類隔三例，有兩例屬於音和（襳，史炎切；攕，簪摑切），一例屬於校勘錯誤（㧬，職勇切）③。

五）泥孃類隔十三例。

根據以上對《切韻指掌圖》所歸納的《廣韻》類隔切的分析，《廣韻》實際上只有類隔切一百

---

① 箋，丑淚切，《廣韻》丑戾切；如爲類隔，則與『替』小韻『他計切』重，余迺永認爲，當爲『丑居切』之字訛而誤列於霽韻，甚是。見余迺永《新校互注宋本廣韻》，第三七四頁。

② 『髱，陟賄切』，如爲類隔，與『腄，都嘴切』小韻重出，余迺永認爲此字是祭韻上聲。見余迺永《新校互注宋本廣韻》，第二七三頁。

③ 㧬，《廣韻》職勇切，與『腫』小韻『之勇反』音重。余迺永指出，『王三及全王且勇反』，見余迺永《新校互注宋本廣韻》，第二四〇頁。

一十八例，這些類隔切都是《切韻》系韻書保留下來的。宋代修撰《廣韻》的時候存在將部分類隔切改成音和切的現象，但不在正文中，而是在每卷卷尾，並注明『新添類隔今更音和切』，其中輕重脣音類隔切改爲音和切共十九例，端知類隔改音和切兩例，共計二十一例。

③《解釋歌義》類隔反切舉例的來源

根據《解釋歌義》類隔反切舉例及其與《廣韻》相應反切的比較來看，《解釋歌義》類隔切當有以下來源。

（一）《廣韻》有符合《解釋歌義》門法要求的類隔切，則直接引用。

如《廣韻》端、知類隔反切共十一例，分别爲：

［一］椿，都江切；［二］胝，丁尼切；［三］𪐴，丁全切；［四］貯，丁吕切；［五］瑒，徒杏切；［六］湛，徒減切；［七］罩，都教切；［八］滯，徒例切；［九］掌，他孟反；［十］窡，丁滑切；［十一］㸃，定力切。

以上類隔切中，『椿，都江切』『貯，丁吕切』，符合《解釋歌義》端知類隔門法中，反切上字爲端組字，反切下字爲二、三等韻字，被切字讀知組二三等的要求，故直接被《解釋歌義》採用。

（二）《廣韻》没有符合《解釋歌義》門法要求的類隔切，爲説明門法内容而自造。

《廣韻》類隔反切收録的情况反映，該書在編撰過程中，改動類隔切的地方並不多。《解釋歌義》所舉類隔切在《廣韻》中多爲音和切，並不能説明《解釋歌義》所依據的就是《廣韻》之前的某部韻書。很大的可能性是：與上文所討論的不符合門法要求，以及反切上、下字與被切字聲韻不符的反切一樣，這些類隔切同樣是釋義者爲了説明門法内容而自造的反切。自造的原因是什麽？是因爲《廣韻》中没有符合門法要求的反切，如

《解釋歌義》舌音端知類隔門法的要求爲：反切上字爲端組聲母字，反切下字爲照組聲母字，被切字讀知組聲母。《廣韻》以上端知類隔反切中，没有一例符合該門法要求。爲了説明這一門法的内容，只有自造三個反切：德山切譠，丁釃切知，得章切張。

《解釋歌義》舌音知端類隔切門法要求爲：反切上字爲知組字，反切下字爲一、四等韻字。《廣韻》符合這一條件的只有一例存疑的反切『歡，丑歷切』，且比較生僻。故《解釋歌義》自造了四個反切：女溝切糯，澄丁切庭，孃尊切磨，馳草切道，以達到對門法進行明確解説的目的。

（三）同一字同時注了類隔切和音和切，作爲不同門法的反切用例，反映了大多數類隔反切是爲了説明門法内容而自造的。

上文認爲，《解釋歌義》所舉類隔反切不是依據《廣韻》之前的某部韻書，而是因爲《廣韻》中没有符合門法條件的類隔切，爲達到準確説明門法内容的目的而新造的。支撑這一觀點，還有一個非常直接的證據，那就是，除四聲互見的又音外，同一個字在同一本韻書裏面不可能出現兩個讀音相同的反切。而《解釋歌義》中就出現了同一個字既注音和切，又注類隔切，分别作爲不同門法反切用例，且不是四聲互見又音的現象。

①舌音端組聲母内外轉類隔門，門法要求爲：反切上字爲端組字，反切下字爲外轉照組二等字，被切字讀知組二等。所舉反切用例爲『德山切譠』。

②舌音知組聲母『憑切體』，門法要求爲：反切上字爲知組字，反切下字爲照組字，被切字讀音根據反切下字的等第決定，如果反切下字爲照組二等字，則讀知組二等。所舉反切用例爲『陟山切譠』。

譠，《廣韻》陟山切，屬於音和切，符合舌音知組『憑切體』門法的要求，故作爲反切例證。而舌音端組聲母外轉類隔門法，《廣韻》没有合適的反切，故釋義者將『陟山切譠』改爲『德山切譠』，以達到準確説明門法的目的。同時，『德山切』與『陟山切』並非四聲互見又音。因此，可以確認，『德山切譠』當爲釋義者自造的反切。

（4）《解釋歌義》部分反切用字與《廣韻》不同

除以上門法舉例外，《解釋歌義》還有九例反切用字與《廣韻》不同，其中有兩例屬於反切上字换用音同、形近字的現象，如：弭/彌正切面，弭/彌正切詺（『/』前爲《解釋歌義》反切上字，後爲《廣韻》反切上字），其他七例均屬於與《廣韻》反切用字有别的現象，舉例如下：

①脣音幫組聲母音和門：上字爲幫母字，下字爲精組一等字，被切字讀幫組一等，『莫崔切枚』。枚，《廣韻》莫杯切。

②脣音幫組内外門：上字爲幫組字，下字爲外轉照組二等字，被切字讀幫組二等，『布删

切班」。班，《廣韻》布還切。

③脣音幫組偈狹門：上字爲幫組字，下字爲偈狹韻照組三等字，被切字讀幫組三等，「彌闡切免」。免，《廣韻》亡辨切。

④牙音見組内外門：上字爲見組字，下字爲外轉照組二等字，被切字讀見組二等，「居稍切交」。交，《廣韻》古肴切。

⑤牙音見組内外門：上字爲見組字，下字爲内轉照組二等字，被切字讀見字三等，「去愁切惆」。惆，《廣韻》去秋切。

⑥牙音見組偈狹門：上字爲見組字，下字爲偈狹韻照組三等字，被切字讀見組三等，「驅主切齲」。齲，《廣韻》驅雨切。

⑦照組聲母憑切門：上字爲照組三等字，下字爲四等韻字，根據上字讀照組三等，「出幽切犨」。犨，《廣韻》出周切。

除第⑦例，可能存在因抄録而産生的校勘問題外，其他六例反切，改换《廣韻》反切下字的三例，上下字均不同的三例。這六例反切可能存在以下三種情況：

①《廣韻》没有符合門法要求的反切，故自造反切以説明相關門法。如牙音内外門法要求爲：上字爲見組字，下字爲内轉照組二等字。《廣韻》没有符合要求的反切，故自造反切「去愁切惆」。

②《廣韻》雖有符合門法要求的反切，但被切字或反切上、下字比較生僻，故棄而不用，另造反切。如牙音內外門法要求：上字爲見組字，下字爲外轉照組二等字。《廣韻》符合門法要求的反切有：鞕，五爭切；鹼，古斬切；鑒，格懺切。但這些反切或被切字生僻，或反切下字比較生僻，故自造了反切『居稍切交』。

③《廣韻》符合門法要求的反切太少，釋義者没有細緻查閲，而自造反切。如脣音內外門法：上字爲幫組字，下字爲外轉照組二等字。《廣韻》符合門法要求的反切有一例：迸，北諍切。脣音音和門：上字爲幫組，下字爲精組一等字。《廣韻》符合門法要求的反切有三例：娝，普才切；琲，蒲罪切；本，布忖切。

聯繫上文所討論的《解釋歌義》反切舉例與門法要求不符，反切上、下字與被切字聲韻不同，以及《廣韻》没有符合門法條件的反切，《解釋歌義》爲説明門法內容而自造類隔切等情況，我們認爲，以上六例反切應當同樣是釋義者爲直接明了地説明門法內容而自造的。因爲《解釋歌義》的反切都出現在釋義中，根據歌義內容，以及聶、孫二家的觀點，釋義的作者爲金代人，那麼這些反切也就不大可能是依據《廣韻》之前的某部韻書了。

二、《解釋歌義》的成書年代問題

關於《解釋歌義》的成書年代，聶鴻音（二〇〇四）認爲『《指玄論》編撰時間的上限是唐王朝滅亡的公元九〇七年』,『時間下限是《廣韻》問世的宋大中祥符元年(一〇〇八)。結合以上綫索我們可以相信,《指玄論》和《解釋歌義》當寫成於公元十世紀間』(孫伯君二〇〇四,聶序:三)。其上限的依據是『喉音切字門』對歌訣『**自古難明今義出**』進行釋義時説:『自古者,即先師也;不曉,曰難明也。《指玄》曰「今評論曰義。自唐已來,未見其義所出。斯論其美矣哉!」』將『自古』解釋爲『自唐』,説明《指玄論》當成書在唐之後。這一推論應該是正確的。《解釋歌義》成書下限在《廣韻》成書之前,聶氏是根據《解釋歌義》所透露的智公和王忍公所撰的韻圖信息與反切舉例。(一)根據《解釋歌義》透露的信息,智公《指玄論》所依據的韻書音系爲二百零七韻,其中平聲五十九韻,入聲三十五韻。(二)釋義所舉七十二個反切中有二十六例和《廣韻》不同。

《指玄論》成書於十世紀左右當有可能,衢本《郡齋讀書志》著録有王宗道《切韻指玄論》三卷,《四聲等第圖》一卷。並附録提要,有這麽幾句話:『切韻者,上字爲切,下字爲韻……切歸本母,韻歸本等者,謂之音和,常也;本等聲盡,泛入别等者,謂之類隔,變也。』魯國堯先生認爲『此提要當係撮録王書文字而成。』(二〇〇三:三一八)而稍晚於王宗道之後的沈括《夢溪筆談》『切韻之學』條也有同樣的記載:『所謂切韻者,上字爲切,下字爲韻。切須歸本母,韻須歸本等。切歸本母,謂之音和,如『德紅』爲『東』之類。『德』與『東』同一母也。字有重中重、輕中輕,本等聲盡,泛入别等,謂之類隔。』與《切韻指玄論》提要如出一轍。沈括生於一〇三一年，卒於一〇九五年。這説明《切韻指玄論》當成書於十世紀末，或十一世紀初。《切韻指玄論》當與《指玄論》有一定的關係。婁育就認爲：『《切韻指玄輪》……是由智公的「指玄論」（《切韻論圖》、門法），及王宗道的「指玄」（歌訣）共同組成。』（婁育二〇一一：一五七）《指玄論》當成書於《切韻指玄論》之前，即十世紀左右。

《郡齋讀書志》著録的『《切韻指玄論》三卷，《四聲等第圖》一卷』後有一按語，指出『案：《四聲等第圖》袁本另行列，此條後云「皇朝僧宗彦撰，切韻之訣也」。』聶鴻音認爲，宗彦即王宗彦，與王宗道同時，亦當生活在北宋初年。王宗彦爲僧人，王忍公亦爲僧人。《四聲等第圖》爲『切韻之訣』，《解釋歌義》所引亦爲門法歌訣，由此推斷，王忍公當即王宗彦。並認爲『綜合考慮反切原理闡述多由釋家的傳統以及王忍公曾從智邦討論過門法等因素，恐怕《切韻指玄論》也是僧人王宗彦撰作的』。（聶鴻音二〇〇六：一一六）這一觀點值得商榷。一方面僧宗彦是否姓王？没有證據。另一方面，歷代著録都僅記録《四聲等第圖》爲僧宗彦所著，《切韻指玄論》爲王宗道所著。《解釋歌義》所引歌訣是否出自王宗道《切韻指玄論》，很難斷定。孫伯君則認爲『《解釋歌義》所著録的「頌」「贊」就出自《四聲等第圖》』（二〇〇四：四一），但宗彦是否就是此『王忍公』？如果不是，則這一説法也難以成立。所以王忍公的真實身份還需要繼續討論，《解釋歌義》所引王忍公門法歌訣原書的名稱亦待考釋。這些歌訣内容都是對智邦《指玄論》門法的歸納和闡述，則是非常明確的，所以爲討論方便，上文稱之爲王忍公《切韻指玄論》

（下文簡稱《切韻指玄論》）。

《解釋歌義》的成書年代要晚於《切韻指玄論》。孫伯君通過《解釋歌義》不避宋祖諱『玄』字，□髓對王忍公基本情況的介紹内容，『把《解釋歌義》這部書的作者想定爲金代懂音韻的女真僧侶知識分子，撰作時間是十二世紀和十三世紀之間』。（孫伯君二〇〇四：一一）聶鴻音後來也接受了這一觀點，認爲『《解釋歌義》的作者□髓應該是金代懂音韻的女真僧侶，此書的初撰時間是十二和十三世紀之間』。（二〇〇六：一一〇）。

至於聶鴻音所提出的將《解釋歌義》與《廣韻》不同的反切舉例作爲其成書下限的證據，顯然是不嚴謹的。首先，《解釋歌義》的反切都出現在釋義中，因此並不能作爲《指玄論》成書年代的證據，只能是作爲《解釋歌義》成書年代的一個證據。其次，如上文所述，《解釋歌義》與《廣韻》不同的反切，都是釋義者爲説明門法内容而自造的，大部分都是在參考韻書的基礎上，對歌訣所歸納的門法進行説明。根據歌義内容，以及聶、孫二家的觀點，釋義的作者□髓爲金代人，那麼這些反切也就不大可能是依據《廣韻》之前的韻書了，《解釋歌義》反切舉例依據的應當就是《廣韻》或《廣韻》系韻書。《解釋歌義》所引《切韻指玄輪》歌訣歸納了五音門法各種可能出現的形式，有韻書中存在的反切形式，也有韻書不存在但理論上存在的形式，反映了歌訣所歸納的門法不僅僅是爲了解決韻書拼讀的需要，而且是將門法作爲韻圖拼讀的規則，門法從實踐歸納上升到了理論總結的高度。而釋義則在門法概念逐漸成熟的基礎上，以反切舉例的方式，對歌訣歸納的門法進行了具體闡述。

《解釋歌義》是根據歌訣五音切字的方式，分别對五音所涉及的門法進行的闡述與分析，還没有對門法分門别類。《四聲等子》則以門法爲單位，對各門法的具體内容進行了闡述，在理論歸納上更爲成熟，門法歸納更爲系統。但從《解釋歌義》所論述的門法内容來看，當稍晚於《四聲等子》，而早於《經史正音切韻指南》的成書年代。從門法分類、門法内容以及倘、狹韻的進一步細緻區分的比較來看，《四聲等子》的門法體系相對更早，而《解釋歌義》與《經史正音切韻指南》『門法玉鑰匙』的門法體系、内容則更爲接近。

（一）《四聲等子》類隔切的内容比《解釋歌義》《切韻指南》更接近早期門法。

從門法分類來看，《解釋歌義》區分幫非互用、照精互用和端知類隔，但釋義同時也指出：『互用者，是古類隔也。』《守温韻學殘卷》就明確指出，類隔包含了『幫、非』『精、照』『端、知』三種互切形式。《四聲等子》就是將幫非互用、照精互用與端知類隔一起納入『辨類隔切字例』的。《經史正音切韻指南》『門法玉鑰匙』則與《解釋歌義》一樣，將古類隔區分爲『端知類隔』『精照互用』『幫非交互』三種門法。這説明《解釋歌義》成書時間當不會早於《四聲等子》，《四聲等子》所依據的門法體系比《解釋歌義》更爲接近早期門法。

（二）《解釋歌義》『憑切門』的内容與《切韻指南》比較接近，而與《四聲等子》有一定的區别。

『憑切』是出現比較早的門法概念，《守温韻學殘卷》已經有明確的舉例説明，是指同韻的字以正齒音照組聲母字爲反切上字，根據反切上字區分莊、章兩組聲母字的讀音，這是正齒音憑切的最初表現形式。《解釋歌義》正齒音憑切保留了這一概念的内涵，包括照二憑切與照三憑切。除正齒音憑切外，《解釋歌義》的憑切還包括了『喻母憑切』，其内容爲：喻母字爲反切上字，三等韻字爲反切下字，被切字讀音根據反切上字決定。反切上字爲喻母三等字，被切字讀喻母三等；反切上字爲喻母四等，被切字讀喻母四等。

《四聲等子》與《經史正音切韻指南》『門法玉鑰匙』則將照二憑切稱爲『正音憑切』，將照三憑切以及《解釋歌義》中的『寄韻』合稱爲『寄韻憑切』。

但不同的是，《四聲等子》將正音憑切、精照互用、寄韻憑切、喻下憑切、日寄憑切同歸納爲『辨正音憑切寄韻門法例』。《經史正音切韻指南》『門法玉鑰匙』則與《解釋歌義》一致，將《四聲等子》『辨正音憑切寄韻門法例』所包含的上述門法均獨立爲不同的門法。

從門法内容來看，《四聲等子》『正音憑切』的條件爲：上字爲照組二等字，下字爲二、三、四等字。而《解釋歌義》『照組二等憑切門』的條件爲：上字爲照組二等字，下字爲三、四等字，與『門法玉鑰匙』『正音憑切門』的條件一致。

《四聲等子》『喻下憑切』的條件爲：反切上字爲喻母四等字，反切下字爲三等韻字，被切字讀喻母四等字。『門法玉鑰匙』『喻下憑切門』的條件爲：反切上字爲喻母三、四等字，被切字根據反切上字決定韻母等第。將反切上字爲喻母三等的稱爲喻母覆憑切，反切上字爲喻母四等的稱爲仰憑切。門法内容與《解釋歌義》一致。覆、仰之别，無疑與《解釋歌義》喻母憑切區分反切上字三、四等有一定的關聯。

（三）從偈狹韻的區分來看，《解釋歌義》與『門法玉鑰匙』門法體系的産生年代更爲接近。

《經史正音切韻指南》『門法玉鑰匙』十三門法的内容、歸納説明方式、術語的使用，尤其是『玄關歌訣』的内容和形式，反切舉例，都反映了與《解釋歌義》之間具有非常密切的聯繫或學術淵源。其中最明確的綫索是，《解釋歌義》雖然没有明確指出廣通、偈狹韻所包括的具體韻攝，但在論述的過程中，對廣通、偈狹韻的區分非常明確，並且與《經史正音切韻指南》一樣，進一步區分了偈狹韻。如脣音切字門指出：『用幫等中字爲切，將精清從心邪兩等中弟二字爲韻，即切本母下弟四字，如弭箭切面。若遇偈者，即切弟三字，如筆悚稟；狹者，方瞻砭是也。』『悚』是鍾韻系字，『門法玉鑰匙』歸偈韻；『瞻』是鹽韻系字，『門法玉鑰匙』歸偈韻。《解釋歌義》的分類與《經史正音切韻指南》完全一致。而《四聲等子》只區分了通廣、偈狹韻，而没有對通、廣韻，偈、狹韻進一步細分。

《解釋歌義》的門法内容已經非常成熟，與《四聲等子》門法、《經史正音切韻指南》十三門法大同小異。從《解釋歌義》釋義部分的門法概念與各門法的表現形式來看，除了來、日母切字所涉及的門法外，其他門法及門法的表現形式都闡述得十分完整，門法體系已經非常成熟。

這些門法體系可能有兩個來源：（一）《解釋歌義》釋義的作者□髓的原創；（二）《解釋歌義》的成書年代，門法概念和門法體系已經十分成熟，□髓在這一學術背景下對《切韻指玄論》重新進行了闡述。而金代對《指玄論》的注解活動非常活躍，如韓道昭《五音集韻》序記載韓孝彦注疏《指玄之論》，作《切韻指迷之頌》，韓孝彦《四聲篇海》序記載真定人校將元注《指玄》等，儼然成爲當時的一股學術潮流。劉鑒《經史正音切韻指南》應當就是在以上對《指玄論》門法進行系統闡述的基礎上，將前人所述門法進行了歸納分類，稱之爲『門法玉鑰匙』，門法由此定型。其『玄關歌訣』很可能就是借鑒《切韻指玄論》，即《解釋歌義》所引五音切字門歌訣的形式，以七音爲單位，將各聲母切字所涉及的門法進行了歸納。

三、《經史正音切韻指南》門法與《解釋歌義》的關係問題

《切韻指南》『門法玉鑰匙』所歸納的十三門法是宋元門法之集大成者，與《四聲等子》相比，内容更全面，分析更細緻。《切韻指南》成書於至元二年（一三四二），從時間上看應當晚於《解釋歌義》的成書年代。劉鑒在卷首序言中説：『讀聖賢之書，首貴乎知音，其可不稽其本哉？其或稽者，非口授難明，幸得傳者歸正。隨謬者成風，以至天下之書不能同其音也。故僕於暇日，因其舊制，次成十六通攝，作檢韻之法，析繁補隙，詳分門類，并私述玄關六段，總括諸門，盡其蘊奥，名之曰《經史正音切韻指南》，與韓氏《五音集韻》互爲體用。』但其門法、術語、

『玄關歌』内容，與《解釋歌義》具有明顯的承襲關係。

一、從門法内容看《切韻指南》『門法玉鑰匙』與《解釋歌義》的關係

《切韻指南》『門法玉鑰匙』十三門法的名稱、内容和反切的表現形式，在《解釋歌義》釋義部分都已經出現，且内容大體一致，對比如下：

表十五 《切韻指南》『門法玉鑰匙』與《解釋歌義》門法比較

	門法						
門法玉鑰匙	音和	類隔	窠切	輕重交互	振救	正音憑切	寄韻憑切
《解釋歌義》	音和、憑切體、交互	類隔	窠切、能切	幫非互用	振救	憑切	憑切、寄韻
門法玉鑰匙	喻下仰、覆憑切	精照互用	日寄憑切	通廣	侷狹	内外	
《解釋歌義》	喻下憑切	精照互用		廣通	侷狹	内外	

二者的差異表現在：

（一）《解釋歌義》實際上將門法分爲音和與類隔兩大類，窠切、振救、憑切、内外、通廣、侷狹都屬於廣義的音和門，但又對廣義音和的不同形式以不同的名稱進行了區分。『門法玉鑰匙』則只保留了狹義的音和門法，其他音和門法的不同形式全部獨立了出來。

（二）《解釋歌義》齒音切字門有憑切體、交互等門法，大部分屬於音和門的特殊表現形式，

『門法玉鑰匙』不再區分。但其『輕重交互』門法當爲借用《解釋歌義》中齒音『交互』的概念。《解釋歌義》『幫非互用』爲輕、重脣音字互爲反切上、下字的關係，與齒音精組一等或四等互爲反切上、下字，齒音照組二、三等互爲反切上、下字（《解釋歌義》稱爲『交互』）具有相似的表現形式。所以『門法玉鑰匙』將《解釋歌義》『幫非互用』改爲『輕重交互』，以與『精照互用』的概念區別開來，而把《解釋歌義》的『交互』門法，根據反切形式與反切結果歸入音和門。

（三）《解釋歌義》有『寄韻』門法概念，與照三憑切相同，根據反切上字切正齒音照組三等，故『門法玉鑰匙』將其與照三憑切結合起來，稱爲『寄韻憑切』。

（四）《解釋歌義》『能切』與『窠切』門法反切上字條件一致，同切知組三等，故『門法玉鑰匙』合併爲『窠切』。其中《解釋歌義》釋義中没有出現窠切的概念，而是稱爲音和，但《切韻指玄論》歌訣有『**兩二須歸本位窠**』。『門法玉鑰匙』及《四聲等子》『窠切』的概念，當與《切韻指玄論》歌訣有一定的關聯。

（五）《解釋歌義》『喻下憑切門』不區分喻三覆憑切與喻四仰憑切，但反切上字條件爲喻母三、四等。『門法玉鑰匙』『喻下憑切門』仰、覆的分類當與《解釋歌義》『喻下憑切門』反切上字喻母三、四等的區分有一定的聯繫。

（六）『玉鑰匙門法』有『日寄憑切門』，《解釋歌義》因爲没有『半舌半齒音』切字門，故没有『日寄憑切門』。

『門法玉鑰匙』與《解釋歌義》門法分類、門法内容以及對應關係的一致，非常清晰地反映了二者之間承襲與發展的關係。《切韻指南》序所謂『析繁補隙，詳分門類』當指前有所秉。《解釋歌義》釋義所歸納采用的門法體系當同時也是《切韻指南》『析繁補隙』的源頭之一。

二、從術語體系看《切韻指南》『門法玉鑰匙』與《解釋歌義》釋義的關係

《解釋歌義》根據《切韻指玄論》歌訣，有一套對反切上、下字特有的稱謂，如照組二等稱爲照一或初或單，照組三等稱爲照二，精組一等稱爲單，四等稱爲精雙，一等稱爲四中一、四一，二等稱爲四二、四中二，諸如此類。《四聲等字》直接以聲母、韻母的四等對反切上下字的條件進行説明，而《切韻指南》『門法玉鑰匙』及『玄關歌訣』中雖然大部分與《四聲等子》一樣，直接使用了以四等對反切上下字條件進行説明的方式，但很多情況下仍沿用了《解釋歌義》術語對反切上、下字語音條件進行説明。如照組二等稱爲『照等第一』『照一』『照初』『初』或『照類兩中一』『正齒兩中一』，照組三等稱爲『照等第二』或『照二』。精組四等稱爲『精雙』。一等韻稱爲『四中一』，二、三等分别稱爲『四二』『四三』等。

以上術語與《解釋歌義》完全一致，不過除照一、照二及『照等第一』『照等第二』出現在『門法玉鑰匙』外，其他術語都出現在『玄關歌』歌訣部分。

此外，《解釋歌義》歌訣中出現了『前三』『後一』的術語，『前三』指做脣音聲母字的反切下字，被切字讀幫組聲母的一百七十四韻；『後一』指做脣音聲母字的反切下字，被切字讀非組

聲母的三十三韻。『前三』『後一』是韻母分布的概念。《切韻指南》『玄關歌訣』中也出現了『前三』『後一』的術語，不過歌訣釋義把『前三韻』稱爲輕脣音，『後一音』稱爲重脣音。把『一』『三』理解爲等的區别，完全顛倒了《解釋歌義》『前三』『後一』的含義。這也從側面反映了『玄關歌訣』與《解釋歌義》之間的承襲關係。

三、從『玄關歌訣』的歌訣内容看《切韻指南》與《解釋歌義》之間的承襲關係

《切韻指南》門法與《解釋歌義》之間的承襲關係更突出地表現在，『玄關歌訣』與《切韻指玄論》歌訣的内容雷同成分很高。上文我們在分析《解釋歌義》門法的過程中，分五音對比了二者歌訣的内容。從形式上看，與《切韻指玄論》歌訣一樣，同爲七言；數量上來看，『玄關歌訣』五音歌訣（不含『半舌半齒音』）共有五十句，其中與《切韻指玄論》歌訣雷同的九句，化用的十一句，相似度將近一半。將『玄關歌訣』五音歌訣列舉如下，與《切韻指玄論》歌訣完全雷同的以黑體字表示，相近或化用的歌訣列相關歌訣後的括號内：

牙音

切時若用見溪群，四等音和隨韻臻。

照類兩中一作韻，内三外二自名分。

精雙喻四爲其法，偈狹須歸三上親。**（如所引文聲下促，弟三切出即爲真）**

來日舌三並照二，廣通必取四爲真。（**齒中十字俱明二，韻下舒寬順四親**）

舌音

一四端泥二三知，相承類隔已明之。
知逢影喻精邪四，窠切憑三有定基。
正齒兩中一韻處，内三外二表玄微。
舌頭舌上輕分析，留與學人做指歸。

脣音

幫非爲切最分明，照一須隨内外形。
來日舌三並照二，廣通第四取真名。
精雙喻四爲其韻，偈狹却將三上迎。
輕見重形須切重（**前三韻上分幫體**），重逢輕等必切輕（**後一音中立奉形**）。
唯有東尤非等下，相違不與衆同情。
重遇前三隨重體，輕逢後一就輕聲。

齒音

精邪若見一爲韻(**頭將四内一爲韻**)，**定向兩中一上認**。

四二相違互用呼(**四二相違無可呼**)，四三還歸四名振(**四三四四二名振**)。

照初却見四中一，互用還歸精一順(**正音四一不和平**)。

逢三遇四盡歸初，正音憑切成規訓(**四四四三憑切道**)。

照二若逢一、四中，只從寄韻三中論(**正音四一不和平/四四四三憑切道**)。

切三韻二不離初(**切雙韻隻還呼一**)，精照昭然真可信。

喉音

曉喻四音隨韻至，法同見等不差參。

韻三來日連知照，通廣門中四上擔。

精喻四時何以辨，當於偈狹第三函。

如逢照一言三二(**兩一之中外轉雙**，**若逢内轉三無窒**)，喻母復從三四談。

若逢仰覆但憑切(**弟三四遇四中三**，**憑切自然分體質**)，玄論分明有指南。

從以上《切韻指南》『門法玉鑰匙』『玄關歌訣』與《解釋歌義》内容的比較來看，王忍公《切韻指玄論》歌訣當是『玄關歌訣』的直接源頭；《解釋歌義》在對《切韻指玄論》五音切字門歌訣釋義過程中所歸納或使用的門法概念，也應當是劉鑒所因『舊制』，是其『析繁補隙，詳分門類』的源頭之一。

下編　漢語等韻門法匯解

引　言

漢語等韻門法是漢語等韻學的重要組成部分，作爲使用韻圖，拼讀反切的門徑與方法，等韻門法在韻圖編撰、反切拼讀、辨音正音等方面都發揮了非常重要的作用。但是由於語音的發展變化帶來的學術發展與學術觀念承襲性的矛盾，等韻門法變得日益繁瑣玄妙，『自音和門而下，其法繁，其旨秘，人每憚其難而棄之』（《韻法横圖》序）。爲更準確地理解門法内容，從而更合理地使用門法，明清以來，不斷有學者對宋元等韻門法内容進行補充、論述與注解。門法補充方面最有影響力的是明真空和尚的《直指玉鑰匙門法》，清《續通志・七音略》。對門法進行論述注解的則有明代若愚《直指捷徑門法》，袁子讓《字學元元》『格子門法』，均以表格的方式對門法進行了直觀的圖解。袁子讓《字學元元》『十三門法附袁氏注』對《經史正音切韻指南》『門法玉鑰匙』十三門法以及『玄關歌』七音歌訣分別進行了注解、評述。方中履《切字釋疑》，清羅愚《切字圖訣》分别對真空二十門法進行了詳細的注解與闡述等。明代王三聘所編《字學大全》收録的《經史正音切韻指南》，附録了《直指玉鑰匙門法》，每一門法下均附了相應的指掌圖，在等韻門法的解説著作中别具一格。以現代音韻學理論對門法進行解釋最深入、系統的則是董同龢（一九四八）《等韻門法通釋》。

明若愚《直指捷徑門法》、袁子讓《字學元元》、方中履《切字釋疑》、清羅愚《切字圖訣》、《續通志·七音略》相關内容簡介如下。

一、若愚《直指捷徑門法》

《直指捷徑門法》，明釋若愚著，隆慶六年（一五七二）七月吉日經廠祥符張潤刊。該書首次以格子門法的方式，結合《篇韻貫珠集》的相關内容，對明真空《直指玉鑰匙門法》二十門法進行了圖解，共計二十八圖。其特點是根據門法内容，在同一門下，部分區分小類。二十門法二十八圖内容如下（前爲門法，後爲對應的格子門法圖：

（一）音和門：圖一『音和門』，圖二『一四音和門』，圖三『四一音和門』；

（二）類隔門：圖四『端等韻類隔門』，圖五『知等韻類隔門』；

（三）窠切門：圖六『窠切門』；

（四）交互門：圖七『重輕交互門』，圖八『輕重交互門』；

（五）振救門：圖九『振救門』；

（六）正音憑切門：圖一〇『正音憑切門』；

（七）互用門：圖一一『精照互用門』，圖一二『照精互用門』；
（八）寄韻憑切門：圖一三『寄韻憑切門』；
（九）喻下憑切門：圖一四『喻下憑切覆門』，圖一五『喻下憑切仰門』；
（一〇）日寄憑切門：圖一六『日寄憑切門』；
（一一）通廣門：圖一七『通廣門』；
（一二）侷狹門：圖一八『侷狹門』；
（一三）内外門：圖一九『内三門』，圖二〇『外二門』；
（一四）麻韻不定門：圖二一『麻韻不定門』；
（一五）前三後一門：圖二二『前三門』，圖二三『後一門』；
（一六）三二精照寄正音和門：圖二四『三二精照寄正音和門』；
（一七）就形門：圖二五『就形門』；
（一八）創立音和門：圖二六『創立音和門』；
（一九）開合門：圖二七『開合門』；
（二〇）小通廣侷狹門：圖二八『小通廣侷狹門』

格子圖的基本體例是，分上下兩欄。上欄列門法注解，大部分爲引用《直指玉鑰匙門法》二十門法的内容，部分爲引用《篇韻貫珠集》的相關内容，如『遺誡同志切字例』『十干支陽名』

『十二支禖名』等。下欄據《經史正音切韻指南》韻圖形式列圖，是格子門法的圖解内容。按牙、舌、脣、齒、喉、半舌半齒的順序縱分六列，横分六行，上兩行爲聲母上下兩層，下四行依次表四等。韻圖表格兩旁各有一列，右欄爲二十八圖所列門法及門法所涉及的反切上下字的雙聲、疊韻、開合關係的説明；左欄爲門法反切舉例或門法歌訣。

其圖解門法的方式是：上欄列《直指玉鑰匙門法》對應於各格子圖門法的内容以及反切舉例；下欄根據門法内容，在聲母欄列門法所涉及的反切上字聲母；根據門法要求，在相應四等以『出切』表示反切上字，以『行韻』表示反切下字，以『取字』表示被切字讀音。

以『類隔門』第一圖『端等韻類隔門』爲例，所涉及的反切上字聲母爲端組聲母，故在舌音第一欄列舌頭音『端透定泥』。『端等韻類隔門』反切上字聲母條件是『端透定泥一四爲切』，故在舌音聲母下一等欄、四等欄列『出切』。『端等韻類隔門』反切下字條件爲『韻逢二、三』，故在韻圖表第二、三等欄位置均列『行韻』。『端等韻類隔門』被切字的讀音是『知等字』，知組聲母有二、三等，故在舌音欄第二、三等位置列『取字』。

格子門法將門法内容以韻圖的形式進行圖解，使門法變得直觀、易懂。一方面對門法内容進行了合理的闡述，另一方面有助於結合韻圖，熟練使用門法，門法使用、反切拼讀與韻圖結構結合得更爲緊密，具有很好的實踐使用價值。

反切舉例，主要爲特殊的反切類型，如雙聲反切、疊韻反切、開合反切。所謂雙聲反切是指反切上、下字聲母相同或同類，如『朝，都朝切，雙聲端等類隔門』；所謂疊韻反切是指反切上、下字韻母相同，如『朝，朝宵切，疊韻窠切門』；開合反切是指被切字與反切下字開合不同，如『淺，千遠切，開合振救門』。這些反切是爲了反映反切上、下字與被切字之間的語音關係，多爲自造反切。

若愚《直指捷徑門法》以韻圖形式，對門法進行圖解的方式也被明清等韻學家廣泛接受，袁子讓《字學元元》『格子門法』形制與《直指捷徑門法》大同小異，《續通志·七音略》門法內容及對各門法的分類同樣是沿襲的《直指捷徑門法》二十八圖內容。

二、袁子讓《字學元元》格子門法與門法解

《字學元元》十卷，明郴州人袁子讓著。袁子讓，生卒年不詳，字仔肩，號七十一峰主人。萬曆十三年（一五八五）舉人，二十九年進士，先後任嘉定、眉州知州，升兵部員外郎。

《字學元元》成書於萬曆三十一年，有明萬曆三十一年刻本，明天啓三年（一六二三）刻本。該書內容包括詳疏無名氏《四聲等子》，詳注等韻門法，增廣格子門法，制『子母全編』圖，以等子之學辨析《皇極經世聲音唱和圖》，編華嚴字母四十二唱分母分韻圖，增字學上下開合圖。該書在等韻理論闡述、韻圖編撰方面都有一定的創見。

其中第三卷『詳注等韻門法』，第四卷『增廣格子門法』都是有關等韻門法注解的內容。第

三卷門法注解包括三方面的内容：（一）『十三門法附袁氏注』，（二）『袁氏解玄關七音歌注』，（三）泛論。

『十三門法附袁氏注』首列《經史正音切韻指南》『門法玉鑰匙』十三門法的内容，次列袁氏對各門法進行注解的内容。『袁氏解玄關七音歌注』則僅列出《經史正音切韻指南》『玄關歌訣』的歌訣内容，没有引用劉鑒注解的部分，然後分别對七音歌訣加以注解。『泛論』是袁氏對門法内容的補充，『題首』指出：

> 佐音和五例，乃學切要訣，在門法之内。外音和二例，在門法之外。不互切不定門六例，所以盡門法之變。借切七例，所以盡切母之變。奇切四例，所以盡切法之變。後附二例，則前所發明而重申其解。門例雖多，總之或載在《指掌圖》，而予採之；或見於《指南》集，而予收之；或雜取經史之切，細玩而案别之；或不出十三門法之範圍，反復而申言之。使學者知切字之法，其變化之多如此。

第四卷『增廣格子門法』與若愚《直指切韻捷徑》相似，以韻圖的形式對門法進行圖解，題首指出：

格子門法，所以圖列十三門，使門法以内不迷；而又補足十三門，使門以外不缺也。畫而解之，令人一見可得門路。如何母出切，何等行韻，何處取字。若取之切母之下，韻等之中，則知其爲音和。如但取之行韻，而或離其母，則知其爲隔韻。如切下無字，而求之他母，則知其爲借切。如韻等無字而求之他等，則知其爲借韻。非門法之常者，則知其爲外例。按圖一索，捷徑了然。

與若愚《直指捷徑門法》的門法分類一樣，『格子門法』同樣根據同一門法的不同内容進行分類，其中音和門就區分爲十六種表現形式，列了十六圖。除十三門法之外，還補充了『前三後一』『開切』『合切』等十五種表現形式，共計四十八圖。分别爲：

（一）音和門

圖一『牙音音和門』，圖二『舌音音和門』，圖三『脣音音和門』，圖四『齒音音和門』，圖五『喉音音和門』，圖六『半舌齒音音和門』，圖七『切一音和門』，圖八『韻一音和門』，圖九『切二音和門』，圖十『韻二音和門』，圖一一『切三音和門』，圖一二『韻三音和門』，圖一三『切四音和門』，圖一四『韻四音和門』，圖一五『創立音和門』，圖一六『就形音和門』

（二）類隔門

圖一七『端等類隔門』，圖一八『知等類隔門』

（三）窠切門
圖一九『窠切門』
（四）交互門
圖二〇『重輕交互門』，圖二一『輕重交互門』。
（五）振救門
圖二二『振救門』
（六）正音憑切門
圖二三『正音憑切門』
（七）互用門
圖二四『精照互用門』，圖二五『照精互用門』
（八）寄韻憑切門
圖二六『寄韻憑切門』
（九）喻下憑切門
圖二七『喻下憑切覆門』，圖二八『喻下憑切仰門』
（一〇）日寄憑切門
圖二九『日寄憑切門』

（一一）通廣門

圖三〇『通廣門』

（一二）偈狹門

圖三一『偈狹門』

（一三）内外門

圖三二『内三門』，圖三三『外二門』

（一四）補足諸門法門

圖三四『前三門』，圖三五『後一門』，圖三六『開切門』，圖三七『合切門』，圖三八『清切門』，圖三九『濁切門』，圖四〇『雙聲門』，圖四一『疊韻門』，圖四二『通廣不定門』，圖四三『偈狹不定門』，圖四四『内三不定門』，圖四五『外二不定門』，圖四六『開不定門』，圖四七『合不定門』，圖四八『諸韻不定切門』。

不過補足的諸門法實際上只是以圖表的方法説明門法反切的不同表現形式，或特殊反切的拼讀方法，部分與《直指玉鑰匙門法》所補充的七門法内容相同。

各門法格子圖解方式亦與《直指捷徑門法》一致，以出切、行韻、取字分别代表門法所涉及的反切上、下字與被切字。上欄列反切内容與反切舉例，下欄以韻圖形式對門法進行圖解。袁氏雖指出，所增門法多『雜取經史之切，細玩而稟别之』，但實際上多爲根據韻圖或反切的不同表現形式而自造的反切，部分反切受自身實際語音的影響很大。

三、方中履《切字釋疑》

《切字釋疑》一卷，合山方中履著，收世楷堂藏板《昭代叢書》丙集卷三十。方中履（一六三八——？），字素伯（一作素北），號合山，方以智季子，今安徽樅陽縣浮山鄉陸莊人。天才捷悟，少隨父於方外，時人比之爲蘇東坡之次子蘇過。晚築稻花齋於湖上，離世遠俗，嘗用『躬耕、采藥、讀書』六字刻一圖章。著《古今釋疑》一書，對經史、禮樂、法度以及曆象、演算法、聲韻、醫藥無所不通。另著有《汗青閣文集》二卷、《汗青閣詩集》二卷等①。

《切字釋疑》當爲《古今釋義》内容之一，對古今語音變化的規律、内在原因，對等韻門法的不足、切字理論進行了評議。認爲古有本音，不可謂叶，方言乃自然流轉，各有本源等，古之反切多爲音和，今多爲類隔，遂使門法紛歧，切法日繁。其觀點有一定的見地，但該書多採用其父方以智的音韻理論進行闡述，因此《四庫全書提要》評價《古今釋疑》：『熔鑄舊説以成文，皆不標其所出。其體例乃如《策略》，不及其父《通雅》之精核也。』

① 參見樅陽縣地方志編纂委員會《樅陽縣志》，黄山書社，一九九八年，第六七九頁。

該書有『等母配位』『切韻當主音和』『門法之非』『字母增減』『真庚能補各母異狀』『啌嗐上去入』『發送收』『叶韻』『沈韻』『方言』等内容。

『等母配位』對諸家聲母與五音相配的方式、韻圖聲母五音排列的順序進行了比較。將齶(牙音)、舌、脣、齒、喉音分别與角、徵、羽、商、宫相配，將聲母排列與陰陽理論、發音部位、語音關係相附和。第一、三、五組聲母齶、脣、喉音爲陽，喉、脣爲聲之總門，齶爲中門；第二、四組舌、齒音爲陰，舌爲轉鍵，與齒相助。故齶、脣、喉相通，齶之疑母、脣之微母、喉之影母讀音相同(原文爲『宫羽角會於疑影微』)；舌、齒音相通，舌之知組與齒之照組讀音相同(原文爲『徵商會於知』)。引用其父方以智的觀點對等韻圖齶(牙音)、舌、脣、齒、喉音的排列順序進行了解釋，認爲：『端幫莊三列皆有兩層，而見曉二列正有一層，故置兩頭。』此觀點可備一説，不過方中履以排列順序與陰陽相配、以今音讀音關係作爲各聲母相通的依據自然是不科學的。

『等母配位圖』對每一聲母都據前人注了反切音，並以『啌嗐』(陰、陽平)理論對不符合平分陰陽的反切進行了改動，如『精，子盈切，今定迹京切』。全濁仄聲聲母反切上字均改讀爲送氣清聲母，如『並，蒲静切，今定篇静切』。

『切韻當主音和』認爲『類隔者必爲音和』，音和是反切的基本要求。提出當效法泰西拼音法，即金尼閣字父、字母相拼之法，『以父、母爲切響，而翻字無不漏』。將金尼閣字父與聲母相配，得齒音：責測色、者扯石（知照二列），牙音：格克額，舌音：德忒搦，脣音：百魄麥（幫組）、弗物（敷微，並非敷奉爲一），來：勒，日：日。在此基礎上，對《切韻聲原》反切法革新價值進行了論述，認爲該反切法以音和爲基本原則，『專定同類音和』，破除了前人門法的約束，『切響期同母，行韻期相叶而已』。其反切方法爲：審其同母之粗細與其狀焉，韻則尤審其陰陽、合撮、開閉之貼叶焉。所謂『母之粗細與狀』，是指聲母與被切字的四呼一致；所謂『陰、陽』即下字的啌、嗤（陰、陽平），『合、撮』即四呼，『開、閉』即陽聲韻臻山攝與深咸攝韻尾開口、閉口之別。

爲比較明確地説明各切字特徵，以反映各反切上、下字的條件，方中履另製了『舊譜作甲、乙、丙、丁新格圖』，將韻圖同組聲母以一、二、三、四、五相別，四等以甲、乙、丙、丁區分。如溪母三等字則稱爲牙丙之二，來母三等字稱爲半丙之一。引述如下：

表十六　甲、乙、丙、丁新格圖

見溪群群	一二三四	牙甲	牙乙	牙丙	牙丁
端透定泥 知徹澄娘	一二三四	舌甲	舌乙	舌丙	舌丁
幫滂並明 非敷奉微	一二三四	唇甲	唇乙	唇丙	唇丁
精清從心邪 照穿牀審禪	一二三四五	齒甲	齒乙	齒丙	齒丁
曉匣影喻	一二三四	喉甲	喉乙	喉丙	喉丁
來日	一二	半甲	半乙	半丙	半丁

舊以橫排七音之格，每格中見溪羣疑爲一二三四矣。又以直下平上去入爲一格，而直格有四，亦稱一二三四。初學豈能立解？茲因倣勾股之例，以甲乙丙丁配其直下四大格，如牙甲牙乙牙丙牙丁是也。若指每音每格第幾字，則曰牙甲之一，牙乙之二是也。如此設例，乃便指論。

舊圖曰出切者，謂於此切上一字也；曰行韻者，謂於此取下一字韻腳也。

「門法之非」對真空二十門法從三方面逐一進行了評議：（一）對門法的不足進行了批評，如音和門指出：「無往非音和，而專以角音爲音和，已泥矣。」（二）以《切韻聲原》所提出的反切新法對門法反切進行了修訂。將「起居切區」改爲「群居切區」，因爲「起」與「群」新法同爲一母，但「起」與「區」狀迮，即四呼不協調。並對韻脚和切脚提出了具體要求，即「上一字曰切脚，但取母同狀同，粗細輕重同」，「下一字曰韻脚，以啌、嘡，開、閉，局、撮，嘻、捲，審其確叶」。（三）以「甲乙丙丁新格圖」對切字描寫的方法，對各門法重新進行了闡述。如「類隔切」原文爲「類隔者，謂端透定泥一四爲切，韻逢二三，便切知等字；知徹澄娘二三爲切，韻逢一四，却切端等字。故曰：一四端泥三二知，相乘類隔已明之。如都江切椿字，丁恭切中字，濁甘切談字，陟經切丁字之類是也。」方氏重新表述爲：「「端等類隔門」曰「一四端泥三二知」，謂舌甲、舌丁二格出切，乙、丙二格行韻，故曰「一四爲切，韻逢二三，便切知等字」。「知等類隔門」則乙、丙出切，甲、丁行韻，却切端等字。」

「門法之非」雖在一定程度上指出了門法的不足，但以新法爲標準批評舊切不當，對門法産生的時代背景、特定的服務對象、門法制定的目的瞭解不當。隨意改動門法反切舉例，只是以今音爲標準對單個字的拼切提出了便捷的方法，對門法的理解並無幫助。

「字母增減」對宋元以來諸家對三十六字母的增加情況進行了評述，論述了《切韻聲原》以粗、細四狀將二十聲母區分爲四十七聲母類的合理性，其中微母只有一狀，見溪疑曉四狀，其他各聲母兩狀，『狀』即呼。聲母類的區分，與其切字新法對聲母的要求是一致的。四十七聲母類的區分，實際上同時説明了實際語音中聲母與四呼韻母的搭配關係。

『真庚能備各母異狀』認爲古人反切『聲爲韻迮，其狀即異』，即反切上下字四呼多不相同，原因是聲母、韻母四呼俱備者少，韻則只有真庚，其次先天四呼較全，故古人反切實近於粗。這實際上還是以今音爲標準對古代語音、古人反切進行評價。

『啌嘡上去入』是對各家四聲區分的評價，認爲周德清平分陰陽『前所未發』，但沒有以專門的名稱進行區分。『啌嘡』之分，其理雖一，但明確以調類區分平聲陰、陽，是方以智的一大貢獻。方中履同時也指出，實際語音中，嘡聲、入聲實際上也分高低兩類，共有七聲。這是非常重要的方言歷史語音信息。

『發送收』部分同樣是對《切韻聲原》聲母區分理論合理性的論述。方氏認爲古人齶、舌、脣、齒、喉聲母不一，是因爲部分聲母五音可譜，但不分啌嘡，所以嘡音無處可消，故明代音韻學家多將清從合併、透定合併，心邪合併等。認爲方以智以發、送、收給五音聲母分類，爲『天然妙叶，不容人力者』，並對發、送、收的含義進行了解釋：如脣之繃、舌之東、齶之公、齒之椶、喉之翁，初發聲也；脣之蓬、舌之通、齶之空、齒之聰、喉之烘，送氣聲也；脣之瞢、舌之膿、齶之翁、齒之鬆，忍收聲也。即不送氣的清塞音、塞擦音爲發，送氣的清塞音、塞擦音及曉母爲送，鼻音、邊音、擦音爲收。『齶』之翁當爲舌根鼻音，與喉之零聲母當有別。並指出，發、送、收，即金尼閣之甚、次、中。

『叶音』『沈韻』及『方言』討論了『叶音』産生的根源，《沈韻》的時代與地域局限性，對方言因時地不同而不斷改變等問題進行了論述。這部分論述中，方氏以語音發展的時地觀念對相關問題提出了自己的看法，表現了一定語音發展觀，具有一定的獨到見解。

四、《續通志·七音略》

《續通志·七音略》四卷，見三通館浙江書局《欽定續通志》第九十三至九十六卷，含劉鑒《經史正音切韻指南》韻圖一卷，《門法圖解》兩卷，《通釋》一卷。

韻圖圖式一仍《經史正音切韻指南》，但不列欄。列字大同小異，其不同者，表現在有增列或改列切字的現象。如將宕攝合口三等字『恇』列江攝韻圖，將止攝開口三等精組字由四等列入一等，將曾梗攝開口一二入聲字列止攝開口韻圖一等位等。韻圖以聲母組爲單位，有音無字則空，不列○。

『門法圖』是以格子門法的方式，直觀地表現各門法的内容及反切上下字的條件。卷首簡略地對門法的發展歷史進行了評述，指出：

> 反切之用，本以代直音之窮，音和一門其正法也。而古今語音有輕重，則四等多紊；

字音有異同，則三十六母亦互相出入。執古人反切，而以今人之音求之，則音和之門又有時而窮，於是多立門法以取之，此亦不得已而爲之者。非故爲繁重苛細之法以惑人也。唐人於音和門外，衹有類隔一法，凡舌頭舌上、輕脣重脣、齊齒正齒之互切者，歸類隔門。司馬光《切韻指掌圖》序略云：『遞用則名音和，傍求則名類隔，同歸一母則爲雙聲，同出一韻則爲疊韻，同韻而分兩切者謂之憑切，同音而分兩韻者爲之憑韻，無字則點窠以足之爲之寄聲①，韻闕則引鄰以寓之謂之寄韻。』其言門法始詳。至劉鑒作切韻十三門，乃析類隔爲輕重交互、精照互用諸法。沙門真空著《玉鑰匙》，又增七門，共二十門，而門法遂日益滋多矣。後之議者見門法轇轕，欲一掃而空之，率用音和，别立反切，意非不善，顧一家之言，何能遍易古人之書？至如張自烈②《正字通》，不明字母，妄立音切者，更不足道矣。況古人反切見於《經典釋文》者，粲然大備，《切韻》《唐韻》書雖不傳，而徐鉉所援以釋《説文》者，實即孫愐之舊，《廣韻》又淵源《切韻》《唐韻》二書而成，試以諸書所立反語切取一字，則舍門法固茫無涯涘。

① 「寄聲」原作「奇聲」。

② 「張自烈」原作「張爾烈」。

『門法圖』以韻圖的形式，列出各門法反切上下字的條件，反切上字爲『出切』，反切下字爲『行韻』，被切字曰『取字』。與若愚《直指捷徑門法》圖不同，只有圖的部分，没有上半部分反切説明和舉例的部分。共計二十八圖，包括：

一音和門三圖：圖一『音和門』，圖二『一四音和門』，圖三『四一音和門』；
二類隔門二圖：圖四『端等類隔切』，圖五『知等類隔切』；
三窠切門一圖：圖六『窠切門』；
四交互門二圖：圖七『重輕交互門』，圖八『輕重交互門』；
五振救門一圖：圖九『振救門』；
六正音憑切門一圖，圖一〇『正音憑切門』；
七互用門二圖：圖一一『精照互用門』，圖一二『照精互用門』；
八寄韻憑切門一圖：圖一三『寄韻憑切門』；
九喻下憑切門二圖：圖一四『喻下憑切覆門』，圖一五『喻下憑切仰門』；
十日寄憑切門一圖：圖一六『日寄憑切門』；
十一通廣門一圖：圖一七『通廣門』；
十二侷狹門一圖：圖一八『侷狹門』；
十三内外門二圖：圖一九『内三門』，圖二〇『外二門』；

十四各韻不定門一圖：圖二二「各韻不定門」；

十五前三後一門二圖：圖二二「前三門」，圖二三「後一門」；

十六寄正音和門一圖：圖二四「寄正音和門」；

十七就形門一圖：圖二五「就形門」；

十八創立音和門一圖：圖二六「創立音和門」；

十九開合門一圖：圖二七「開合門」；

二十小通廣侷狹門一圖：圖二八「小通廣侷狹門」。

從内容來看，實際上就是截取了若愚《韻法捷徑門法》格子圖下半部分的形式。「門法解」引述了真空《門法玉鑰匙》對二十門法的解説，然後逐一進行評述。「門法解」序言部分對門法産生的根源、評述的方式進行了説明，引述如下：

門法既繁，有一字而分數切者，有一切而分數字者。一字而分數切，此由立切時所用門法不同，或同一門法而所用出切、行韻之字不同所致。然取徑雖殊而匯歸則一，固不害其爲大同也。若一切而分數字，則多歧亡羊，勢難兩顧。學者於音韻正變本未易窺尋，而復以二三之説，參互其間，能無治絲而棼乎？此其不可之甚者也。今於每門之下，先釋其義，次類舉數位以爲格式，其有兼用別門法者，亦附注各字之下，而出切行韻有數法相犯者，亦匯加案語，附列於後，庶幾了然分明。舊傳門法歌訣，詞多鄙俚，兼之文不達意，今一切删之，不復引用。其有資辨證者，則間一引之，兼刊其謬誤焉。

『通釋』卷是對等韻學理論的解釋，包括：大藏經字母同異譜、古切字要法、沈約紐字圖、神珙四聲五音九弄反紐圖、《玉篇》《廣韻》切法、等韻諸家異同之説。

五、清羅愚《切字圖訣》

《切字圖訣》一卷，清羅愚輯注，嘉慶己未（一七九九）養拙軒重刻本。羅愚，字古直，生卒年不詳，湖南湘鄉人。卷首有其同里黄宜中序及李日麟叙。據黄、李序文，該書原名《切字要訣》，成書於乾隆三十二年（一七六七）之前。

李新魁（一九八三）對該書韻圖有所介紹，認爲該書韻圖是仿效《韻法横圖》而作，只録了前二十一韻，後二十一韻不録；二十門法和闡述神珙九弄圖的内容附加在《康熙字典》『等韻』韻圖兩種之後。李氏所見可能不是完本。據中科院圖書館所藏，該書是一部等韻理論輯注和韻圖附録本，共分三部分：（一）等韻理論輯注，（二）韻法横圖，（三）《康熙字典》前所附『等韻』韻圖兩種。後兩部分完全是翻刻的，與《韻法横圖》及《康熙字典》『等韻』韻圖兩種的内容完全一致。『二十門法』相關等韻理論的内容均列第一部分。關於該書成書過程，羅愚敘有明確交代：

幼受書，每疑音切雖詳，注讀鮮畫一，苦不得要訣。就試星沙，叩諸縉紳先生及寓楚名士，亦未能盡抉所以然。偶於逆旅中檢閲殘録，得此一帙。具正倒反切、玉鑰門、通廣、類隔、雙疊、憑寄諸法。據圖按法施切，無不得本字確音者。乃躍然喜曰「是殆天所以贊同文乎」？惜所録隨手裒次，多攙復不倫。因敲易歌句，參訂舊釋，而此訣遂成完帙，非復殘篦面目。雖未得原録姓氏，亦於待質默有慰矣。

羅氏所言，當爲該書前一部分，也就是《切韻要訣》部分，後附《横圖》《等韻》，則改稱爲《切字圖訣》。羅氏對《切字要訣》的内容進行了整理和校訂，而原稿亦爲抄録而成。

因此嚴格説來，此書並非《韻法横圖》系列韻圖，但其對等韻理論有一番整理釋訂工作，在等韻理論史上還是有一定的價值。

《切字圖訣》前有編例，説明了該書編次的有關内容及對語音的認識。《切字要訣》所輯注的等韻理論有：（一）切訣，（二）反切子母祖解，（三）字音相近辨，（四）音呼吸辨，（五）呼開合不倫辨，

（六）音切法辨，（七）切字真僞辨，（八）音和切例，（九）來日二字母切例，（一〇）正切變切解，（一一）雙聲疊韻解，（一二）入門要訣七則，（一三）五音所屬歌，（一四）五聲所屬歌，（一五）按三十六字母分九音歌，（一六）明等切次第歌，（一七）玉鑰匙十二攝韻歌，（一八）内外各八轉攝韻歌，（一九）入聲九攝歌，（二〇）入聲借攝歌，（二一）攝内相同歌，（二二）重韻寄韻歌，（二三）重韻辨，（二四）玉鑰匙元關歌分七音六首，（二五）直指玉鑰匙二十門法各附自製歌於後，（二六）校輕重脣韻前三後一等第歌，（二七）校十二攝韻前三後一等第歌，（二八）等韻各攝次第歌，（二九）内八轉所攝諸韻歌，（三〇）外八轉所攝諸韻歌，（三一）附各攝内諸韻定呼，（三二）四聲五音九弄反紐圖説，（三三）五音圖，（三四）雙聲疊韻例並圖，（三五）九弄圖。

附録的内容有：（一）切法九音横圖（即《横圖》），（二）附調曲家五聲所屬與本編微異大同説，（三）欽定《康熙字典》頒采等韻四聲圖二十四，内含音韻四聲音韻四圖，迦結岡庚裓高該瑰根干鈎歌一十二章。

其中（二四）玉鑰匙元關歌，（二五）《直指玉鑰匙》二十門法，都是抄録《經史正音切韻指南》『玄關歌訣』及《直指玉鑰匙門法》的内容，後者在每一門法後附録了自創的歌訣。雖名爲『直指玉鑰匙二十門法』，實際上綜合了《經史正音切韻指南》『門法玉鑰匙』的内容。

爲對漢語等韻門法有比較全面的瞭解，下文分『門法匯解』『玄關歌訣匯解』兩部分，以二十門法、『玄關歌訣』七音爲序，將以上各家注解、格子門法内容進行匯集，以方便漢語等韻學研究者與學習者比較全面地瞭解漢語等韻門法的基本内容。同時爲幫助大家對漢語等韻門法内容有更加客觀、準確、科學的認識，在各門法及『玄關歌訣』匯解後，均附録了董同龢《等韻門法通釋》對各門法及『玄關歌訣』詮釋分析的内容。

第三章　門法匯解

以下『門法匯解』部分，按《直指玉鑰匙門法》二十門的順序，匯集各家注解。匯集的方式是：首列門法注解的內容，再列門法圖示的內容，即格子門法的內容。門法注解部分，首列《經史正音切韻指南》『門法玉鑰匙』，再列《直指玉鑰匙門法》，然後分別列《字學大全》所附《經史正音切韻指南》『門法指掌圖』、《字學元元》《切韻釋疑》《切字圖訣》《欽定續通志・七音略》（光緒十二年浙江書局版）所引門法及門法解釋內容。門法圖部分首列若愚《直指捷徑門法》，再列袁子讓『格子門法』以及《續通志・七音略》『格子門法』。最後在每一門法後附董同龢《等韻門法通釋》對各門法疏證的內容。

第一節　音和門

《經史正音切韻指南》『門法玉鑰匙』

㈠ **音和者**，謂切脚二字，上者爲切，下者爲韻。先將上一字歸知本母，於爲韻等内本母下，便是所切之字，是名音和門。故曰：音和切字起根基，等母同時便莫疑。記取古紅公式樣，故教學切起初知。

《直指玉鑰匙門法》

一　音和者，謂見溪群疑此四母下字爲切，隨四等韻去，皆是音和。故曰：切時若用見溪群，四等音和隨韻臻。如古紅切公字、古行切庚字、豈俱切區字、古賢切堅字之類是也。

《字學大全》本《經史正音切韻指南》門法指掌圖

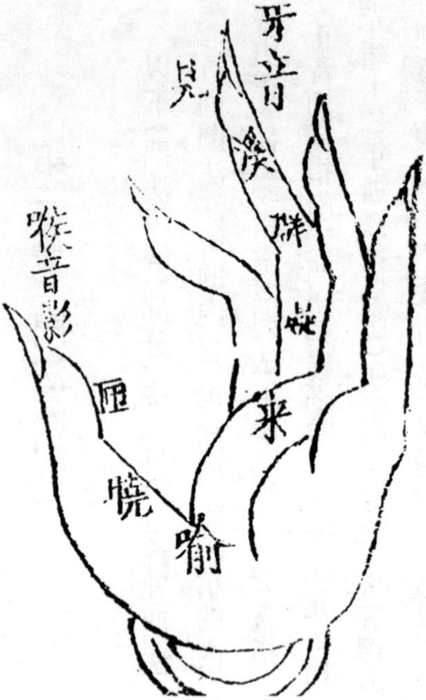

一　音和門法，謂三十六母定切，韻逢一、二、三、四，隨四等本排，皆是音和外立四法。

古紅切，古行切，豈俱切，古賢切。

《字學元元》『十三門法附袁氏注』

音和門七音

音和者，謂切脚二字，上者爲切，下者爲韻。先將上一字歸知本母，於其韻等内本母下，便是所切之字，是名音和門。故曰：音和切字起根基，等母同時便莫疑。記取古紅公式樣，故教學切起初知。

袁氏曰：切脚二字，上者爲切，乃先分牙、舌、脣、齒、喉也。下者爲韻，乃後分平、上、去、入也。切以審音，韻以審聲。以上之音，叶下之聲，便切得本字，萬無一失。蓋一字之呼，不過聲、音二者。以本字同音之字，與本字同聲之字，兩相調而和之，豈不即是本字乎？彼上切字已得本字之音，而特未得其聲；下韻字已得本字之聲，而特未得其音。切韻兩合，則聲音兩得矣。故切、韻二字，分之則各得本字之半，合之則即爲本字之呼也。故所謂反切者，以聲翻調乎音，謂之反；以音下裁乎聲，謂之切。反即翻也。如古紅切公字，先將上一古字歸本母，爲牙音見母下字；而紅韻在通攝上一等平聲；以牙下見母之音，和東韻一等平聲，則公字也。豈不是古紅切公乎？門法中所謂『先將上一字歸知本母，於爲韻等内本母下，便是所切之字』者，其義蓋如此。蓋以古得公音，紅得公聲；以古之音，和紅之聲，自然唱和，便是公字。如古寒則切干，古衡則切庚，古栙則切江，古豪則切高，是古之音隨聲而和者也。如德紅則切東，苦紅則切空，祖紅則切宗，烏紅則切翁，是紅之聲隨音而和者也。餘皆以此推之。此皆音和之正也。

蓋音和者，以音和聲，音憑其切，聲憑其韻。故切字門法以音和爲正，其餘十二門法則或離切求韻，或離韻求切，互相枘鑿，學者難明。然亦以先賢如此種種作切，故立門法者不敢據已見，亦襲故而臚列之爾。然考六經載籍，作音和切者十七，作十二門法切者十三，於此便見音和之爲正矣。

《切字釋疑》

一音和者，謂見溪群疑此四母下字爲切，隨四等韻去，皆是音和。切時若用見溪群，四等音和隨韻臻。故曰：音和切字起根基，等母同時便莫疑。記取古紅公式樣，故教學切起初知。如古紅切公字、古行切庚字、豈俱切區字、古賢切甄字之類是也。

無往非音和，而專以角音爲音和，已泥矣。如東之于端，奔之于幫，皆和也。而專取公、庚之于見母，則又音和之以韻迮而異狀者也。異狀之説，詳見後論。其曰古紅切公，今作官烘切；古行切庚，今作干京切。紅與行，皆喤字也。起居切區，今作群居切，起則溪母，新法群溪爲一，依舊法則反混矣。古賢切甄，應是堅字，而前人方言讀甄爲堅。如孫堅得甄宫井璽，喜名相合是也，推論甄蓋古甄字也。今堅，亦定經烟切。此總欲以同類呼召，取其親切，方爲四海雅俗共曉。三尺之童，一説即合，豈非自然之聲音？

下一字曰韻脚，以唫、喤，開、閉，局、撮，嘻、卷，審其確叶。而上一字曰切脚，但取母同，狀同，粗細、輕重同，從旁韻轉合之。吕坤亦定此意，然定以入切平，以平切入，以上去切上去，此又不必矣。

《洞真譜》曰：『一音和門，又曰四一音和門，言以甲格出切，以丁格行韻也。』又曰：『一四音和門，言以丁格出切，甲格行韻也。』又曰：『不定音和門，專爲波靴切波字，白伽切皤字，乃《廣韻》切脚也①。故立此附會之。夫法，一定之法也。曰不定門，則牽强附會明矣。』意謂脣乙出切，而牙丙行韻，以伽字在牙丙之三耳。定新例，皤作盆禾切，何等自然。《泰交》作僕蛾切，與盆禾同，以盆、僕皆並母，而今論爲送氣聲，則並與滂合，以唫、喤共例六字，爲兩層也。

① 『波』，《廣韻》博禾切，《集韻》逋禾切；『皤』《唐韻》薄波切，《集韻》蒲波切。

《切字圖訣》

一音和門，謂見溪群疑此四母下字爲切，隨四等韻去，皆是音和。凡切脚二字，上者爲切，下者爲韻。先將上一字歸諸本母，求爲韻等内本母下，便得所切之字，是名音和門。歌曰：音和切字起根基，等母同時便莫疑。記取古紅公式様，用教學切最先知。又曰：切時若用見溪群，四等音和隨韻臻。如古行切庚、起居切區、古賢切甄字之類是也。所引諸歌例詳具前玄關詳内。

音和止是見溪全，四母韻隨各等拈。

韻到即隨斯韻切，不須原等更求前。歌内如見溪群疑是牙音，只標出牙字，或以見字、全字、類字括溪群疑三字。若喻字單出，只標一喻字。首言切，俱謂切脚之母；次言韻，謂切脚之韻；未言切，則謂所切出之字。隨韻切，謂隨本排韻自施切也。

《續通志·七音略》『門法解』

音和門第一

音和者，謂見溪郡疑此四母下，不拘何等字出切，但視行韻在第幾字，即隨行韻之［等］①以取字也。

公古洪切　庚古行切

虛起居切　甄古賢切

臣等謹案：古洪切公，出切、行韻、取字皆在一等；古行切庚，出切在一等，行韻取字在二等；起居切虛，出切、行韻、取字皆在三等；古賢切甄，出切在一等，②行韻、取字皆在四等。是音和門出切字，不論等之明③證也。

又案：音和門行韻，宜先除去照一、精二、喻四、來、日、舌三、照二諸類。蓋來、日、舌

① 光緒浙江書局版《欽定續通志》（以下簡稱『浙江本』）脱『等』字，據《四庫全書》本（下簡稱四庫本）補。

② 四庫本脱『出切、行韻、取字皆在三等；古賢切甄，出切在一等』等字。

③ 浙江本作『門』，當據四庫本作『明』。

三、照二犯通廣門，精二、喻四犯侷狹門，照一犯內三外二門法也。通廣門，牙音四母不拘何等出切，照二行韻則切四等。假令有牙音出切，照二行韻，而又適在通廣六攝內者，若用音和門法，則取三等字；用通廣門法，則取四等字。其侷狹門，精二行韻取三等字者亦然。又內三門，牙音四母亦不拘何等出切，照一行韻則切三等。假令有牙音出切，照一行韻，而又適在內八轉內者，若用音和門法，則取二等字；用內三門法，則取三等字。其外二門，照一行韻，取二等字者亦然。若此之類，頗易混淆。故凡遇牙音出切，而行韻逢照一、精二、喻四、來、日、舌三、照二及各母三等者，即爲通廣、侷狹、內三、外二諸門法，非音和門也。其不避一四、四一音和門者，以所切仍是此字，無異同也。舊圖行韻格子，率多誤填，今具爲正之，因並識於此。

臣等又案：牙音不拘何等出切，但行韻、取字同等者，本圖有字者，即爲音和門。若本圖無字可切，則用開合門，以濟音和門之窮，謂開韻切合，合韻切開也。又如行韻在侷狹攝內第三者，本圖有字，用音和門法，若本圖無字，而開合兩門有字者，用開合門法。若開合兩門俱無字者，則直切第四等字，是爲創立音和門，蓋所以濟侷狹攝內三等行韻，音和、開合兩門之窮也。又如牙音三等出切，諸母一等行韻者，音和、開合兩門不能取字，則轉而憑切取三等字，爲就形門。此又以通一等行韻，音和、開合兩門之窮也。

一四音和者，謂見溪郡疑、端透定泥、幫滂並明、精清從心邪、曉匣影喻來，此二十二母第一等爲切，韻逢諸母第四，即隨韻向四等取字也。

蹤 宗容切　　足 宗足切

叫 高叫切　　丁 東縈切 又爲開合門①

臣等謹案：一四音和門，行韻若在偈狹攝内之精雙喻四精雙，謂精清從心邪五母第二，即正齒音之第四等也；喻四則喻母下第四等也。省文則爲精雙、喻四，後仿此。則出切不用見溪郡疑、幫滂並明、曉匣影十一母。若以此十一母出切，則行韻必不用精雙、喻四之六母矣。蓋見溪郡疑、幫滂並明、曉匣影十一母出切，偈狹攝内精雙、喻四行韻，則爲偈狹門法，當切第三等字，與一四音和門當憑韻切第四等字者不同也。即如宗足切足，行韻之『足』字係精二，而出切之『宗』字則爲精一。假令以見、滂、曉匣影第一等字易之，則切出是三等『燭』字，

---

① 《續通志·七音略》所引反切，多與《直指捷徑門法》一致，同爲引用《篇韻貫珠集》相關反切，且多爲根據門法自造，如蹤，《廣韻》即容切；足，《廣韻》即玉切；叫，《廣韻》古弔切；丁，《廣韻》當經切。

而非四等『足』字矣。①

四一音和者，謂見溪郡疑、端透定泥、幫滂並明、精清從心邪、曉匣影喻、來，此二十二②母第四等爲切，韻逢諸母第一，即隨韻向一等取字也。

三思甘切　糟焦糟切

當丁當切　當丁光切又爲開合門

臣等謹案：四一音和門不犯他門法。

① 以一等見組切出三等『燭』字，當係方音影響。『燭』，通攝合口三等入聲章母字，與通攝合口三等入聲見母字相混。

② 四庫本作『二十三』，誤。

圖一　音和門

一音和者，謂見溪群疑此四母下字爲切，隨四等韻去，皆是音和。故曰：切時若用見溪群，四等音和隨韻臻。如古紅切公字，古行切庚字，起居切軀字，居延切堅字，之類是也。

惜薪司信官吴臣

貢 公送切音和門

果 古火切音和門

恭 公恭切雙聲音和門

公 公東切疊韻音和門

高 高刀切疊韻音和門

一音和門（有雙聲有疊韻）開合

見溪群疑		出切 行韻 取字	出切 行韻 取字	出切 行韻 取字	出切 行韻 取字
		行韻	行韻	行韻	行韻
		行韻	行韻	行韻	行韻
		行韻		行韻	行韻
		行韻	行韻	行韻	行韻
		行韻	行韻	行韻	行韻

音和切字起根基，等母同時便莫疑。

記取古紅公式樣，故教學切起初知。

圖二　一四音和門

一四音和者，謂見溪群疑，端透定泥，幫滂並明，精清從心邪，曉匣影喻，來，此二十二母頭排爲切，韻逢諸母第四，隨韻四排取字，之類是也。

遺誡同志切字例
誡勸吾儕同志，
大家謹慎精研。
荒詞數首效先賢，
總括玄關一徧。
非敢擅專質樸，
待宜智者更刪。
雖然瑣碎不堪傳，
暫且遺留一線。

一四音和門 有雙聲有開合 **無疊韻**

見溪群疑		出切			行韻取字
端透定泥		出切			行韻取字
幫滂並明		出切			行韻取字
精清從心邪		出切			行韻取字
曉匣影喻		出切			行韻取字
來		出切			行韻取字

蹤 宗容切一四音和門
足 宗足切雙聲音和門
叫 高叫切雙聲音和門
丁 東縈切開合一四音和門

圖三　四一音和門

四一音和者，謂見溪群疑，端透定泥，幫滂並明，精清從心邪，曉匣影喻，來，此二十二母四排爲切，韻逢諸母第一，隨韻取頭排之字是也。

十干歲陽名

甲曰閼逢號紀綱，旃蒙乙禩莫商量。
丙爲柔兆丁彊圉，戊歲著雍是故鄉。
已遇屠維堪可用，庚辛上章曰重光。
壬玄黓癸昭陽備，此乃十干之歲陽。

四一音和門 有雙聲有開合 無疊韻

見溪群疑		行韻取字			出切
端透定泥		行韻取字			出切
幫滂並明		行韻取字			出切
精清從心邪		行韻取字			出切
曉匣影喻		行韻取字			出切
來		行韻取字			出切

三 思甘切四一音和門

糟 焦糟切雙聲四一音和門

當 丁當切雙聲四一音和門

當 丁光切開合四一音和門

《字學元元》『格子門』

圖一　牙音音和門

牙音

牙音音和，謂牙音一二三四爲切，韻隨四等而取字也。故曰，切時若用見溪群，四等韻和隨韻臻。如切韻俱逢一等，切一等字，爲一音和；俱二切二，爲二音和；俱三切三，爲三音和；俱四切四。爲四音和，是也。

古紅切公　古黃切光一音和

賈行切庚二音和　起居切軀三音和

均延切堅四音和　居恭切恭雙聲三

公東切公　高刀切高疊韻一

牙音音和門

見溪群疑		取切出字	取切出字	取切出字	取切出字
		行韻	行韻	行韻	行韻
		行韻	行韻	行韻	行韻
		行韻	行韻	行韻	行韻
		行韻	行韻	行韻	行韻
		行韻	行韻	行韻	行韻

圖二　舌音音和門

舌音音和門

舌音

舌音音和者，謂端透定泥，知徹澄孃八母爲切，韻隨四等而取字也。如切韻俱逢一四，切一四等字，爲舌頭音和切；韻俱逢二三，切二三等字，爲舌上音和。『玄關』所謂『舌頭舌上輕分析』者是也。

德胡切都　寧低切泥 舌頭音和

陟憐切珍　直連切纏 舌上音和

徒呑切屯 開合舌頭　朾專切邅 開合舌上

東當切當 雙聲舌頭　舟求切舟 疊韻舌上

	端透定泥				
	知徹澄孃				
行韻	取切出字	行韻	行韻	行韻	行韻
行韻	取切出字	行韻	行韻	行韻	行韻
行韻	取切出字	行韻	行韻	行韻	行韻
行韻	取切出字	行韻	行韻	行韻	行韻

圖三　脣音音和門

脣音音和門

脣音

脣音音和者，謂幫非八母爲切，韻隨四等而取字也。如切韻俱逢一二三四，重脣切重脣字，爲重脣音和。切韻俱逢三等，輕脣切輕脣字，爲輕脣音和。正所謂『幫非爲切最分明』也。

蒲歐切裒　包霞切巴

免朝切苗　必平切兵（重脣音和）

分香切方　焚炎切凡（輕脣音和）

奔波切波（雙聲重脣）　蜉蝣切蜉（疊韻輕脣）

民全切眠（開合重脣）　扶王切房（開合輕脣）

			幫滂並明		
			非敷奉微		
行韻	行韻	行韻	取切出字	行韻	行韻
行韻	行韻	行韻	取切出字	行韻	行韻
行韻	行韻	行韻	取切出字	行韻	行韻
行韻	行韻	行韻	取切出字	行韻	行韻

齒音

齒音音和者，謂精照十母爲切，韻隨四等而取字也。如切韻俱逢一四，切一四等字，爲齒頭音和。如切韻俱逢二三，切二三等字，爲正齒音和。是『切隨韻臻』也。

徂昆切存　似羊切詳　齒頭音和

側皆切齋　杵嵩切穿　正齒音和

相將切相　疊韻齒頭

崇巢切巢　雙聲正齒

祖痕切尊　開合齒頭

齒音音和門

			精清從心邪		
			照穿床审禅		
行韻	行韻	行韻	取切出字	行韻	行韻
行韻	行韻	行韻	取切出字	行韻	行韻
行韻	行韻	行韻	取切出字	行韻	行韻
行韻	行韻	行韻	取切出字	行韻	行韻

圖五　喉音音和門

喉音

喉音音和者，謂曉匣影喻四母爲切，韻隨四等而取字也。如切韻俱一則切一，爲一音和；俱二切二，爲二音和；俱三切三，爲三音和；俱四切四，爲四音和。與見等同，所謂『曉喻四音隨韻至，法同見等不參差』也。

虎同切烘一音和　效皆切諧二音和

於巾切因三音和　于宵切遙四音和

黃光切黃叠韻一音和　黯鴉切鴉雙聲二音和

虎戈切訶開合一音和

喉音音和門

		行韻	行韻	行韻	行韻
		行韻	行韻	行韻	行韻
		行韻	行韻	行韻	行韻
		行韻	行韻	行韻	行韻
曉匣影喻		取切出字	取切出字	取切出字	取切出字
		行韻	行韻	行韻	行韻

① 『于宵切遥』當爲『余宵切遥』，『于』列三等，不符合四等音和要求。

圖六　半舌半齒音音和門

半舌半齒音和門

半舌半齒

半舌半齒音和，謂來母四等爲切，韻隨一二三四取字，爲半舌音和。日母爲切，韻三切三，爲半齒音和。來居四等，故與見同。日止屬三，故音和止韻三。若韻逢一二四，則日寄憑切矣。

盧工切籠（來一音和）　落庚切磷（來二音和）

力姜切良（來三音和）　利經切靈（來四音和）

如專切堧　汝支切耏（日音和）

人臣切人（疊韻日）　留戀切戀（雙聲來）

力詠切令（開合來）　如迋切讓（開合日）

來日					
取切出字	行韻	行韻	行韻	行韻	行韻
取切出字	行韻	行韻	行韻	行韻	行韻
取切出字	行韻	行韻	行韻	行韻	行韻
取切出字	行韻	行韻	行韻	行韻	行韻

圖七　切一音和門

切一音和

切一音和，謂見幫曉來十三母，一等爲切，韻逢第二，仍切第一，爲切一二音和。韻逢第三，仍切第一，爲切一三音和。若加端精二十二母，一等爲切，韻逢第四，亦切第一，爲切一四音和。總之皆憑切，故爲音和也。

苦崇切空　古厓切該 二音和

户因切痕　户縈切弘 三音和

土民切呑　倉俊切寸 四音和

切一音和門

見溪群疑		取切出字	行韻	行韻	行韻
端透定泥		取切出字			行韻
幫滂並明		取切出字	行韻	行韻	行韻
精清從心邪		取切出字			行韻
曉匣影喻		取切出字	行韻	行韻	行韻
來		取切出字	行韻	行韻	行韻

圖八　韻一音和門

韻一音和門此門四音和。即四一音和					
見溪群疑		取韻行字	出切	出切	出切
端透定泥		取韻行字	出切	出切	出切
幫滂並明		取韻行字	出切	出切	出切
精清從心邪		取韻行字			出切
曉匣影喻		取韻行字	出切	出切	出切
來		取韻行字	出切	出切	出切

韻一音和

韻一音和，亦謂見幫曉來十三母二等爲切，韻逢第一，切一等字，爲韻一二音和。三等爲切，韻逢第一，亦切一等，爲韻一三音和。加端精二十二母四等爲切，韻逢第一，亦切一等，爲韻一四音和。蓋此雖憑韻，而不离母，亦爲音和也。

患存切魂　胯端切寬（二音和）

龍騰切稜　活官切還（三音和）

心甘切三　泥干切難（四音和）

圖九　切二音和門

切二音和

切二音和，謂見知幫照曉來二十二母二等爲切也。來曉見幫二等爲切，韻逢第一，仍切二等，爲切二一音和。韻逢第四，亦切二等，爲切二四音和。來曉見幫兼知照二等爲切，韻逢第三，亦切二等。爲切二三音和。皆憑二切，故爲音和也。

孝和切花　巉侃切眼　一音和

士氊切戲　初成切琤　三音和

下垌切宏　行些切遐　四音和

切二音和門

見溪群疑		幫滂並明		曉匣影喻	來
	知徹澄孃		照穿床審禪		
行韻		行韻		行韻	行韻
取切出字	取切出字	取切出字	取切出字	取切出字	取切出字
行韻	行韻	行韻	行韻	行韻	行韻
行韻		行韻		行韻	行韻

圖十　韻二音和門

韻二音和門					
見溪群疑		出切	取韻行字	出切	出切
	知徹澄孃		取韻行字	出切	
幫滂並明		出切	取韻行字	出切	出切
精清從心邪	照穿床審禪		取韻行字	出切	
曉匣影喻		出切	取韻行字	出切	出切
來		出切	取韻行字	出切	出切

韻二音和

韻二音和，謂諸母第二爲韻也。來曉見幫一等爲切，韻逢第二，便切二等，爲韻二音和。四等爲切，韻逢第二，亦切二等，爲韻二四音和。來曉見幫兼知照三等爲切，韻逢第二，亦切二等，爲韻二三音和。總之以二爲韻，亦韻傍母行者也。

頙頑切⿺走雚　胡庚切行一音和

紨包切鐃　書頑切栓三音和

余觵切弦　烟霞切鴉四音和

圖十一　切三音和門

切三音和

切三音和，謂諸母第三爲切也。來曉見幫日三等爲切，韻逢一，仍切三，爲切三一音和。韻逢四，亦切三，爲切三四音和。來曉見幫日兼知照三等爲切，韻逢第二，亦切三，爲切三二音和。總之皆憑切三，通爲音和也。

許戈切靴　渠安切乾（一音和）

丈效切肇　杵関切川（二音和）

巾邪切迦　許均切熏（四音和）

切三音和門此門（一音和即就形）

見溪群疑		幫滂並明		曉匣影喻	來日
	知徹澄孃		照穿床審禪		
行韻		行韻		行韻	行韻
行韻	行韻	行韻	行韻	行韻	行韻
取切出字	取切出字	取切出字	取切出字	取切出字	取切出字
行韻		行韻		行韻	行韻

圖十二　韻三音和門

韻三音和

韻三音和，謂諸母第三爲韻也。來曉見幫一等爲切，韻逢第三，便切三等，爲韻三一音和。四等爲切，韻逢第三，亦切三等，爲韻三四音和。來曉見幫，兼知照二等爲切，韻逢第三，亦切三等，爲韻三二音和。總之，皆從三爲韻，不倍其母者也。

烏弓切邕　貫胄切救一音和

掌炎切覘　阻绳切烝二音和

必夭切砭　米永切皿四音和

韻三音和門此門二音和即寄正三二

見溪群疑		出切	出切	取行韻字	出切
	知徹澄孃		出切	取行韻字	
幫滂並明		出切	出切	取行韻字	出切
	照穿床審禪		出切	取行韻字	
曉匣影喻		出切	出切	取行韻字	出切
來		出切	出切	取行韻字	出切

圖十三　切四音和門

切四音和門					
見溪群疑	端透定泥	幫滂並明	精清從心邪	曉匣影喻	來
行韻	行韻	行韻	行韻	行韻	行韻
行韻		行韻		行韻	行韻
行韻		行韻		行韻	行韻
取切出字	取切出字	取切出字	取切出字	取切出字	取切出字

切四音和

切四音和者，謂諸母四等爲切也。來曉見幫四等爲切，韻逢第二，亦切四等，爲切四二音和。韻逢三，亦切四等，爲切四三音和。來曉見幫，兼端精四等爲切，韻逢一等，亦切四等，爲切四一音和。總之皆憑四爲切，亦音和也。

齊椀切蔦　并根切賓一音和

求觥切瓊　明湛切㚇二音和

葵榮切傾　于謍切郢三音和

圖十四　韻四音和門

韻四音和

韻四音和，謂諸母四等爲韻也。來曉見幫四等爲韻，切逢第二，仍切四等，爲韻四二音和。逢三爲切，亦切四等，爲韻四三音和。來曉見幫，兼端精，逢一爲切，亦切四等，爲韻四一音和。總之皆憑四爲韻，而不失其母者也。

麥秋切繆　宗瓊切屦（一音和）

佔心切淫　下頃切迴（二音和）

琹簫切翹　尤且切也（三音和）

韻四音和門（此門一音和即一四音和）

見溪群疑		出切	出切	出切	取韻行字
端透定泥		出切			取韻行字
幫滂並明		出切	出切	出切	取韻行字
精清從心邪		出切			取韻行字
曉匣影喻		出切	出切	出切	取韻行字
來		出切	出切	出切	取韻行字

圖十五　創立音和門

創立音和門

創立

創立音和者，謂假宕咸流四攝中，牙與脣及曉匣影十一母，一二三四爲切，韻逢諸母第三，而三等無字，切歸第四。蓋離三而創求四，所謂創立須當四上謀也。

莫者切乜　眉鳩切繆

皮兩切驃　必周切彪（俱創立）

彌捼切哶（開合創立）

此門似偈狹不定，而其實不同，乃韓昌黎所立也。

見溪群疑		出切	出切	行出切韻	取出切字
				行出切韻	
幫滂並明		出切	出切	行出切韻	取出切字
				行出切韻	
曉匣影		出切	出切	行出切韻	取出切字
				行出切韻	

就形音和門

就形

就形音和者，謂脣牙喉下十六母，第三等爲切，韻逢諸母第一，本母一等無字可切，却切第三，所謂就形必取第三函也。

巨寒切乾　無感切鋟

許鍋切靴　其徒切渠

無撥切韈　放空切風（俱就形）

群魂切群（疊韻就形）

于旱切遠（開合就形）

此門不從韻，無雙聲，乃司馬公所立也。

見溪群疑		行韻		取出切字	
		行韻			
幫滂並明	非敷奉微	行韻		取出切字	
		行韻			
曉匣影喻		行韻		取出切字	
		行韻			

《續通志·七音略》『門法圖』

圖一　音和門

一音和門

見溪郡疑		出切 行韻 取字	出切 行韻 取字	出切 行韻 取字	出切 行韻 取字
		行韻	行韻	行韻	行韻
		行韻	行韻	行韻	行韻
		行韻		行韻	行韻
		行韻	行韻	行韻	行韻
		行韻	行韻	行韻	行韻

圖二　一四音和門

來	匣喻 曉影	從邪 精　清心	滂明 幫並	透泥 端定	溪疑 見郡	一四音和門
切出	切出	切出	切出	切出	切出	
字取 韻行	字取 韻行	字取 韻行	字取 韻行	字取 韻行	字取 韻行	

圖三　四一音和門

四一音和門					
疑郡溪見		取行字韻			出切
泥定透端		取行字韻			出切
明並滂幫		取行字韻			出切
邪心從清精		取行字韻			出切
喻影匣曉		取行字韻			出切
來		取行字韻			出切

董同龢《等韻門法通釋》①

音和——凡字與其反切上字在韻圖同屬一母，又與其反切下字同列一等之内者爲音和。這是韻圖歸字的通則。依反切去求所切的字音，原則上只要知道上字屬何母，下字列何等，兩者交錯之處便是切出的字音。

在等韻門法之中，『音和』是韻圖的正則歸字條例，其他各門通通是變例。除去每一門的内容都可以證明這一點，我們就另外的幾樁事實也可以看得出來。（一）無論在哪兒，只要在講門法，『音和』總是他的開宗明義第一章。（二）《韻鏡》卷首有一段文字，頗有類似門法中『音和』的，而他的名稱是『歸字例』。（説詳下文）（三）拿『音和』這個名稱跟其他的如『類隔、振救、通廣、寄韻』等比較起來，也可以體會到他們的正變關係。（四）《等子》『辨音和切字例』在説明『音和』的意義之後更有一段話：

① 董同龢《等韻門法通釋》在前文對各門法分别進行討論的基礎上，最後以『個人認爲比較清晰的文句另説一遍』。（一九四八：三〇三）實際上就是對各門法重新定義。下文各門法部分先引述其對二十門法重新定義的内容，再引述其前文對各門法分析的内容。

……此乃音和切。其間有字不在本眼内者，必屬類隔、廣通、侷狹之例與喻、匣、來、日下字。

（《指掌圖》『檢例下』同。『此乃音和切』之後更多『萬不失一』四字）

這就無異乎説，用『音和』的原則找不到字時可以用别的方法去找。《指掌圖》多了四個字，意思又顯明一些。

現在再説『音和』的意義。『玉鑰匙』云：

音和者，謂切脚二字。上者爲切，下者爲韻①。先將上一字歸知本母，於爲韻等内本母下便是所切之字，是名音和門。（下歌訣四句從略）

除『爲韻等内』即是反切下字所在之等，其餘無須解釋。等子『辨音和切字例』更有一段話可以拿來做具體的注脚：

謂如德洪切東字。先調德字，求協聲韻所攝。於圖中尋德字，屬端字母下，係入

① 原文爲『注六』：這是門法爲許多的『切』字和『韻』字總下定義。注意，以後要如此講的很多。

聲第一等眼内字①。又調洪字，於②協聲韻所攝，圖中尋洪字③。即自洪字横截過端字母下平聲第一等眼内即是東字。(《指掌圖》『檢例上』略同)

就韻圖的實際情形説，這段話的意思可以表達如下：

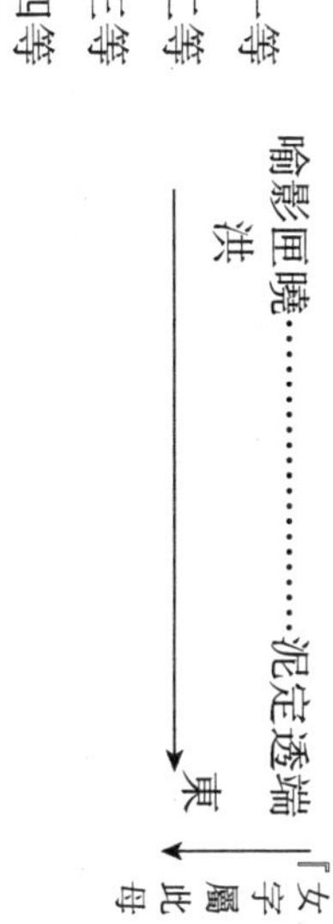

『德』字端母，『洪』字一等，二者交錯，恰好是『東』字。這正是一般圖表的排列法。照理，韻圖上所有的字都應當如此尋得才是。不過因上述種種原因，有許多字跟他們的切語竟不是這樣的一横一直的關係了。才有别的門法來補充説明。

《等子》『辨音和切字例』云：

① 原文爲『注七』：入聲一等與否其實没有關係。如此措詞不清，後來引起誤會的很多(看下文)。

② 原文爲『注八』：此當作『求』，上文及《指掌圖》可證。

③ 原文爲『注九』：句首當説『於』字。上文及《指掌圖》可證。

凡切字，以上者爲切，下者爲韻。取同音①同母同韻同等四者皆同謂之音和。謂如丁增切登字，丁字爲切，丁字歸端字母，是舌頭字；增字爲韻，增字亦是舌頭字。切而歸母，即是登字。所謂音和遞用聲者此也。（《指掌圖》「檢例下」略同。）

這裏説話出了一個錯，即言「增」爲舌頭字是。「增」非舌頭字而爲齒頭字且不必論，要緊的是「增」字既是「韻」，這兒應當説他屬何韻、何等才是。至於他屬何「音」，却與問題無涉。如果不把這一段文字跟上面引的一段聯起來看（本來就在這一段後面），就莫名其妙而生種種誤解了。

《等子》以前，《韻鏡》中有「歸字例」一條。其中有幾段也可以説跟「音和」有關係。現在引在下面以備參考。

……且如得芳弓反：先就十陽韻求芳字，知屬脣音次清第三位。却歸一東韻尋弓字，便就脣音次清第三位取之，乃知爲豐字。蓋芳字是同音之定位；弓字是同韻之對映。歸字之訣大概如此。……先侯反：先字屬第四，歸成涑字又在第一。蓋……侯字韻列第一行，故隨本韻定音也。

① 原文爲「注十」：此「音」字是五音之音。同音同母，指「上字」；同韻同等，指「下字」。

此所謂『同音之定位』與『同韻之對映』，意思跟《等子》的『同音同母同韻同等』一樣的。真空以後的『音和』與以上所説的大爲不同。爲方便計，將在『玄關歌訣』之後討論。

第二節　類隔門

《經史正音切韻指南》『門法玉鑰匙』

㈡ **類隔者**，謂端等一四爲切，韻逢二三，便切知等字；知等二三爲切，韻逢一四，却切端等字。爲種類阻隔，而音不同也，故曰類隔。如都江切椿字、徒減切湛字之類是也。唯有陟邪切爹字，是麻韻不定切。

《直指玉鑰匙》

二類隔者，謂端透定泥一四爲切，韻逢二三，便切知等字；知徹澄孃二三爲切，韻逢一四，却切端等字。故曰：一四端泥三二知，相乘類隔已明之。如都江切椿字、丁弓切中字、濁甘切談字、陟經切丁字之類是也。

《字學大全》本《經史正音切韻指南》門法指掌圖

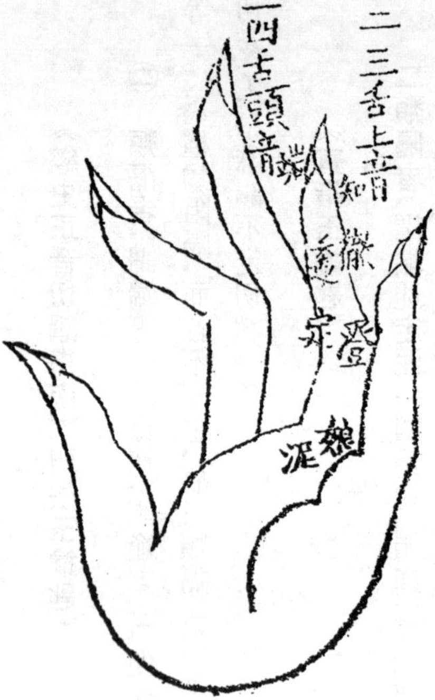

二　類隔門法，謂端等屬無名指，一四在裏定切，韻逢知等二三，在外定切也。

外立四法，都江切，丁飢切，尼雞切，朝高切。

字。爲種類阻隔，而音不同也，故曰類隔。如都江切椿字、徒減切湛字之類是也。唯有陟邪切奓字，是麻韻不定切。

類隔門 舌音

類隔者，謂端等一四爲切，韻逢二三，便切知等字；知等二三爲切，韻逢一四，却切端等

袁氏曰：舌音下四等字，其一等、四等屬端等，其二等、三等屬知等。以端等切，則切端；知等切，則切知，以韻從切。如古，見母，即切見母公字，此音和門之法也。此類隔門法不然，如以一、四等字爲上切字，而以二、三等字爲下韻字，則又不從母字切端，而從韻字切知；以二、三等字爲上切字，而以一、四等字爲下韻字，則又不從母切知，而從韻切端，是以韻字爲類隔也。如都江切椿字，都，端一等也，而江韻在二等，則從韻切知二等字，是爲椿。如徒減切湛字，徒，定一等也，而減韻在二等，則從韻切澄二等字，是爲湛。皆以韻類相隔，故離母而切之。惟陟邪切奓，韻逢四邪，仍切二奓，爲不拘此例，是舌音中麻韻不定之切爾。然此門法之難也，使後學不知，不將以都江切當，徒減切坦耶？則何若端等切端，知等切知，以猪江切椿，以除減切湛，不令切者易用，學者易曉乎？他如同巾切

陳、丁僞切綴、東與切主、徒旅切宁、它約切飳、徒買切廌、丁角切椓、汀札切獺，爲端類隔。中厚切斗、陟經切丁、智小切鳥、治洗切弟、丑虎切土、直工切同、敕動切恫，爲知類隔，皆此之例爾。

《切字釋疑》『門法之非』

二　類隔者，謂端透定泥一四爲切，韻逢二三，便切知等字；知徹澄孃二三爲切，韻逢一四，却切端等字。故曰：一四端泥三二知，相乘類隔已明之。如都江切樁字、丁恭切中字、濁甘切談字、陟經切丁字之類是也。

『端等類隔門』曰『一四端泥三二知』，謂舌甲、舌丁二格出切，乙、丙二格行韻，故曰『一四爲切，韻逢二三，便切知等字』。『知等類隔門』則乙、丙出切，甲、丁行韻，却切端等字。嗟乎！何苦如此？明明捉窗切樁字，而必用都江。明明燭恭切中字，而必用丁恭。明明徒藍切談，而必用濁甘。明明的英切丁，而必用陟經。何邪？

考孫愐《唐韻》，樁是都江切，中是陟弓切，而談亦徒甘切，丁亦當經切。余猶謂當粗、丁細，甘啌、談噔，而陟之于中，乃前人依沈約口齒，如今吴語讀中近宗是也。劉士明首論都江切如當字，本是樁字，正以學問不大，苦拘此法。夫安知都之于樁，非方語，非字訛乎？且者字古音渚，渚、諸、翥皆從之。安知古時都字，不似屠之音除乎？又《説文》椿字是啄江切，何不取證？若曰都江切椿，則都字《説文》《廣韻》皆當孤切，又何故不用椿孤切乎？即果依清泉與劉鑒之法，則孫愐何以四切而三不合乎？舍易簡自然之理不用，而故顛倒，使人模糊千餘年，有是理哉？又有不定類隔門，如他爲丑加、敕嫁二切，出《孔雀尊經》。此情見乎詞矣，獨爲注《孔雀經》者一時填其方音，或初譯之他字，不確梵語，而以音變之後，遂不敢改，乃立此門以遷就之，可哀也！夫又按《詩》注疏『伐木丁丁』，陸德明《釋文》音陟耕切。此蓋讀如錚字，而《指南》乃誤謂丙丁之丁，亦從之附會此門，豈不可笑？

《切字圖訣》

二　類隔門，謂端透定泥一四爲切，韻逢二三，便切知等字；知徹澄孃二三爲切，韻逢一四，却切端等字。歌曰：一四端泥二三知，相乘類隔已明之。爲種類阻隔，而音不同也，故名類隔。如都江切椿、徒減切湛、丁恭切中、蠲干切壇、知頸切丁字之類是也。惟有陟邪切爹，是麻韻不定之切。

類隔止論舌音全，端切知兮知復然。

八母交參爲類隔，一交二等四三兼。

《續通志·七音略》「門法解」

類隔門第二

端等類隔者，謂端透定泥一四爲切，韻逢二、三，便切知等字。

中東恭切　嘲刀包切

朝都朝切　長唐王切又爲開合門

知等類隔者，謂知徹澄孃二、三爲切，韻逢一、四，便切端等字。

東智通切　同除洪切　等知肯切　登智肱切又爲開合門

臣等謹案：端等一四出切，無照一韻，故不致與内三、外二門法相礙。知等第一出切，則各母下一、四等俱可行韻。若知等第二出切，韻逢精清從心邪、曉匣影喻九母，即係窠切門。如本圖三等無字，即爲麻韻不定之切矣。故知等第二出切，無齊齒、喉音等九母下之韻也。

二端等類隔者，謂端透定泥一四爲切，韻逢二三，便切知等字。如都江切樁字，丁恭切中字，之類是也。

十二支禩名

子丑困敦赤奮若，攝提格虎兔單閼。
執徐辰巳大荒落，午未敦牂協洽年。
申曰涒灘爲祖業，酉云作噩是根元。
戌支閹茂君須記，亥歲大淵獻總全。

圖四　端等韻類隔門

二端等韻類隔門 有雙聲有開合

	端透定泥				
	出切				
行韻	取行韻字	行韻		行韻	行韻
行韻	取行韻字	行韻	行韻	行韻	行韻
	出切				

中 東恭切端等類隔門　嘲 刀包切端等類隔門

朝 都朝切雙聲端等類隔門　長 唐王切開合端等類隔門

圖五　知等韻類隔門

二知等類隔者，謂知徹澄孃二三爲切，韻逢一四，却切端等字。如濁干切壇字，知經切丁字，之類是也。

十二月之異名

黄鍾子月律初分，
大呂年終大蔟正。
二月夾鐘三姑洗，
四當中呂五蕤賓。
自從六月林鍾節，
夷則還歸七月陳。
南呂八號無射九，
應鐘十月對爲神。

二知等韻類隔門 無疊韻

		行韻			行韻
	知徹澄孃	行韻取字	出切	出切	行韻取字
		行韻			行韻
		行韻			行韻
		行韻			行韻
		行韻			行韻

東 智通切知等類隔門　同 除同切雙聲知等類隔門

等 知等切雙聲知等類隔門　登 智弘切開合知等類隔門

圖十七　端等類隔門

端等類隔門

			行韻	行韻	
端透定泥		出切	取行韻字	取行韻字	出切
			行韻	行韻	
			行韻	行韻	
			行韻	行韻	
			行韻	行韻	

端等類隔

端等類隔者，謂舌音端透定泥四母，一四等爲切，而韻逢二三等，便不切端等字，而切知等字。以端等之切，爲知等之韻，類所隔也。此舉端隔于知者言之，故謂之端類隔。

都江切樁　徒減切湛

丁恭切中　刀包切嘲（俱端類隔）

都朝切朝（雙聲端類隔）

唐王切長（開合端類隔）

此門法不從切，故無叠韻。

圖十八　知等類隔門

知等類隔

知等類隔者，謂知徹澄孃，二三爲切，韻逢一四，便不切知等，而切端等字。亦以知等切，爲端等韻所隔也。前以端互切知，此以知互切端，所謂端知互用也。

濁干切壇　知經切丁

知通切東　陟高切刀（知類隔）

知等切等　除同切同（雙聲類隔）

智弘切登　持桄切宕（開不定類隔）

此門亦不從切，亦無疊韻。

知等類隔門

		行韻			行韻
	知徹澄孃	取行韻字	出切	取行韻字	取行韻字
		行韻			行韻
		行韻			行韻
		行韻			行韻
		行韻			行韻

圖四　端等類隔切

二端等類隔切

			行韻	行韻	
端透定泥		出切	取行韻字	取行韻字	出切
			行韻	行韻	
				行韻	
			行韻	行韻	
			行韻	行韻	

圖五　知等類隔切

								二知等類隔切
						知徹澄孃		
	行韻	行韻	行韻	行韻	行韻	取行韻字	行韻	
						出切		
						出切		
	行韻	行韻	行韻	行韻	行韻	取行韻字	行韻	

類隔——端系舌頭音照例不出現於二等韻或三等韻，但韻書中却保有若干端系字切二、三等韻字之例外切語。韻圖既從實在的系統歸字，如用這一類的切語找字，就得變該端系音爲二、三等韻所實有的相當的知系音①。

依古代音韻研究的結果，我們知道，中古的舌頭音聲母與舌上音聲母在上古原屬一類，差不多是同樣的。齒頭音精清從心邪與正齒音照穿牀審禪的二等②也同出一源③。他們到中古各自分别爲二。是以韻母的等第爲演變的條件。

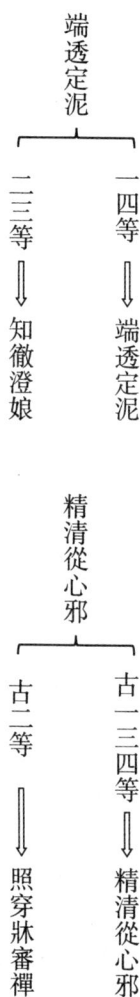

端透定泥：
- 一四等 ⟹ 端透定泥
- 二三等 ⟹ 知徹澄娘

精清從心邪：
- 古一三四等 ⟹ 精清從心邪
- 古二等 ⟹ 照穿牀審禪

---

① 「精照互用」與「端知類隔」，同爲類隔，故董氏一起討論。併引於此。

② 原文「注一一」：禪母也可能有二等音。看本刊十三本拙作《廣韻重紐試釋》。

③ 原文「注一二」：看拙作《上古音韻表稿》一二——一八頁。

所以就中古音的音韻結構説，端系舌頭音只見於一、四等韻①，而知系舌上音只見於二、三等韻。精系齒頭音只見於一、三、四等韻；而照系正齒二等音只見於二等韻，以及出自古代二等的三等韻（如尤、魚諸韻的照二等字是）。這幾種音既然各有定居，如果中古韻書中的反切是曾經劃一釐訂的，那麽代表他們的反切上字自然不會在不該出現的韻裏出現了。但是我們知道，韻書中確曾保留了一些時代較早的切語，自隋唐以迄宋初都没有能完全劃一。因此，自今日所得見的《切韻》殘卷到《廣韻》，以舌頭音切二、三等韻，或以齒頭音切二等韻字的切語，總還是有一些。大家熟知的是如『都江』切『椿』字，與『則減』切『斬』字之類的。『仕垢』切『鯫』則是正齒音切一等韻字之例。雖然如此，從種種方面都可以證明『椿』是舌上音而非舌頭音，『斬』是正齒音而非齒頭音，『鯫』是齒頭音而非正齒音。他們的反切上字都不合實際音讀，而爲端與知以及精與照未分時音切之遺留無疑。

在韻圖上，如『椿』『斬』『鯫』諸字都是依照實際音讀各歸本母的。但是拿他們的切語來看，反切上下字交錯之處却不是這幾個字，而是不可能有的音了。《切韻指掌圖》的排列法最能够表現這一點。

① 原文『注一三』：至韻有定母『地』字，似爲例外。不過『地』字的音韻地位本來是有問題的。

……娘 澄 徹 知 泥 定 透 端 疑 群 溪 見
『都』端母
一等
二等
三等
四等
椿
江

禪 審 牀 穿 照 邪 心 從 清 精……疑 群 溪 見
『則』精母
一等
二等
三等
四等
斬
減

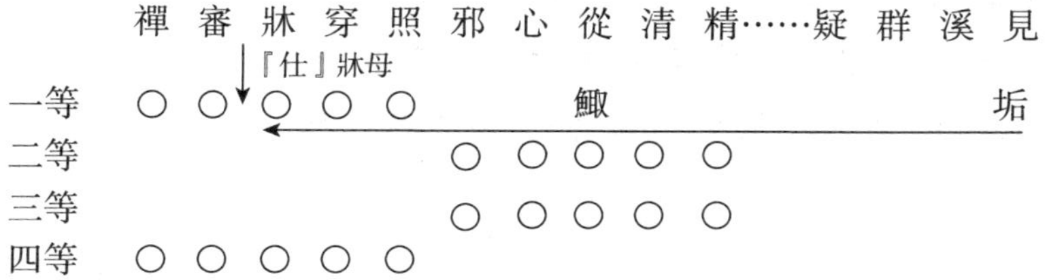
禪 審 牀 穿 照 邪 心 從 清 精……疑 群 溪 見
『仕』牀母
一等
二等
三等
四等
鯫
垢

《燉煌掇瑣一〇〇·守温韻學殘卷》有「定四等輕重兼辨聲韻不和無字可切門」一條，所説正是這一類的情形。原文：

高　此是喉音中濁①。於四等中是第一字。與歸審穿禪照等字不和。若將審穿禪照中字爲切，將高字爲韻，定無字可切。但是四等喉音第一字，總如高字例也。

交　此是四等中第二字。與歸精清從心邪中字不和。若將精清從心邪中字爲切，將交字爲韻，定無字可切。但是四等中第二字，總如交字例也。

又一段言精系字與照系字不和，大意相同，不再引述。

門法中補救這一種不合的是「類隔」與「精照互用」兩項。「玉鑰匙」云：

類隔者：謂端等一、四爲切，韻逢二、三，便切知等。知等二、三爲切，韻逢一、四，却切端等。爲種類阻隔而音不同也，故曰類隔。如都江切樁、徒減切湛字之類是也。（此下暫略，後文二七二——二七四頁再説。②）

---

① 原文爲「注一四」：此謂疑誤，好在與本題無關。

② 參見本書「門法匯解」之「麻韻不定之切」所引董文内容。

精照互用者：謂但是精等字爲切，韻逢諸母第二，只切照一①。照等第一爲切，韻逹諸母第一，却切精一字。故曰精照互用。如士垢切鯫字，則減切斬之類是也。

這樣就是説明韻圖對於這些字是遵從了實際音讀而改變他們跟切語的關係的。遇有這一類的反切，韻圖是同時利用韻母的等第來決定聲母何屬。所以『椿』字並非隨他的反切上字列端母之下，而是在二等韻所許可的知母之下；『斬』字不隨切語『則』列精母下，而是二等韻所許可的照母下；『鯫』字也不隨『士』爲牀母，而是在一等韻許可的從母下。既然如此，自與一般音和的排法異趣，不得不加以説明。

《等子》『辨音和切字例』云：

凡類隔切字，取脣重、脣輕，舌頭、舌上，齒頭、正齒三者中清濁（同）②者謂之類隔。如端知八母下，一、四歸端，二、三歸知。一、四爲切，二、三爲韻，切二、三字；或二、三爲韻，一、四爲韻，切一、四字是也。假若丁呂切貯③字，丁字歸端字母，是舌頭字；呂字亦是

① 原文爲『注一五』：『正音憑切門』有注云『照等第一，即四等中第二是也』。所以他就跟我們説『照二等』相同。
② 原文爲『注一六』：此字據《指掌圖》補。不然此句不可通。
③ 原文爲『注一七』：原作『柱』。校以本圖及《指掌圖》『檢例下』，當作『貯』無疑。『柱』實澄母字也。

舌頭字；貯字雖屬知，緣知與端俱是舌頭純清之音，亦可通用。故以符代蒲，其類奉並；以無代模，其類微明。以丁代中，其類端知；以敕代他，其類徹透。餘並倣此。（《指掌圖》『檢例下』略同。）

輕重脣的關係也算『類隔』，是跟『玉鑰匙』不同的。由下文（二八一——二八二頁）①可知，輕重脣是屬於另一種性質的專例。所以『玉鑰匙』別出爲『輕重交互』一項也是對的。此外，關於上面的文詞，我們應該注意幾點：

（一）所謂清濁同者，其下『以某代某，其類爲某』一段可爲具體的注脚。這是《等子》比『玉鑰匙』說得比較細的一點。《指掌圖》有『類隔二十六字母圖』最齊全。

（二）『呂』字是『韻』。這兒不應該說他是什麽『音』（其實也不是舌頭音），而要說他是三等韻字才是。

（三）『故可通用』語病最大。由上所述，這些反切是有歷史背景的，並非凡某種字可與另一種字互借切語之謂。在《廣韻》以前既是偶見的少數；而《集韻》以後，除一兩個例外，又都依實在的讀法改了反切（如『樁』爲『株江切』及『斬』爲『阻減切』）最足以說明這點。（連脣音也

---

① 參見本書『門法匯解』之『輕重交互門』所附董文的内容。

一樣。詳下文。）

燉煌《守温韻學殘卷》中也有講到『類隔』的：

> 夫類隔切字有數般，須辨輕重方乃明之。引例於後。
> 如都教切罩　他孟切掌　徒幸切瑒　此舌頭舌上隔
> 如方美切鄙　芳逼切堛　符巾切貧　武悲切眉　此是切輕韻重隔
> 如疋門切忿　鋤里切士①　此是切重韻輕隔
> 恐人只以端、知，透、徹，定、澄等字爲類隔，迷於此理，故舉例。……

此中無齒頭、正齒，又與《等子》不同。一再説輕、重脣也是『類隔』，可見很早時候就有單以舌頭、舌上爲『類隔』的。

真空與《續七音略》的『類隔門』跟『玉鑰匙』在文詞上無何差異。真空所舉切語『都江切椿』外，『濁甘切談』『丁弓切中』『陟經切丁』都是臆造的。《續七音略》則全然無根據，已見上文第二六三頁。

……

① 原文爲『注一八』：此切語非其類，疑有誤。

①由上面的論述，我們還可以看出，『類隔』門法的措詞確有改訂之必要。把所有的『類隔』例子看一過，就會發現，我們只要『端等一、四爲切，韻逢二、三切知等字』這兩句就够了。因爲這底下的『知等二、三爲切，韻逢一、四便切端等字』兩句非便無此事實，而且是要發生問題的。門法上所謂四等，通常都是指韻圖上的第四等，而非真正的四等韻，那麽『窠切』説：

知等第三爲切，韻逢精等影喻第四，並切第三。

豈不與此正相反？『爹』字『陟邪切』便是一個好例證。

第三節　窠切門

《經史正音切韻指南》『門法玉鑰匙』

㊂窠切者，謂知等第三爲切，韻逢精等影喻第四，並切第三。爲不離知等第三之本窠也，故曰窠切。如陟遥切朝字、直猷切儔字之類是也。

---

① 下所引原爲『麻韻不定門』之後的歸納總結，與『類隔切』相關。根據董氏『類隔切』定義的提示，列於此。

《直指玉鑰匙》

三　窠切者，謂知徹澄孃第二爲切謂知等第二即四等中第三也，韻逢精清從心邪、曉匣影喻第四，並切第二。故曰：知逢影喻精邪四，窠切憑三有定基。如陟遥切朝字、直猶切儔字之類是也。

《字學大全》本《經史正音切韻指南》門法指掌圖

三　窠切門法，謂知等四母三排定切，韻用精等影喻七母做切韻，仍切知等三排也。

外立四法，陟遥切，知容切，長精切，冣養切。

《字學元元》『十三門法附袁氏注』

窠切門舌音

窠切者，謂知等第三爲切，韻逢精等影喻第四，並切第三。爲不離知等第三之本窠也，故曰窠切。如陟遥切朝字、直猷切儔字之類是也。

袁氏曰：此門法謂知三等切字爲本窠，隨下韻字在何等，皆從切字之等。如陟遥切朝字，直猷切儔字，陟乃知三等也，即用喻四等遥字爲韻，而仍切知三等朝字；直乃澄三等，即用喻四等猷字爲韻，而仍切澄三等儔字。蓋切不離其本窠，所謂喻四之窠切也。不惟喻四爲韻，即韻逢精四、影四，皆然。後世窠切，如女爕切奆，治象切丈，知絶切叕，直節切中，除小切兆，爲精四窠切；如張幼切晝，除翳切㾊，直洼切鎚，爲影四窠切；皆韻逢第四，並切第三者。蓋舌音中類隔，雖從韻，又有此一種不離切者在其中也。

《切字釋疑》『門法之非』

三　**窠切者**，謂知徹澄孃第二爲切謂知等第二，即四等中第三也，韻從精清從心邪、曉匣影喻第四，並切第三。故曰：知逢影喻精邪四，窠切憑三有定基。如陟遥切朝字，直猶切儔字，之類是也。

窠切專爲舌丙出切，于齒丁、喉丁行韻也。知遥切朝字，知、朝本同母，可曰音和，而曰窠者，因知、照通也。直猶切儔，以當時讀直爲澄母，考《韻會》儔字陳留切，最確。朝字當作知超切。

《切字圖訣》

三　窠切門，謂知徹澄孃第三爲切，韻逢精清從心邪、曉匣影喻第四，並切第三。歌曰：知逢影喻精邪四，窠切憑三有定基。爲不離知等第三之本窠，曰窠切門。如陟遥切朝、直猷切儔字之類是也。

窠切知全二等中，韻逢精曉全四通。
切轉並歸三等上，是名窠切不他從二等，知二等也，等中第三等。

《續通志·七音略》『門法解』

窠切門第三

窠切者，謂知徹澄孃第二爲切知等第二，即四等中第三也，韻逢精清從心邪、影匣曉喻九母第四，並切第二知等字。

中知容切　紬直由切

直除息切　朝朝霄切

臣等謹案：窠切門，若舌音下三等無字可切，即切第四，爲麻韻不定之切。蓋三等有字者，爲窠切，是爲從切。三等無字，而切第四者，爲各韻不定之切，是爲從韻也。

三窠切者，謂知徹澄娘第二爲切（謂知等第二。即四等中第三也），韻逢精清從心邪曉匣影喻九母第四，並切第二知等字。故曰『知逢影喻精邪四，窠切憑三有定基』。如知遙切朝字，直由切紬字之類是也。

總括三樣日號訣

初一蓂生之望移，
蓂凋直到晦終畢。
上旬十日臨中澣，
三十名爲末澣期。
二十中旬休擬議，
末旬三十蓂生疑。
欲知上澣初旬是，
遺與末諳暫免推。

圖六　窠切門

三窠切門（有開合 有疊韻）　無雙聲						
見溪群疑						
端透定泥	知徹澄孃			出取切字		
幫滂並明						
精清從心邪						行韻
曉匣影喻						行韻
來						

中（知容切 窠切門）　崗（豬嘴切 開合窠切門）

直（除息切 窠切門）　朝（朝宵切 疊韻窠切門）

圖十九　窠切門

《字學元元》『格子門』

窠切

窠切者，謂知徹澄孃第二爲切，乃四等中第三也，韻逢精曉九母下第四，並切第三。不离知三之本窠也，故曰『知逢影喻精邪四，窠切憑三有定基』。

知遙切朝　直由切儔

知容切中　除息切直（俱窠切）

猪觜切耑（開合窠切）

朝霄切朝（疊韻窠切）

此門切三韻四，故無雙聲。

窠切門（此門專指知三，不干知二）

	知徹澄孃			取切出字	
					行韻
					行韻

圖六　窠切門

					知徹澄孃		
							三窠切門
					出字取切		
		行韻	行韻				

知系字所定居的三等。

遇有知系字以精喻等母字作反切下字的，須注意所切之字並不跟切語下字同在四等，而是在

窠切——三等韻的知系字韻圖列三等，而精系、喻母與一部分的脣牙喉音字則列四等。

董同龢《等韻門法通釋》

在韻母的規則方面，韻圖是把二百六韻先併爲若干轉或攝，把每個轉或攝之内都分成四個等，使那些韻的字各依性質之異同分别排在四個等内。在大部分的情形下，這種辦法是很合適的。韻書中所有的韻類多半在韻圖上都是恰恰的也同排在一個等之内。

例如：（韻目舉平，以該上去入）。

東（公類），冬，模，咍①，灰，泰，痕，魂，寒，桓，豪，歌，戈②，唐，侯，覃，談，登——全

在一等；

① 原文爲「注二五」：前文所論「犗犻」諸字不計。

② 原文爲「注二六」：應除去「鞾瘸」諸字。

江，皆，佳，夬，山，删，肴，麻（佳類），庚（庚類），耕①，咸，銜——全在二等。

支（羈類）②，微，脂（飢類），祭（猘類），廢，真諄（山類），欣，文，仙（犍類），元，宵（驕類），戈（鞾類），嚴，凡——全在三等；

齊③，先，蕭，青，幽，添——全在四等。

因爲如此，現在我們説古音，論到韻母的性質，就得到一種方便：統稱同類諸韻時，就分別呼作『一等韻』『二等韻』『三等韻』或『四等韻』。還有一部分韻是上面沒有列舉的，即

東（弓類），鍾④，支（祇類），脂（伊類），之，魚，虞，祭（蔽類），真諄（賓類），仙（甄類），宵（翹類），麻（邪類），陽，清，尤，侵，鹽，蒸。

他們本與上列支（羈類）微……韻字同一性質，我們也就叫『三等韻』。但是在韻圖上，因爲種種緣故，他們的字并不全在三等，而是有一部分插到二等或四等去了。在這裏面情形又不完全一樣。東（弓類），鍾，之，魚，虞，麻（邪類），陽，尤與蒸是一派，其位置分配如下：

① 原文誤作『祀』。

② 原文爲『注二七』：看拙著《廣韻重紐試釋》第一——一二頁。

③ 原文爲『注二八』：前文所説『栘虆』兩個有問題的字不計。

④ 原文爲『注二九』：上聲腫韻内有冬上聲的兩個寄字當然在一等。

	脣音	舌音	牙音	齒音	喉音	半舌齒
一等						
二等				（莊系字）		
三等	（幫系字）	（知系字）	（見系字）	（章系字）	（影）（曉）①（于）	（來）（日）
四等				（精系字）	（喻）	

支（祇類），脂（伊類），祭（蔽類），真諄（賓類），仙（甄類），宵（翹類），清另是一派，其位置分配如下：

	脣音	舌音	牙音	齒音	喉音	半舌齒
一等						
二等				（莊系字）		
三等		（知系字）		（章系字）		（來）（日）
四等	（幫系字）		（見系字）	（精系字）	（影）（曉）（匣）（喻）②	

兩派的異點在脣牙喉音字的歸三等或四等。爲方便計，以下將統稱前者爲『偈狹韻』，後者爲『廣通韻』（名稱的來源得自門法，見下文）。鹽韻字也該分兩類：一屬前派，一屬後派，在劃分的標準尚有問題之時③，上面就暫時沒有提。在韻圖上他們是大體如『偈狹』諸

① 原文爲『注三〇』：此類無匣母。

② 原文爲『注三一』：此類無于母。真韻賓類有『礩』字『下珍切』，爲匣母。但三等韻例無匣母。現在姑如此。

③ 原文爲『注三二』：看拙著《廣韻重紐試釋》十七—十八頁（本刊十三本）。

韻，只是另有一套影母字在四等跟在三等的對立。因爲這一點恰巧跟我們諸門法無礙，（看下文二八八——二八九頁）①就可以暫時全收在『偈狹』韻內。

本來是同一韻類的字而有如此參差的排法，拿本字跟切語下字在韻圖上對照起來，自然有許多問題發生了。②

知系字與『寠切』門法

先就兩派共同的方面順上面的次序看，知系字如以精系或喻母字作反切下字，在韻圖上是得不到『音和』的關係的。事實上這種例子在韻書中也不少見。如《廣韻》綫韻『輾』字『女箭切』，宵韻『朝』字『陟遥切』之類是。

	邪	心	從	清	精	……	娘	澄	徹	知
一等							○	○	○	○
二等	○	○	○	○	○					
三等	○	○	○	○	○		輾			
四等					箭		○	○	○	○

『女』此母

	喻	匣	曉	影	……	娘	澄	徹	知
一等						○	○	○	○
二等									
三等									朝
四等	遥					○	○	○	○

『陟』此母

① 參見本書『門法匯解』之『偈狹』門法部分所引董文。

② 按：以上雖無具體的門法解釋，但是正確了解『寠切』『廣通』『偈狹』『内外』門法的前提。故列於此。

「玉鑰匙」有「寠切」一門云：

寠切者：謂知等第三爲切，韻逢精等影喻第四，並切第三。爲不離知等第三之本寠也，故曰寠切，如陟遥切朝字，直猷切儔字之類也。

正是指明這一點。

此中「影」字係指「廣通」諸韻的影母字而言。「廣通」諸韻的脣牙喉音韻圖置四等，跟知系字也可以發生「寠切」的關係。不過韻書中只有這些韻的知系字用影母字作反切下字的例——如《廣韻》置韻「娷」字「竹恚切」，質韻「秩」字「直一切」——所以只説影而不泛稱脣牙喉。

《廣韻》麻韻「爹」字「陟邪切」，是應與本門有關而實際不然的一個特例。上文二七二——二七四頁①已加論列。

《等子》、真空與《續七音略》此門與「玉鑰匙」略同。只是真空與《續七音略》有「韻逢精清從心邪曉匣影喻」之語，其中「曉匣」二字無據。

---

① 見本書「門法匯解」之「麻韻不定門」所引董文。

第四節　輕重交互門

《經史正音切韻指南》『門法玉鑰匙』

㈣　輕重交互者，謂幫等重音爲切，韻逢有非等處諸母第三，便切輕脣字；非等輕脣爲切，韻逢一二四，皆切重脣字，故曰輕重交互。如匹尤切颩字、芳梧切胚字之類是也。

《直指玉鑰匙》

四　輕重交互者，謂幫滂並明一二三四爲切，韻逢有非等處第三，便切輕脣字；非敷奉微第三爲切，韻逢一二四，却切重脣字。故曰：輕見重形須切重，重逢輕等必歸輕。如匹尤切飆字、芳梧切肧字之類是也。

《字學大全》本《經史正音切韻指南》門法指掌圖

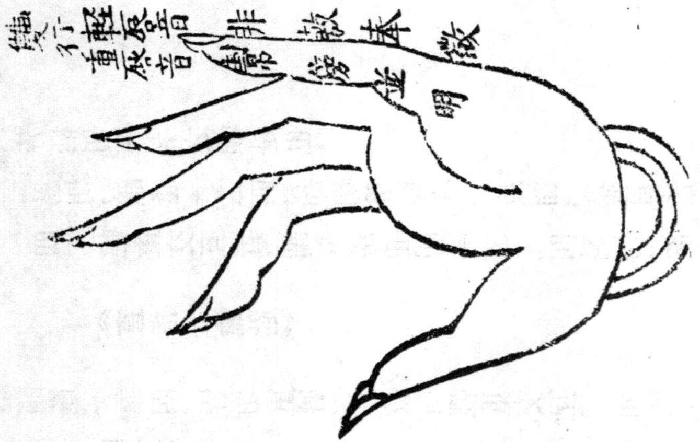

四　輕重交互門，幫等一二三四定切，韻逢非等切輕脣；非等定切，韻逢一二四切重脣。

外立四法，匹尤切，芳梧切，芳交切，芳宵切。

《字學元元》『十三門法附袁氏注』

輕重交互門　脣音

輕重交互者，謂幫等重脣爲切，韻逢有非等處諸母第三，便切輕脣字；非等輕脣爲切，韻逢一二四，皆切重脣字，故曰輕重交互。如匹尤切颰字，芳桮切脴字，之類是也。

袁氏曰：此脣音門法，謂幫等重脣切重字，非等輕脣切輕字。然又有幫母一、四等重，而韻逢非三等之字，則互切輕脣字。如匹尤切颰字，匹乃重脣切，而尤韻在三等，則互切輕脣之颰是也。非三等輕切，而韻逢幫下一、四等之字，則互切重脣字。如芳桮切胚①字，芳乃輕脣切，而杯韻在一等，則互切重脣之胚②是也。是亦類隔之例，從韻而不從切也。

然愚於此門法，及諸脣等子，並有疑焉。夫以舌齒爲例，一、四宜幫，二、三宜非。此何以一、二、四爲重，而獨三爲輕也。三既爲輕，而止三③陂、鈹、皮、彌，臻三彬、砏、貧、民，效三鑣、◯、瀌、苗，何又皆重脣字也。是三等尤有不盡屬非者，而幫全居四等矣。惟微、元④、文、鍾、凡、廢、虞七攝中，非僅居三等爾。載籍中如補歸切非，莫與切武，補初切夫，

① 原文作『脴』。
② 同上。
③ 原文作『二』。
④ 原文作『阮』。

莫揣切尾，莫鉏切巫，不勿切甶，冰霜切方，忙范切鋄，末爽切罔，爲重互輕。如武巾切旻，亡角切藐，無純切民，苻師切皮，無底切米，非水切比，非蓋切貝，芳費切派，亡皆切霾，方煩切潘，房陌切白，亡丙切皿，武船切宀，文高切毛，苻小切摽，爲輕互重。其法皆出於此，殊令學者難明。

如《詩》「寤寐思服」，服叶蒲北反。人皆誤蒲爲重脣切勃，而不知其互切拂也，此類豈少哉？

《切字釋疑》「門法之非」

四　輕重交互者，謂幫滂並明一二四爲切，韻逢非等第三，便切輕脣字。非敷奉微第三爲切，韻逢一二四却切重脣字。故曰：輕見重形須切重，重逢輕等必歸輕。如匹尤切飆字、芳桮切胚字、武登切瞢字、方閑切編字之類是也。

此謂脣甲、乙、丁出切，于丙横六格行韻取字也。匹尤切飆，飆乃脣丙之二敷母也，今當作敷憂切。匹乃滂母，何爲反用？若讀爲必幽切之彪，則幫母之細聲，當格之第一字矣。又法，脣丙出切，甲、乙、丁横格行韻，如芳桮切胚。胚乃脣甲之二滂母也，芳乃脣丙之二敷母也，何不依《韻會》以鋪枚切胚乎？吾猶以枚嚜、胚啌，今定鋪杯切。

《切字圖訣》

四　輕重交互門，謂邦滂並明重脣一二三四爲切，韻逢有非等諸母第三，便切輕脣字。非敷奉微輕脣音第三爲切，韻逢一二四，皆切重脣字。歌曰：輕見重形須切重，重逢輕等必歸輕。是爲輕重交互。如匹尤切飆音醅、芳杯切肧字之類是也。

幫全一二三四均，韻逢三等切輕脣。
若是非全三上切，一二四韻重脣遵。

《續通志·七音略》『門法解』

交互門第四

重輕交互者，謂幫滂並明一二四等爲切，韻逢有非等處第三，便切輕脣字。

非布追切　望莫誑切

房平房切　分布雲切

臣等謹案：重輕交互門，行韻遇來、日、知、照三等者，若在通廣攝内，則犯通廣門法；在偈狹攝内，則犯創立音和門法。如《指南》交互門所引『賓出切弗』一例，行韻在臻攝照二，正犯通廣門法。創立音和門所引『莫者切也』一例，正犯重輕交互門法。前人雖有一切分兩用之説，然取字兩歧，究不可從。今應於兩門，除去以歸畫一。至行韻在通、流二攝者，則切一等字。即後一門法所謂『重遇前三隨重體』者，是也。

輕重交互者，謂非敷奉微第三等爲切，韻逢一二四，便切重脣字。

袍房高切　不非紇切

步扶步切　胚芳杯切

臣等謹案：輕重交互門，非敷奉微三等出切，無精清從心邪、喻六母四等韻，以其與偈狭門相犯也。又無照一韻，以其與内三、外二門相犯也。若韻逢諸母一等，而開合俱無字者，則轉而憑切爲就形門。至前三門三等出切，一等行韻，而切三等者，亦惟通、流二攝爲然。所謂『輕逢後一就輕聲』也。前三後一一門，係沙門真空所增，附識於此。

臣等又案：幫滂並明下所轄之字，重脣之屬爲多；非敷奉微下所轄之等，輕脣之屬最少。故取切之法，不論輕重、等第，但憑爲韻之等，便是所切之字，故曰交互也。

四重輕交互者，謂幫滂並明一二三四爲切，韻逢有非等處第三，便切輕唇字。如匹尤切紑字，布雲切分字，之類是也。

誡學

夫謂凡切韻者甚多，定是非者甚少矣。豈不見羽系金石，必沉大渺之淵，藤附青松，定聳茂凌之蘂。事不明不可依，資不擇不可授。儒曰：『雖有嘉餚而不飧，不知餚之美』。然有奇法而不學，豈知法之妙，包括三才（天地人謂之三才。又天仁王亦謂之三才，是也，）

圖七　重輕交互門

四重輕交互門（有雙聲有開合）					
		幫滂並明			
		出切			
		出切			
行韻	行韻	行韻出切取字	行韻	行韻	行韻
		出切			

非（布追切重輕交互門）　望（莫誑切開合重輕交互門）

房（平方切重輕交互門）　弗（賓出切重輕交互門）

非小補哉。

四輕重交互者，謂非敷奉微第三爲切，韻逢一二四，却切重唇字。如芳盃切胚字，之類是也

叶聲韻

梗曾二攝與通疑，
止攝無時解攝推。
江宕略同流杀遇，
用時交互較量宜。

輕唇十韻

輕韻東鍾微與元，
凡虞文廢亦同然。
更有陽尤皆一體，
不該十韻重中編。

尋求背篇

有體無聲問高流，
未識之時檢部頭。
六六母下尋不見，
海底金内背篇求。

圖八　輕重交互門

四輕重交互門　無疊韻						
			非敷奉微			
	行韻	行韻	取行韻字	行韻	行韻	行韻
	行韻	行韻	取行韻字		行韻	行韻
			出切			
	行韻	行韻	取行韻字	行韻	行韻	行韻

袍 房高切輕重交互門

不 非紑切開合輕重交互門

步 扶步切雙聲輕重交互門

朋 扶弘切開合輕重交互門

圖二十　重輕交互門

重輕交互

重輕交互者，謂脣等幫滂並明四母，一二三四等重脣爲切，韻逢有非等處第三，便不切重脣字，而互切輕脣字。此亦爲韻所隔，故不從切而從韻也。

布雲切分　不勿切由

布追切非　匹尤切颷 俱重輕互

莫誑切望　賓出切弗 開合互

平房切房 雙聲重輕互

此門法不從切，故無疊韻。

重輕交互門

		幫滂並明			
		出切			
		出切			
行韻	行韻	行韻出切取字	行韻	行韻	行韻
		出切			

圖二十一　輕重交互門

輕重交互門

			非敷奉微		
行韻	行韻	行韻	取行韻字	行韻	行韻
行韻	行韻	行韻	取行韻字	行韻	行韻
			出切		
行韻	行韻	行韻	取行韻字	行韻	行韻

輕重交互

輕重交互者，謂脣音非敷奉微，三等輕脣爲切，韻逢幫等一二四，却不切輕脣字，而互切重脣字。前以重互輕，此以輕互重，故曰交互，與舌音之類隔正同例也。

芳杯切肧　文爭切甍

房高切袍　武根切門

非秃切不（俱輕重互）　扶步切步（雙聲輕重）

扶弘切朋（開合輕重互）

此門法不從切，亦無疊韻。

圖七　重輕交互門

四重輕交互門

		幫滂並明				
		出切				
		出切				
行韻	行韻	取行韻字	行韻	行韻	行韻	
		出切				

圖八　輕重交互門

四輕重交互門

		非敷奉微❶			
行韻	行韻	取行韻字	行韻	行韻	行韻
行韻	行韻	取行韻字		行韻	行韻
		出切			
行韻	行韻	取行韻字		行韻	行韻

① 原圖未標聲母。

輕重交互——反切脣音只一類，但韻圖却分輕脣與重脣。用反切在韻圖上找脣音字，自不免時覺乖違。不過輕重脣音是有一定的分野的：即微、元諸韻全爲輕脣；其他全是重脣。我們只要記清這一點，就有辦法了。如反切下字屬微、元諸韻，無論上字是『輕』或是『重』，總是到輕脣音下面找字。反之，如屬其他的韻，無論上字是『輕』或是『重』，總是到重脣音下面找字。

三十六字母與《廣韻》以前反切系統最不相同的一點，是在脣音方面。三十六字母的脣音有重脣幫、滂、並、明與輕脣非、敷、奉、微之分；而《廣韻》以前的反切則幫與非，滂與敷，並與奉，明與微尚同爲一類。韻圖既用字母的系統，從他的立場看《廣韻》以前的反切，自然會覺得有些重脣音字是用輕脣字作切，或者有些輕脣字是用重脣字作切，如『胚』字『芳杯切』與『颩』字『匹尤切』是。在韻圖上，凡這一類的字跟他們的切語都得不到『音和』的關係。

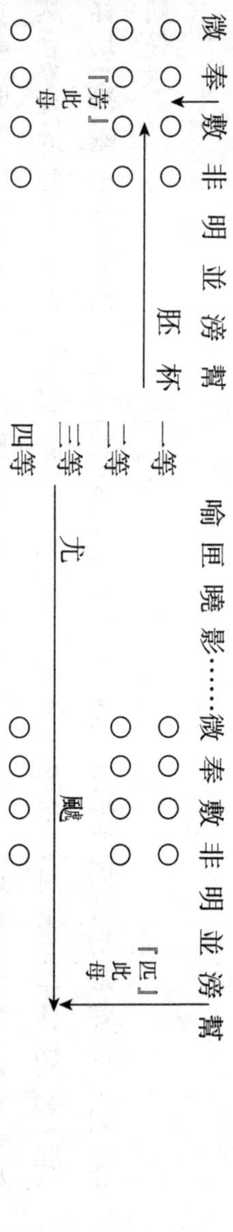

我們知道，輕重脣音的分別是以韻母的不同爲條件的——元、微、陽、東（三等）……爲輕脣；其他盡爲重脣。所以『玉鑰匙』的『輕重交互』門說：

輕重交互者：謂幫等重脣音爲切，韻逢有非等處第三等，便切輕脣字；非等輕脣音爲切，韻逢一二四皆切重脣字。故曰輕重交互。如匹尤切颩字，芳杯切胚字之類是也。

這就無異乎說：凡在輕脣音出現之韻，雖切語上字屬重脣，所切之字也當是輕脣；反之，凡在重脣音出現之韻，雖切語上字屬輕脣，所切之字也當是重脣。不過這裏『韻逢一二四』一語應改作『韻逢有幫等處一二三四』才是。因爲三等並非全爲輕脣音，真韻『貧』字『府巾切』，『府』雖輕脣，『貧』也是三等的重脣音。

『玉鑰匙』以前，這一項事例是併在『類隔』中説的，已見上文。真空此門與『玉鑰匙』

略同。《續七音略》改名「交互門」，内分「輕重交互」與「重輕交互」二目，不過分真空的文字爲兩段而已。所舉切語除「胚」字「芳杯切」外全無據。

第五節　振救門

《經史正音切韻指南》「門法玉鑰匙」

㊄ **振救者**，謂不問輕重等第，但是精等字爲切，韻逢諸母第三，並切第四，是振救門。振者，舉也，整也；救者，護也。爲舉其綱領，能整三四，救護精等之位也，故曰振救。如私兆切小字、詳里切似字之類是也。

《直指玉鑰匙門法》

五　**振救者**，謂精清從心邪第一等爲切，韻逢諸母第三，並切第四，是四二振救。精清從心邪第二爲切謂精等中爲第二，即等中爲第四也，韻逢諸母第三，亦切第二。故曰：四三還歸四名振，切一韻三四二陳。如私兆切小字、詳里切似字、祖之切貲字、贊員切鐫字之類是也。

《字學大全》本《經史正音切韻指南》門法指掌圖

五　振救門，謂精等四排五母定切，韻用諸母第三，並切第四等也。

外立四法

私兆切，思巾切，親問切，信元切。

《字學元元》『十三門法附袁氏注』

振救門　齒音

振救者，謂不問輕重等第，但是精等字爲切，韻逢諸母第三，並切第四，是振救門。振者，舉也，整也；救者，護也。爲舉其綱領，能整三四，救護精等之位也，故曰振救。如私兆切小字、詳邐切似字之類是也。

袁氏曰：此從切不從韻，專爲齒音精等言也。言以精等爲切，即韻逢諸母之第三，而所切之字，則還歸精等之第四。所謂振救，蓋振舉精等之綱，而救護精等之位也。如私兆切小字，『私』精一等之心母字也，韻雖逢知三等之『兆』，却不切照二等字，必救使切精四等心母之小。如詳邐切似字，『詳』精四等之邪母字也，韻雖逢來三等之『邐』，亦不切照二等字，必救使切精四等邪母之似。其餘若草帋切此，自流切酋，七者切且，徐然切次，相之切絲，息林切心，倉城切青，宗理切子，祖玉切足，似而切詞，皆精等爲切，韻逢第三，並切第四，所謂振救也。

《切字釋疑》『門法之非』

五　振救者，謂精清從心邪第一等爲切，韻逢諸母第三，並切第四，是四一振救。精清從心邪第二等爲切謂精等第二，即等中第四也，韻逢諸母第三，亦切第四。故曰：四三還歸四名振，切一韻三四二陳。如私兆切小字、詳里切似字、祖之切貲字、贊員切鐫字之類是也。

振救者，謂于齒甲、齒丁出切，于丙横六格行韻也。私兆切小，今作心少；詳里切似，宜作松子，而中原讀去聲，則松自切；祖知切貲字，孫恤即移切，黄公紹將支切，則當時讀近璽矣，今作祖思切；贊員切鐫，孫作子泉切，今作即先切。

又有不定振救門，邪字似加切，出《孔雀經》。此于齒丁出切，牙乙行韻也。前人切法本活，取其近似者而已。偶然用此二字，而又立一門耶，固矣哉！似粗、邪細，今作息牙切。

《切字圖訣》

五　振救門，謂不問輕重等第，但是精清從心邪第一等字爲切，韻逢諸母第三，並切第四，是四一振救。精清從心邪第一等字爲切謂精等中第二，即等中第四，韻逢諸母第三，亦切精二。歌曰：四三還歸四名振，切一韻三四一陳。以振者，舉也，整也，救者，護也，其綱領能整三四，救護精等之位也，故名振救。如思兆切小，詳里切似，祖知切貲，贊員切鐫字，之類是也。

振救精全一切中，韻逢三等四須窮。
若還二等爲其切，三前得韻四歸重二即四，故三爲前。

《續通志·七音略》『門法解』

振救門第五

振救門者，謂精清從心邪五母下一等、四等字出切，韻逢諸母第三，並切第四。

前才然切　　侵倉林切

　祖知切　　鑴贊員切

以上四字皆係精一出切。

性西詠切　　小思趙切

子子李切　　淺千遠切

以上四字皆係精二出切。

臣等謹案：精母一等出切，韻逢各母第三，而切第四者，舊名四二振救門者，謂『切一韻三四二陳』也，如才然切前字，祖知切　字之類。以出切言之，則爲四一；以行韻言之，則爲四三；以取字言之，則爲四四；皆與四二無涉。其精母二等出切即第四等，韻逢各母第三，而切第四者，如西詠切性字，千遠切淺字之類，舊名四三振救門，所謂『四二還歸四名振』也。若祇以行韻之字言之，則可謂之四三。然四二振救門，行韻之字亦四三也，殊爲轇轕。蓋舊法始以四二、四三爲別異之門，而未究其實也，今概從删。

《直指捷徑門法》

五振救者，謂精清從心邪第一等爲切，韻逢諸母第三，並切第四，是四二振救。精清從心邪第二爲切（謂精等中爲第二。即等中爲第四也，）韻逢諸母第三，亦切第二，故曰『四三還歸四名振，切一韻三四二陳』。如思趙切小字，祥李切似字，祖知切貲字，贊員切鐫字，之類是也。

圖九　振救門

五振救門（有疊韻 有開合）無雙聲

		精清從心邪			
		出切			
行韻	行韻	行韻	行韻	行韻	行韻
		取出切字			

前（才然切四二振救門）　性（西泳切開合振救門）

子（子李切疊韻振救門）　淺（千遠切開合振救門）

圖二十二　振救門

振救

振救者，謂舉護精等之位也。精五母一等爲切，韻逢諸母第三，並切第四，爲一振救。如四等爲切，韻逢諸母第三，亦切第四，爲四振救。總之韻三切四，通名四三振救，此憑切不憑韻，精不互照者也。

祖知切貲　賛員切鐫一振救

思兆切小　祥邐切似四振救

西咏切性　千遠切淺開合四

子李切子叠韻四

振救門 此門專切精四，不干精一

			精清從心邪		
			出切		
行韻	行韻	行韻	行韻	行韻	行韻
			取出切字		

《續通志·七音略》「門法圖」

圖九　振救門

五振救門					
				行韻	
				行韻	
				行韻	
精清從心邪		出切		行韻	取出切字
				行韻	
				行韻	

振救——三等韻的精系字韻圖列四等，而跟他们同韻類的字大部分又在三等。遇有精系字用那些字作反切下字的時候，須注意所切之字不隨反切下字在三等，而是在精系字所定居的四等①。

三等韻的精系或喻母字，如有用知系、章系或來、日兩母字作反切下字的，他們在韻圖上通非『音和』。實例可如《廣韻》屋韻『肅』字『息逐切』，『育』字『余六切』；送韻『趨』字『千仲切』；東韻『融』字『以戎切』之類。

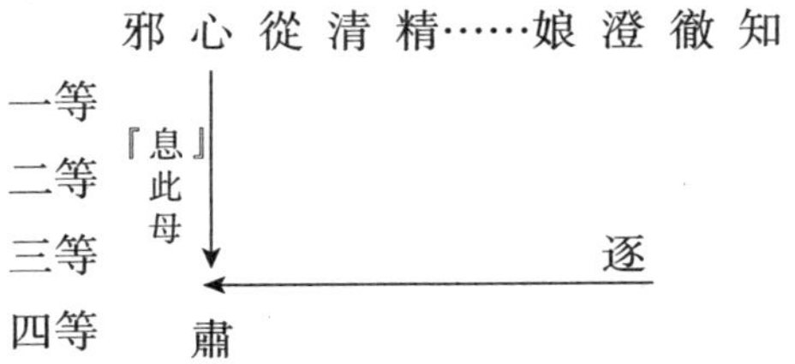

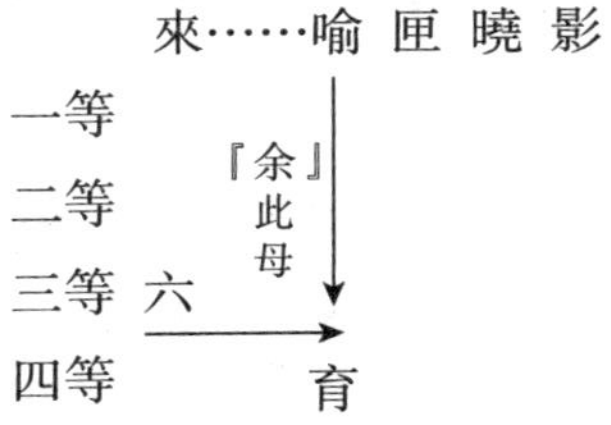

① 因『振救』門與『喻下憑切』門有相似之處，董氏一起討論。併引如下。

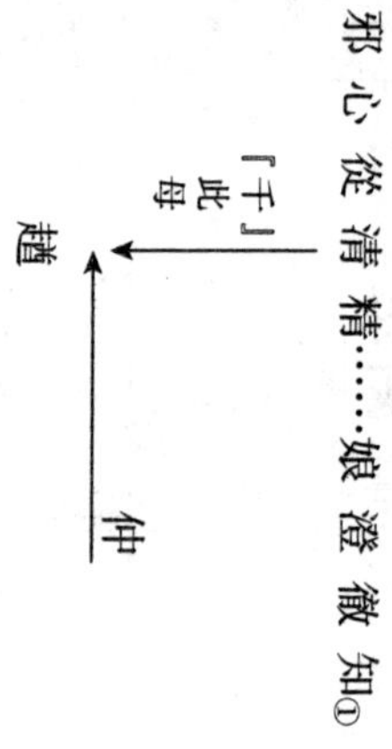

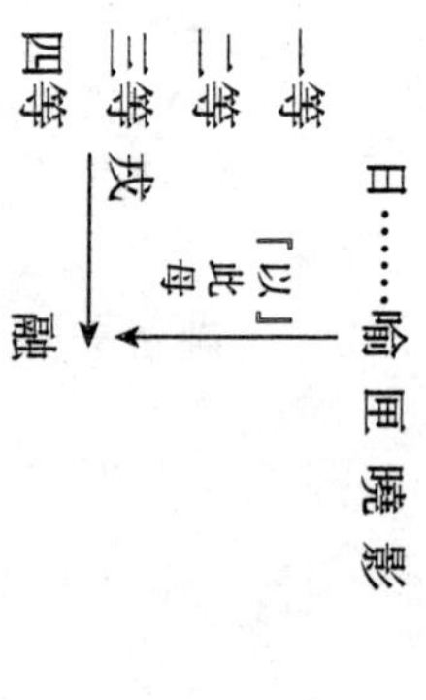

爲說明這一類情形，『玉鑰匙』『振救門』云：

振救者：謂不論輕重等第，但是精等字爲切，韻逢諸母第三，並切第四，是振救門。振者，舉也、整也；救者，護也。爲舉其綱領，能整三四，救護精等之位也，故曰振救。如私兆切小字，詳邐切似字②之類是也。

又『喻下憑切門』云：

喻下憑切者：謂單喻母下三等爲覆，四等爲仰，仰覆之間只憑爲切之等也。故曰喻下憑切。如余招切遥字，于聿切颶字之類是也。

這兩項文字還有幾點要解釋。第一，『振救門』不說韻逢知、照、來、日，而泛言諸母第

① 原書聲母爲『照穿牀審禪』。『仲』澄母字，原書聲母當誤，今改爲『知徹澄娘』。
② 原文『注三五』：『邐』當作『里』。

三，是因爲在「侷狹」諸韻脣牙喉音排在三等，他們也作精系字的反切下字，韻圖地位與知照等系字同。東韻「嵩」字「息弓切」便是一個例子，可以補於門法。

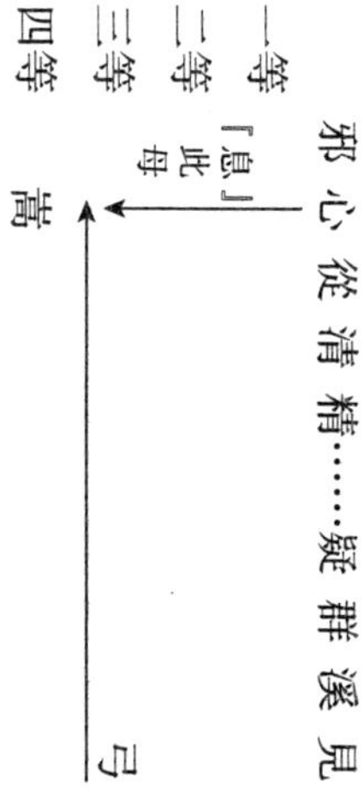

第二，「喻下憑切」之所以不能併入「振救」，是因爲他還包含了上所未述的事例。所謂「喻母」，在韻圖上實在有我們常説的喻母與于母字，前者居四等，而後者居三等，門法的第一句也指明了。喻母居四等，跟其他字的關係與精系同，我們正已説過。于母居三等，所處的地位就跟知、照、來、日系的字一樣了（如下圖所示）。喻母不隨在三等的反切下字列三等而在四等，于母不隨在四等的反切下字列四等而在三等，等第不隨下字而視上字爲定，故可知「憑切」之名。第三，但于母字以精系或喻母字作反切下字的例，在宋以前的韻書中可以説是實際未有的。門法的「于聿切颶」是根據《五音集韻》，《廣韻》則「于筆切」，《集韻》也是「越筆切」。依《廣韻》與《集韻》，他們在韻圖上恰好是「音和」；依《五音集韻》才是「喻下憑切」之一例。

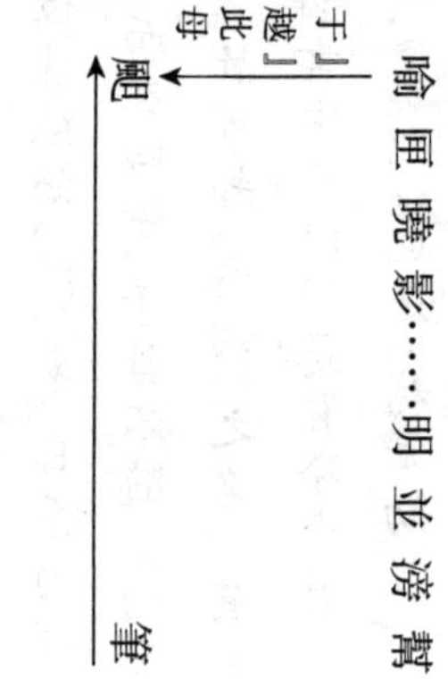

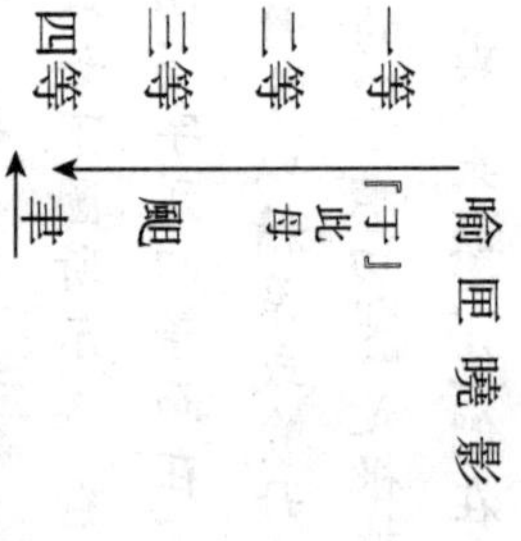

真空的『振救門』以精系一等字爲切者與四等字爲切者分説，並名前者爲『四二振救』，並没有什麽道理。《續七音略》譏爲『轇轕』而不從，甚是。『喻下憑切』兩書並與『玉鑰匙』無異。又在這兩門，他們又有些不可靠的切語。

《等子》『振救』門亦與『玉鑰匙』同。『喻下憑切』只説到喻母而未及于母，是因爲在較早的韻書中，于母字的反切下字都是韻圖列三等的字，都是『音和』。

第六節　正音憑切門

《經史正音切韻指南》『門法玉鑰匙』

㈥　**正音憑切**者，謂照等第一爲切照等第一，即四等中第二是也，韻逢諸母三四，並切照一。爲正齒音中憑切也，故曰正音憑切。如楚居切初、側鳩切鄒字之類是也。

《直指玉鑰匙門法》

六　**正音憑切**者，謂照穿床審禪第一等爲切，即第四等中第二也，韻逢諸母第三，並切照一，是正音憑切三；韻逢諸母第四，亦切照一，是正音憑切四。故曰：逢三遇四盡歸初，正音憑切成規訓。如楚居切初字、山幽切搊字之類是也。

《字學大全》本《經史正音切韻指南》門法指掌圖

六　正音憑切門法，謂照一等五母定切，韻用諸母三四排作韻，並切照一五母也。

外立四法，楚居切，崽禮切，崽眠切，稍仁切。

《字學元元》『十三門法附袁氏注』

正音憑切門齒音

正音憑切者，謂照等第一爲切，照等第一，即四等中第二是也，韻逢諸母三四，並切照一。

爲正齒音中憑切也，故曰正音憑切。如楚居切初，側鳩切鄒字，之類是也。

袁氏曰：此謂照五母，若以第一等爲切字，作何法切。第一等，照之第一，乃四等之第二也。此等門法之切，只憑其切，勿問韻在何等。即韻逢三等，固切照一也；即韻逢四等，亦切照一也。蓋但從其所用之切，而不從其所逢之韻，故謂之憑切。如楚居切初字，楚乃穿一等也，韻逢見三等之居，而仍切穿一等之初字。又如側鳩切鄒字，側乃照一等也，韻逢見三等之鳩，而仍切照一等之鄒字。皆憑照一之等而切之。他如山句切數，仕羊切牀，山清切生，士容切崇，所居切疋，皆此之類。學者詳之，可例見矣。

《切字釋疑》『門法之非』

六　正音憑切者，謂照穿牀審第一等爲切謂照等第一，即四等中第二是也，韻逢諸母第三，並切照一，是正音憑切三。韻逢諸母第四，亦切照一，是正音憑切四。故曰：逢三遇四盡歸初，正音憑切成規訓。如楚居切初字，側[1]鳩切鄒字、士尤切愁字、山幽切摻字之類是也。

① 原作『俱』。

憑切于齒乙出切，于丙、丁二横格行韻。楚居切初，今法正合。楚初同母，原是音和，但居叶初略差，須如宣城讀初如祛方叶。若依中原之音，則必楚租切始確也。山幽切摻，亦近。但沈韻吴音，縮腭舌與尖抵舌不分，如手、叟爲一也。而北人呼瘦亦如受，則無舌尖抵前腭之聲，此各習也。唐韻二十八山所間切，二十七删所姦切，今何分乎？彼必讀姦爲班韻，讀間近堅，如今度曲之讀間字，可證其所之與山，則仍是手、受之聲。《廣韻》手，書久切；叟，蘇後切；甚明。後字晉讀上聲。

《切字圖訣》

六　正音憑切門，謂照穿牀審禪第一等爲切，韻逢諸母第三，並切照一，是正音憑切三。韻逢諸母第四，亦切照一，是正音憑切四在照等中爲第一，即四等中爲第二也。歌曰：逢三遇四盡歸初，正音憑切成規訓。爲正齒音中憑切，故曰正音憑切。如楚居切初、側鳩切鄒字之類是也。

正音憑切照全等，切一韻三照一梗。
若逢韻四亦還初，照一無須別處審。

正音憑切門第六

正音憑切者，謂照穿狀審禪五母下第一等字爲切，韻逢諸母第三、第四，皆切照一也照一即四等中第二。

初楚居切　　創楚況切

崇鉏龍切　　史山水切又爲開合門

以上四字係正音憑切三。

山①山田切　　縮山足切

搜山幽切　　使山嘴切

以上四字係正音憑切四。

臣等謹案：正音者，照一爲正齒音也；憑切者，照一出切，隨出切之等，而切第二等字也。後言憑切者倣此。

① 原作『仙』。

《直指捷徑門法》

六正音憑切者，謂照穿床審禪第一等爲切（即第四等中第二也，）韻逢諸母第三，並切照一，是正音憑切三。韻逢諸母第四，亦切照一，是正音憑切四。故曰『逢三遇四盡歸初，正音憑切成規訓』。如楚居切初字，山幽切搜字，之類是也。

圖十　正音憑切門

六正音憑切門（有疊韻有開合）無雙聲

			照穿床審禪		
			取切出字		
行韻	行韻	行韻	行韻	行韻	行韻
行韻	行韻	行韻	行韻	行韻	行韻

崇（鉏龍切正音憑切門）　史（山水切開合正音憑切門）

縮（山足切正音憑切門）　山（山田切疊韻正音憑切門）

圖二十三　正音憑切門

正音憑切門 此門爲照一，不干照二。

			照穿床審禪		
			取出切字		
行韻	行韻	行韻	行韻	行韻	行韻
行韻	行韻	行韻	行韻	行韻	行韻

正音憑切

正音憑切者，謂照一出切也。照五母一等爲切，韻逢諸母第三，並切照一，是正音憑切三。韻逢第四，亦切照一，是正音憑切四。所謂『逢三遇四盡歸初』，揔之憑所切之等，此又照不互精者也。

楚居切初　鉏龍切崇憑切三

山足切縮　山幽切搊憑切四

梢水切史 開合憑切三

山田切山 叠韻憑切四

《續通志·七音略》『門法圖』

圖十　正音憑切門

六正音憑切門					
		照穿狀審禪			
		取出切字			
行韻	行韻	行韻	行韻	行韻	行韻
行韻	行韻	行韻	行韻	行韻	行韻

正音憑切——三等韻的莊系字韻圖列二等，而同韻的別的字又在三、四兩等。所以莊系字如以別系的字作反切下字，那個字無論在三等或四等，都要改到二等才找得到本字。

三等韻莊系字在韻圖上的地位最獨特。他們孤立在二等而與本韻其他的字分開。因此，只要反切下字一出本系的範圍，便發生非『音和』的現象。這一類的實例很不少。茲以《廣韻》脂韻『師』字『疏夷切』與之韻『菑』字『側持切』圖示如下：

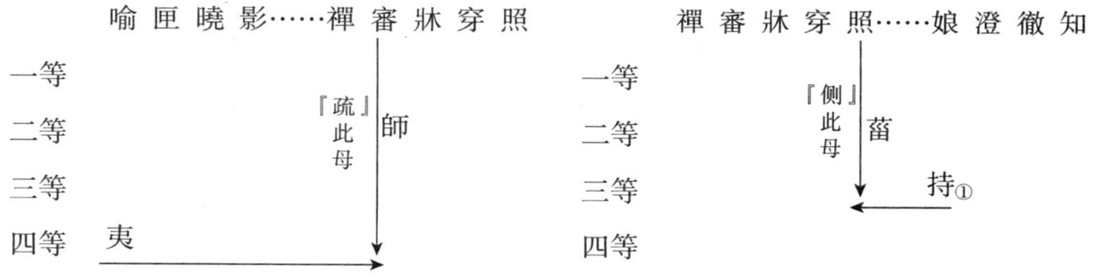

① 『持』原文誤列於四等澄母，今改。

『玉鑰匙』有『正音憑切』一門云：

正音憑切者：謂照等第一①爲切，韻逢諸母三四，並切照一。爲正齒中憑切也，故曰正音憑切。如楚居切初字，側鳩切鄒字之類是也。

指明此時不以反切下字的等第定所切字之等第。

《等子》此門云：

照等五母下爲切，切逢第二，韻逢二三四，並切第二，名正音憑切門。

這是以所有的莊系字爲題來説。莊系字又見於二等韻，二等韻的字韻圖均列於二等。無論反切下字爲何，俱與所切之字同在一排。嚴格的説，這是『音和』，不能算在『憑切』之內。

真空與《續七音略》大體與『玉鑰匙』同，惟所舉切語有無據者。

① 原文『注三七』：原注『照等第一，即四等中第二也』。

第七節　精照互用門

《經史正音切韻指南》『門法玉鑰匙』

㈦ 精照互用者，謂但是精等字爲切，韻逢諸母第二，只切照一字；照等第一爲切，韻逢諸母第一，却切精一字，故曰精照互用。如士垢切鯫字、則減切斬字之類是也。

《直指玉鑰匙門法》

七　精照互用者，謂精清從心邪第二等爲切謂精等爲第二，即等中第四也，韻逢諸母第二，並切照一等字，是四二精照互用。照穿床審禪第一等爲切，即等中第二也，韻逢諸母第一，却切精一等字，是精照互用。精清從心邪第一等爲切，韻逢諸母第二，並切照一等字，亦是精照互用。故曰：四二相違互用呼，照初却見四中一。如子皆切齋字，士垢切鯫字，則減切斬字，之類是也。

《字學大全》本《經史正音切韻指南》門法指掌圖

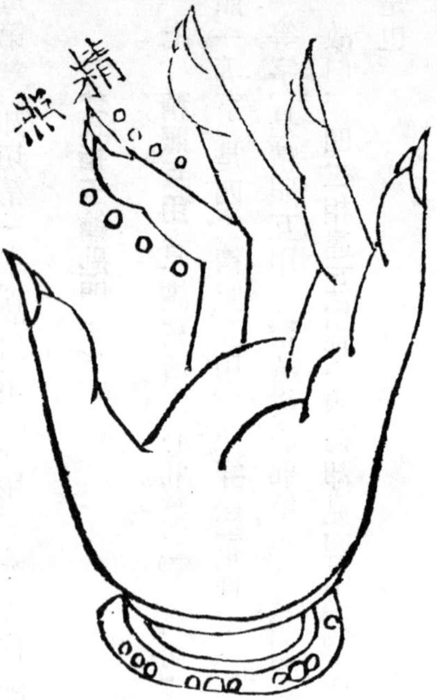

七　精照互用門法，凡精等五位定切，韻用二排諸母作韻，只切照一。凡照等五母定切，韻用一排，只切精一字也。

外立四法，士垢切，村江切，山皆切，崽公切。

《字學元元》『十三門法附袁氏注』

精照互用者，謂但是精等字爲切，韻逢諸母第三，只切照一字；照等第一爲切，韻逢諸母第一，却切精一字，故曰精照互用。如士垢切鯫字、則減切斬字之類是也。

袁氏曰：精照各五母，則精宜切精等，前振救門是也。照宜切照等，正音憑切門是也。此又以精等爲切字，而韻逢照母，則互切照等中字。以照等爲切字，而韻逢精母，則互切精等中字。此又從韻而不從切，如前類隔，及輕重交互之例。故司馬公于此三門，並謂之類隔也。如士垢切鯫字，『士』照等切也，而『垢』在一等，則互切精等之『鯫』。如則減切斬字，『則』精等切也，而『減』在二等，則互切照等之『斬』，皆離母從韻而互切之。使後學不知此例，而泥用其切，則誤鯫爲穊，而誤斬爲昝者多矣！苟求其便，亦莫若以㠷垢切鯫，而以側減切斬也。庶乎如前振救門之精不互照，正音憑切門之照不互精，大令易解爾。後世類分，如句障切尚，辭冗切尰，徐制切逝，七徵切稱，詞昭切韶，此軟切舛，虀粉切準，爲精互照；如阻恒切增，測困切寸，山郭切索，側口切走，師故切素，書文切荀，水泥切西，射容切從，爲照互精。皆出于此門，故並載之。

《切字釋疑》

七　精照互用者，謂精清從心邪第一等爲切謂精等第一，即四等中第四也①，韻逢諸母四等第

① 原文作『謂精等第一，即四中等第二也』，與所釋内容不符，今改。

二，並切照二字；照穿牀審禪第一爲切謂照等第一，即四中第二也，韻逢諸母四等第一，却切精一字；精清從心邪第一等爲切，韻逢諸母第二，亦切照一。故曰：四二相逢互用呼，照初却見四中一。如子皆切齋字、自皆切儕字，是四二精照；士垢切鯫字、則減切斬字，是正精照之類是也。

彼固謂齒甲、丁出切，而乙横格行韻；又或于齒乙出切，而甲横格行韻也。子皆切齋，今用折猜切；士苟切鯫，今用鏃垢切。孫氏平上二聲，今用去聲。則減切斬，今用砧減切。

嘗論東晉以來用吴音，故子、紙多混，至今猶然。如吴下，舌能圓聲，而不能方聲，故專、氈不分；送氣與虚發常混，故黄、王不分。舌尖面餂腭與舌腰橋腭無别，故草、麨，桑、傷不分。而松江爲尤甚，蘇能笑松，而不知自習，亦未能清也。《唐韻》桑，息郎切，今作思傷；傷，式羊切，今作式央。草，《説文》倉老切；麨，孫愐尺沼切，俗用炒。至專用職緣切，氈用諸延切，唐亦分之，而終不親切。則前人之口齒原多混矣。此士明不得其説，則曰精照互用也。

今定專爲中淵切，氈爲職淵切。每見鄭注，應、服傳説，及《老》《莊》《吕覽》《淮南》諸音，原取近似，孟康、張揖初依孫炎，亦近似也。至《史》注索隱，《漢》注顔師古、《釋文》陸德明等，皆與孫愐彷彿，俱用音和，但不精耳。其不精者，啌、嗆之韻，粗、細異狀之母，不親切也。若如士明、清泉之法，則漢人全非；徐、沈、顔、陸諸人之讀，亦十分失其九矣。有此理哉？則晉時經堅、丁顛之唱，何爲設乎？

《切字圖訣》

七　精照互用門，謂精清從心邪第二等爲切精等第二，即等中第四，韻逢諸母第二，並切照一字，是四二精照互用；照穿床審禪第一等爲切即等中第二，韻逢諸母第一，却切精一字，是精照互用；精清從心邪第一等爲切，韻逢諸母第二，並切照一，亦是精照互用。歌曰：四二相逢互用呼，照初却見四中一。如姊皆切齋，士垢切鯫，則鹼音減切斬字，之類是也細玩亦只韻到便切。

精全等切四一逢，韻二還從照一攻。
照全等一如何切，韻一仍教精一同。

《續通志・七音略》『門法解』

互用門第七

精照互用者，謂精清從心邪一四爲切，韻逢諸母第二，並切照一。

雙三江切　生心庚切

山蘇山切　史仙揣切

照精互用者，謂照穿狀審禪第一等爲切，韻逢諸母第一，並切精一。

三師甘切　蘇生蘇切

草初老切　僧山肱切

臣等謹案：三十六母促爲二十三排，則舌音八母，端類轄一、四等，知類轄二、三等；脣音八母，幫類轄一、二、四等，非類專轄三等；齒音十母，精類轄一、四等，照類轄二、三等。是四等之中，端類爲知類所隔，幫類爲非類所隔，精類爲照類所隔。故古人於此諸母之互切者，皆以類隔一門統之也。然其取字之法，不以出切之母爲憑，而祇以行韻之等爲憑，仍是音和一門之變。若使各按三十六母，列爲三十六排，則舌音八母，端類二、三等，知類一、四等必空；脣音八母，幫類三等，非類一、二、四等必空；齒音十母，精類二、三等，照類一、四等必空矣。是雖欲憑出切之母切之，而本母固無可取之字也。李世澤韻圖，橫列三十六母，類隔各母互相附注其下。如端母下注知，知母下注端之類。按標射之法求之標射法即音和，如箭到遇空，或不空而於意未安，即射標下小字，爲隔標法，以御類隔諸門之字，亦古人統立類隔一門之意也。第脣音八母下行韻，遇通、流二攝者，又歧出前三後一門一例，非隔標法所能御。而齒音之精照互用門，祇精等一、四出切，照一行韻取字，而無照二行韻取字一法。其精一、四出切，照二行韻者，則别爲振救門，而切精二第四等字。照精互用門，祇照一出切，精一行韻取字，而無照一出切，精二行韻取字，與照二出切，精一行韻取字二法。其照一出切，精二行韻，則别爲正音憑切門，而切照一第二等字。照二出切，精一四行韻，則别爲寄韻憑切門，而切照二第三等字。是齒音十母，於憑韻之外，又歧出憑切二門。至振救門，則精二出切者，尚可云憑切；精一出切者，並闌出憑韻、憑切二例之外矣。舌音八母，知二出切，而韻遇精雙喻四者，則憑切切三等字爲窠切門。三等無字可切者，則切第四等字，爲麻韻不定門。是又因無字可切，而闌出憑韻、憑切二例之外矣。其所以然者，則因古人已立之反切，而始立法以切之，故參互不齊也。

《直指捷徑門法》

圖十一　精照互用門

七精照互用門 有雙聲有開合　無疊韻

七精照互用者，謂精清從心邪一四爲切，韻逢諸母第二，並切照一等字。如宗簡切盞字，子皆切齋字，之類是也。

四排出切，韻逢諸母第二，並切照一，是四二精照互用。

行韻　行韻　行韻

精清從心邪

取字行韻

出切

行韻　行韻　行韻

雙 三江切精照互用門　生 心庚切四二精照互用門

山 蘇山切雙聲精照互用門　史 仙揣切開合四二精照互用門

七照精互用者，謂照穿床審禪第一等爲切（即等中第二也），韻逢諸母第一，却切精一等字。如楚公切聰字，崇刀切曹字，之類是也。

圖十二　照精互用門

七照精互用門

		照穿床審禪			
行韻	行韻	行韻	取行韻字	行韻	行韻
		出切			

三（師甘切照精互用門）　蘇（生蘇切雙聲照精互用門）

草（初老切照精互用門）　僧（山弘切開合照精互用門）

《字學元元》『格子門』

圖二十四　精照互用門

精照互用門此門止互切照一，不干照二。

			精清從心邪		
			出切		
行韻	行韻	行韻	取行韻字	行韻	行韻
			出切		

精照互用

精照互用者，謂精互切照也。精五母一等爲切，韻逢諸母第二，便切照一，名一二精照互用。如四等爲切，韻逢諸母第二，亦並切照一，名四二精照互用。是憑韻而不憑切，亦類隔之例也。

宗簡切盞　三江切雙一二互

子皆切齋　心庚切生四二互

蘇山切山雙聲三互　仙揣切史開合四二互

此門法不憑切，故無叠韻。

圖二十五　照精互用門

照精互用門此門亦照一出切，不干照二。					
		行韻			行韻
		行韻			行韻
		行韻			行韻
	照穿床審禪	取行韻字	出切		取行韻字
		行韻			行韻
		行韻			行韻

照精互用

照精互用者，謂照互切精也。照五母第一等爲切，韻逢精母第一，却切精一等字；逢精母第四，却切精四等字。前以精互照，此以照互精，皆離母從切也。

崇刀切曹　　楚公切聰

師甘切三　　初老切草精一互

踈坰切騂　　鉏葵切厜精四互

生蘇切蘇雙聲互

山弘切生開合互

此門法亦無疊韻。

《續通志・七音略》「門法圖」

圖十一　精照互用門

七精照互用門				
		行韻		
		行韻		
		行韻		
精清從心邪	出切	取行韻字		出切
		行韻		
		行韻		

圖十二　照精互用門

七照精互用門						
			照穿狀審禪			
行韻	行韻	行韻	取行韻字	行韻	行韻	
			出切			

董同龢《等韻門法通釋》

精照互用——精系字照例不在二等韻出現，莊系字也照例不見於一等韻。然而韻書中却有若干精系字切二等韻字，以及莊系字切一等韻字的例外切語。韻圖是依實際情形，以前者列莊系的地位，後者列精系的地位。所以如遇這一類的切語，只要下字是一等的，雖上字屬莊系，也得改在一等韻所許可的相當的精系音下找字。反之，如下字是二等字，雖上字屬精系，也得改在二等韻所許可的莊系音下找字①。

第八節　寄韻憑切門

《經史正音切韻指南》『門法玉鑰匙』

㈧**寄韻憑切**者，謂照等第二爲切照等第二，即等中第三也，韻逢一四，並切照二。言雖寄於別韻，只憑爲切之等也，故曰寄韻憑切。如昌來切犆字、昌紿切茝字之類是也。

①《等韻門法通釋》有關『精照互用門』的分析討論，見前文『類隔』門部分所引。

《直指玉鑰匙門法》

八　**寄韻憑切**者，謂照穿床審禪第二等爲切謂照等爲第二，即四等中第三也，韻逢諸母一四，並切照二。故曰：照二若逢一四中，只從寄韻三中論。如昌來切犫字、成携切栘字之類是也。

《字學大全》本《經史正音切韻指南》門法指掌圖

八　**寄韻憑切門法**，謂照等第二五母定韻，用一、四排並切照二也。

外立四法：昌來切，昌容切，書高切，中郎切。

只憑爲切之等也，故曰寄韻憑切。如昌來切犒字、昌紿切茝字之類是也。

《字學元元》『十三門法附袁氏注』

寄韻憑切門 齒音

寄韻憑切者，謂照等第二爲切照等第二，即等中第三也，韻逢一四，並切照二。言雖寄於別韻，只憑爲切之等也，故曰寄韻憑切。如昌來切犒字、昌紿切茝字之類是也。

袁氏曰：前正音憑切，言照一；此寄韻憑切，言照二，皆從切而不從韻也。謂以照二爲切，而韻逢一四諸母，並切照二等之字。其韻雖寄於別母，只以所切之等爲憑據也。如昌來切犒字，『昌』照二等也，雖來韻在一等，亦憑照二，而切齊韻之犒字，讀如鴟；如昌紿切茝字，雖『紿』韻在一等，亦憑照二，而切薺韻之茝字，讀如齒，乃其類也。

學者每不知此爲寄韻，多押來韻，讀犒如釵；押紿韻，讀茝如豺，失其旨矣。後人作切，如真貨切柘，唱歌切車，出路切處，水害切世，船何切蛇，齒夕切赤，章似切止，志多切遮，是胡切殳，章含切占，船根切神，専大切制，水滸切暑，皆此門法。大概遇蟹果假，上下等不同韻，故寄韻切，獨三攝爲難爾。

《切字釋疑》

八　**寄韻憑切者**，謂照穿牀審禪第二等爲切謂照等第二，即四等中第三也，韻逢諸母一四，並切照二。故曰：照二若逢一四中，只從寄韻三中論。如昌來切犤字、昌紿切茝字，成攜切栘①字、尺容切充字之類是也。

寄韻憑切，謂于齒丙出切，甲、丁橫格行韻也。照等爲第二，謂列于齒丙，以精等母爲一，則以照等母爲二也。昌來切犤，即是音和，但來嘡字，當作昌哀。成攜切栘②，今作延攜，《字彙》作延移，則行韻又不親切矣。《漢書・蘇武傳》『至栘中廄監』，音移是也。或古人口齒有讀持者，如『謻門』亦作『誃』，《說文》尺氏切，劉德、戴侗音池；『杝館』《曲禮》音移之類。何乃又附移音，特立此門法乎？尺容切充，今作春中切。

《切字圖訣》

八　**寄韻憑切門**，謂照穿牀審禪第二等爲切照等爲第二，即四等中第三，韻逢諸母一四，並切

① 原文作『移』。
② 原文作『移』。

照二。歌曰：照二若逢一四中，只從寄韻三中論。言雖寄別韻，亦憑以爲切之等也，故名寄韻憑切。如昌來切犆、成攜切移①字之類是也。

照全等中切二數，韻逢四一如何布。
取子仍歸照二中，寄韻憑切是其處。

《續通志·七音略》『門法解』

寄韻憑切門第八

寄韻憑切者，謂照穿狀審禪第二爲切照類第二，即四等中第三，韻逢諸母一四，皆切照二第三等字。

栴章仙切　慎十寸切

者炙火切　昌昌光切

臣等謹案：行韻之字寄於別韻，而憑出切之字取之，則仍歸本韻，故曰寄韻憑切。

① 原文作『移』。

八寄韻憑切者，謂照穿床審禪第二等爲切（謂照等爲第二即四等中第三也，）韻逢諸母一四，並切照二。故曰『照二若逢一四中，只從寄韻三中論』。如昌來切⿰牛壽字，成攜切移字，之類是也。

捨 燒火切開合 寄韻憑切門

移 善來切開合 寄韻憑切門

圖十三　寄韻憑切門

八寄韻憑切門 有疊韻有開合 無雙聲

			照穿床審禪		
行韻	行韻	行韻	行韻	行韻	行韻
			取出切字		
行韻	行韻	行韻	行韻	行韻	行韻

栴 章仙寄韻憑切門

者 炙火切開合 寄韻憑切門

愼 十寸切開合 寄韻憑切門

昌 昌光切開合 疊韻憑切門

《字學元元》「格子門」

圖二十六　寄韻憑切門

寄韻憑切門此門爲照二不干照一

		行韻			行韻
		行韻			行韻
		行韻			行韻
	照穿床審禪	行韻	取出切字		行韻
		行韻			行韻
		行韻			行韻

寄韻憑切

寄韻憑切者，謂照二出切，寄韻別等也。照五母第二等爲切，韻逢諸母第一，仍切照二，謂之寄韻一。韻逢諸母第四，亦切照二，謂之寄韻四。故曰『照二若逢一四，只從寄韻三中論』，是也。

昌來切犕　昌改切茝寄一

尺蠅切稱　章仙切旃寄四

燒火切捨　善來切栘

十寸切慎開合寄一　昌岡切昌疊韻寄一

圖十三　寄韻憑切門

八寄韻憑切門

			照穿狀審禪			
行韻	行韻	行韻	行韻	行韻	行韻	
			取出切字			
行韻	行韻	行韻	行韻	行韻	行韻	

董同龢《等韻門法通釋》

寄韻憑切——章系字照例不見於一等韻。可是韻書中却有若干章系字是借用了一等韻的字作反切下字的。他们實是三等音而反切下字在一等，所以不能從下字的等第找到他們，他們是在聲母所許可的三等。

除此之外，三等韻的章系字韻圖都列三等，可是同韻類的許多别的字又有列四等的。遇章系字用那些字作反切下字時，也不能從反切下字的等第找到他們。他們是在章系定居的三等。

『犨、茝』諸字與『寄韻憑切』門法

《廣韻》咍韻跟他的上聲海韻各有一個穿母（三等）字，即『犨』字『昌來切』，與『茝』字『昌紿切』是。依韻書通例，照三等系的音是不該在一等韻裏出現的。在所有的韻圖裏，這兩個字都排在三等的地位，與咍皆諸韻字之分列於其他等第者相承。由於蟹攝各韻是分成咍、皆、佳，與泰、夬、祭兩個系統①，而咍、皆、佳系無三等音，由於『茝』字又有一音在

① 原文『注二一』：高本漢以佳與泰同系，非是。看拙著《上古音韻表稿》九五頁。

之韻，而古代來源跟一部分的咍、皆韻同。又由於戈韻的『靴』字雖以一等的『戈』字爲反切下字，而實爲三等音，我們很可以作一個合理的推測，認『犗』與『茝』爲咍韻的三等音，借一等的『來』與『紿』作反切下字而已。

無論上面的推斷是否合乎事實，就韻圖的地位説，『犗、茝』二字跟他們的切語不是『音和』的關係却無疑問。

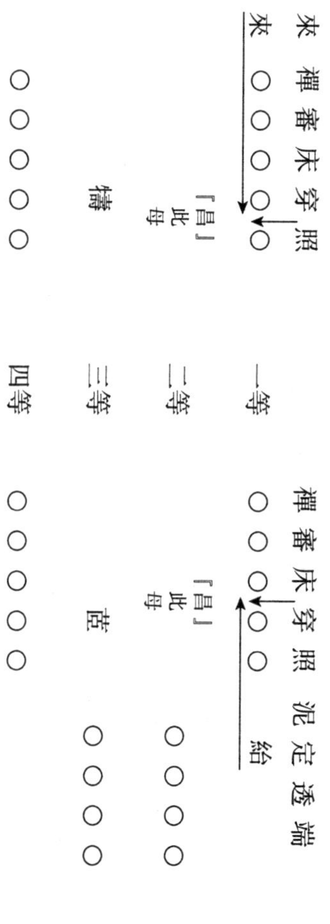

說明這项情形的是『寄韻憑切』門法。『玉鑰匙』云：

寄韻憑切者：謂照等第二①爲切，韻逢一四並切照二。言雖寄於別韻，只憑爲切之等也。故曰寄韻憑切。如昌來切犆字、昌紿切茝字之類是也。

『雖寄於別韻』這幾個字還可以證明我們對『犆』字等音韻地位的推測。

這裏說『韻逢一四』，而舉例並無寄於四等的字。真空門法内容無異，只是改『昌紿切茝字』爲『成攜切栘字』。『栘』齊韻字，是否跟『犆、茝』同一性質呢？今按《廣韻》『栘』字『成臡切』，（真空『成攜切』，開合根本不對，可以不管），而在韻圖上『栘』既與『臡』同列一行②，聲母又另外没什麼問題。從門法的立場看，他正合『音和』的關係而與『犆、茝』兩字不同。（『臡』字『人兮切』是有問題的，下文論『日寄憑切』門時要說到）。又按《集韻》『栘』字又在咍韻，音『逝來切』。如果把『栘』字算這個門法，當從《集韻》此切。但他是與『犆、茝』二字同爲門法『一』字所指。

---

① 原文『注二二』：原注『照等第二即四等中第三也』。

② 原文『注二三』：《通志・七音略》同置四等，有問題。好在跟我們談門法没有妨害。

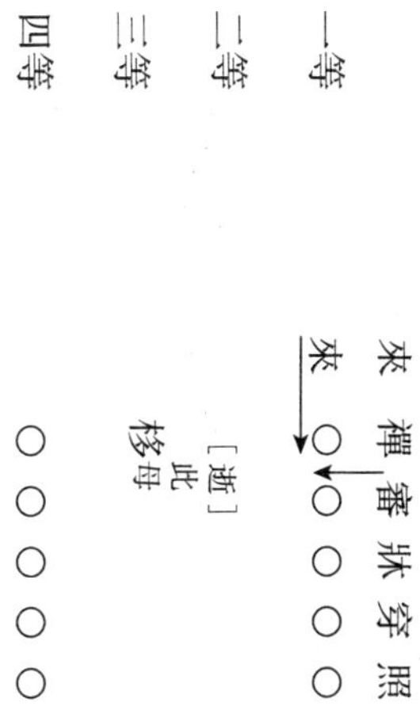

所謂『韻逢一四』的『四』，無疑的是指三等韻照系字，以精系、喻母或一部分韻圖置於四等的脣牙喉音字爲反切下字的。這些字韻圖排在三等，而他們的反切下字又都在四等，並非『音和』的關係。如『痓』字『充自切』、『鍾』字『職容切』、『釧』字『尺絹切』之類是。

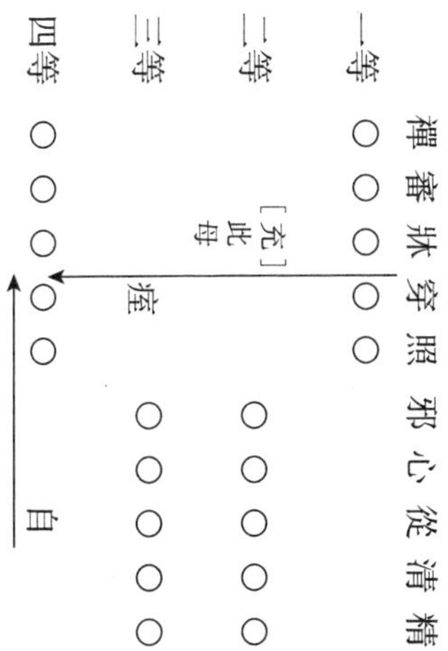

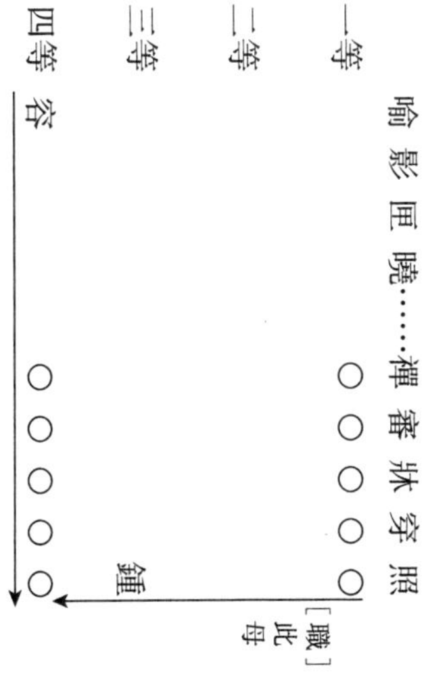

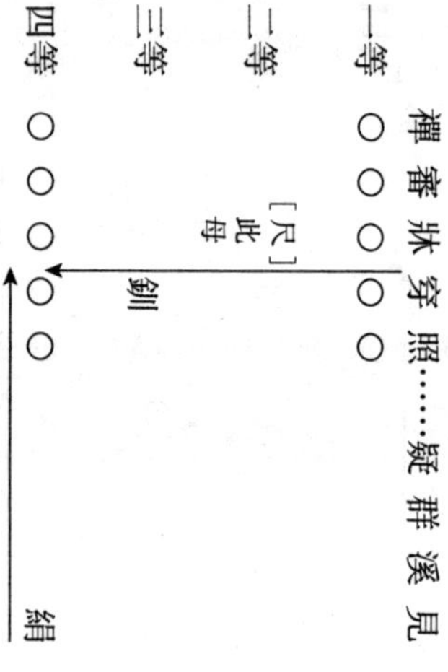

像這一些字固然算不得「寄韻」。不過我們看，「日寄憑切」門在「荋」字「汝來切」之外更有「然」字「如延切」，「然」字不也算不得「寄」嗎？

《續七音略》此門與真空同。但所舉例字全無據。

第九節　喻下憑切門

《經史正音切韻指南》「門法玉鑰匙」

㊈ 喻下憑切者，謂單喻母下，三等爲覆，四等爲仰，仰覆之間，只憑爲切之等也，故曰喻下憑切。如余招切遥字、于聿切颶字之類是也。

《直指玉鑰匙門法》

九　喻下憑切者，謂單喻母下第三爲切，韻逢諸母第四，並切第三，是喻下憑切覆；喻母第四爲切，韻逢諸母第三，並切第四，是喻下憑切仰。故曰：喻母復從三四談，若逢仰覆但憑切。如余朝切遥字、于聿切颶字之類是也。

《字學大全》本《經史正音切韻指南》門法指掌圖

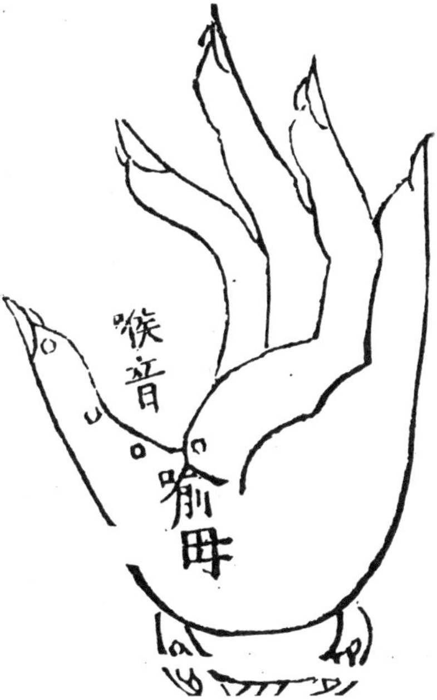

九　喻下憑切門法，謂單喻母下三排定切，逢三切四，逢四切三也。

外立四法

余招切，聿刃切，陽忍切，于張切。

切。如余招切遥字、于聿切颶字之類是也。

《字學元元》『十三門法附袁氏注』

喻下憑切門　喉音

喻下憑切者，謂單喻母下，三等爲覆，四等爲仰，仰覆之間，只憑爲切之等也，故曰喻下憑

袁氏曰：凡謂之憑切者，皆從切而不從韻也。此門專指喻母而言，喻母下惟三等、四等字多，故特舉言之。三等下臨四等，有覆之義，故爲覆；四等上承三等，若承藉之義，故爲仰。仰、覆二等字，皆憑切而取之，不拘其韻。如余招切遥字，『余』在四等，爲仰，雖韻逢三等之『招』，亦憑四等切『遥』。如于聿切颶，『于』在三等，爲覆，雖韻逢四等之『聿』，亦憑三等切颶也。其余若尤宣切員，王思切圍，于橘切戌，于均切雲，皆喻下覆憑切。如羊者切也，弋律切聿，以約切龠，羊鳳切用，皆喻下仰憑切。摠之喻下憑切也。

《切字釋疑》

九　喻下憑切者，謂單喻母下第三爲切，韻逢諸母第四，並切第三，是喻下憑覆；喻母第

四爲切，韻逢諸母第三，却切第四，是喻下憑切仰。故曰：喻母復從三四談，若逢仰覆但憑切。如余朝切遥字、于筆切颵字之類是也。

喻下憑切覆門，謂于喉丙之四出切，于丁横格行韻也；仰門，于喉丁之四出切，丙横格行韻也。余朝切遥，于筆切颵，此皆《説文》《唐韻》切也，本是音和，何爲而立門乎？但余與遥，以韻迮而異狀，今作衣喬切遥，即明矣。影、喻相同，自李士龍皆合之，詳見别論。

《切字圖訣》

九　**喻下憑切門**，謂單喻母下第三爲切，韻逢諸母第四，並切第三，是喻下憑切覆；喻母第四爲切，韻逢諸母第三，並切第四，是喻下憑切仰。三覆、四仰，以爲切之等也。歌曰：喻母復從三四談，若逢仰覆但憑切。如余招切遥、于聿切颵字之類是也。

喻下憑切喻單三，韻四切三覆是探。
切四韻三還切四，號爲憑仰細心參。

《續通志·七音略》『門法解』

喻下憑切門第九

喻下憑切覆者，喻母下第三爲切，韻逢諸母第四，並切第三。

尤有由切　爲于慈切①

韻于信切②　羽雲取切

喻下憑切仰者，喻母下第四爲切，韻逢諸母第三，並切第四。

唯以追切　弋陽域切

移陽知切　演演展切

臣等謹案：內外轉二十四圖，合數韻而爲一圖，憑韻取字，尚有七處，互含之出入。若憑切取字，則等既不同，其韻之出入更可知矣。或謂單喻母下三、四之等，同出一韻，則大不然。如止攝則「幃」微而「惟」脂也，遇攝則「于」虞而「余」魚也，臻攝則「雲」文而「匀」諄也，烏能盡同出一韻耶？即如于慈切爲，慈是之韻，爲是支韻。爲上之三等幃，又是微韻，即三、四兩等而含三韻，餘可類推矣。

---

①② 「于」原作「於」。

圖十四　喻下憑切覆門

九喻下憑切覆門（有開合　有疊韻）無雙聲

行韻	行韻	行韻	行韻	行韻	行韻
				喻	
				取出切字	

尤（有由切喻下憑切覆）　韻（于信切開合喻下憑切覆）

爲（于慈切開合喻下憑切覆）　羽（雲取切喻下憑切覆）

九喻下憑切者，謂單喻母下第三爲切，韻逢諸母第四，並切第三，是喻下憑切覆。如羽徐切于字，于由切筵字，之類是也。

圖十五　喻下憑切仰門

九喻下憑切者，謂喻母第四爲切，韻逢諸母第三，並切第四，是喻下憑切仰。如余朝切遙字，余良切陽字之類是也。

九喻下憑切仰門　無雙聲

	喻				
	取切出字				
行韻	行韻	行韻	行韻	行韻	行韻
	取切出字				

唯 以追切喻下憑切仰

移 陽知切喻下憑切仰

弋 陽域切開合喻下憑切仰

演 演展切疊韻喻下憑切仰

圖二十七　喻下憑切覆門

喻下覆

喻下憑切覆者，單指喻三而言。喻母下三等爲切，韻逢諸母第四，仍切第三等字，是爲喻下憑切覆。盖三等下取四等之韻，有覆之義，故謂之覆也。

羽除切于　王思切圍

有焦切鴞　于田切筵（喻下覆）

于慈切帷　于信切韻（開合覆）

雲逡切雲（疊韻覆）

此門憑切，亦無雙聲。

喻下憑切覆門

行韻

行韻

行韻

行韻

喻　出切取字　行韻

行韻

圖二十八　喻下憑切仰門

喻下仰

喻下憑切仰者，又單指喻四而言之。喻母下四等爲切，韻逢諸母第三，仍切第四，是爲憑切仰。以四等取三等韻，有仰之義。前覆以四切三，此仰以三切四，摠之皆憑切而取字也。

余朝切遙　以追切惟

余良切陽　陽真切寅（俱喻下仰）

陽域切弋（開合仰）　演展切演（疊韻仰）

此門憑切亦無雙聲。

喻下憑切仰門

	喻				
行韻	行韻	行韻	行韻	行韻	行韻
	出切取字				

圖十四　喻下憑切覆門

九喻下憑切覆門

					行韻
					行韻
					行韻
					行韻
喻				出切取字	行韻
					行韻

圖十五　喻下憑切仰門

九喻下憑切仰門

				喻		
行韻	行韻	行韻	行韻	行韻	行韻	
				出切取字		

董同龢《等韻門法通釋》

喻下憑切——韻書的『于』類字與『喻』類字韻圖都列入喻母下，不過仍使前者居三等，而後者居四等以相别。因爲『于』類字的反切下字不一定都在三等，『喻』類字的反切下字也不一定在四等，要找他們，也不能以下字的等第爲據。只要上字屬『于』，就一定在三等；只要上字屬『喻』，就一定在四等①。

第十節　日寄憑切門

《經史正音切韻指南》『門法玉鑰匙』

⑩ **日寄憑切**者，謂日字母下第三爲切，韻逢一二四，並切第三，故曰日寄憑切。如汝來切荋字，儒華切捼，如延切然字，之類是也。

① 《等韻門法通釋》有關『喻下憑切門』的討論，並見上文『振救門』所引部分。

《直指玉鑰匙門法》

十　**日寄憑切**者，謂日字母下第三爲切，韻逢一二四，並切第三。故曰：日止憑三寄韻歌。如汝來切萮字、儒華切捼字、如延切然字，之類是也。

《字學大全》本《經史正音切韻指南》門法指掌圖

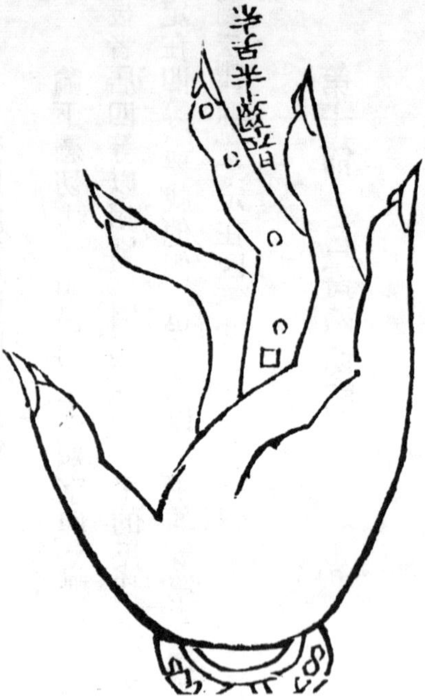

十　**日寄憑切門法**，謂日母三排定切，韻用一、二、四排，並切第三也。

外立四法

汝來切，儒華切，如延切，然東切。

《字學元元》『十三門法附袁氏注』

日寄憑切門　半齒音

日寄憑切者，謂日字母下第三爲切，韻逢一二四，並切(切)第三，故曰日寄憑切。如汝來切荋字、儒華切挼字、如延切然字之類是也。

袁氏曰：日母諸攝四等，惟第三等有字，故只以第三之等爲切。他門法所謂憑切者，尚有别等可憑，彼不憑而獨憑所切之等也。此所謂憑切者，止此一等，無别等可憑也。故韻雖逢一二四等，而只憑此切等。如汝來切荋字、儒華切挼字、如延切然字。雖『來』韻在一等，『華』韻在二等，『延』韻在四等，而皆憑三等之切，切三等也。

後人類分之，如日官切嚅，若吾切儒，如我切惹，爾痕切人，而口切内，爲日寄憑切一。如兒助切洳，人士切耳，任楚切汝，爲日寄憑切二。如而戢切入，人賜切二，忍歲切芮，爲日寄憑切四。皆出此門，皆置寄韻别等，故名寄憑。若如連切然，日震切刃，而升切仍，則韻三切三，是音和矣。

《切韻釋疑》

十　日寄憑切者，謂日字母下第三爲切，韻逢一二四，並切第三。故曰：日正憑三寄韻歌。如汝來切荋字、儒華切捼字、如延切然字之類是也。

日寄憑切，謂于半丙之二出切，甲、乙、丁格行韻也。汝來切荋、儒華切捼、如延切然，皆是音和，但當用人字切荋、然爲親切也。荋捼叶韻不確，乃古人口借。蓋古時家麻、歌戈、魚模、支齊皆通，乃韻粗也。如琵、琶、火、馬、和、化，也，爲一韻之類。而麻自歌模轉，來自齊轉，乃華梵最初之音。余嘗考證最詳，别見條論。荋當用人垂切。捼，按注疏『煩撋挲捼之聲』，當音能羅切。吴人讀日近益，故凡夫改爲喉母。楚人呼日爲熱，升菴引古爲證，余舊論之矣。

《切字圖訣》

十　日寄憑切門，謂日字母下第三爲切，韻逢一二四，並切第三。歌曰：日止憑三寄韻歌。如儒華切捼、如延切然字之類是也。

日寄憑切日三下，韻一二四雖分假。
取子盡從三上親，寄韻等中真奇價。

《續通志·七音略》『門法解』

日寄憑切門第十

日寄憑切者，謂日字母下第三爲切，韻逢一二四，並切第三。

饒人高切　若而郭切

茸如同切　汝乳虎切

臣等謹案：日寄憑切門，本母三等出切，諸母一、二、四行韻，皆切三等。然行韻在舌音泥、孃母下者，別有日母借切門法。《指掌圖》所謂『日下憑三等，音和用莫疑；二來孃下取，一四定歸泥』者是也。至若行韻照一，而又在内八轉者，雖與内三門法相犯，然所切總爲日母三等之字，固不以爲礙耳。

《直指捷徑門法》

十日寄憑切者，謂日字母下第三爲切，韻逢一二四，並切第三。故曰『日止憑三寄韻歌』。如汝來切荋字，如華切捼字，如延切然字，之類是也。

圖十六　日寄憑切門

十日寄憑切門 有疊韻有開合 無雙聲

	行韻	行韻		行韻	行韻
	行韻	行韻		行韻	行韻
	行韻	行韻		行韻	行韻
	行韻	行韻		行韻	行韻
	行韻	行韻		行韻	行韻
日	行韻	行韻	出切取字	行韻	行韻

饒 人高切日寄憑切門　若 而郭切開合日寄憑切門

茸 如同日寄憑切門　汝 乳虎切疊韻日寄憑切門

圖二十九　日寄憑切門

日寄憑切門（不用三等行韻。以其爲音和也）					
		行韻	行韻		行韻
		行韻	行韻		行韻
		行韻	行韻		行韻
		行韻	行韻		行韻
		行韻	行韻		行韻
日		行韻	行韻	出切取字	行韻

日寄憑切

日寄憑切者，謂日母下止有三等爲切，韻逢諸母一二四等，並切第三，是謂寄韻憑切。蓋寄韻別等，而止憑三等之切也。

人高切饒　汝來切荋

如我切惹　儒洪切茸（寄韻一）

汝華切桵（寄韻二）

如延切然（寄韻四）

而郭切若（開合寄一）

乳虎切乳（疊韻寄一）

此門憑切，亦無雙聲。

《續通志・七音略》『門法圖』

圖十六　日寄憑切門

十日寄憑切門

					日
行韻	行韻	行韻	行韻	行韻	行韻
行韻	行韻	行韻		行韻	行韻
					出切取字
行韻	行韻	行韻	行韻	行韻	行韻

董同龢《等韻門法通釋》

日寄憑切——日母字只見於三等韻，韻圖也都列三等。不過他們的切語下字却有若干是從一二等韻借用的，又有若干本是同韻字而韻圖列四等的。不管怎樣，只要上字屬日母，總要到三等去找，不須顧及下字的等第。

『疓，捼』諸字與『日寄憑切』門法

《廣韻》海韻有『疓』字，音『如亥切』；《集韻》咍韻又有『荋、腝、𩟄』諸字，音『汝來切』。依中古音通例，日母不在一等韻出現；而在《等子》《指掌圖》與《指南》，他們確是排在三等①。如果這三種韻圖的排法是有根據的，我們就可以把這幾個日母字與上述『犣，茝』諸字一例看待，認作咍韻的三等音。

從韻圖的歸字法說，這幾個字既在三等，而他們的反切下字又都在一等，是與一般通則不合的。

① 原文『注二四』：《通志·七音略》以『荋』與『疓』置一等。《韻鏡》無『荋』，『疓』亦在一等。這種措置是有問題的。兩書又同以『𩟄』從《廣韻》齊韻音入四等。大概他們只是依反切下字排，未顧實際。

所以『玉鑰匙』有『日寄憑切』門法云：

日寄憑切者：謂日母下第三爲切，韻逢一二四並切第三。故曰日寄憑切。如，汝來切荋字、儒華切捼字、如延切然字之類是也。

這裏除『荋』字，其餘二個例還可以討論。

『儒華切捼』是指『韻逢一二四』的『二』字而言。考《廣韻》麻韻無『捼』字；《集韻》有之，則音『儒邪切』，爲『若』字的平聲。除《指南》一書，所有韻圖又都没有假攝日母合口。《指南》與『玉鑰匙』的『捼』音出於《五音集韻》。《五音集韻》此字義訓與《集韻》同，而音切大異，不知何故。依《集韻》的音切，這個字的關係就跟『然，如延切』完全一樣。（下一段就要説到。）在各韻圖可看『若』平聲與『邪』）但依《五音集韻》，則是三等的『捼』用二等的『華』作反切下字。無論從反切或是韻圖説，都不能認作正則的現象。反切究竟如何，今不論。韻圖的地位也是由『日寄憑切』指出。

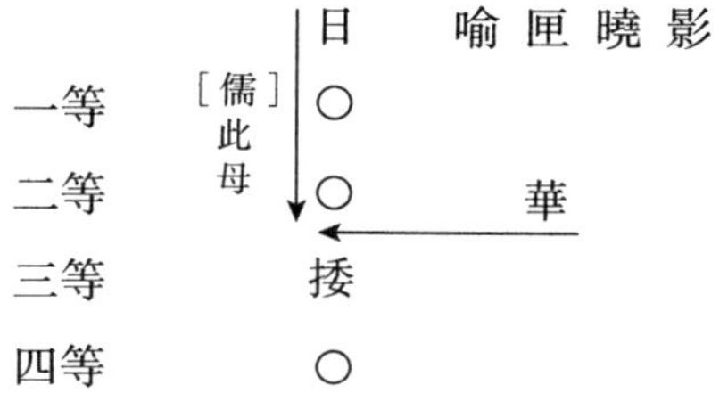

『如延切然』可以代表許多日母字用喻母、精系以及三等韻而韻圖置四等的脣牙喉音字作反切下字的例。他們在三等而反切下字在四等，爲門法『四』字所指。

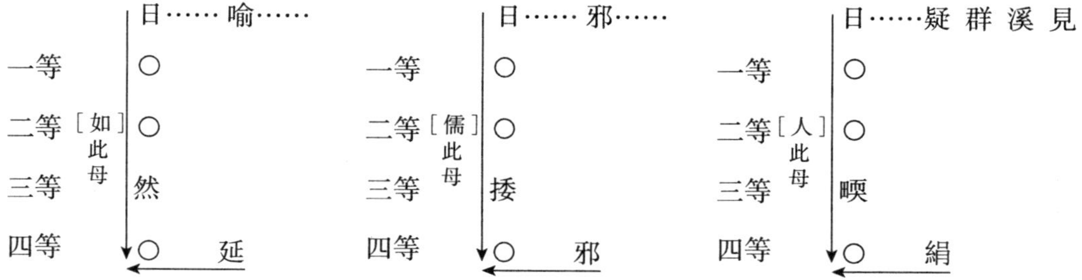

以上前兩例見門法，後一例據《廣韻》獨韻補。依反切，『然』與『延』，『邪』與『揍』(『若』)，『瞑』與『絹』都同類，所以他們實在算不得『寄韻』。門法只因爲同是日母字，就併在一處。

《廣韻》『嬃』字『人兮切』是不是『寄韻』呢？依《通志·七音略》與《韻鏡》，他排入四等，與『兮』字爲『音和』。依《等子》《指掌圖》與《指南》，他的《集韻》同音字『腝、荋』均在三等。但『腝』與『荋』又見咍韻，可能與上述『疓』字一樣的，是一等的『寄韻』。

此門《等子》名『日母寄韻』。『玉鑰匙』之名顯係『日母寄韻憑切』之省。按事例説，這一門是跟『寄韻憑切』同一性質，因那裏没有二等的關係才分開。真空門法文詞無異，舉例也全同。《續七音略》舉的例全無根據，不可信。

第十一節　通廣門

《經史正音切韻指南》『門法玉鑰匙』

㈡ 通廣者，謂脣牙喉下爲切，以脂韻真諄是名通，仙祭清霄號廣門，韻逢來日知照三，通廣門中四上存。所謂通廣者，以其第三，通及第四等也，故曰通廣。如符真切頻、芳連切篇字之類是也。

《直指玉鑰匙門法》

十一　**通廣者**，謂見溪群疑、幫滂並明、非敷奉微、曉匣影，此一十五母爲切，韻逢知徹澄孃、照穿床審禪、來日第三等，並切第四。故曰：來日舌三并照二，廣通必取四爲真。如渠脂切祇字、芳連切篇字、符真切頻字、呼世切歎字之類是也。

《字學大全》本《經史正音切韻指南》門法指掌圖

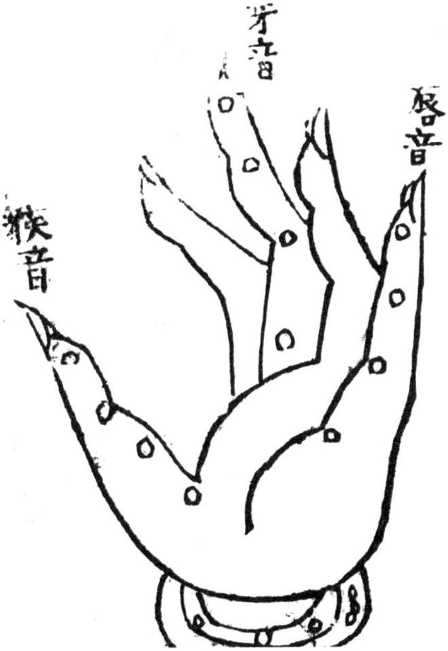

十一　**通廣門法**，謂脣牙喉一十二母定切，韻用來日知照三，通廣必切第四也。

外立四法：

判知切，管專切，桓鈅切，万忍切。

《字學元元》『十三門法附袁氏注』

通廣門脣　牙喉音

通廣者，謂脣牙喉下爲切。歌曰：真諄脂韻以通名，仙祭清霄號廣門。韻逢知照三來日，通廣門中四上存。所謂通廣者，以其第三，通及第四等也，故曰通廣。如符真切頻字、芳連切篇字之類是也。

袁氏曰：此明諸攝中，有名通廣門者。謂其攝第四等字廣，而第三等切，可通及之也。通廣歌中，意謂真諄臻攝，脂止攝，是通門；而仙山攝，祭蟹攝，清梗攝，霄效攝，是廣門者，惟以其攝四等有字。故凡脣牙喉切，雖韻逢知照來日三等之字，亦切至第四。此通廣門中例也，如符真切頻字，『符』乃脣切，逢照三『真』韻，而切及四等之『頻』；如芳連切篇字，『芳』乃脣切，逢來三『連』韻，而切及四等之『篇』。非以其四等字廣，而能通乎？

後人因之，如必履切匕，去疾切詰，居水切癸，非失切必，皆屬通門。如語然切研，武船切綿，經善切見，彌釧切面，皆屬廣門。皆韻逢三等，而並切第四也。

十一　通廣者，謂見溪群疑、幫滂並明、非敷奉微、曉匣影，此十五母爲切，韻逢知徹澄孃、照穿牀審禪、來日第三，並切第四。來日舌三並照二，通廣必取四爲真。故曰：止攝臻攝是名通，山蟹梗效號廣門。韻三來日連知照，通廣門中四上存。如渠脂切祇字、呼世切歔字、符真切頻字，是通門；芳連切篇字爲廣門之類是也。

通廣門，謂牙脣喉之甲、乙、丙、丁皆可出切，而于舌、齒、半之丙格行韻也。渠脂切祇，今作牽宜切，孫作巨支切，蓋不作送氣聲也。巨、渠之于溪，皆以诈于韻而異狀者。芳連切篇，今作平先切。扶真切頻，今作批民切。呼世切歔，歔字見《玉篇》『欿歔，笑意也』，爲喉丁之一，梅氏許意切。許、呼皆以韻诈異狀，今作欣意切，則明矣。《説文》《唐韻》篇，方連切；頻，符真切。蓋古『方』爲『傍』字，故有傍音。符因苻訛，本有蒲音，前人口齒相混，以蒲切頻，傍切篇，粗細微差耳，而大意猶音和也，何至如今之纏繞乎？苻因符堅改蒲，而後人訛苻爲符，改韻者又换爲扶，則愈訛矣。此趙凡夫説之最是者也。即考《説文》《唐韻》，扶字何以不用頻無切，而用防無切；方字何以不用篇良切，而用府良切邪？他比旁例，以質其法，皆十有九分窮矣，今定方爲府匡切。

《切字圖訣》

十一　通廣門，謂見溪群疑、邦滂並明、非敷奉微、曉匣影，此一十五母，脣牙喉下爲切，韻逢知徹澄孃、照穿床審禪、來日第三等，並切第四。歌曰：來日舌三并照二，通廣必取四爲真。

又，脂韻真諄是名通，仙祭清宵號廣門。逢三來日知照韻，通廣門俱四上存。

所謂通廣者，以第三等，通及第四等也。如符真切頻、芳連切篇字之類是也。

牙脣喉等惟除喻，十五母中等等具。

韻全知照日來三。取子都歸四上去。

《續通志·七音略》『門法解』

通廣門　第十一

通廣門者，謂見溪郡疑、幫滂並明、非敷奉微、曉匣影，此十五母一、二、三、四爲切，韻逢知徹澄孃、照穿狀審禪、來、日第三，並切第四。

祇渠知切　篇芳連切

頻扶真切　㰦呼世切

臣等謹案：通廣門，牙音出切，與音和門相犯；舌音出切，與重輕交互門相犯。惟創立音和，是行韻在偈狹攝内者，韻既不同，則切出之字自不能相犯也。音和門，行韻之在通廣攝者，既除去來、日、知、照三等之十一處；而重輕交互門，賓出切弗一例，究係立切之誤，亦應於彼處除去。行韻之犯通廣門者，庶於音和門爲一例，而通廣門切法乃不致疑似耳。

《直指捷徑門法》

十一通廣者，謂見溪群疑，幫滂並明，非敷奉微，曉匣影，此一十五母，一二三四爲切，韻逢知徹澄娘，照穿床審禪，來日第三等，並切第四。故曰『來日舌三并照二，廣通必取爲真』。如渠知祇字，芳連切字，扶真切頻，呼世切歠字，之類是也。賢（下連切，是廣門）坒（逢墜切，是開合通門）篇（芳川切，是開合廣門）

圖十七　通廣門

十一通廣門（有開合，有疊韻）無雙聲						
見溪群疑		幫滂並明		曉匣影		
		非敷奉微				止攝臻攝是名通，山攝梗攝號廣門。韻三來日連知照，通廣門中四上存。
出切		出切		出切		
出切		出切		出切		
出切	行韻	出切	行韻	出切	行韻	
出切取字		出切取字		出切取字		

圖三十　通廣門

通廣門 不切精雙。別振救也。不切喻下。別仰切也。不切來。四位相通也					
見溪群疑		出切		出切	取出切字
				行韻	
幫滂並明	非敷奉微	出切	出切	出切	取出切字
				行韻	
曉匣影		出切	出切	出切	取出切字
				行韻	

通廣

通廣者，謂見幫非及曉匣影十五母，一二三四爲切，韻逢知照來日十一母第三等，並切第四。以四等字廣，可通切之，故韻雖三，而切及四。門法曰『韻逢來日知照三，通廣門中四上存』，是也。

渠知切祇　扶眞切頻 通門

下連切賢　呼世切歎 廣門

平移切鼙　户淪切礥 俱開合廣

均眞切均 疊韻開合通

《續通志·七音略》「門法圖」

圖十七　通廣門

十一通廣門

見溪郡疑		出切	出切	出切	出切取字
				行韻	
幫滂並明	非敷奉微	出切	出切	出切	出切取字
				行韻	
曉匣影		出切	出切	出切	出切取字
				行韻	

通廣（或廣通）——支脂真諄祭仙宵清八韻，有一類脣牙喉音在韻圖是列四等的，而同韻的知章系與來日母字又在三等。遇前者以後者爲反切下字時，就不能在後者所居的三等找到前者，而要改在四等。

支、脂、真、諄、仙、祭、清、宵的脣牙喉音與『通廣』（或『廣通』）門法

這幾韻的脣牙喉音分爲兩類，韻圖分置三、四兩等。在三等的自成一類，反切下字大致不出本身的範圍①。本字與切語下字既在一排，韻圖上自得『音和』的關係。在四等的脣牙喉音是與各該韻的舌齒音同屬一類，反切下字多互用。如果用精系或喻母字作反切下字，在韻圖上他們也是『音和』，因爲大家都在四等。但如用的是知系、章系或來、日母的字，因不在一個等之内，自然有問題發生了。玆以真韻『賓』字『必鄰切』與質韻『吉』字『居質』切圖示如下：

① 原文『注三六』：詳見拙著《廣韻重紐試釋》一——一二頁（本刊十三本）。

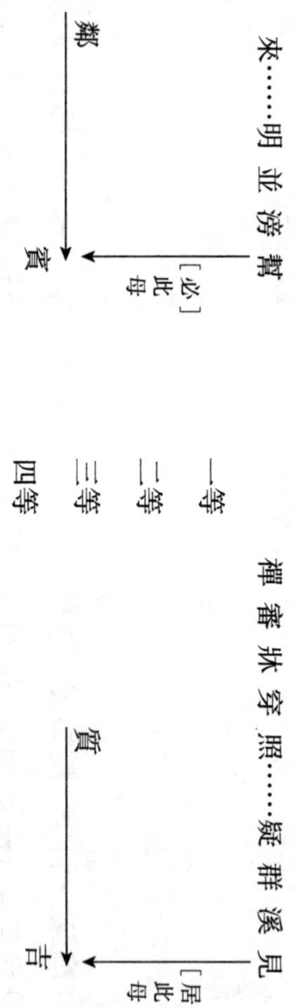

門法中的『廣通』便是説明這一類現象的。『玉鑰匙』云：

通廣者：謂脣牙喉下爲切，以脂韻真諄是名通，仙祭清宵號廣門，韻逢來日知照三，通廣門中四上存。所謂通廣者，以其第三通及第四，故曰通廣。如符真切頻、芳連切篇字之類是也。

又《等子》『辨廣通偈狹例』有云：

廣通者，第三等字通及第四等字。……凡脣①牙喉下爲切，韻逢支脂真諄仙祭清宵八

① 原文『脣』誤爲『喉』。

韻，及韻逢來日知照正齒第三等，並依廣通門法，於本母四等下求之。語意尚顯，無須詮釋了。

『玉鑰匙』分支、脂、真、諄爲『通』，仙、祭、清、宵爲『廣』，似有所謂而實無關宏旨。原來前者在韻圖没有獨立四等韻居其下；後者則有（即先、齊、青、蕭）。『侷狹門』也是相似的。以東、鍾、陽、魚、蒸之無四等韻者爲『侷』；尤、鹽、侵、麻之另在四等有字者爲『狹』。分不分都是不要緊的。

《指掌圖》的『辨廣通侷狹例』是據《等子》，但所舉韻目有誤。真空與《續七音略》不言韻的限制，大誤，與『侷狹』門同，茲不再辨。

第十二節　侷狹門

《經史正音切韻指南》『門法玉鑰匙』

㊂ **侷狹者**，亦謂脣牙喉下爲切，韻逢東鍾陽魚蒸爲侷，尤鹽侵麻狹中依。韻逢精等喻下四，侷狹三上莫生疑。所謂侷狹者，謂第四等字少，第三等字多，故曰侷狹。如去羊切羌字、許由切休字之類是也。

《直指玉鑰匙門法》

十二　偈狹者，亦謂見溪群疑、幫滂並明、非敷奉微、曉匣影，此一十五母爲切，韻逢精清從心邪、喻母第四，並切第三。故曰：精雙喻四爲其法，偈狹須歸三上親。如去羊切羌字，府容切風字，許由切休字，巨塩切鍼字，之類是也。

《字學大全》本《經史正音切韻指南》門法指掌圖

十二　偈狹門法，亦謂脣牙喉下十二母定切，韻逢精等喻下四，偈狹却切三等字也。

外立四法：白將切，可與切，憂絮切，名用切。

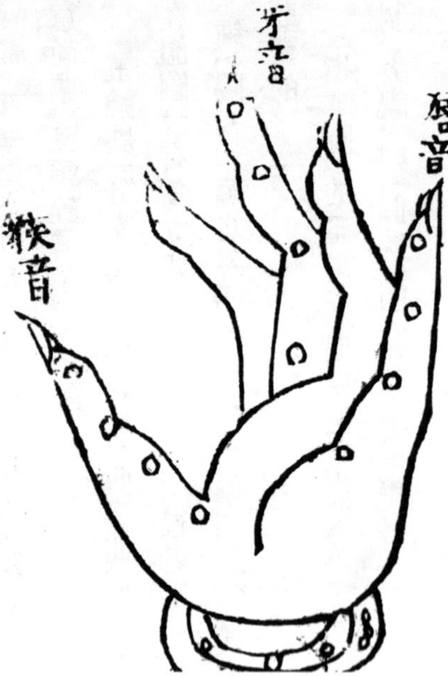

偈狹門脣牙喉音

偈狹者，亦謂脣牙喉下爲切。歌云：東鍾陽魚蒸爲偈，尤鹽侵麻狹中依。韻逢精等喻下四，偈狹三上莫生疑。所謂偈狹者，謂第四等字少，第三等字多，故曰偈狹。如去羊切羌字、許由切休字之類是也。

袁氏曰：此明諸攝中，有名偈狹門者。謂其攝第三等字多，而第四等字少也。東、鍾，通攝；陽，宕攝；魚，遇攝；蒸，曾攝；爲偈門。尤，流攝；鹽，咸[攝]；侵，深攝；麻，假攝；爲狹門。諸攝四等字少，故凡脣牙喉切，雖韻逢精喻四等字，而四等無字可切，故直切三上字。此偈狹門例，不必疑也。如去羊切羌，去乃牙切，逢喻四羊韻，直切三等之羌。如許由切休，許乃喉切，逢喻四由韻，直切三等之休。非以四等字少，爲切偈而狹耶？

後人因之，如古胥切居，許陽切香，巨松切蛩，渠用切共，皆屬偈門。魚尤切牛，必塩切砭，居耶切迦，於習切邑，皆屬狹門。皆韻逢四等，而切歸第三也。大概通廣饒四、饒三，而偈狹三饒、四乏。若江攝四、三並無，故無此兩門法也。

《切字釋疑》

十二　偈①狹者，亦謂見溪群疑、幫滂並明、非敷奉微、曉匣影，此十五母爲切，韻逢精清從心邪、喻母第四，並切第三。精雙喻四爲其法，偈狹須歸三上親。故曰：通宕遇曾名爲偈，流咸深假狹中依。韻逢精等喻下四，偈狹三上莫生疑。如去羊切羌字，府容切封字，是偈門；許由切休字，巨鹽切鍼字，狹門之類也。

偈狹門，調牙脣喉之甲、乙、丙、丁皆可出切，而專于齒丁、喉丁行韻也。十五母除喻，以喻與疑近也。若依此説，古人何故取此獨異之字，而續之于喉等之末乎？或謂偈口、閉口爲偈、狹，則猶可言也。去陽切羌，甫容切封，許由切休，皆是音和，但韻脚啌嘡不類，旁轉迮狀，未貼耳。今定羌，卿央切；封，甫恭切；休，欣幽切。若巨鹽切鍼，今作占深切，古侵、覃兩借也。孫愐『鍼』之林、巨淹二切，可以『巨』作脚，亦可以『之』作切脚，而『之』字更爲同類親切，此即一證也。即如《玉匙法》，非等與幫等交互取切，則此譜之以甫字切封，又何爲取同類邪？宜爽然矣。

① 原文作『偏』。

《切字圖訣》

十二偈狹門，亦謂見溪群疑、邦滂並明、非敷奉微、曉匣影，此一十五母脣牙喉下爲切，韻逢精清從心邪、喻母第四，並切第三。諸韻東鍾陽魚蒸韻爲偈，逢尤鹽侵麻韻爲狹。歌曰：韻逢精等喻下四，偈狹三上莫生疑。所謂偈狹者，爲第四等字少，第三等字多也。如去羊切羌、許由切休字之類是也。

見邦非曉止於影，十五母中等等省。
韻逢精全喻四中，偈狹當於三上領。

《續通志·七音略》『門法解』

偈狹門第十二

偈狹門者，謂見溪郡疑、幫滂並明、非敷奉微、曉匣影，此十五母一、二、三、四爲切，韻逢精清從心邪、喻母第四，並切第三。

無無余切　音於尋切

金古心切　鞾休邪切

臣等謹案：傌狹門，犯音和門、一四音和門、知等類隔，及寱切門、輕重交互門、麻韻不定門，共六門。而音和門及一四音和門爲一類，知等類隔、寱切、麻韻不定三門爲一類①，輕重交互門爲一類，是祇犯三門耳。若以此相犯之六門，凡行韻之在傌狹攝者，皆減去精雙、喻四之六處，則傌狹門切法自不致紊亂矣。又音和門、輕重交互門與通廣門相犯者，係行韻在來、日、知、照第三等之十一處，音和、一四音和、知等類隔、寱切、麻韻不定、輕重交互六門，與傌狹門相犯者，係行韻在精雙、喻四之六處，而門法圖不删去者，以犯通廣之二門，止通廣攝相犯，而行韻在傌狹攝，則不犯也。犯傌狹之六門，止傌狹攝相犯，而行韻在通廣攝，則不犯也。若於各門下，行韻相犯之處，注明通廣傌狹字樣，以便立切，則了然矣。試以音和一門言之，來、日、知、照三等下注明傌狹字，則行韻在傌狹者，自依音和門切之；若行韻在通廣，則依通廣門切之。精雙、喻四下注明通廣字，則行韻在通廣者，自依音和門切之；若行韻在傌狹攝者，則依傌狹門切之，餘皆倣此。

臣等又案：止、榛二攝爲通門，山、蟹、梗、效四攝爲廣門。其所以爲通廣門者，以此六攝，遇脣牙喉下爲切，韻逢來、日、知、照第三，並切第四，以第三而推之第四，故曰通廣。

① 原文作「韻」。

通、宕、遇、曾四攝爲侷門，流、咸、深、假四攝爲狹門，其所爲侷狹門者，因此八攝，遇脣、牙、喉下爲切，韻逢精雙、喻四六處，並切第三，以第四而歸之第三，故云侷狹。或云通廣門中字多，而第三等之音通及第四，爲通廣；侷狹門中第四等字少，爲侷狹，固是一説。然江、果二攝之第四等，俱無字，何以不名之爲侷狹耶？蓋通廣門，因通廣六攝中字有第三，而切第四者，故立爲通廣門法。侷狹門，因侷狹八攝中字有第四，而切第三者，故立爲侷狹門。而江、果二攝，無此等切脚之字，故不加以通廣、侷狹之名也。凡切韻門法，類皆因古人切脚不合今韻而立，特學者少悟耳。

《直指捷徑門法》

圖十八　偈狹門

十二偈狹者，謂見溪群疑，幫滂並明，非敷奉微，曉匣影，此一十五母一二三爲切，韻逢精清從心邪，喻母第四，並切第三。故曰『精雙喻四爲其法，偈狹須歸三上親』。如去羊切羌字，府容切封字，許由切休字，巨鹽切鉗字，之類是也。

無（無餘切是疊韻偈門）

金（古心切是狹門）

音（於尋切是狹門）

靴（休邪切是開合狹門）

十二偈狹門（有疊韻 有開合）無雙聲

見溪群疑		出切	出切	取出切字	出切
幫滂並明	非敷奉微	出切	出切	取出切字	出切
					行韻
曉匣影		出切	出切	取出切字	出切行韻

通宕遇曾名爲偈，流咸深假狹中依。
韻逢精等喻下四，偈狹三上莫生疑。

圖三十一　侷狹門

侷狹

侷狹者，亦謂前十五母，一二三四爲切，韻逢精雙喻四，並切第三。以四等字狹，而切侷于字，故韻四而切三。門法曰『韻逢精等喻下四，侷狹三上莫生疑』，是也

良蔣切兩　去陽切羌

府容切峯　力容切龍 侷門

立淫切林　於尋切音

巨塩切鉗　古心切金 狹門

無余切無 疊韻侷　休邪切鞾 開合狹

此門不從韻，無雙聲。

侷狹門 不切知二，別窠切也。不切喻下，別覆切也。不切照二，別寄韻也。不切來，四位通也。

見溪群疑		出切	出切	出切取字	出切
幫滂並明	非敷奉微	出切	出切	出切取字	出切
					行韻
曉匣影		出切	出切	出切取字	出切行韻

《續通志・七音略》『門法圖』

圖十八　偈狹門

十二偈狹門

見溪郡疑		出切	出切	取出切字	出切
幫滂並明	非敷奉微	出切	出切	取出切字	出切
					行韻
曉匣影		出切	出切	取出切字	行出韻切

董同龢《等韻門法通釋》

偈狹——東、鍾、陽、魚、蒸、尤、鹽、侵、麻八韻的脣牙喉(除喻)音韻圖置三等,可是他們有用同韻而韻圖置四等的精系與喻母字作反切下字的。在這種情形下,反切下字雖在四等,所切之字却要到三等去找。

東、鍾、魚、虞、之、麻、陽、蒸、尤諸韻的脣牙喉音字與『偈狹』門法

上列諸三等韻的脣牙喉音字(喻母除外)韻圖都置於三等。他們中間如有用精系或喻母字作反切下字的,則跟知照來日系的字一樣,切語下字與所切之字在韻圖上却不同在一排。兹以《廣韻》鍾韻『恭』字『居容切』與腫韻『拱』字『居悚切』表明如下:

	喻	匣	曉	影	……	疑	群	溪	見 [居此母]
一等									
二等									
三等									恭
四等	容								

	邪	心	從	清	精	……	疑	群	溪	見 [居此母]
一等										
二等										
三等										拱
四等	悚									

爲此，『玉鑰匙』的『偈狹』門説：

偈狹者：亦謂脣牙喉下爲切，韻逢東鍾陽魚蒸爲偈，尤鹽侵麻狹中依，韻逢精等喻下四，偈狹三上莫生疑。所謂偈狹者，爲第四等字少，第三等字多，故曰偈狹。如去羊切羌字、許由切休字之類是也。

這一段文字内中夾了四句歌詞，不很清楚。現在再引《等子》『辨廣通偈狹例』作參考。

偈狹者，第四等字少，第三等字多也。凡脣牙喉下爲切，韻逢東鍾陽魚蒸尤鹽侵，韻逢影喻及齒頭精等四爲韻，並依偈狹門法，於本母三等下求之。

兩書所謂『第四等字少，第三等字多』，不過是韻圖上另一種現象，却與本題無關。所列韻目比本文少之與虞而多侵與鹽，倒值得討論。『偈狹』的現象可能發生於之與虞以及其相當的上去入韻，而韻書未見實例，是門法不要他們的原因。其實麻韻也可以不要，『玉鑰匙』恐怕是認爲『彌也切』的『乜』字當在三等，才算上他。（參看下節）①鹽與侵除在三等的脣牙喉音外，另有一套影母字韻圖排在四等，原不與鍾陽諸韻相同。不過從門法的觀點説，那一套影母字是自有天地的。因爲他們都以喻母字爲反切下字，在韻圖上恰好是『音和』。除此之外，其他的字就完全跟鍾、陽諸韻一樣了。還有一點，《等子》『韻逢影喻及齒

① 見本書『門法匯解』之『創立音和門』所引董文。

頭……」的『影』字可能即指侵、鹽兩韻在四等的影母字而言。他們也可能做本韻三等脣牙喉音的反切下字，與精系喻母字同，不過我們没有見到實例。

真空與《續七音略》此門没有韻的規定，全失本意。我們看：如在一、二等韻，根本不會有這類的事發生；如在四等韻，則處處是『音和』；三等韻如微元等根本無精系及喻母，支韻羈類等同；如在清韻等，他們的脣牙喉音也在四等，與精系喻母的反切下字也是『音和』。總之，除鍾陽諸韻都談不到『傌狹』。

第十三節　内外門

《經史正音切韻指南》『門法玉鑰匙』

㈢　内外者，謂脣牙喉舌來日下爲切，韻逢照一，内轉切三，外轉切二，故曰内外。如古雙切江字、矣殊切熊字之類是也。

《直指玉鑰匙門法》

十三　内外者，謂見溪群疑、端透定泥、知徹澄孃、幫滂並明、非敷奉微、曉匣影喻、來日，此二十六母爲切，韻逢照穿床審禪第一等即四等中第二也，内轉切三，外轉切二。故曰：照類兩中一作韻，内三外二自明分。如居霜切薑字、古双切江字、德山切儃字、布山切班字、矣殑切熊字之類是也。

《字學大全》本《經史正音切韻指南》門法指掌圖

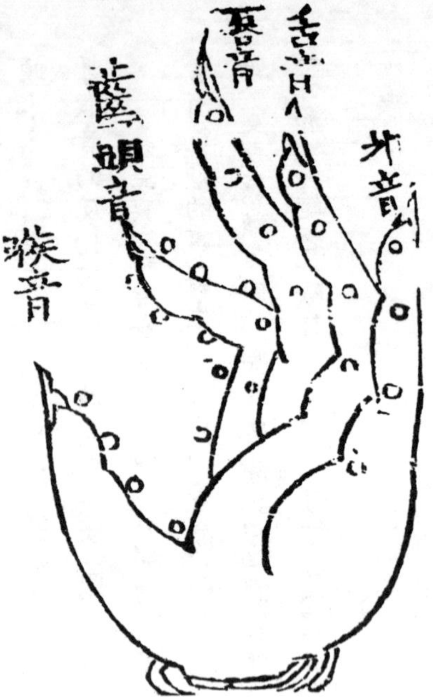

十三　内外門法，謂脣牙喉舌來日一十八母定切，韻用照一五母，内轉切三，外轉切二也。

外立四法

巾崇切，金山切，許雷切，居山切。

《字學元元》『十三門法附袁氏注』

内外門脣牙喉半舌半齒音

内外者，謂脣牙喉舌來日下爲切，韻逢照一，内轉切三，外轉切二，故曰内外。如古雙切江字，矣殊切熊字，之類是也。

袁氏曰：此明十六攝，其八名内轉，又其八名外轉者。謂各攝脣牙喉舌來日之切，若韻逢齒中照一等，在内轉攝中，便切第三等字；在外轉攝中，便切第二等字。蓋内轉之攝，牙舌脣喉下四音，皆無二等字，惟齒音二等照一有字。故雖逢二等之韻，而他音下無二等字可切，故只切第三。以二等字域于照一内也，故謂之内。外轉之攝，不獨齒中有照一，而牙舌脣喉四音，俱有二等字，故通可切二等。以二等字廣于照一外也，故謂之外。

此門皆專以二等之多寡而分也。如矣殊切熊，矣，喉切，而内轉喉下無二等，故切三之熊。古雙切江，古，牙切，而外轉牙下有二等，故切二之江。是其例也，自是内外切法。如香楚切許，王所切雨，呼士切喜，古崇切弓，九数切句，公士切几，元初切魚，婦阻切父，皆從内轉切三。

如江卓切珏，牛耍切瓦，亡爪切夘，古梢切交，户生切行，漁沙切牙，古生切更，皆從外轉切二，學者詳之。

至于果假同攝，古謂之内外混等。謂果内而假外，二門互相切也。然此門法，予有疑于果，并有疑于臻焉。夫内轉，韻逢照一切三。而果止轄一等，照一、三等皆非所轄，何以謂之内？外轉逢一切二，而臻攝脣牙喉下，並無二等字，何以謂之外？此則袁生所未識也，内外不定，其此之故乎？

《切字釋疑》

十三　内外者，謂見溪群疑、端透定泥、知徹澄孃、非敷奉微、曉匣影喻、來日，此二十二母爲切，韻逢照穿牀審禪第一，内轉切三，外轉切二。故曰：通曾止遇宕流深，故號名爲内轉門。效假江山咸梗蟹，内三外二自名分。如居霜切薑字、矣殊切熊字、是内三門；古雙切江字，德山切儃字，外二門，之類是也。

内三門，謂牙、舌、脣、喉、半之甲、乙、丙、丁皆可出切，而專于齒乙行韻。居霜切薑、矣殊切熊，是内三門，今定薑，脚商切，即依舊法。獨不可以居昌、京香、見桑切薑字，而韻必在齒乙取字乎？孫愐薑，居良切；《説文》作䕬，即濕菜也，居良切。《韻會》《正韻》從之。士明處處宗《説文》《廣韻》，今何以自解邪？熊字，孫愐羽弓切；《韻會》胡弓切，俱在東韻，而入蒸韻，王劭言是也，如今兄、肱皆從蒸移東。新法定熊爲熏紅切，而劉譜熊在曾攝喉丙之四，則膺字之噟也。古當有羽弓之聲，若今嘉興人讀『英雄』之聲近于『英雍』是也。

外二門，謂古雙切江、德山切儃。儃在舌乙之一，知母也。韓氏曰：『儃，張連切，迍儃也。』孫愐：『邅，張連切，迍邅也。』可證爲一字。《韻會》引《易》『邅如』，《集韻》亦作『儃』，何緣以德山爲切？山則古有讀山如羶者，德乃端母，此又類隔都江切椿，不通之法門也。以自然之道論之，紐捏荆棘極矣。猶曰我爲臆也，今考論古法，齟齬如此，必盡掃孫愐、陸德明、丁度、司馬公、黄公紹諸家，而後可從《玉匙法》，有是事乎？又見一本《玉匙法》『十三内外門』布山切班，此則正與余音和自然之法合，可知清泉長老胸中原無定見。

《切韻圖訣》

十三　内外門，謂見溪群疑、端透定泥、知徹澄孃、邦滂並明、非敷奉微、曉匣影喻、來日此二十六母，脣牙喉舌來日下爲切，韻逢照穿床審禪第一等即四等中第二也，内轉通止遇果宕曾流深切三第三等即照等第二是也，外轉江蟹臻山效假梗咸切二第二等即照等中第一也。歌曰：照類等中一作韻，内三外二自分明。謂内轉、外轉，各立門户，韻同而切不同也。如居霜切薑、布山切班、矣殑切熊字之類是也。

内外除却齒中音，二十六母等下尋。韻逢照類如何切，内三外二轉分明。

《續通志·七音略》『門法解』

内外門第十三

内三者，謂見溪郡疑、端透定泥、知徹澄孃、幫滂並明、非敷奉微、曉匣影喻、來、日，此二十六母一二三四爲切，韻逢内八轉，照穿狀審禪第一者，並切第三。

薑居霜切　金居林切

玉牛數切　倣甫爽切

外二者，謂①見溪郡疑、端透定泥、知徹澄孃、幫滂並明、非敷奉微、曉匣影喻、來、日，此二十六母一、二、三、四爲切，韻逢外八轉，照穿狀審禪第一者，並切第二。

江古雙切　麻末沙切

① 原文作『爲』。

班布山切　　皆官齋切

臣等謹案：內三外二門，亦因古人切脚不合今韻而立。故以內轉、外轉而分切法，猶之通廣、侷狹二門，以通廣六攝、侷狹八攝而分切法也。或云：牙、舌、脣、喉四音無第二等字，惟齒音方具足，爲內八轉；五音四等字皆具足，爲外八轉。以其說考之臻攝，開合二呼牙、舌、脣、喉四音皆無第二等字，亦名外轉，則二等字多少之説爲不可通矣。

臣等又案：音和門行韻在照一，則與此門相犯。舊圖於音和門下不列照一行韻者，以內轉、外轉俱犯，則避之無可避也。

《直指捷徑門法》

十三內三者，謂見溪群疑，端透定泥，知徹澄孃，幫滂並明，非敷奉微，曉匣影喻，來日，此二十六母，一二三四爲切，韻逢照穿床審禪第一等，即四等中第二也，內轉切三，故曰『照類兩中一作韻，內三門中自明分』。如居霜切薑字，矣殑切蠅字，之類是也

效內外門例

內外十三門，全憑照一分。
脣牙喉舌切，照一二三親。
如仿熊金玉，江儃湛珀珎。
創安權作式，免恥去干人。

圖十九　內三門

十三內三門 有疊韻有開合 無雙聲

見溪群疑		出切	出切	出切取字	出切
端透定泥	知徹澄孃	出切	出切	出切取字	出切
幫滂並明	非敷奉微	出切	出切	出切取字	出切
			行韻		出切
曉匣影喻		出切	出切	出切取字	出切
來日		出切	出切	出切取字	出切

通曾止遇宕流深，故號名爲內轉門。
效假江山咸梗蟹，內三門中自分明。

十三外二者，謂見溪群疑，端透定泥，知徹澄孃，幫滂並明，非敷奉微，曉匣影喻，來日，此二十六母，一二三四爲切，韻逢照穿床審禪第一等，即四等中第二也，外轉切二，故曰『照類兩中一作韻，外二門中自明分』，如古霜切江字，德山切邅字，布山切班字，之類是也。

麻 末沙切 外二門

下 户灑切 外二門

皆 官齋切 外二門

圖二十 外二門

十三外二門 有疊韻 有開合 無雙聲

見溪群疑		出切	出切取字	出切	出切
端透定泥	知徹澄孃	出切	出切取字	出切	出切
幫滂並明	非敷奉微	出切	出切取字	出切	出切
			行韻		
曉匣影喻		出切	出切取字	出切	出切
來日		出切	出切取字	出切	出切

效假江山咸梗蟹，

外二門中自分明。

《字學元元》「格子門」

圖三十二　内三門

内三

内三者，謂内八轉中，牙舌脣喉來日下二十六母，一二三四爲切，韻逢照五母第一等，便切第三等字。以内轉攝中，牙舌脣喉下俱無二等字，故切歸第三。謂之内者，二等限照一内也。

居霜切姜　陟初切猪

如崇切戎　矣殑切熊（俱内三）

憂愁切憂（疊韻内三）

于菑切帷（開合内三）

此門亦無雙聲。

内三門					
見溪群疑		出切	出切	出切取字	出切
端透定泥	知徹澄孃	出切	出切	出切取字	出切
幫滂並明	非敷奉微	出切	出切	出切取字	出切
			行韻		
曉匣影喻		出切	出切	出切取字	出切
來日		出切	出切	出切取字	出切

圖三十三　外二門

外二

外二者，謂外八轉中，牙舌脣喉來日下二十六母，一二三四爲切，韻逢照五母第一等，便切第二等字。以外轉攝中，牙舌脣喉下有二等字，故得切第二。謂之外者，二一等出照一外也。

官齋切皆　直生切棖

普狗切攀　户洒切下俱外二

咸巉切咸疊韻外二

布山切斑開合外二

此門亦無雙聲。

外二門

見溪群疑		出切	出切取字	出切	出切
端透定泥	知徹澄孃	出切	出切取字	出切	出切
幫滂並明	非敷奉微	出切	出切取字	出切	出切
		出切	行韻		
曉匣影喻		出切	出切取字	出切	出切
來日		出切	出切取字	出切	出切

《續通志·七音略》「門法圖」

圖十九　內三門

十三內三門

見溪群疑		出切	出切	取出切字	出切
端透定泥	知徹澄孃	出切	出切	取出切字	出切
幫滂並明	非敷奉微	出切	出切	取出切字	出切
			行韻		行韻
曉匣影		出切	出切	取出切字	出切
來日		出切	出切	取出切字	出切

圖二十　外二門

十三外二門

見溪群疑		出切	出切取字	出切	出切
端透定泥	知徹澄孃	出切	出切取字	出切	出切
幫滂並明	非敷奉微	出切	出切取字	出切	出切
			行韻		
曉匣影		出切	出切取字	出切	出切
來日		出切	出切取字	出切	出切

董同龢《等韻門法通釋》

内外——三等韻的莊系字在韻圖上是離開本韻別系的字獨居於二等。韻書上却也不是沒有用他們作別系字的反切下字的例。用那些反切在韻圖上找字，就不能依下字的二等，而當在三等或四等了。

莊系反切下字與『内外』門法

在三等韻中，如果莊系字用作其他任何一種字的反切下字，因他們是獨居二等，跟所切的字也總不能在韻圖上得到『音和』的關係。不過莊系字在三等韻的歷史是很淺的，事實上韻書用他們切別種字的例却極少見。據我所知，《廣韻》只有『良士』切『里』一個，《集韻》又多一個『矣殑』切『熊』①。

① 原文『注三八』：我在《上古音韻表稿》中曾說三等韻莊系字沒有一個切別系字的，應改正。（但與該處論無害）又按：『「矣殑」切「熊」』原作『「以殑」切「熊」』，當誤。

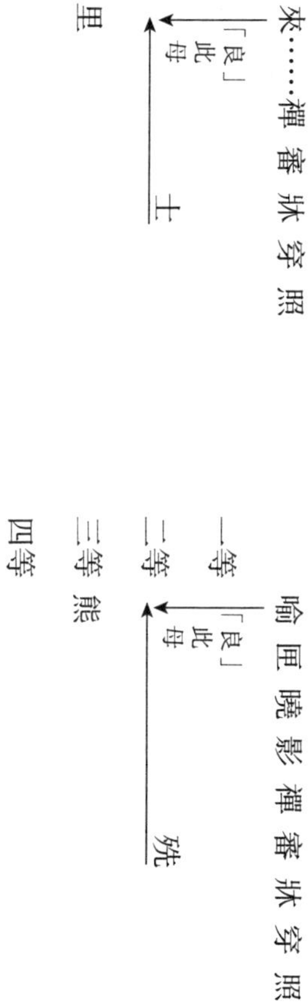

門法與此有關的是『内外』，『玉鑰匙』云：

内外者：謂脣牙喉舌來日下爲切，韻逢照一，内轉切三，外轉切二。故曰内外。如古雙切江、矣殑切熊字之類是也。

此所謂『外轉』者，是指韻圖的江、山、梗、假、效、蟹、咸、臻八攝；『内轉』者，是指果、遇、流、通、深、曾、宕、止八攝。《等子》與《指南》各圖之首標注甚明，《韻鏡》與《通志・七音略》之内轉某或外轉某也全合。『外轉』的特點是有獨立二等韻，如江攝的江韻、臻攝的臻韻，不遑枚舉。『内轉』的特點是没有獨立二等韻。二等的地位除齒音之外都空着，而齒音中的字也實屬同攝（或轉）的三等韻莊系音。如宕攝二等只有陽韻莊系字占用是。

門法是以莊系字的全體爲題來説的。莊系字分見於二等韻與三等韻，在韻圖上正是『外轉』與『内轉』的範圍。『外轉』二等韻的莊系字跟其他各字都排列在二等。拿他們作反切下字，無論去切什麽音，所切之字都在二等，故門法曰『外轉切二』。『内轉』三等韻的莊系字雖居二等，却實與本韻字之在三等或四等者同韻類。只要是用他們作别系等的反切下字，所切之字都不在二等而是在三等或四等。因韻書恰好没有精系喻母等(韻圖置四等者)用莊系字作反切下字的，故門法只説『内轉切三』。將才討論的『良士切里』與『矣①殊切熊』便是這種情形。

關於這個門法，我們還要注意一點，就是他的主題當是『内轉切三』；所謂『外轉切二』只能看做陪襯的話。『内轉』的莊系字不能與所切之字在一行，確不合『音和』的原則。『外轉』的莊系字却無論切什麽都在本等，只要聲母别無問題②，就是合格的『音和』了，哪能另算一種『門法』呢？『玉鑰匙』所舉『古雙切江』一例便足以顯示。

① 原文作『以』，當誤。見上注。
② 原文『注三九』：如有也與本題無關。

《等子》『辨内外轉例』云：

> 内轉者，脣舌牙喉四音更無第二等字，唯齒音方具足。外轉者，五音四等都具足，今以深曾止宕果遇流通括内轉六十七韻，江山梗假效蟹咸臻括外轉一百三十九韻。

《指掌圖》與此同。他們只説了韻圖上『内轉』與『外轉』的表面分别，大概是不完全的抄録。真空與《續七音略》的『内外門』大體與『玉鑰匙』同，不過所舉切語有不可靠的，後者尤甚。

羅莘田先生有《釋内外轉》一文載本所集刊四本二分。他先改訂了『内轉』與『外轉』的内容。認爲宕、果二攝當爲『外』，臻攝當爲『内』。然後根據高本漢氏擬訂的中古音讀，他説『内轉』與『外轉』是主要元音性質的分類。約在六年前，我曾上書陳述如下的意見：

（一）『内轉』與『外轉』的内容不能改换。因爲羅先生據的以改訂材料本身實有問題；並且深、曾、止、宕、果、遇、通、流恰爲六十七韻，江、山、梗、假、效、蟹、咸、臻恰爲一百三十九韻，足證韻圖與門法不誤。

（二）『内轉』的莊系字獨居三等應居之外，而所切之字又在三等之内，故名『内』。『外轉』莊系字相反，故名『外』。等韻家命名本不科學，此門又稱『内三外二』，可以參考。當時已蒙賜答，表示採納。兹附此説明。

第十四節　麻韻不定門

《直指玉鑰匙門法》

十四　麻韻不定之切者，亦謂知徹澄孃第二等爲切謂知等爲第二，即四等中爲第三也，韻逢精清從心邪、曉匣影喻第四，當切出第三知等字。今稽開合俱無，却切第二端等字謂端等爲第二，即等中第四也。故曰：韻逢影喻精雙四，知二無時端二陳。如陟邪切爹字，是麻韻不定之切；敕洗切體字，是薺韻不定之切；女象切養字，是養韻不定之切；女星切寧字，是清韻不定之切，餘皆覺此矣。

《字學大全》本《經史正音切韻指南》門法指掌圖

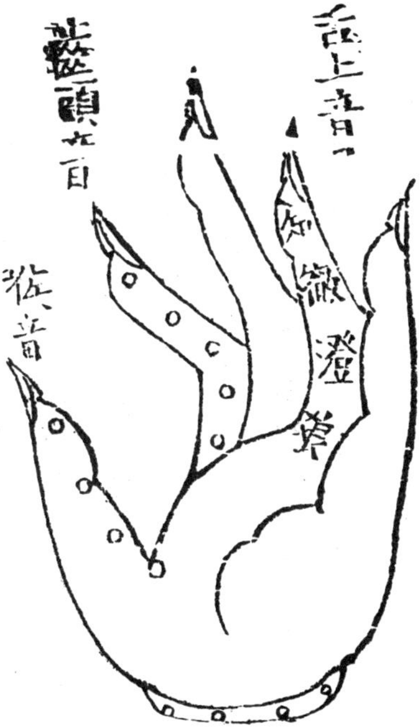

十四　麻韻不定合門，謂知等二排定切，韻遇精等曉喻四排，當切三等。考開合無字，切第二端等也。端二即四排。

外立四法：陟邪切，敕洗切，女象切，女星切。

《切字釋疑》

十四　麻韻不定之切者，亦謂知徹澄孃第二等爲切謂知等爲第二，即四等中爲第三也，韻逢精清從心邪、曉匣影喻第四，當切出第二知等字。今稽開合俱無，却切第二端等字謂端等爲第二，即等中第四也。故曰：韻逢影喻精雙四，知二無時端二陳。如陟邪切爹字，是麻韻不定之切；敕洗切體字，是薺韻不定之切；女像切飬字，乃養韻不定之切；女星切寧字，是清韻不定之切，餘皆倣此。

立不定門，最爲破綻。如今法則，不必膠于一切，而自然有一定同類相應之理，簡易順洽，一通百通，何必如此捉矜補救耶？彼法謂于舌丙出切，于齒丁、喉丁行韻也。爹字陟邪切，乃古人有呼爹爲奢者，有呼爹爲多者，有呼爹爲朵者。《南史》謠『始興王，人之爹，赴人急，如水火』，退之《祭女挐文》，自注『爹，徒可切』。《唐德宗紀》回紇曰『惟仰食于阿多』。《唐韻》『爹，羌人呼父也』。賓懷真納媪爲國奢，若今則中原讀丁遮切，吴下讀丁家切。前此陟邪切，乃羌音别一語耳。乃立門法，以紐合之乎？

敕洗切體，考《説文》《玉篇》《唐韻》《韻會》皆他禮切，在薺韻。余猶以他粗、體細，當作汀禮切，則俗乎腿字，安知非古有此音乎？

女像切飬，在舌丁之四，見道昭《集韻》。昌黎子自創飬字，乃⿰驪刂切，于偈狹門安，泥母用⿰驪刂、飬，音和互切者也。

女星切寧，乃正是音和，何故又曰清韻不定之切乎？孫氏奴丁切，但星、丁啌而寧嘡，奴粗而寧細，故定爲女亭切。然安知古人不呼寧近能乎？如寧馨正近能亨，而或入陽韻也。吾故曰，不多讀書，曲證出往古各代之方言，則無以知聲音轉變之故。

《切字圖訣》

十四　麻韻不定切門，謂知徹澄孃舌上音第二等爲切謂知等爲第二，即四等中爲第三也，韻逢精清從心邪、曉匣影喻，齒頭及喉音第四，當切出第三知等字知等曰第三，即等中第三，今切以開合音俱無據，却切第二端等字謂端等爲第二，即等中第四也。蓋諸母皆有定體，而此於開合門中復無定體，所謂麻切也開合一法已無定體，而此於開合復無憑據。故亦可概以麻韻不定之切，不獨麻韻有不定也。歌曰：韻逢影喻精雙四精雙，精二等也，即等中四等，知二無時端二陳。如陟邪切爹，是麻韻不定之切；勑洗切體，是薺韻不定之切；女象切饕，是養韻不定之切；女星切寧，是清韻不定之切；是也自此門至末七門，係明釋衲庵所補。

麻切知全第二云，開合仍然切是因。
韻逢曉類精全四，知二無時端二陳。

《續通志·七音略》『門法解』

各韻不定門第十四

各韻不定門者，爲知徹澄孃第二等爲切知等第二，即四等中第三也，韻逢精清從心邪、曉匣影喻九母第四，當切出第二知等字。今稽開合俱無，却切第二端等字端等第二，即四等中第四也。

爹陟邪切　體敕洗切

飬女像切　寧女星切

臣等謹案：此門舊名麻韻不定門，因陟邪切爹而云然也。今按：不定之切，各韻俱有。陟邪切爹，是麻韻不定之切；敕洗切體，是薺韻不定之切；女像切飬，是養韻不定之切；女星切寧，是青韻不定之切；故改爲各韻不定門。而他處辨證，仍稱麻韻不定，所以便於考核也。又知等類隔一門，若知二出切，精雙、喻四行韻，則犯此門與窠切門。若於知等隔行韻圖内，精雙、喻四韻下各注知一字樣，自不犯此門及窠切門矣。至不定之切，原因窠切門三等無字而立，乃所以濟窠切之窮，不爲相犯也。

十四麻韻不定之切者，謂知徹澄娘第二等爲切（謂知等爲第二。即四等中爲第三也），韻逢精清從心邪，曉匣影喻，九母第四，却切第二端等字（謂端等爲第二，即韻中第四也。）。故曰『韻逢影喻精雙四，端母四排取其真』。如知邪切爹字，是麻韻不定之切；勑洗切體字，是薺韻不定之切；女像切[illegible]字，是養韻不定之切；女星切寧字，是清韻不定之切；之類是也

仟（女全切開合是仙韻不定之切）

圖二十一　麻韻不定門

十四麻韻不定門（有開合無疊韻雙聲）

取切出字

出切

知徹
澄孃

行韻

行韻

效麻韻不定之例

麻韻等中稀，
窠三細審之。
果然無有字，
直往四行移。
養體君須記，
爹寧是汝規。
後賢如不棄，
謹慎用心稽。

爹字陟邪不定門，窠三開合細評論。
韻逢影喻精雙四，知二無時端二陳。

附《字學元元》『格子門』『補足諸門法』之『諸韻不定切』

圖四十八　諸韻不定切門

諸韻不定切門

爹（麻韻 陟邪）	沙（麻韻 疏俄）	
餐（養韻 女象）	夜（麻韻 余賀）	
體（薺韻 敕洗）	靴（麻韻 許戈）	
寧（清韻 女星）	婆（果韻 負何）	
他（果韻 丑加）	耶（麻韻 余何）	
類隔	就形	

諸韻不定切

諸韻不定切者，乃從類隔陟邪切爹不定門而推廣之者也。陟邪切爹，不定之非，三卷已詳言之矣。然後世效體爲之，復有此諸切。予亦不敢堅持己見，而并存其所非者，以俟達者之再訂。

圖二十一　各韻不定門

十四各韻不定門

	知徹澄孃			出切	取字
					行韻
					行韻

董同龢《等韻門法通釋》

麻韻不定之切——『爹』字『陟邪切』,《等子》與《指南》把他放在舌音四等的地位。這種措置很特别,跟上面有兩個門法不合。依『類隔門』,麻三等可有知母,但舌音四等是端母的地位。依『窠切門』,『爹』字也不能因反切下字『邪』在四等而列四等。

『玉鑰匙』的『類隔門』末尾一句話……:

……唯有陟邪切爹字是麻韻不定之切。

這在《等子》與《指掌圖》都没有。但真空却據此另立『麻韻不定』一門。現在可以就便討論。

我們首先要注意,『爹』字在韻書與韻圖中都是出現較晚的。在《廣韻》以前,現在還有幾種早期的韻書可以看到。麻韻不缺的尚有一種《切韻》殘卷與兩個本子的《王仁昫刊謬補缺切韻》,他們都没有『爹』字。在《等子》以前,我們也有早期一派的韻圖《韻鏡》與《通志·七音略》,他們也没有這個字,並且全無麻三等的知系音。從《廣韻》《等子》起而韻書韻圖録『爹』字,他的義訓是『羌人呼父也』。可見他在中古是一個很後起而且又是一個外來的字。所以,《等子》與《指掌圖》的門法没有説他,是因爲他們那時還没有這個字。

（前面已經說過，《等子》與《指掌圖》的門法來源比本圖要早）

『爹』字的音韻地位也是值得考慮的。《廣韻》音『陟邪切』，他就是麻三等的知母字嗎？《廣韻》以前，韻書韻圖都没有麻三等知系音，這就先使我們懷疑。再看《等子》與《指南》，在果攝内，他却不在舌音三等而在四等。由此可知他不會是知母字而是端母字。此字今北方官話讀 tie，吴語的一些方音讀 tiɑ，推上去倒也像一個麻三等端母字。然而問題來了。端母可以在麻三等出現嗎？如果不能，『爹』是不是可以算作一個新韻『麻四等』呢？不過無論如何我們都可以説《廣韻》的『陟邪切』是不合實際的。如果『爹』真是『陟邪切』，韻圖决不會硬把他改列端母，現代官話也决不會讀 tie，而當与照母的『遮』同音。

一有這一层糾葛，『爹』跟他的反語在韻圖上的關係就更微妙了。端母字而以知母字作反切上字，於理應該是『類隔』的關係無疑。然而恰巧他的反切下字是『邪』，韻圖列四等，又恰巧載『爹』字的韻圖都是端知同行的，以至於一横一直，却得『音和』的關係而非『類隔』了。

	喻影匣曉…………（舌音）
一等	（端）
二等	「昳」知母　（知）
三等	（知）
四等	邪 → 爹　（端）

所以這可以説是一個該『類隔』而不『類隔』的怪例，『玉鑰匙』認爲『不定』者以此。『玉鑰匙』從『類隔』的立場來説『爹』字的韻圖地位與其切語的關係，真空據他的一句話敷衍出一門，却是站在另一個方面説的。其『麻韻不定門』云：

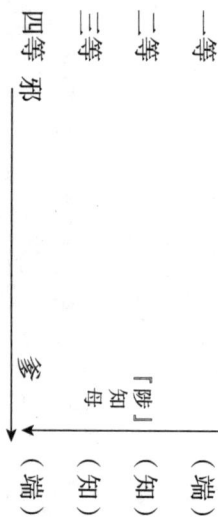

麻韻不定之切者；亦謂知徹澄孃第二爲切①，韻逢精清從心邪曉匣影喻第四，當切出第三知等字。今稽開合俱無，却切第二端等字②。故曰：韻逢影喻精雙四，知二無時端二陳。如陟邪切③爹字，是麻韻不定之切，……

① 原文『注一九』：原注『謂知等第二，即四等中第三也』。
② 原文『注二〇』：原注『謂端等第二即四等中第四也』。
③ 原文作『坊』。

此處『知徹澄孃』云云正是另一個門法『窠切』的説法。就反切言，『陟邪切』應該在那個範圍之内，而實際情形又不然，故認爲『不定』。換言之，真空是把這個現象看作『窠切』的例外。

看過下文對『窠切』的解釋（二八四—二八六頁）①可知真空這樣説確也不錯，而且比劉鑒放在『類隔』後面説好一些。不過他在上面所引的之後還説：

……勅洗切體，是薺韻不定之切；女象切⿱爾食，是養韻不定之切；女星切寧，是清韻不定之切。餘皆釁此矣。

這就匪夷所思了。第一是這些例既無根據，且亦文不對題。其次，『體』與『寧』是四等韻字，（『寧』青韻字，非清韻），縱有『勅洗』與『女星』之切，也當合『類隔』。末了，『⿱爾食』實在算不得真正養韻。《集韻》還没有他，並且《等子》以前的韻圖都没有養韻的孃母或泥母音。《五音集韻》養韻『泥四』下始有『⿱爾食』字，但音『乃⿰馬剔切』，並云與『⿰馬剔』爲音和。足見他既是中古以後的新起的音，又與『女』與『象』聲韻都不同。『爹』是個例外字，『陟邪切』也是一個例外反切，哪有這許多同類呢。《續七音略》改真空此門之名爲『各韻不定』，文字舉例全同，並云：『……今按不定之切各韻俱有……故改爲各韻不定門。』這是從何説起！

---

① 見本書『門法匯解』之『窠切門』所引董文。

門法之晦，多半是由於這些錯上加錯。

第十五節　前三後一門

《直指玉鑰匙門法》

十五　前三後一者，謂非敷奉微第三等爲切，韻逢諸母第一，並切第三輕脣音字，是前三門；幫滂並明第一等爲切，韻逢諸母第三，却切第一等重脣音字，是後一門。唯許通、流二攝。所刱先人《澄鑒論》云：『隨鄉談無以憑焉，逐韻體而堪爲定矣。』故曰：重遇前三隨重體，輕逢後一就輕聲。如憑貢切鳳字、縛謀切浮字、莫六切目字、莫浮切謀字之類是也。

《字學大全》本《經史正音切韻指南》門法指掌圖

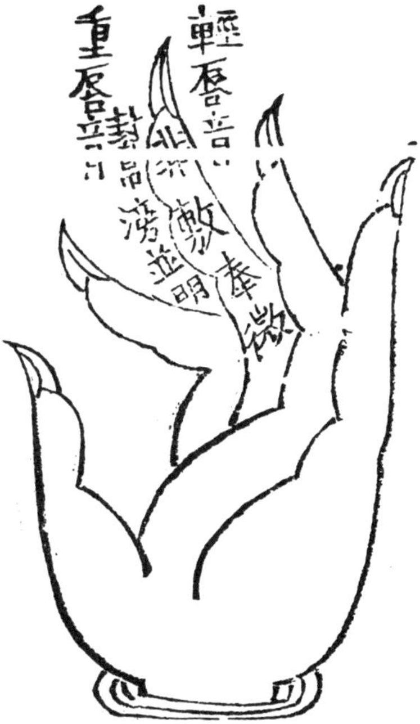

十五　**前三後一門**，謂非等出切，韻逢諸母一排，仍切非等，是前三；幫等一排定切，韻用諸母三排，仍切一等，是後一，各攝詳矧。

外立四法。馮貢切，縛謀切，莫之切，莫浮切。

《切字釋疑》

十五　**前三後一者**，謂非敷奉微第三等爲切，韻逢諸母第一，並切第三輕脣音字，是前三門；幫滂並明第一等爲切，韻逢諸母第三，却切第一等重脣音字，是後一門。唯許通、流二攝。

故曰：重遇前三隨重體，輕逢後一就輕聲。如逢貢切俸字、縛哅切浮字、莫録切木字、莫浮切哅字之類是也。

前三門，謂脣丙出切，而甲横格行韻也。後（二）［一］門①，謂脣甲出切，而丙横格行韻也。逢貢切俸，縛哅切浮，莫録切木，莫浮切哅，此正是音和，何用蛇足？又不定後一門謗字，補況切，此亦音和吻合。彼總不知取同類，而膠行韻之格，見有不合，則别創一門法，故可絶倒。

《切字圖訣》

十五　前三後一門，謂非敷奉微輕脣音第三等爲切，韻逢諸母第一，並切第三輕脣字，是前三門，以第一等直視第三等爲前也；邦滂並明重脣音第一等爲切，韻逢諸母第三，却切第一重脣字，是後一門，以第三等轉視第一等爲後也。惟許通流二攝所引，先人《澄鑒論》云：『隨鄉談無以憑焉，逐韻體而堪爲定矣。』歌曰：重過前三隨重體，輕逢後一就輕聲。如逢貢切俸、縛哅同謀切浮、莫録切木字之類是也。

① 原作『後二門』，當爲『後一門』。

非類前門切第三，韻逢諸一定三參。
邦類後門切第一，韻逢諸三仍切一。

《續通志·七音略》『門法解』

前三後一門第十五

前三者，謂非敷奉微第三等爲切，韻逢通、流攝内諸母第一，並切第三輕脣字。

俸 逢貢切　浮 縛牟切
封 封公切　逢 扶紅切

後一者，謂幫滂並明第一等爲切，韻逢通、流攝内諸母第三，並切第一重脣字。

蓬 蒲龍切　木 木曲切
剖 蒲柳切　蒙 莫龍切

臣等謹案：前三後一門，惟通、流二攝内有此切法。是亦因古人切脚不合而立者也。三近我，故爲前；一遠我，故爲後。此門所以濟重輕交互、輕重交互門之窮，非相犯也。

《直指捷徑門法》

圖二十二　前三門

十五前三門 有疊韻無雙聲 無開合

		非敷奉微			
行韻	行韻	行韻	行韻	行韻	行韻
		取切出字			

通流二攝弗同常，切三韻一非上祥。唯有通流二攝用，其餘不許更商量。

十五前三者，謂非敷奉微第三等爲切，韻逢諸母第一，並切第三輕唇音字，是前三門。唯許通流二攝，故曰『輕逢後一就輕聲』。如逢貢切俸字，縛牟切浮字，之類是也。

封 封公切疊韻前三門

謀 謀侯切疊韻前三門

逢 扶紅切前三門

缶 方口切前三門

圖二十三　後一門

十五後一者，謂幫滂並明第一等爲切，韻逢諸母第三，却切第一等重唇音字，是後一門。如莫六切木字，莫浮切牟字，之類是也。

前三後一門例

前三後一門，韻至自然分。
唯有東尤下，與常俱不群。
蓬浮權作式，剖鳳塹爲鄰。
記取流龍内，吾儕仔細論。

十五後一門 有疊韻無雙聲 無開合

幫滂並明

取切出字

行韻　行韻　行韻　行韻　行韻　行韻

蓬 蒲龍切後一門

木 木曲切疊韻後一門

剖 普柳切後一門

蒙 莫龍切後一門

附：《字學元元》『格子門』『補足諸門法』之『前三門』

圖三十四　前三門

前三

前三者，謂脣音非三等也。通流二攝中，非敷奉微第三等字爲切，韻逢諸母第一等，却不切重脣，而仍切第三等輕脣字，故名前三。此蓋輕不互重，玄關歌中所謂『輕逢後一就輕聲』也。

馮貢切鳳　縛牟切浮

扶紅切逢　方口切缶（俱前三）

封公切封

謀侯切謀（俱疊韻前三）

從切無雙聲，獨韻無開合。

前三門

		非敷奉微			
行韻	行韻	行韻	行韻	行韻	行韻
		取出切字			

附：《字學元元》『格子門』『補足諸門法』之『後一門』

圖三十五　後一門

後一

後一者，謂脣音幫一等也。通流二攝，幫滂並明第一等爲切，韻逢諸母第三，却不切輕脣，而仍切第一等重脣字，故名後一。前前三輕不互重，此後一乃重不互輕，玄關歌中所謂『重遇前三隨重體』，是也。

莫六切木　莫浮切謀

蒲龍切蓬　蒲柳切部（俱後一）

木曲切木（叠韻後一）

從切無雙聲，獨韻無開合。

後一門

		幫滂並明			
		取切出字			
行韻	行韻	行韻	行韻	行韻	行韻

《續通志·七音略》『門法圖』

圖二十二　前三門

十五前三門					
		行韻			
		行韻			
	非敷奉微	行韻		取出切字	
		行韻			
		行韻			
		行韻			

圖二十三　後一門

十五後一門

			幫滂並明		
			取出切字		
行韻	行韻	行韻	行韻	行韻	行韻

董同龢《等韻門法通釋》

前三後一——這是『輕重交互門』的例外，指東尤的脣次濁音，不隨其他的脣音變輕重脣而言①。

第十六節　三二精照寄正音和門

《直指玉鑰匙門法》

十六　三二精照寄正音和者，謂照穿床審禪第二等爲切謂照等中爲第二，即四等中第三也，韻逢諸母第一，並切照一等字謂照等中爲第一，即四等中第二也。故曰：切三韻二不離初，精照昭然真可信。或曰：斯精照者僞也。答云：精謂精而不雜，照謂照而不參，故所謂精照也。曷言僞焉。如充山切獮字，州戛切札字，之類是也。

---

① 參見下文所引《等韻門法通釋》「玄關歌訣」「脣音」部分的討論。

《字學大全》本《經史正音切韻指南》門法指掌圖

十六　三二精照寄正音和門，謂照等二排出切，韻行諸母二排，却切照一等字也。照一即二，照二即三等也。

外立二法：如充山切獮字，州戛切札字之類也。

《切字釋疑》

十六　三二精照寄正音和者，謂照穿牀審審第二等爲切謂照等中爲第二，即四等中第三也，韻逢諸母第二，並切照一等字謂照等中爲第一，即四等中第三也。故曰：切三韻二不離初，精照昭然真可信。如衡山切獮字、周鷊切札字之類是也。

寄正者，謂齒乙、丙出格，而乙横格行韻也。衡山切獮，乃齒乙之二，剗之啌平聲也，今用刹山切。周鷊一作周戛切札，此正音和。

《切字圖訣》

十六　三二精照寄正音和門，謂照穿床審禪第二等爲切謂照等第二，即四等中第三也，韻逢諸母第二，並切照一等字謂照等中爲第一，即四等中爲第二也。韻到處，即隨韻切去，名音和。今雖照母二等爲切，却切照一，不離正齒本音，而又屬本切寄韻，故名寄正音和音和者，謂本母正音，不同類隔、交互等音也。歌曰：切三韻二不離初，精照昭然真可信或以精、照二字爲舛。然所云精，謂不離；所云照，謂不昧。非指圖母精、照也。如衡山切獮、周鷊切札字之類是也。

照全等子切第三，韻逢諸母二來參。
照一等中尋正子，是爲精照莫謬談。

寄正音和門第十六

寄正音和者，謂照穿牀審禪第二爲切，韻逢諸母第二，並切照一。

山書閑切① 岑舌岑切

牀食莊切 史設揣切又爲開合門

臣等謹案：憑韻寄切、日寄憑切二門，皆是行韻之字寄在他韻，憑切取之，則仍歸本韻者。此門行韻之等，即取字之等，乃音和門憑韻取字之正法。而云寄正音和者，蓋牙音四母、喉音四母及來母之音和，不拘何等字出切，但憑行韻之等以取字。惟齒音之音和，則精一出切者，行韻亦必一等字，而仍切精一字。此門則照二出切，而行韻則寄之各母二等，即切照一字，故謂之寄。以其所寄爲正齒，故云寄正也。又，此門舊名三二精照寄正音和門，真空《玉鑰匙》注云：『精，謂精而不雜；照，謂照而不參。』是精照爲假設之辭，並非字母之精、照，而故爲迂曲以惑人者，故删之。

① 原文作『書門切』。

《直指捷徑門法》

圖二十四　三二精照寄正音和門

十六三二精照寄正音和者，謂照穿床審禪第二等字爲切（謂照等中爲第二。即四等中第三也），韻逢諸母第二，並切照一等字（謂照等中爲第一。即四等中爲第二也）。故曰『切三韻二不離初，精照昭然真可信』。如衝山切獮字，舟嘉切柤字，之類是也。

寄正音和門例

切三韻二不離初，
寄正音和有若無。
尺絹昌來名寄韻，
充山州戛是元樞。
山床省諍皆爲業，
史撰岑差號祖居。
遺與後昆初學者，
免勞跬步覓規模。

有雙聲有開合　無疊韻

十六三二精照寄正音和門

			照穿床審禪		
行韻	行韻	行韻	取行韻字	行韻	行韻
			出切		

山　書閒切三二精照互用門
床　食莊切寄正音和門
岑　舌岑切雙聲三二精照互用門
史　設揣切開合三二精照互用門

圖二十四　寄正音和門

十六寄正音和門

			行韻		
			行韻		
			行韻		
	照穿狀審禪		取出切字	出切	
			行韻		
			行韻		
			行韻		

董同龢《等韻門法通釋》

寄正音和——章系字照例不見二等韻，而《廣韻》山韻有『獮』字『充山切』。韻圖隨反切下字以『獮』置二等，認作莊系字①。

第十七節　就形門

《直指玉鑰匙門法》

十七　就形門者，謂見溪群疑、幫滂並明、非敷奉微、曉匣影喻，此一十六母第三等爲切，韻逢諸母第一，宜切出第一等字，今詳前後俱無，却切第三。故曰：開合果然無有字，就形必取第三函。如巨寒切鍵字、無鉢切韈②字、無感切鋄字、許戈切鞾字、無可切嚩字之類是也。

---

① 參見下文所引《等韻門法通釋》『玄關歌訣』『齒音』部分的討論。

② 原作『嚩』。

《字學大全》本《經史正音切韻指南》門法指掌圖

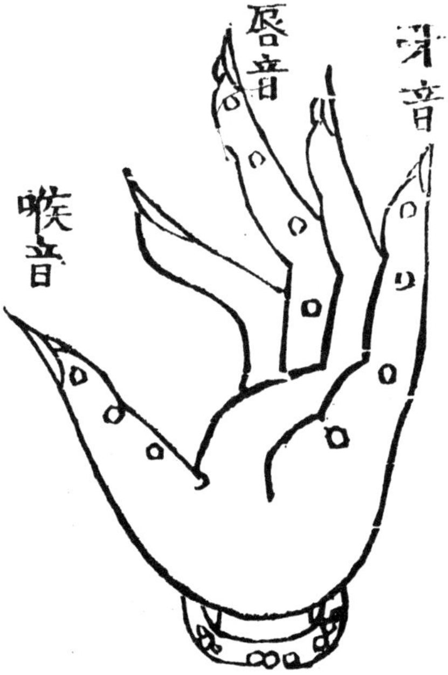

十七　就形門法，謂牙脣喉一十六母三排出切，韻行諸母一排，爲頭等無字，仍切三等也。

外立五法：巨寒切，無鉢切，無感切，許戈切，無可切。

《切字釋疑》

十七　就形門者，謂見溪群疑、幫滂並明、非敷奉微、曉匣影喻，此一十六母第三等爲切，韻逢諸母第一，宜切出第一等字。今詳前後俱無，却切第三。故曰：開合果然無有字，就形必取第三函。如巨寒切乾字、無撥切韈字、無感切鋑字一作鋄、許戈切韡字、無可切嚩字之類是也。

就形門，謂牙脣喉之丙格出切，而甲横格行韻也。巨寒切乾，一本作揵。按，乾字，孫作渠焉切，喬、伽、强、藥，皆可切乾。何得曰無字乎？無撥切韈、許戈切韡，乃是恰當音和，若謨感、無可、無敢，則自是梵音，正憑二字音和，不以囀羚之字爲執着也。

又曰，不定就形門，喉丁出切，而喉甲行韻。如耶，余何切；夜，余耶切。此即前喻下憑切之例，而此于喉甲行韻耳。何、賀爲韻，乃梵音以麻轉歌者，余字今用依字爲親切。又不定門，齒乙出切，而牙甲行韻，如沙，竦我切，又楚我切。又不定門，牙丙出切，而牙甲、齒甲行韻，如佉，去佐切；伽，其箇切。不知此偶然取韻耳，取箇可也，取餓亦可，取賀亦可，取過亦可，取籔亦可也。

《切字圖訣》

十七　就形門，謂見溪群疑、邦滂並明、非敷奉微、曉匣影喻，此一十六母牙脣喉第三等爲切，韻逢諸母第一，宜切出第一等字，今前後俱無其字，却切第三，只就三等之形也。歌曰：開合果然無箇字，就形必取第三函。如巨寒切乾、無撥①切韈、無感切錽、許戈切韡、無可切嚩字之類是也。

就形脣牙喉等間，十六母中三上擔。

韻逢諸母一切一，開合俱無却切三。

《續通志·七音略》『門法解』

就形門第十七

就形者，謂見溪郡疑、幫滂並明、非敷奉微、曉匣影喻，此一十六母第三爲切，韻逢諸母第一，開合兩門一等無字，即切本圖第三。

風放空切　渠其徒切

群群魂切　乾巨寒切

臣等謹案：此門在見溪郡疑、曉匣影喻八母，俱爲音和；在幫滂並明四母，則爲三一

① 原作『發』。

音和此門係《字學元元》新立；在非敷奉微，則爲輕重交互。因所取之字本圖無字，則用開合門法取之互韻。而互韻亦無所取之字，是開合兩門俱無字，而開合門法亦有所不行也，故又用此就形門法以御之。此門係《指掌圖》所立，原名就形音和。蓋音和本當憑韻，開合兩門韻無其字，則就本門而變爲憑切也。今祇名就形，以別於音和諸門之憑韻者。

圖二十五　就形門

十七就形者，謂見溪群疑，幫滂並明，非敷奉微，曉匣影喻，此一十六母第三爲切，韻逢諸母第一，却切第三。如巨寒切乾字，無撥切韈字，無感切鍐字，許鍋切靴字，無可切嚩字，之類是也。

就形門例

脣牙喉起等中三，
落一無形絕指南。
麻里許戈真可遯，
月中無鉢自包含。
渠喬遠〇極群權，
興瞞風王共錦鈐。
通宕曾深流遇效，
學人須使用心叅。

渠 其徒切就形門

群 群魂切疊韻就形門

遠 于旱切開合就形門

十七就形門 有開合 有疊韻 無雙聲

見溪群疑		行韻		取出切字	
		行韻			
幫滂並明	非敷奉微	行韻		取出切字	
		行韻			
曉匣影喻		行韻		取出切字	
		行韻			

脣牙喉切四中三，韻值諸音一上叅。開合不管有無字，就形必取第三函。

附：《字學元元》『格子門』『音和門』之『就形音和門』

圖十六　就形音和門

就形音和門

见溪群疑		行韻		取切出字	
		行韻			
帮滂並明	非敷奉微	行韻		取切出字	
		行韻			
晓匣影喻		行韻		取切出字	
		行韻			

就形

就形音和者，謂脣牙喉下十六母，第三等爲切，韻逢諸母第一，本母一等無字可切，却切第三，所謂『就形必取第三函也』。

巨寒切乾　無感切錽

許鍋切靴　其徒切渠

無撥切襪　放空切風 俱就形

群魂切群 疊韻就形

于旱切遠 開合就形

此門不從韻，無雙聲，乃司馬公所立也。

圖二十五　就形門

十七就形門					
	見溪群疑		行韻		取切出字
			行韻		
	幫滂並明	非敷奉微	行韻		取切出字
			行韻		
	曉匣影喻		行韻		取切出字
			行韻		

董同龢《等韻門法通釋》

就形——『靴』是三等字，而韻書『許戈切』；『鳳』是三等字，韻書也以『馮貢』爲切。脣牙喉音的反切上字，照例是三等韻與一二四等韻有别。『許』與『馮』都屬前者，與一等的『戈』與『貢』配也是特例。用這些例外的切語，下字的等第就不足爲憑，而上字倒可供參考。

『靴』字『許戈切』與『就形』門法

《廣韻》戈韻『靴』字『許戈切』。依反切通例，曉母的『許』字不與一等韻字相切，而此處『戈』字却是一等字。在現代方言裏，『靴』字總是讀同三等音的。所以『許戈切』的『戈』字無疑是借用而與實際不合的。韻圖既以『靴』入三等，就跟他的反切下字『戈』得不到『音和』的關係。

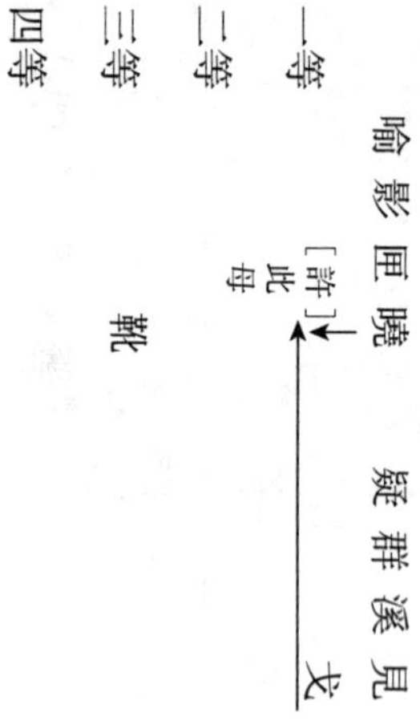

這個現象是『玉鑰匙』以前的門法沒有提到的。真空有『就形』門云：

就形者：謂見溪群疑、幫滂並明、非敷奉微、曉匣影喻此一十六母字第三等爲切，韻逢諸母第一，宜切出第一等字。今詳前後俱無，却切第三。故曰：開合果然無字，就形必取第二函。如巨寒切楗字、無金鉢切嚩字、無感切鍰字、許戈切靴字之類是也。

我們要注意，這裏前三個例子是不可靠的。韻書中與『靴』字『許戈切』相似的例子極少。除『寄韻憑切』與『日寄憑切』所云，據個人所知，送韻還有『鳳』字『憑貢切』一個。韻圖『鳳』在三等而『貢』在一等。

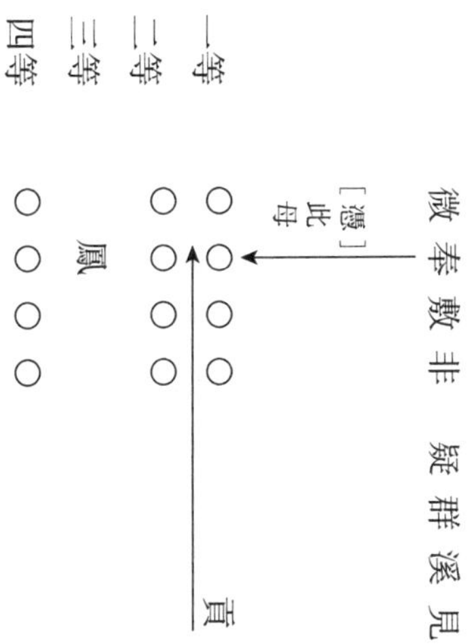

門法並不是不知道這個例，却以之誤入『前三後一門』。（參看下文二九九頁）①海韻又有『佁』字『夷在切』，喻母例無一等音，照理想，他當與上述『茝、疠』等同韻母，而以屬喻母的關係爲此門現象之一。但是韻圖都一致把他排在一等，就是跟『在』字同行了。（此字是否一等音當然是問題，門法從韻圖立言，既同行便是『音和』）《續七音略》『就形門』文字與真空同，惟舉例完全無據。

第十八節　創立音和切門

《直指玉鑰匙門法》

十八　創立音和者，謂見溪群疑、幫滂並明、曉匣影，此一十一母爲切，韻逢僞狹攝内諸母第三，當切出第三等字，今詳推開合俱無，却切第四。故曰：詳推本眼無斯字，創立須歸四上謀。如莫者切咩字、毘兩切驪字、眉鳩切繆字之類是也。

① 見本書《等韻門法通釋》『玄關歌訣』『脣音』部分的討論。

《字學大全》本《經史正音切韻指南》門法指掌圖

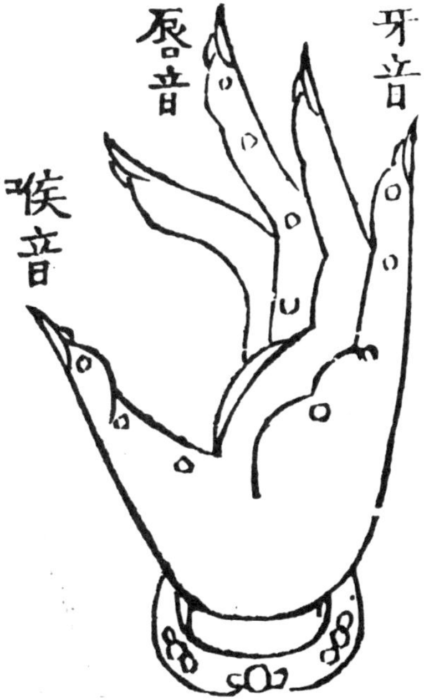

十八　創立音和門，謂牙脣曉匣影一十一母出切，韻至傓狹攝内諸母三排。三等無字，却切第四等字也。

外立三法：莫者切，毘兩切，眉鳩切。

《切字釋疑》

十八　創立音和者，謂見溪群疑、幫滂並明、曉匣影，此一十一母爲切，韻逢傓狹攝内諸母第三，當切出第三等字。今詳推開合俱無，却切第四。故曰：詳推本眼無斯字，創立須歸四上謀。如莫者切乜字、毘兩切驃字之類是也。

無處非音和，又何名創立耶？彼謂牙脣喉之甲、乙、丙、丁出切，而惟於丙横六格行韻也，乜字今用民者切。

《切字圖訣》

十八　**剏立音和門**，謂見溪群疑、邦滂並明、曉匣影，此十一母牙音重脣爲切，韻逢偈狹攝内諸母第三，當切出第三等字，今開合俱無其字，却切第四。歌曰：詳推本眼無斯字，創立須歸四上謀。蓋見邦曉來居四等韻，雖屬三切，却歸四，不離本音之位，亦是音和。然此法乃屬剏立，故名剏立音和。如莫者切乜、毘兩切驃、糜鳩切繆字之類是也。

牙全曉匣影邦全，十一母中偈狹玄。

韻逢三等三中切，開合俱無四上研。

創立音和門第十八

創立音和者，謂見溪郡疑、幫滂並明、曉匣影，此一十一母一、二、三、四爲切，行韻在偈狹攝内諸母第三，開合兩門三等無字，即切本圖第四。

繆眉鳩切　乜莫者切

驪毘往切　哶彌闍切

臣等謹案：此門在牙音四母、曉匣影三母下出切，則爲音和；幫滂並明下出切，則爲重輕交互。偈狹攝内開合兩門無字，則用此法以御之。蓋韻行第三，宜切出三等字，而開合無字，則韻不可憑。若轉而憑切，則一、二、三、四皆可出切，不能盡限以四等也。今以三等無字，而不論何等出切，直取四等字，是又不得謂之憑切矣。又諸母出切，韻逢來、日、知、照三等，頗與通廣門相似，而不得相犯者，彼是通廣攝内行韻，此是偈狹攝内行韻，自不得相犯也。此門係韓道昭所立，專以第四等取字，故《指南》諸書謂之『昌黎剏立四等音和門』。

《直指捷徑門法》

圖二十六　創立音和門

十八創立音和者，謂見溪群疑，幫滂並明，曉匣影，此一十一母一二三四爲切，韻逢偈狹攝內諸母第三。却切第四。如莫者切乜字，皮兩切驃字，眉鳩切繆字，之類是也。

驃 毘往切開合創立音和門

哶 彌閣切創立音和門

創立音和門例

唇牙喉下起根基，
偈狹三排細審推。
本眼果然無有字，
創安直往四中移。
韻中毘往君須記，
篇內眉鳩是汝規。
驃歌也繆休擬議，
驃嫌哶協莫生疑。

十八創立音和門 有開合有疊韻 無雙聲

見溪群疑		出切	出切	出切行韻	出切取字
				行韻	
幫滂並明		出切	出切	出切行韻	出切取字
				行韻	
曉匣影喻		出切	出切	出切行韻	出切取字
				行韻	

出切見幫共淺喉，韻逢三假宕咸流。
詳推偈狹攝內字，創立需歸四上謀。

附：《字學元元》『格子門』『音和門』之『創立音和門』

圖十五　創立音和門

創立音和門					
見溪群疑		出切	出切	出切行韻	出切取字
				行韻	
帮滂並明	非敷奉微	出切	出切	出切行韻	出切取字
				行韻	
曉匣影喻		出切	出切	出切行韻	出切取字
				行韻	

創立

創立音和者，謂假宕咸流四攝中，牙與脣及曉匣影十一母，一二三四爲切，韻逢諸母第三，而三等無字，切歸第四。蓋離三而創求四，所謂『創立須當四上謀也』。

莫者切乜　眉鳩切繆

皮兩切驃　必周切彪（俱創立）

彌揺切哶（開合創立）

此門似偈狹不定，而其實不同，乃韓昌黎所立也。

《續通志·七音略》『門法圖』

圖二十六　創立音和門

十八創立音和門

見溪群疑		出切	出切	出切行韻	出切取字
				行韻	
幫滂並明		出切	出切	出切行韻	出切取字
				行韻	
曉匣影喻		出切	出切	出切行韻	出切取字
				行韻	

董同龢《等韻門法通釋》

㓗立音和——養韻有『驃』字，音『毗養切』，而實不與本韻其他各字同韻類。韻圖以置四等，因與偈狹門法所云不合。《五音集韻》在養韻所增『䬲』字爲泥母四等音，乃改『驃』爲『毗䬲切』，使與『䬲』互相爲切，獨成一類爲音和。

『乜驃』諸字與『㓗立音和』門法

鍾、陽諸韻的脣牙喉音韻圖全列於三等，即便他們有用在四等的精系、喻母字作反切下字的，所切之字也應在三等。這是『偈狹』門法特別提出的現象。但在《等子》與《指南》，韻書上『毗養切』的『驃』字與『彌也切』的『乜』字，却又不在三等而在四等，就恰恰跟『偈狹』的規定相反。

考『乜、驃』與其同類的字在《廣韻》以前的韻書中都没有；《韻鏡》與《通志·七音略》也都未見。到『玉鑰匙』爲止，門法也没有提到他們的，大概就是這種跟『偈狹』不合的現象根本還没有產生。《等子》與《指南》的最早根據在《廣韻》。兩字都是蕃姓，爲外來借音無疑。又有『乜』的平聲字『哶』，見《集韻》，音『彌嗟切』，訓雲南城名，亦當爲借字。我想，養韻是輕脣音的範圍，又適無奉母，《等子》與《指南》不以『驃』入三等，恐怕這個字並非輕脣。麻三等韻本來是没有脣音字的；把『咩』與『乜』置於三等，也與原來的系統不合。他們的地位究應如何，倒很值得推敲。

從門法的立場説，『𩧍』與『養』，『乜』與『也』以及『咩』與『嗟』既同在四等，自然得到『音和』的關係。現在特別提出來，只是又與『偏狹』衝突的緣故。第一個見到這一點的可以説是韓道昭，《五音集韻》養韻『飬』字注云：

昌黎子爲並母之下有『毗養切』第四等之字，違其『偏狹』門法。故剏安泥母，用『乃𩧍』切『飬』，爲第四音和。却用『毗飬』切『𩧍』，亦是第四音和。此二字遞互相切，不違門法也。

照他這一改，『𩧍』與『飬』就自成一個韻母，可以稱作『陽四等』。不過麻韻『咩』，他却没有跟上文説過的『爹』字也如此聯一下，未知何故。

真空設『剏立音和』一門，是緣《五音集韻》此注而起。《篇韻貫珠集》有『效昌黎剏立四等音和』一條，其注首云：

其模範者乃昌黎子所述也。……

又有歌訣曰：

脣牙喉下起根基。偏狹三排細審推。本眼果然無有字。剏安直往四上移。

語雖含混，尚可見原意。不過在門法裏，却是另外一種精神了。門法云：

刱立音和者：謂見溪群疑幫滂並明曉匣影此一十一母爲切，韻逢偈狹攝内第三，當切出第三等字，今詳推開合俱無，却切第四。故曰：詳推本眼無斯字，刱立須歸四上謀。如英者切哶字、毘兩切驫字、眉鳩切繆字之類是也。

按「偈狹」所指是鍾、陽諸韻脣牙喉音用精、喻母字（韻圖置四等）作反切下字的情形而言。此云「韻逢偈狹攝内第三」，明明不對。看他的例字，除「驫」的音切無據，「哶」與「繆」也只出於《五音集韻》。「哶」在《集韻》上聲又與「乜」同音，注「彌野切」，猶與《廣韻》的「彌也切」無異。《五音集韻》改「也、野」爲「者」在反切系統並無問題，不過在韻圖因「者」在三等而所切的「哶」在四等，就不合「音和」以及其他任何門法了。「繆」與「鳩」在《集韻》及其以前都不同韻，他們所屬的幽韻與尤韻韻圖也分列四等與三等不混。《五音集韻》併尤與幽爲一，於牙喉音仍不改其切語，只有幽韻的脣音字却改用尤韻字爲反切下字。在他本身，因尤韻本無重脣，仍不衝突。但從韻圖看，「鳩」在三等而「繆」在四等，也發生如「哶」字「莫者切」的問題。所以我們可以説真空門法的「刱立音和門」是爲《五音集韻》這一類的反切而立，實際上跟「偈狹」門並無關係。他緣《五音集韻》論「驫」字而立此門，却説了另一樁事。改「驫」字的「毘養」與「毘飬」兩切爲「毘兩」，只不過是適應他的新條件。《續七音略》此門與真空略同。

第十九節　開合門

《直指玉鑰匙門法》

十九　開合者，謂見溪群疑，乃至來日，共三十六母爲切，韻逢各母本排，只是音和。本眼如無，却切開合。故曰：唯有開合一門，絶無憑據，直須於開合兩處韻中較訂，始見分明。如居縛切钁字、蒲干切槃字、俱萬切建字、下没切紇字之類是也。

《字學大全》本《經史正音切韻指南》門法指掌圖

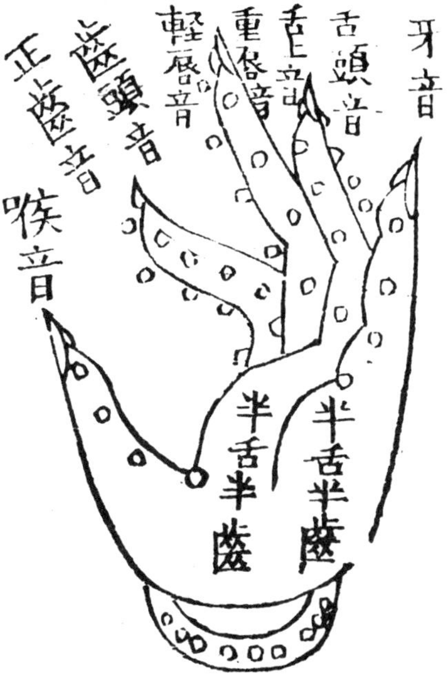

十九　開合門法，謂見等三十六母出切，韻行各母本排，只是音和。如本攝無字，却切開合也。

外立四法，居縛切，蒲干切，俱萬切，下没切。

《切字釋疑》

十九　開合者，謂見溪群疑，乃至來日，共三十六母爲切，韻逢各母本排，只是音和。本眼如無，却切開合。故曰：唯有開合一門，絶無憑據，直須於開合兩處韻中較定，始見分明。如居縛切矍字、酺干切槃字、居萬切建字、下没切麧字之類是也。

此謂諸格皆可出切、行韻也。嗟乎！再三展轉，不得其説，用此補救之，不知愈不能掩前之紐捏矣。何以一切也？應用前諸門法者，而大半用此門乎？蓋彼所謂開合，乃各一時方言之開合，非今日自然之開合也？又無例、無注以狀之，將欲以開切合，以合切開乎？何如我之以開叶開，合叶合之爲準而易曉也。又不知作此法者之所謂開合，已與沈、孫之所謂開合又不一矣。推此中之因，有以切開合者，有以韻轉而開合變者。如該、皆、圭、雞同攝，今則判然不同。家麻、車①遮、歌戈、氊刪、陳田、侵覃之類，古今時代一一自别，故吾急急定今之開合。今之開合明，然後可執此以論古人之異也。今有一輪之大開合，有一韻之開合，有一切之開合，有一聲之開合，别詳論之。其曰音和，本眼如無，却切開合。夫此韻對母之字則無，而他韻豈盡無乎？不另换韻尋切脚，而求開合，此所以拘也。須知他韻開合同母，即是同類。

① 原文作「連」。

《切韻圖訣》

十九　開合門，謂見溪群疑，至末來日，共三十六母爲切，韻逢各母本排，只是音和。本眼如無其字，却切開合。謂開口音切合口字，合口音切開口字。歌曰：開合絶無憑據，等中横竪推尋。如下没切紇，酺干切槃字，之類是也。

三十六母切如何，本排韻到見音和。
本眼若然無箇字，開合門中較錯訛。

《續通志·七音略》『門法解』

開合門第十九

開合者，謂見溪郡疑至來日三十六母爲切，韻逢各母本圖本排無字，即切互韻。

榮王平切　　王雨方切

槃蒲干切　　建俱萬切

臣等謹案：韻逢各母本排，如蒲干切槃，一等出切，而行韻即在一等；王平切榮，三等出切，而行韻即在三等之類。切、韻同等，皆音和也，宜以切、韻同等之字切之，而本圖無字，則開門切合，合門切開以取之。舊圖列路往切兩一例，路出切，係一等字；往行韻，係三等字。雖係來母下音和，而與韻逢各母本排之例不符。蓋各門法遇本圖無字者，便用開合門取之。如就形門、創立音和二門，是以開合無字而變，則凡就形、創立音和二門所有出切行韻之字，本圖有字，即以本圖之字切之，可知矣。不必盡拘於切、韻同等之字也。此門切法専爲互韻具開合兩呼者而立，若獨韻，則不用此門矣。雖呼有開合之異，分爲兩圖，而兩圖原同一韻，不爲差謬也。

十九開合者，謂見溪群疑，乃至來日，共三十六母爲切，韻逢各母本排，只是音和。直須於開合兩處韻中較訂，始見分明。如居縛切⿰亻矍字，蒲干切盤字，居萬切建字，下沒切紇字，之類是也。

西江月

合絕無憑據擬，等中橫竪推尋。九句之內若堅心。經史自然真。

正榮胤王槃⿱艹兄籰，建幫肥紇雲侵。如斯式樣最功深。萬兩黃金直甚。

圖二十七　開合門

十九開合門

見溪群疑		郭 居博切 開合門	末 莫達切 開合門	旬 徐寅切 開合門	宏 户萌切 開合門
端透定泥	知徹澄孃	史 山揣切 開合門	胤 陽俊切 開合門	榮 王平切 開合門	肥 烏伽切 開合門
幫滂並明	非敷奉微	王 于芳切 開合門	紇 下沒切 開合門	門 莫痕切 開合門	韻 于鎮切 開合門
精清從心邪	照穿床審禪	不 博紇切 開合門	憑 皮眩切 開合門	正 之詠切 開合門	⿱艹兄 許警切 開合門
曉匣影喻		雲 于真切 開合門	識 商域切 開合門	直 除域切 開合門	兩 路往切 開合門
來日		郎 力光切 開合門	亮 林旺切 開合門	芮 人例切 開合門	蓮 領玄切 開合門

開合十九門，與常俱不群。
唯有兩張用，獨韻不須論。

附：《字學元元》「格子門」「補足諸門法門」之「開切門」「合切門」

圖三十六　開切門

開切門	開口攝	出行取字切韻
	合口攝	出切

開切

開切者，謂止蟹臻山果假宕曾梗八攝，不拘諸母下作切，但韻逢開口攝中，卽切開口字。然惟從其韻之開，不問其出切之開與否也。此一定之例。作指南者言開無憑據，而予謂其不然者，以此。

古痕切根　落干切闌 開切一

步皆切排　所安切剛 開切二

呂張切梁　陟离切知 開切三

相然切仙　徐盈切錫 開切四

圖三十七　合切門

合切

合切者，亦謂止蟹臻山果假宕曾梗八攝，不拘諸母下作切，但韻逢合口攝中，即切合口字。然惟從其韻之合，不問其出切之合否也。此亦一定之例，作指南者言合無憑據，而予亦謂其不然者，以此。

普官切潘　　祖昆切尊　合切一

户媧切懷　　符非切肥　合切二

巨員切拳　　巨王切狂　合切三

余騂切營　　居攜切圭　合切四

合切門	合口攝	開口攝	
	出切行韻取字	出切	

《續通志·七音略》「門法圖」

圖二十七　開合門

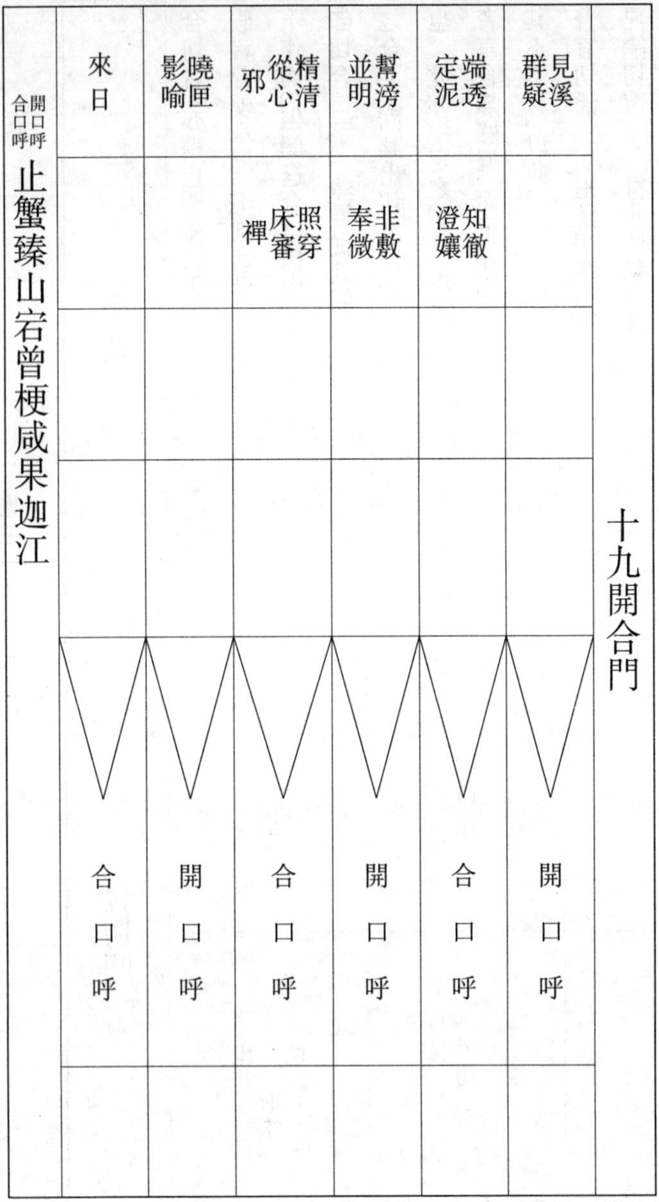

見溪 群疑	端透 定泥	幫滂 並明	精清 從心 邪	曉匣 影喻	來 日	開口呼 合口呼
	知徹 澄孃	非敷 奉微	照穿 床審 禪			止蟹臻山宕曾梗咸果迦江
開口呼	合口呼	開口呼	合口呼	開口呼	合口呼	

董同龢《等韻門法通釋》

開合——韻書中有一些切語是下字的開合口跟所切之字不對的。用那些切語到韻圖上找字，在下字所在的圖中自然不會有所切之字，要到相當的開口或合口圖中才有。

開合不定的反切與『開合』門法

關於開合的分別，中古韻書的反切大體上還表現得清楚，只是牽涉到脣音字時才略有淆混的地方。這一點前賢已多論列，無容再贅。韻圖對脣音字的處置大家雖也不能一致。但就某一韻說，歸開則全歸開，歸合則全歸合，誰都不再有開合分見的事了。因爲如此，拿原來的切語對照起來，就有兩種在本圖找不到字的可能：

（一）當一個脣音字以別一種音的字作反切下字，而他們分居開合兩圖之時——如『慢』字《廣韻》『謨晏切』，各圖『慢』都在合口圖，而『晏』是開口字，當然在開口圖中；

（二）當別一種音的字用脣音字作反切下字而他們也不在一圖之時——如『紇』字『下没切』，『紇』是開口音，但各圖均以『没』入合口圖。

所以真空有『開合』一門論此事云：

開合者：謂見溪群疑乃至來日三十六母爲切，韻逢各母本排，只是音和；本眼如無却切開合。故曰：唯有開合一門絶無憑據，直須於開合兩處韻中較訂，始見分明。如居縛切钁字、蒲干切槃字、俱萬切建字、下没切紇字之類是也。

我們曾説真空此門出於《指南》卷末的「辨開合不倫」一條。劉鑒何不把他編入「玉鑰匙」，也作門法呢？細想上文所述「音和」的意思，我們大概可以猜得出來。這些字雖然跟反切下字不在一圖，但是聲母等第都没有問題。「音和」的條件只規定爲「同母同等」，却没有説同圖，不是嗎？

「玉鑰匙」以前，《指掌圖》有「辨獨韻與開合韻例」，所云與此大意相同。總二十圖，前六圖係獨韻，應所切字不出本圖之内。其後十四圖係開合韻，所切字多互見。如眉箭切面字，其「面」字合在第七干字圖内明字母下，今乃在第八官字圖内明字母下。蓋官與干二韻相爲開合，他皆倣此。

《續七音略》此門與真空略同，只是例字無一可靠的。真空的「蒲干切槃」與「俱萬切建」雖見《指南》，亦爲韻書所無。

這一項事例與脣音字有關，而自《指掌圖》以降，從未言明此意。所以《篇韻貫珠集》與《續七音略》就連其他各種字都亂造出開合不同的反切來。

第二十節　通廣侷狹門

《直指玉鑰匙門法》

二十　通廣侷狹者，謂來母下第三等爲切，韻逢精清從心邪、喻母第四，並切第三。故曰：廣通侷狹憑三等，四位相通理不訛。如力小切繚字，是廣門；力遂切類字，是通門；良蔣切兩字，是侷門；力鹽切廉字，是狹門。以上四字之類是也，餘例皆斆于斯耳。

《字學大全》本《經史正音切韻指南》門法指掌圖

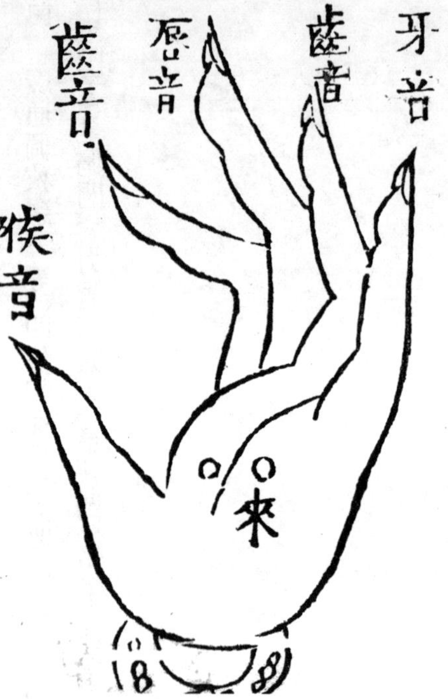

二十　通廣侷狹門法，謂來母三排出切，韻行精等喻母四排，仍切三等也。

外立四法：力小切繚，廣門；力遂切類，通門；良蔣切兩，侷門；力研切廉狹門。　指掌終

《切字辨疑》

二十　通廣侷狹者，諸來母下第三等爲切，韻逢精清從心邪、喻母第四，並切第三。故曰：廣通侷狹憑三切，四位相通理不訛。如力小切繚字，是廣門；力遂切類字，是通門；良獎

切兩字，是偈門，力鹽切廉字，是狹門，之類是也。

此謂來母之丙出切，而齒丁、喉丁行韻也。如力小切繚，爲廣門；力遂切類，爲通門；良獎切兩，爲偈門；力鹽切廉，爲狹門。此乃以韻分通廣偈狹耳，何不一句道破，而作此葛藤乎？俱是音和，但力遂切類，類粗、力細，不如來遂切爲確。若推沈孫之韻讀法，與今全異，如存於今，而陳氏分之者。中原江陽韻皆開口也，而陽韻中分唐、光。唐爲大開口，則光爲合口，非合也，半開口而略以脣偈之耳。如一東寬呼，二冬之冬則撮口，今天下亦混之矣。此皆推原音路，細分應當如此。而考之沈韻，細處又復不合，則當時所讀不同。吾故曰音有定而字無定，前人隨習填入，後人據爲典要。顧欲以今日之音，讀前人現成填入之譜，孰知其誤與不誤，而又遷就之，安知不圓鑿方枘乎？

《切字圖訣》

二十　**通廣偈狹門**，謂通、廣、偈、狹四門單來母下，第三等爲切，韻逢精清從心邪、喻母第四，並切第三。歌曰：通廣偈狹憑三等，四位相通理不訛。如力小切繚廣門、力遂切類通門、良獎切兩偈門、力鹽切廉狹門字之類是也。

通廣偈狹如何説，單單來母下三切。
韻逢精全及喻四，切亦歸三無變節。

《續通志·七音略》「門法解」

小通廣偈狹門第二十

小通廣偈狹者，來母下第三等爲切，韻逢精清從心邪、喻母第四，並切第三。

繚力小切廣門　藾力遂切通門

兩良蔣切偈門　廉力鹽切狹門

臣等謹案：此門專爲來三遇精雙喻四行韻者而立。云通廣偈狹，則十六攝中惟江果二攝不與矣。此一門行韻之等，全與偈狹門同，若於偈狹門出切，十五母之外再加一來母第三，共十六母出切，則此小偈狹門可省。然不能以之該行韻在通廣攝内之精雙喻四者，故又别出此門也。

圖二十八　小通廣侷狹門

二十小廣通侷狹門						來
						取切出字
			行韻	行韻		

廣通侷狹憑三等，四位相同理不訛。
玄妙欲求端的處，五音該盡更無過。

二十小通廣侷狹者，謂來母下第三等爲切，韻逢精清從心邪喻母第四，並切第三。故曰『廣通侷狹憑三等，四位相通理不訛』。如力小切繚字，是廣門；力遂切藾字，是通門；良蔣切兩字，是侷門；力鹽切廉字，是狹門。以上四字之類，是也。

伶 利辟切是開合廣門

李 里子切疊韻小通門

龍 力容切小侷門

林 立尋切小狹門

《續通志・七音略》『門法圖』

圖二十八　小通廣侷狹門

						來	
二十小通廣侷狹門							
						出切取字	
				行韻	行韻		

通廣侷狹——三等韻的來母字韻圖列三等，而同韻中却有些字列四等，遇來母字用那些字作反切下字時，就不能從下字所在的四等找得所切之字，而當在三等。

來母字與真空的『通廣侷狹』門法

跟知系字情況相同的還有章系字（或稱照三等）、來母字與日母字。章系字與日母字又牽涉到幾個特殊的切語，門法就把他們併到『寄韻憑切』與『日寄憑切』兩門去説，已見上文二七五——二七九頁。至於來母字，『玉鑰匙』以前的門法都没有提到，劉鑒在『玄關歌訣』中才指出他跟精系以及喻母字不是音和的關係①。真空則是根據劉氏另立一門，並與以『通廣侷狹』的名字。《續七音略》因與『通廣』以及『侷狹』兩門易混，又在前面加上一個『小』字。

三等韻來母字用精系或喻母字作反切下字的，可如《廣韻》至韻『類』字『力遂切』與鹽韻『廉』字『力鹽切』。他們在韻圖上的關係如下：

---

① 原文『注三三二』：原文的解説見下文。

一等	來……邪	心	從	清	精
二等	「力」此母				
三等	類				
四等	遂				

一等	來	喻	匣	曉	影
二等	「力」此母				
三等	廉				
四等	鹽				

真空云：

通廣侷狹者：謂來母下第三等爲切，韻逢精清從心邪喻第四，並切第三……①

指明此非『音和』。言來母下第三等者，韻書三等韻來母的反切上字大致與一、二、四等韻不混。單言喻而不從『窠切』門言『影、喻』者，『廣通』諸韻來母字在韻書中没有，而喻母以外的脣牙喉音字作反切下字的實例。

《續七音略》此門與真空無異，末言此門與『侷狹』同一性質，非是。此門與『窠切』及『寄韻憑切』等包括的韻範圍廣，『侷狹』則小得多，看下文便知。

① 原文『注三四』：下略數句與『玄關歌訣』全同，看下文。

同前一音和門各法不定

内 奴對切音和門	自 自恣切疊韻音和門	喉 侯頭切疊韻音和門	下 胡下切雙声音和門
後 胡叩切音和門	有 于有切雙聲音和門	通 他公切音和門	斯 西茲切音和門
後 厚後切雙聲音和門	黄 胡光切音	學 户覺切音和門	勞 力勞切雙聲音和門
模 莫胡切音和門	落 郎各切音和門	含 胡南切音和門	合 胡合切音和門

權將此法示後學，後賢有疑重改更。

梵音切身就形二例

皤 白伽切皤字不定音和門乃廣韻切腳也	皤 皮靴切
佉 去佐切梵音不定就形門	伽 其箇切其可切是梵音不定就形門出有字函第二
他 丑加敕嫁二切亦是不定内隔門出孔雀尊經	邪 似加切是不定振救門出孔雀尊經
謗 如補況切是梵音不定後一門	耶 餘何切不定就形門
夜 餘賀切不定就形門	沙 疏我切不定就形門

附：《字學元元》『格子門』『補足諸門法門』

圖三十八　清切門

清切

清切者，謂見溪，端透，知徹，幫滂，非敷，精清心，照穿審，曉影，十八清母爲切，雖韻逢濁母下，亦切清母字。蓋清從其母，必不以韻濁者。前二門開合從韻，此二門清濁從母，音和之正法也。

古紅切公　居炎切兼　牙清切

陟良切張　德紅切東　舌清切

必渾切奔　芳湍切蕃　脣清切

止遙切招　作滕切增　齒清切

虎頭切齁　烏含切庵　喉清切

清切門

見溪 群疑		清　濁	出切 行韻	取字
端透 定泥	知徹 澄孃	清　濁	出切 行韻	取字
幫滂 並明	非敷 奉微	清　濁	出切 行韻	取字
精清 從心 邪	照穿 牀審 禪	清　濁	出切 行韻	取字
曉匣 影喻		清　濁	出切 行韻	取字
來日		濁	行韻	

圖三十九　濁切門

濁切

濁切者，謂群疑，定泥，澄孃，並明，奉微，從邪，床禪，匣喻，來日，十八濁母爲切，韻逢清母下，仍切濁母字。葢濁亦從其切，必不以韻清者。前開合二門，定中尤有不定，此二門則一定者也。

五剛切昂　窘中切窮　牙濁切

徒兼切甜　奴刀切猱　舌濁切

皮冰切憑　無非切微　脣濁切

鉏針切岑　徂公切叢　齒濁切

户鉤切侯　以遮切耶　喉濁切

濁切門

見溪群疑		清　濁	行韻出切	
端透定泥	知徹澄孃	清　濁	行韻出切	取字
幫滂並明	非敷奉微	清　濁	行韻出切	取字
精清從心邪	照穿床審禪	清　濁	行韻出切	取字
曉匣影喻		清　濁	行韻出切	取字
來日		濁	出切	取字

圖四十　雙聲門

雙聲

雙聲者，所取之字與行韻之字同也。作切同于叶聲，故曰雙聲。如和會切會，章灼切灼，行韻以會，而出切者又與會同母之和，行韻以灼，而出切者又與灼同母之章。聲與音會於一處，豈不是切所行韻之字。然此惟憑韻門法，如音和、類隔、輕重、交互、精照、互用者有此切，他門無有也。

雙聲門

牙	舌	脣	齒	喉	日来
寄 居計音和	東 丁東音和	步 扶步交互	三 崽三互用	号 下号音和	勞 力勞音和
墟 丘墟音和	渚 丁渚類隔	本 非本交互	岑 舌岑互用	後 屋後音和	汝 然汝音和
紀 經紀音和	廷 朝廷類隔	分 不分交互	生 書生寄正	合 胡合音和	略 良略音和
疑 危疑音和	躅 躑躅音和	蠻 緍蠻音和	蜍 蟾蜍音和	穢 污穢音和	

圖四十一　疊韻門

疊韻

疊韻者，所取之字，與出切之字同也。以聲音二字同一韻，故曰疊韻。如商量切商，菡萏切菡。出切以商，而韻又逢本攝之量；出切以菡，而韻又逢本攝之萏。音與聲會於一處，却不是切所出切之字。此憑切門法。如音和、窠切、振救、正音憑切、寄韻憑切、喻下憑切、日寄憑切、通廣、侷狹、内外、開合諸門，皆有之也。

疊韻門

若 開弱 合獲	虛 侷虛 徐	如 日儒 寄徐	商 寄商 正湯	子 振子 救里	自 音自 和恣
茾 開茾 合移	謀 狹謀 猷	如 日乳 寄唬	章 寄章 正郎	清 振清 救冷	喉 音侯 和頭
裙 就群 形魂	爲 内韋 三師	玄 廣玄 川	有 喻有 覆酒	生 正生 切平	忠 窠中 切容
	牙 外牙 二查	牝 通牝 忍	延 喻延 仰連	山 正山 切干	張 窠張 切揚

圖四十二　通廣不定門

通廣不定

脣牙喉下爲切，韻逢來日知照三等，在通廣門中切及第四。以其四等字廣，故韻三切四本定法也。此不定者，則以切下四等或無字，仍切回第三等。蓋通廣中之偏狹，故謂之不定也。

扶春切汾　五追切危

居知切饑　許淪切熏（俱不定通）

魚專切元　必逞切丙

于贇切穖　卑展切辡（俱不定廣）

通廣不定門					
見溪群疑		出切	出切	取出切字	出切
				取出切字	
幫滂並明	非敷奉微	出切	出切	取出切字	出切
				行韻	
曉匣影喻		出切	出切	取出切字	出切
				行韻	

圖四十三　偈狹不定門

偈狹不定門					
見溪 群疑		出切	出切	出切	取 出切 字
幫滂 並明	非敷 奉微	出切	出切	出切	取 出切 字
					行韻
曉匣 影喻		出切	出切	出切	取 出切 字
					行韻

偈狹不定

脣牙喉下爲切，韻逢精雙喻四，在偈狹門中，切歸第三。以偈狹四等字少，故韻四切三，亦定法也。此不定者，則以切下四等或有字，却可切及第四。蓋又偈狹中之通廣，故謂之不定也。

皮養切餋　奴想切餋（不定偈）

居西切趄　他尋切𥗊

户塩切嫌　米耶切哶（不定狹）

餋𥗊二舌切寄增也

圖四十四　內三不定門

內三不定門

內三不定

內轉門法，牙舌脣喉來日下爲切，韻逢照一，並切第二等字。以內轉各切下，無二等字可切，故切第三，乃定法也。此謂之不定者，或于二等間有一字，則不必切三，而但切二。或三等無字可切，而又無二等，則又切一，皆謂之內轉不定也。

布蓑切陂　户霜切航

胡楂切何　莫揣切美俱內不定

	端透定泥	幫滂並明		曉匣影喻	
	取切出字			取切出字	
		取切出字	行韻		

圖四十五　外二不定門

外二不定門

外二不定
外轉門法，牙舌脣喉來日下爲切，韻逢照一，便切第二等字。以外轉各切下有二等可切，亦定法也。此謂之不定者，或外轉各切下二等無字，亦如內轉，仍切第三，則又不得執切二之常矣，故曰外二不定也。
東臻切珍　許竣切熏
于跧切員　求生切檠
皮莘切貧　力戲切連（俱外不定）

見溪群疑		出切	出切	出切取字	出切
端透定泥		出切	出切	出切取字	出切
幫滂並明		出切	出切	出切取字	出切
			行韻		
曉匣影喻		出切	出切	出切取字	
來日		出切	出切	出切取字	出切

圖四十六　開不定門

開不定門

牙音	舌音	唇音	齒音	喉音	來日
建 居萬切	直 除域切	憑 皮眩切	正 之詠切	侀 陽俊切	郎 力況切
極 其國切	宕 徒桄切	篇 芳川切	識 商域切	紇 下沒切	兩 路往切
翎 渠戈切	寧 女甍切	崩 補肱切	史 山揣切	以 烏出切	讓 忍誑切
昂 魚狂切	張 知狂切	命 眉詠切	舌 食斡切	樣 陽況切	

開不定

止蟹臻山果假宕曾梗八攝，以開口攝中取字，即以開口攝中字行韻，此至定之切也。而又有開不定者，或在合攝行韻，而合攝中本母下無字可切，則切開攝本母下之字。所謂以合切開，開中之不定也，前人謂之開門無憑據。如居萬切建，之類是也。此蓋偶值其乏，故以合切開爾。

合不定門

合不定

止蟹臻山果假宕曾梗八攝，以合口攝中取字，即以合口攝中行韻，此亦至定之切也。此云合不定，或謂在開攝行韻，而開攝中本母下無字可切，則切合攝本母下之字。所謂以開切合，合中之不定也，前人謂之合無憑據。如居博切郭，莫達切末，之類是也。此亦偶值其乏，故以開切合爾。

牙音	舌音	唇音	齒音	喉音	來日
郭 居博切	遯 徒艮切	末 莫達切	旬 徐寅切	宏 户萌切	芮 人例切
矍 居縛切	黁 奴根切	門 莫痕切	盾 舌忍切	肥 烏伽切	爇 如子切
趯 巨閒切	屯 徒恩切	不 博紇切	船 士連切	王 于方切	
蜎 奇典切		盤 蒲干切	啜 上舌切	芫 許警切	

袁子讓《字學元元》格子門法説

袁氏曰：右格子門法，乃後人所作，恐十三門法，讀之難醒，故圖畫以明之。而予爲圖冠一説，以表章其義。十三門之外，其法難盡。故又增衍以補之，亦圖冠一説，以極盡其變。總之令人審切之所出，察韻之所行，因得字之所取，而知其門法之所屬也。學者于此，按圖亦可以索驥，刻舟亦可以求劍。欲得魚得兔者，舍此安筌罤耶？

第四章 『玄關歌訣』匯解

與『門法匯解』部分相同，『「玄關歌訣」匯解』部分，以七音爲序，首先分别彙集《經史正音切韻指南》『總括玉鑰匙玄關歌訣』、《字學元元》『袁氏解玄關七音歌注』以及《切字圖訣》的相關内容，再附董同龢《等韻門法通釋》對劉鑑《經史正音切韻指南》『總括玉鑰匙玄關歌訣』内容的闡述。

第一節 牙音

《經史正音切韻指南》『總括玉鑰匙玄關歌訣』

牙音

切時若用見溪群，四等音和隨韻臻。 臻，至也。此四母下字，隨四等韻去，皆是音和。如古紅切公、古行切庚、豈俱切區、古賢切堅字之類是也。**照類兩中一作韻，** 兩中一，於四等中爲第二也，後皆倣此。**内三外二自名分。** 韻逢兩中一，即分内外，如居霜切姜，是内三門；古雙切江，是外二門。**精雙喻四爲其法，侷狹須歸三上親。** 韻逢精二、喻四，於侷狹門中切第三。如去羊切羌，是侷門；巨臨切鍼是狹門。**來日舌上**

并照二，來、日、舌三、照二，皆是第三等也。**廣通必取四爲真。**韻逢來、日、舌三、照二，於廣通門中，切第四等也。如渠脂切祇，是通門；居正切勁，是廣門。

《字學元元》『袁氏解玄關七音歌注』

牙音

切時若用見溪群，四等音和隨韻臻。照類兩中一作韻，内三外二自名分。精三①喻四爲其法，偪狹須歸三上親。來日舌三并照二，廣通必取四爲真。

袁氏曰：此再申前門法，而獨舉在牙音者。首二句，言音和門之牙切也。牙音見四母，每母全轄四等，無他雜母，故得隨韻之所逢，而皆切本母下之字。如古紅切公，以一等韻切一等字；古行切庚，以二切二；豈俱切區，以三切三；古賢切堅，以四切四。音憑其母，聲從其韻，所謂切隨母得，聲隨韻臻也。

① 『精三』當爲『精雙』。

次二句，言内外門之牙切也。照類兩中一，即照一也。内外門中，韻逢照一，即以三、二分内、外。如居霜切三之姜，是爲内轉；古雙切二之江，是爲外轉也。

又次二句，言侷狹門之牙切也。牙音于侷狹門中，韻逢精雙、喻四，止切第三。如去羊切三之羌，乃是侷門；巨鹽切三之鍼，乃是狹門也。

末二句，言通廣門之牙切也。來，專指來之三等；日，亦止有三等；照二，即齒中三等；舌三，即知三，亦舌中三等也。牙音于通廣門中，韻逢諸母三等，並切第四。如渠脂切四之祇，乃是通門；居正切四之勁，乃是廣門也。此皆門法中牙切例也。

《切字圖訣》

牙音

切時若用見溪群，四等音和隨韻臻臻，至也。此四母下字，隨四等韻去，皆是音和。如古紅切公之類是也。**照類等中一作韻**謂兩中一，於四等中爲第二也，後倣此。**内三外二自分明**韻逢兩中一，即分内外。如居霜切姜字，是内三門；古雙切江，是外二門①。**精雙喻四爲其法，侷狹須歸三上親**韻逢精二、喻四，於

① 釋文「古雙切江」原作「古雙切工」。

偈狹門中切第三。如去羊切羌字，是偈門；巨鹽切鍼字，是狹門。**來日舌三并照二**來、日、舌三、照二，皆是第三等也，**廣韻必取四爲真**韻逢來、日、舌三、照二，便於廣通門中切第四等。如渠脂切祇字，是通門；居正切勁，是廣門也。此以下謂切母下，韻歸某門、某等，須依例切也。

董同龢《等韻門法通釋》

劉鑑的『玄關歌訣』爲總括門法而設。他的作法是以字的五音爲綱目，説某種字遇某種字作反切下字時韻圖上的關係如何，合某門法所云。把他讀通，我們可以從另外一個觀點瞭解門法。又因爲他是門法轉變的樞紐，要明白從真空起何以會跟『玉鑰匙』以前不同，也能在他身上找得根源。原文有注，但還不够清楚。兹逐項疏釋如次：

(一) 牙音

切時若用見溪群，四等音和隨韻臻。（原注：此四母下字，隨四等韻去皆是音和。如古紅切公字、古行切庚字、豈俱切區字、古賢切堅字之類是也。）

此言凡牙音以牙音字爲切者，在四等都是『音和』。注文不够明白，但是我們可以從四個例字看出來。再者，本歌訣的體例本來就是説某音字遇某音字作切便如何，也可見這兩句非如此解釋不可。

真空不明此理，又不知這僅是『音和』的一小部分，乃棄『玉鑰匙』以前的『音和門』而依附此文云：

音和門謂見溪群此四母下謂爲切，隨四等韻去皆是音和。故曰：切時若用見溪群，四等音和隨韻臻。如古紅切公字、古行切庚字、豈俱切區字、古賢切堅字之類是也。

這顯然是個大錯。除見系字之外，別的字又實有『音和』；而且看下面，見系字中就有不是『音和』的。『玄關歌訣』的旨趣在『各門』，所以許多『音和』都略而未言（分見下文）。但劉氏也決不以爲只牙音與其切語是『音和』，歌訣末三段都明言『音和』可證。《續七音略》『音和門』與真空同。又有所謂『四一音和』與『一四音和』者，云：見等二十二母，一等爲切，韻逢諸母四等即切四等；又見等二十二母，四等爲切，韻逢諸母第一即切第一。這更是無中生有的轇轕。即有『音和門』的『隨四等韻去皆是音和』一語，何必顧反切上字的等第呢？其實反切上字在一二四等者均混用。這麽做的話，豈不是還可以立『一二』，『二一』，『二四』，『四二』各種的『音和』嗎？這裏提出見系以外的字，倒可以稍補真空之誤。

照類兩中一作韻，内三外二自名分。（原注『兩中一』於四等中爲第二也。後皆倣此。韻逢兩中一即分内外。如居霜切姜是内三門，古雙切江是外二門）

『照類兩中一』依注意即莊系字。可能以莊系字作反切下字的是二等韻與三等韻的牙音。二等韻的牙音與莊系字爲『音和』，門法又説作『外二』。（看上文論『内外門』段）①三等韻的牙音與莊系字不在一行，可能發生『内』的關係。但韻書無此類實例，『居霜切姜』無據。

精雙喻四爲其法，偈俠須歸三上親。（原注：韻逢精一喻四，於偈狹門中切第三。如去羊切羌是偈門，巨鹽切鍼是狹門）

『精雙』或『精二』即韻圖置於四等的精系字。（下同，不再釋）牙音用到這類字作反切下字的是三、四兩等韻的字。四等韻的牙音字與精系字爲『音和』。三等『廣通』諸韻的牙音也在四等，跟精系喻母也是『音和』。只有『偈狹』諸韻的牙音不跟他們在一行，應爲『偈狹』的關係。

來日舌三並照二，廣通必取四爲真。（原注：來日舌三照二皆是第三等也。韻逢來日舌三照二，於廣通門中切第四等也。如渠之切祇是通門，居正切勁是廣門）

牙音以『來日舌三照二』爲『韻』者都是三等韻的字。在『偈狹』諸韻，牙音跟『來、日、舌三、照二』都在三等，故爲『音和』。『廣通』諸韻的牙音在四等，而『來、日、舌三、照二』在三等，乃發

① 見本書『門法匯解』之『内外門』部分所引董文對該門法的解釋。

生如『廣通』門法所説的關係。

牙音字與其切語的關係，歌訣没有説到的，現在還可以補充説明如次：

(a)就牙音言，一、四等韻的牙音可以分別以端系字，二等韻的見系字也可以用知二等的字作反切下字；

(b)就脣音與喉音（除喻）言，各等韻的牙音字可以分別用各該韻脣音與喉音（除喻）作反切下字；

(c)就齒音説，一等韻的見系字還可以用一等的精系字作反切下字；

(d)此外，一、二、四等韻的牙音也還可以用各該韻的來母字作反切下字。凡這些情形，切語與所切都在一行，都是『音和』。

第二節　舌音

《經史正音切韻指南》『總括玉鑰匙玄關歌訣』

舌音

一四端泥三二知，一等、四等，歸端等；二等、三等，歸知等。**相乘類隔已明之。**端等一四，與知等二三，於《玉鑰匙》内已明言之矣。**知逢影喻精邪四，窠切憑三有定基。**只是知母第三爲切，韻逢精等、影、喻第四，並切第三，是也。**正齒兩中一韻處，内三外二表玄微。**韻逢正齒音兩等中第一，即分内外。如丁釃切知，是内三門；德山切僤，是外二門，是也。**舌頭舌上輕分析，留與學人作指歸。**

《字學元元》『袁氏解玄關七音歌注』

舌音　無通廣侷狹門

一四端泥三二知，相乘類隔已明之。
知逢影喻精邪四，窠切憑三有定基。
正齒兩中一韻處，内三外二表玄微。
舌頭舌上輕分析，留與學人作指歸。

袁氏曰：此明舌音中門法。

首二句，言類隔門之舌切也。一、四雖端，二、三雖知，然韻以類隔，故得憑韻而互切。如都江切樁、徒減切湛之類。前《玉鑰匙》中，已明言之矣。

次二句，窠切門之舌切也。知三爲切，韻逢影、喻、精邪第四，並切第三。如門法中直猷切儔、直遥切朝之類是也。

又次二句，是內外門之舌切也。正齒兩中一，即是照一。內外門中，韻逢照一，以三、二分內、外。如丁釃切三之知，是爲內轉；德山切二之邅，是爲外轉也。

末二句，是音和門之舌切也，前六句，皆非音和，未分言端知，故此以分析爲言。蓋端逢一四，則切端，如德紅切東字，徒賢切田字；知逢三二，則切知，如陟姜切張字，除閑切獼字，乃其例也。

《切字圖訣》

舌音

一四端泥三二知一等、四等歸端等，二等、三等歸知等，**相乘類隔已明之**端等一四、與知等二三，於《玉鑰匙》內已明言之矣。○一四切四，逢二三等韻，衆通等之韻。言非謂端等之切韻，在知徹澄孃四母內也，餘倣此。**知逢影喻精邪四，窠切憑三有定基**只是知等第三爲切，韻逢精等、影、喻第四，並切第三，是也。**正齒兩中一作韻，內三外二表元微**韻逢正齒音兩等中第一，即分內外。如丁釃切知，是內三門；德山切邅，是外二門。**舌頭舌上輕分析，留與學人作指歸。**

董同龢《等韻門法通釋》

（二）舌音

一四端泥二三知，相乘類隔已明之。（原注：一等四等歸端等，二等三等歸知等。端等一四與知等二三，於玉鑰匙内已明言之矣）

舌音字跟反切下字的關係很簡單。除去一些『類隔』的現象；其餘都合乎『音和』的原則。所以這兒統括一句——凡下字之『一四』者爲端，『二三』者爲知——就够了。不過，如上文所説，『類隔』門法所謂『一四』與『二三』要規定爲一等韻、四等韻，二等韻與三等韻才没有毛病。而事實上門法所謂『一、二、三、四』照例又是指韻圖上的等第。因三等韻字有不排在本等的，向外侵入了『二』與『四』的範圍，就有兩種可以衝突的現象了。此下四句可以説是這二句的字面例外。

如逢影喻精邪四，窠切憑三有定基。（原注：只是知逢影喻精等第四，並切第三是也）此合『窠切』門法所説，看上文二八四——二八六頁①。這兒的『影喻精四』實是三等韻字，不

① 見本書『門法匯解』之『窠切門』部分所引董文對該門法的解釋。

能因韻圖在四等的地位改從『類隔』的規定，故注云『只是……』。

正齒兩中一作韻，內三外二表玄微。（原注：韻逢正齒音，兩等中第一，即分內外。如丁釃切知是內三門，德山切儃是外二門）

知系字遇莊系字作反切下時有『內外』的關係，見上文二九四——二九五頁①。他們雖實同韻類，韻圖卻分居二、三兩等，既非『音和』，也不是『類隔』。注中兩例同無據。

按知系字用『廣通』諸韻脣牙喉音字作反切下字者，應與『窠切』所言同。（看上文論『窠切』段）只因門法都沒有提，這兒就也不說。此段尚有二句云：

舌頭舌上輕分析，留與學人作指歸。

這是收尾的話，無何意義。

① 見本書『門法匯解』之『內外門』部分所引董文對該門法的解釋。

第三節　脣音

《經史正音切韻指南》『總括玉鑰匙玄關歌訣』

脣音

幫非爲切最分明，照一須隨内外形。韻逢照一，即分内外。如夫側切逼，是内三門；布山切班，是外二門。**來日舌三并照二，廣通第四取真名。**韻逢來、日、舌三、照二，於廣通門中切第四。如符真切頻，是通門；芳連切篇，是廣門。**精雙喻四爲其韻，偈狹却將三等迎。**韻逢精二并喻四，於偈狹門中切爲第三。如府容切風，是偈門；缺狹門切脚。**輕見重形須切重，**輕脣音爲切，隨韻切出重脣音字，是輕重交互門。如武登切瞢字，方閑切媥字，之類是也。**重逢輕等必歸輕。**重脣音爲切，隨韻切出輕脣字，亦是輕重交互門。如匹尤切飆字，芳杯切胚字，之類是也。**唯有東尤非等下，相違不與衆同情。重遇前三隨重體，**重謂重脣音，在第一等，名後一。若遇前三等諸母下字爲韻，當切出輕脣音字，今却是重脣音字。如莫浮切謀、莫六切目字之類是也。**輕逢後一就輕聲。**輕謂第三等輕脣音，爲前三。若遇後一等諸母下字爲韻，當切出重脣音字，今却是輕脣音字。如敷貢切鳳字之類是也。

《字學元元》『袁氏解玄關七音歌注』

脣音

幫非爲切最分明，照一須隨内外形。
來日舌三並照二，廣通第四取真名。
精雙喻四爲其韻，偈狹却將三上迎。
輕見重形須切重，重逢輕等必歸輕。
惟有東尤非等下，相逢不與衆同情。
重遇前三隨重體，輕逢後一就輕聲。

袁氏曰：此歌申脣音中門法。

首言脣音音和門。重切逢重切重字，如苻公切蓬，本豪切包之類。輕切逢輕切輕字，如無迍切文，未良切亡之類。各歸其母，各從其韻，毫無互混，甚是分明也。

次句言脣音分内外門。亦是韻逢照一，則内轉切三，外轉切二。如夫側切三之逼，爲内轉；布山切二之班，爲外轉是也。

三句、四句言脣音于通廣門中，亦是韻逢第三，並切第四。故來、日、舌三並照二，皆韻逢三等也，而並切四等字。如符真三韻，而切四之頻，是爲通門；芳連三韻，而切四之篇，是爲廣門是也。

五句、六句言脣音于偈狹門中，韻逢精雙、喻四，只切第三。如府容切三之風，爲偈門是也；符尤切三之浮，爲狹門是也。

七句、八句謂脣切之輕重交互也。輕切逢重韻，切重字，如武登切瞢、方閑切徧之類。重切逢輕韻，必切輕字，如匹尤切颩，旁文切汾之類。

末四句，前三者，第三行之别名，輕脣等也；後一者，第一幫等之别名，重脣等也。此四句，謂東、尤二攝，非下之等，又有輕重交互用韻，而不交互切字。重逢前三之輕韻，仍切重字，如莫浮切謀、莫六切目之類；輕逢後一之重韻，仍切輕字，如逢貢切鳳、扶岡切房之類是也。

《切字圖訣》

脣音

幫非爲切最分明，照一須隨内外形韻逢照一，即分内外。如夫側切逼，是内三門；布山切班，是外二門。**來日舌三并照二，廣通第四取真名**韻逢來、日、舌三、照二，於廣通門中，切第四。如符真切頻，是通門；芳連切篇，是廣門。**精雙喻四爲其韻，偈狹却將三等迎**韻逢精四、喻四，於偈狹門中切第三。如府容切封，是偈門；府遥切標，是狹門。**輕見重形須切重**輕脣音爲切，隨韻切出重脣字，是輕重交互門。如武登切瞢字、方閑切𠁎字之類是也，**重逢輕等必歸輕**重脣音爲切，隨韻切出輕脣字，亦是輕重交互門。如匹尤切颩字、芳杯切胚字之類是也。**唯有東尤非等下，相違不與衆同情。重遇前三隨重體**重謂重脣音，在第一等內，名後一。若遇前三等諸母下字爲韻，當切出輕脣字，今却是重脣音字。如莫浮切謀字、莫六切目字之類是也，**輕逢後一就輕聲**輕謂第三等輕脣音，爲前三。若遇後一等諸母下字爲韻，當切出重脣音字，今却是輕脣音字，如敷貢切鳳字之類是也。

董同龢《等韻門法通釋》

（三）脣音

幫非爲切最分明，照一須隨內外形。（原注：韻逢照一即分內外，如夫側切逼是內三門，布關切班是外二門）

脣音以莊系字作反切下字者是二等韻與三等韻的字。在三等韻，他們跟莊系字不同行，爲『內』的關係。在二等韻實同行爲『音和』，門法又謂爲『外』。（看上文論『內外門』段）注中兩例無據，後一例『關』非莊系字，更疑有誤。

來日舌三並照二，廣通第四取其名。（原注：韻逢來日舌三照二，於廣通門中切第四。如符真切頻是通門，芳連切篇是廣門）

脣音以「來、日、舌三、照二」爲反切下字的是三等韻字。在「偈狹」諸韻，他們跟來、日、舌三、照二同行，爲「音和」。在「廣通」諸韻，他們分居三、四兩等，如「廣通」門法所云。

精雙喻四爲其韻，偈狹却將三上迎。（原注：韻逢精二并喻四，於偈狹門中切爲第三。如府容切風是偈門。缺狹門切脚）

脣音以「精雙喻四」作反切下字的是三等韻與四等韻字。在四等韻與三等「廣通」諸韻，他們跟「精雙、喻四」同在四等，爲「音和」。只在「偈狹」諸韻，是分列不同等，如「偈狹」門法所說。

輕見重形須切重，重逢輕等必歸輕。（原注：輕脣音爲切，隨韻切出重脣字，是輕重交互門。如武登切瞢、方閑切編之類是也。重脣音爲切，隨韻切出輕脣字，亦是輕重交互門。如匹尤切颩、芳杯切胚字之類是也）

注文已明。並參看上文論「輕重交互」段。

唯有東尤非等下，相違不與衆同情。重遇前三歸重體，輕逢後一就輕聲。（注文：重謂重脣音。在第一等名後一①。若遇前三等諸母下字爲韻，當切出輕脣字，今却是重脣字。如莫浮切謀、莫六切目字之類是也。輕爲（輕脣音）②。第三等輕脣音爲前三。若遇後一等諸母下字爲韻，當切出重脣字，今却是輕脣音字。如馮貢切鳳字之類是也）

這是上兩句（『輕重交互』）的例外。由現代音我們已經知道，東尤兩韻本是③輕脣音的出現處所，但次濁母（即『謀、夢、目』等）却讀重脣。如果自中古後期輕脣音産生之始便是如此，言『輕重交互』而不及此，當然是個漏洞。不過劉氏既首先説到這一點，足證他那時候是跟現代一樣了。

要決定劉氏以前『謀、目』等字是否也讀重脣，或者是他們隨本韻其他脣音字同讀輕脣，現在倒不很容易。因爲就能分別他們的材料看，是兩種情形都有——《切韻指掌圖》以『夢、目』置明母下而不置微母下；《五音集韻》則不以爲明母而注『微』。大約兩種讀法從前是方言的不同，都存在的。劉氏從自己的讀法立言。

---

① 原文爲『注四〇』：此段文字恐多錯亂。『在第一等名後一』與『第三等輕脣爲前三』當互倒，不然此下兩句均無所承。（原文並分屬兩句之下，益顯）。

② 原文爲『注四一』：自『輕爲』至下『前三』，原作『輕爲第三等輕脣音爲前三』，不可通。今核上下文補此三字，分兩句。『第三等輕脣爲前三』即『玉鑰匙』『輕重交互門』所謂『韻逢有非等處』之意。

③ 原文作『字』。

其實『馮貢切鳳』是另一回事，與此不同。我們知道，不合輕重脣演變通例的只是這兩韻的次濁音，却無別的字。前面討論『寄韻憑切』的時候（二七五—二七七頁）①已經説過，『鳳』字『馮貢切』在『韻』上就是有問題的，『鳳』三等，而『貢』一等，實與『莑』字『昌紿切』一例。這個『貢』並非『鳳』的真正的『韻』，所以不能算『馮』碰到『後一』而不變重脣。

真空的『前三後一門』便是從此敷衍而出的，語意反不如這兒清楚，不俱引。『馮貢切鳳』之外又引『縛謀切浮』爲『後一』之例。以『謀』爲一等字，與《廣韻》原來的系統不合，不能算。《續七音略》文詞大致從真空，舉例全非。

上面除去輕重脣是就各音各等脣音與反切普遍立言，前六句也只説到三等韻脣音字遇『照一』，『來、日、舌三、照二』以及『精雙、喻四』作反切下字的情況。除此之外，

一、二、三、四各等韻的脣音字有用各該韻牙音與喉音（除喻）作反切下字的；

一、四等韻的脣音字有用各該韻端系字，二等韻脣音字有用知系字（二等）作反切下字的；

各韻脣音有互相爲切的；

一等韻的脣音字有用各該韻精系字的；（四等韻同，上文也附帶説了）

① 見本書『門法匯解』之『寄韻憑切們』部分所引董文對該門法的解釋。

一、二、四等韻的脣音字也有用各該韻來母字作反切下字的；如不在聲母方面發生『輕重』的問題，他們都同在一行爲『音和』，可以從略。

第四節　齒音

《經史正音切韻指南》『總括玉鑰匙玄關歌訣』

齒音

精邪若見一爲韻，定向兩中一上認。精邪五母下字爲切，韻逢四等中第一，定要向精邪一四兩等中，切出第一等字，只是音和門。**四二相違互用呼，**韻逢四等第二，當切出照等字。**四三還歸四名振。**韻逢諸母第三，並切第四，是振救門。**照初却見四中一，互用還歸精一順。**韻逢四等第一，當切出精等字。**逢三遇四盡歸初，正音憑切成規訓。**韻逢諸母三四，並切照一，是正音憑切門。如士尤切愁，是第三憑切門；山幽切掺，是第四憑切門。**照二若逢一四中，只從寄韻三中論。**照二，即四等中第三也，後皆倣此。韻逢一四，並切照二。如昌來切犓、昌紿切茝字之類是也。**切三韻二不離初，**第三照等爲切，韻逢第二照等，只切第二，如充山切獼字之類是也。**精照昭然真可信。**

《字學元元》『袁氏解玄關七音歌注』

齒音　無通廣偈狹内外門

精邪若見一爲韻，定向兩中一上認。
四二相違互用呼，四三還歸四名振。
照初却見四中一，互用還歸精一順。
逢三遇四盡歸初，正音憑切成規訓。
照二若逢一四中，只從寄韻三中論。
切三韻二不離初，精照昭然真可信。

袁氏曰：此以別齒音之門法。

首二句，是音和門中齒切。兩中一，即精一等。以一等字爲韻，定向一等字切之，乃音和常例。如祖公切宗、才昆切存之類。

第三句，是精照互用之齒切。謂精等爲切，韻逢四等第二，韻與切相違，則互切照等字，此精互照者也。如醬粉切準、則減切斬之類。

第四句，是振救之齒切。謂精等第四爲切，韻逢諸母第三，仍切精等第四。此韻在照，而不與照互用者也。如詳邐切似、私兆切小之類。

五句、六句，亦精照互用之齒切。謂照等爲切，韻逢精等四中一，則互切精一等字，此照互精者也。如測困切寸，士垢切鯫之類。

七句、八句，是齒中正音憑切法。謂照一爲切，韻逢第三，或遇第四，皆歸初切照一。如士尤切愁，是逢三歸初也；如山幽切搜，是遇四歸初也。

九句、十句，是齒中寄韻憑切之法。謂照二爲切，韻逢精等一、四，並切照二。如昌紿切茝，昌來切⿰牜壽之類。三中，即照二，以其在等中第三也。

末二句，是寄韻之所不能兼者。謂三等照二爲切，寄韻于一等、四等，固切照二。若韻逢二等照一，則又當切照一，而不離其初。如昌山切(⿰犭軍)[⿰犭單]，神常切牀之類。此又不在寄韻之例也。

《切字圖訣》

齒音

精邪若見一爲韻，定向兩中一上認精邪五母下字爲切，韻逢四等中第一，定要向精邪一四兩等中，切出第一等，只是音和。**四二相違互用呼**韻逢四等中第二，當切出照等字，**四三還歸四名振**韻逢諸母第三，並切第四，是振救門。**照初却見四中一，互用還歸精一順**韻逢四等第一，當切出精等字。**逢三遇四盡歸初，正音憑切成規訓**韻逢諸母三、四，並切照一，是正音憑切門。如士尤切愁，是第三憑切門；山幽切搜，是第四憑切門。照二若逢一四中，只從寄韻三中論照二，即四等中第三也，後皆倣此。韻逢一四，並切照二。如昌來切犆、昌紿切茝字之類是也。切三韻二不離初第三照等爲切，韻逢第二照等，只切第二，如充山切獼字是也。不離初，謂照一等也，精照昭然真可信。

董同龢《等韻門法通釋》

（四）齒音

精邪若見一等韻，定向兩中一上認。（原注：精邪五母字爲切，韻逢四等中第一，定要向精邪一四兩等中切出第一等字，只是音和門）

注文已明。精系字韻圖分居一、四兩等。一等的精系字爲切，韻逢一等字，切出一等字，固無問題。即四等的精系字爲切，韻逢一等字，切出的字也在一等，爲『音和』。因爲就一般情形説，反切上字只決定聲母，與等第無關。《續七音略》有所謂『四一』與『一四』音和，大概就從這一點附會出來的。

四二相違互用呼。（原注：韻逢四等第二，當切出照等字）

仍承上文言精系字。如精系字爲切，韻逢二等字，則合「精照互用」門所説。參看上文論『精照互用』段。謂二等字爲『四二』者，注云即『四等第二』。大概是以此别於『精一』『精二』之『二』。

四三還歸四名振。（原注：韻逢諸母第三，並切第四，是振救門）

仍承上文言精系字。注已明，並看上文論『振救』段。此言『四三』，與上句言『四二』同。

照初却見四中一，互用還歸精一順。（原注：韻逢四等第一，當切出精等字）

『照初』與『照一』同，即莊系字。莊系字遇一等字爲韻，如『精照互用門』所説，切出者爲一等精系字。

逢三遇四盡歸初，正音憑切成規訓。（原注：韻逢諸母三四，並切照一，是正音憑切門。如士尤切愁是第三憑切門，山幽切搜是第四憑切門）

承上文言照一字。注已明。所謂『第三憑切』與『第四憑切』爲真空『正音憑切門』分『三』與『四』之張本。『山幽切搜』無據。

照二若逢一四中，只從寄韻三中論。（原注：照二即四等中第三也，後皆倣此。韻逢一四，並切照二。如昌來切犓、昌紿切茝之類是也）

此即『寄韻憑切門』所説，如『玉鑰匙』。注中沒有舉『照二』字以『四』爲韻的例，看上文『論寄韻憑切』段。

切三韻二不離初。（原注：第三照等爲切，韻逢第二照等字，只切第二。如充山切獮字之類是也）

注已明。這是韻書中的一個特殊反切，『玉鑰匙』還沒有提到。章系字照例不出現於二等韻，所以『獮』得認作莊系字。不過韻圖莊系既與章系併爲照等，如果不從實際區辨他們，這個反切還像是『音和』。

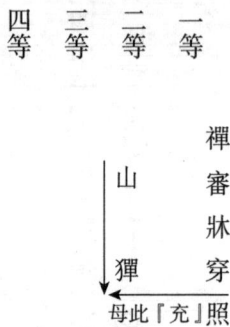

	禪	審	牀	穿	照『充』此母
一等					
二等		山		獮	
三等					
四等					

真空據此立『三二精照寄正音和』一門。改『韻逢第二照等字』爲『韻逢諸母第二』，並增『州戛切札』一例，無據。《續七音略》名『寄正音和門』，文字與真空無異，例全不可靠。

此段之末尚有『**精照昭然真可信**』一句，爲收尾語，無所指。精系切四等字，莊系切二等字，以及章系切三等字都没有説，他們全是『音和』。

第五節　喉音

《經史正音切韻指南》『總括玉鑰匙玄關歌訣』

喉音

曉喻四音隨韻至，法同見等不殊參。曉匣影喻四音，隨四等韻去，皆是音和，亦如見等無少參差也。

韻三來日連知照，通廣門中四上擔。韻逢來、日、知、照三等，於通廣門中切第四。如下珎切礥，是通門；呼世切歡，是廣門。

精喻四時何以辨，當於侷狹第三函。韻逢精等、喻下四，於侷狹門中，並切第三。如許容切胸，是侷門；許由切休，是狹門。

如逢照一言三二，韻逢照一，内轉切三，外轉切二也。**喻母復從三四談。**除曉、匣、影三母外，再從單喻母三等四等言之。

若逢仰覆但憑切，三等爲覆，四等爲仰。仰覆之間，只憑爲切之等也。如余招切遥，是仰；于聿切颰，是覆。

玄論分明是指南。

《字學元元》『袁氏解玄關七音歌注』

喉音

曉喻四音隨韻至，法同見等不差參。
韻三來日連知照，通廣門中四上擔。
精喻四時何以辨，當于侷狹第三函。
知逢照一言三二，喻母復從三四談。
若逢仰覆但憑切，玄論分明有指南。

袁氏曰：此喉音之括也。

首二句，是音和門喉切。韻隨四等而異，如見等之例。喉音曉四母，兼轄四等，與見等同，故亦得隨韻所逢而切之，自不失母，謂之音和。若呼工切烘、亥庚切衡、於虔切焉、以輕切盈之類。

三句、四句，是通廣門喉切。韻逢來、日、知、照三等，皆切第四。如下珎切礥，爲通門；呼世切歑，爲廣門，是也。

五句、六句，是侷狹門喉切。韻逢精等、喻下四，只切第三。如許容切胸，爲侷門；許由切休，爲狹門，是也。

七句，是内外門喉切。韻逢照一，即以三、二，而分内、外。如天史切三倚，是爲内轉；户蓑切二懷，是爲外轉，是也。

末二句，是喻下憑切之法，故專以喻母三、四談之。喻三爲覆，四爲仰，仰、覆皆憑其切。如余招切遥，爲仰；于聿切颶，爲覆，是也。

《切字圖訣》

喉音

曉喻四音隨韻至，法同見等不殊參曉匣影喻四音，隨四等韻去，皆是音和，亦如見等，無少參差也。**韻三來日連知照，通廣門中四上擔**韻逢來、日、知、照三等，於通廣門中，切第四。如下珍切礩，是通門；呼世切歃，是廣門。**精喻四時何以辨，當於侷狹第三函**韻逢精等、喻下四，於侷狹門中，並切第三。如許容切凶，是侷門；許由切休，是狹門。**如逢照一言三二**韻逢照二，内轉切三，外轉切二也。**喻母復從三四談**除曉匣影三母外，再從單喻母下三等、四等言之。**若逢仰覆但憑切**三等爲覆，四等爲仰，仰覆之間，只憑爲切之等也。如余招切遥，是仰；于聿切颶，是覆。**元論分明是指南。**

董同龢《等韻門法通釋》

（五）喉音

曉喻四音隨韻至，法同見等不差參。（原注：曉匣喻四音，隨四等韻去皆是音和。亦如見等無少差參也）

此就喉音字以喉音字作切者而言。下文喻母單説，事實上喻母也自有他變，這裏應除喻母才是。歌詞與注文都不妥。

韻三來日連知照，通廣門中四上擔。（原注：韻逢來日知照三等，於通廣門中切第四。如下珍切礥是通門，呼世切歖是廣門）

喉音在三等韻才以『來、日、舌三、照二』作『韻』。在『侷狹』諸韻實同在一行爲『音和』。在『廣通』諸韻則『來、日、舌三、照二』在三等，而所切之喉音居四等。後一例無據。

精雙喻四何以辨，當於『侷狹』第三函。（原注：韻逢精等喻下四，於侷狹門中並切第三。如許容切胸是侷門，許由切休是狹門。）

喉音以『精雙喻四』爲『韻』者，爲三等韻與四等韻字。四等韻與三等『廣通』諸韻喉音，與精喻同在一行爲『音和』。只有侷狹諸韻是精喻在四等，而喉音在三等。

如逢照一言三二，（原注：韻逢照一，内轉切三，外轉切二）

注文已明。並看上文論『内外』段。

喻母復從三四談。若逢仰覆但憑切，玄論分明有指南。（原注：曉匣影三母外，再從單喻母三四等言之。三等爲覆，四等爲仰。仰覆之間只憑爲切之等也。如余招切摇是仰，于聿切颶是覆。）

注據『玉鑰匙』的『喻下憑切門』立説。參看上文論『喻下憑切』段。

第六節　半舌半齒音

《經史正音切韻指南》『總括玉鑰匙玄關歌訣』

半舌半齒音

來逢四類但音和，四類，即四等也。隨四等韻去，皆是音和。**日止憑三寄韻歌。**日字母下爲切，韻逢一二四，止要切於第三，是日寄憑切門。如汝來切荋、如延切然字之類是也。**全得照初分内外，**韻逢照一，即分内外。**精雙喻四事如何？**謂來逢精雙、喻四，如何爲法。**廣通侷狹憑三等，於廣通侷狹門中，切第三是也。如力小切撩，是廣門；力遂切類，是通門；良蔣切兩，是侷門；力塩切廉，是狹門。四位相通理不訛。玄妙欲求端的處，五音該盡更無過。**

《字學元元》『袁氏解玄關七音歌注』

半舌半齒音

來逢四類但音和，日止憑三寄韻歌。
全得照初分内外，精雙喻四事如何。
廣通侷狹憑三等，四位相通理不訛。
玄妙欲求端的處，五音該盡更無過。

袁氏曰：此言來日門法。

首句，是來等音和。亦隨四等至，歌云『來曉見幫居四等』，是也。如盧工切籠，落庚切磷，力姜切良，利刑切靈之類。

二句，是日寄憑切之法。日母韻逢諸等，並切第三。如汝來切荋、汝延切然之類。

第三句，是來切内外門。韻逢照一，内轉切三，如力衰切藁，是也；外轉切二，如落省切冷，是也。日切無二，不能分内外。

四句、五句、六句，是通廣、侷狹門法。來切韻逢精雙、喻四，通廣、侷狹門中皆切第三。蓋謂來切四門相通，非如他母之别。如力小切撩，是廣門；力遂切類，是通門；良蔣切兩，是侷門；力鹽切廉，是狹門；皆切第三等字也。雖廣門中蟹、山、效、梗，俱有四等，然逢三切三，不得及四，則四須音和切之。故曰『皆憑三等』爾。日母唯三等，于通廣門無四可切，在侷狹雖韻四切三，亦日寄憑切，不以此門論也。

《切字圖訣》

半舌半齒音

來逢四類但音和四類，即四等也。隨四等韻去，皆是音和，**日止憑三寄韻歌**日字母下爲切，韻逢一二四，止切第三，是日寄憑切門。如汝來切荋、如延切然字之類是也。**全得照初分内外**韻逢照一，即分内外，**精雙喻四法如何**謂來逢精雙、喻四，如何爲法。**廣通侷狹憑三等，四位相通理不訛。元妙欲求端的處，五音該盡更無過。**

董同龢《等韻門法通釋》

來逢四類但音和，（原注：四類即四等也，隨四等韻去皆是音和）

來母字在韻圖上的地位與牙音喉音大致相同，這兒的措詞也跟牙音喉音兩段相似。不過所謂『皆是音和』只就大體而言，實際還有例外在下面説着。

日止憑三寄韻歌。（原注：日字母下爲切，韻逢一二四，止要切於第三，是日寄憑切門。如汝來切茾、如延切然字之類是也）

注已明，並看上文論『日寄憑切』段。除此所云，日母都是『音和』，故歌曰『止』。

全得照初分内外，（原注：韻逢照一即分内外）

此指來母字。《廣韻》『里』字『良士切』是『内』的例。

精雙喻四事如何。廣通侷狹憑三等，（原注：韻逢精雙喻四如何爲法？於廣通侷狹門中切第三是也。如力小切繚是廣門，力遂切類是通門，良蔣切兩是侷門，力鹽切廉是狹門）

此亦指來母字。來母有一點不同於牙喉音的就是他在三等韻，無論是『廣通』或『侷狹』，都只排在韻圖的三等而没有排入四等的①。職是之故，對『精雙喻四』的切語下字而言，牙喉音只在『侷狹』諸韻才不是『音和』，而來母字則連『廣通』帶『侷狹』都不是『音和』了。這兩句歌的主旨在此，爲真空的『通廣侷狹門』所本，前文已經説到了。據此而言，『廣通侷狹憑三等』應該

① 原文『注四二』：幽韻全部排入四等是另一回事。

釋作『於廣通與偈狹門皆切第三』才是；後面舉例也應該説作『如力小切繚是廣門例，力遂切類是通門例……』才清楚。注文少了幾個字，就使真空誤以這樣的情形叫作『通廣偈狹門』了。前文曾説，這樣情形與知系字完全相同，還無須説什麼『廣通』或『偈狹』。

四位相通理不訛。玄妙欲求端的處，五音該盡更無過。

此爲收尾語，無所指。

參考文獻

[一]《守温韻學殘卷》，法國國家圖書館藏。
[二]（宋）沈括《夢溪筆談》，明崇禎嘉定馬元調刻本。
[三]（宋）無名氏《四聲等子》，《叢書集成初編》影印咫進齋本，商務印書館。
[四]舊題（宋）司馬光《切韻指掌圖》，北京：中華書局，影印嚴式誨刻本，一九六二年。
[五]（元）劉鑑《經史正音切韻指南》，明正德八年刻本。
[六]（明）若愚《直指捷徑門法》，隆慶六年七月吉日經廠祥符張潤刊。
[七]（明）袁子讓《五先堂字學元元》，萬曆癸卯刻本。
[八]（明）王三聘《字學大全》，明嘉靖四十三年刻本，日本國立公文書館藏。
[九]（清）方中履《切字釋疑》，《昭代叢書丙集》卷三十，世楷堂藏板。
[一〇]（清）羅愚《切字圖訣》，嘉慶己未重刻，養拙軒藏版。
[一一]（清）《續通志・七音略》，光緒十二年浙江書局版。
[一二]陳新雄《等韻述要》，臺北：臺北藝文出版社，一九九九年。
[一三]樅陽縣地方志編纂委員會《樅陽縣志》，合肥：黄山書社，一九九八年。

[一四] 董同龢《等韻門法通釋》,《中研院歷史語言研究所集刊》第十四本,一九四八年。
[一五] 李新魁《等韻門法研究》,南開大學中文系《語言研究論叢》第一輯,一九八四年。
[一六] 婁育《〈經史正音切韻指南〉文獻整理與研究》,北京:中央民族大學出版社,二〇一四年。
[一七] 魯國堯《魯國堯語言學論文集》,南京:江蘇教育出版社,二〇〇三年。
[一八] 聶鴻音《黑水城出土音韻文獻四種》,北京:文物出版社,二〇〇六年。
[一九] 聶鴻音《黑水城抄本〈解釋歌義〉與早期等韻門法》,《寧夏大學學報》(哲學社會科學版)第四期,一九九七年。
[二〇] 聶鴻音《智公、忍公和等韻門法的創立》,《中國語文》第二期,二〇〇五年。
[二一] 饒宗頤《〈悉曇經傳〉——趙宧光及其〈悉曇經傳〉》,臺北:新文豐出版股份有限公司,一九九九年。
[二二] 孫伯君《黑水城出土等韻抄本〈解釋歌義〉研究》,蘭州:甘肅文化出版社,二〇〇四年。
[二三] 余迺永《新校互注宋本廣韻(定稿本)》,上海:上海人民出版社,二〇〇八年。
[二四] 曾運乾《音韻學講義》,北京:中華書局,第二次印刷,二〇〇〇年。
[二五] 趙誠《中國古代韻書》,北京:中華書局,二〇〇三年。

附：

室町寫本《盧宗邁切韻法》

日本國立國會圖書館藏

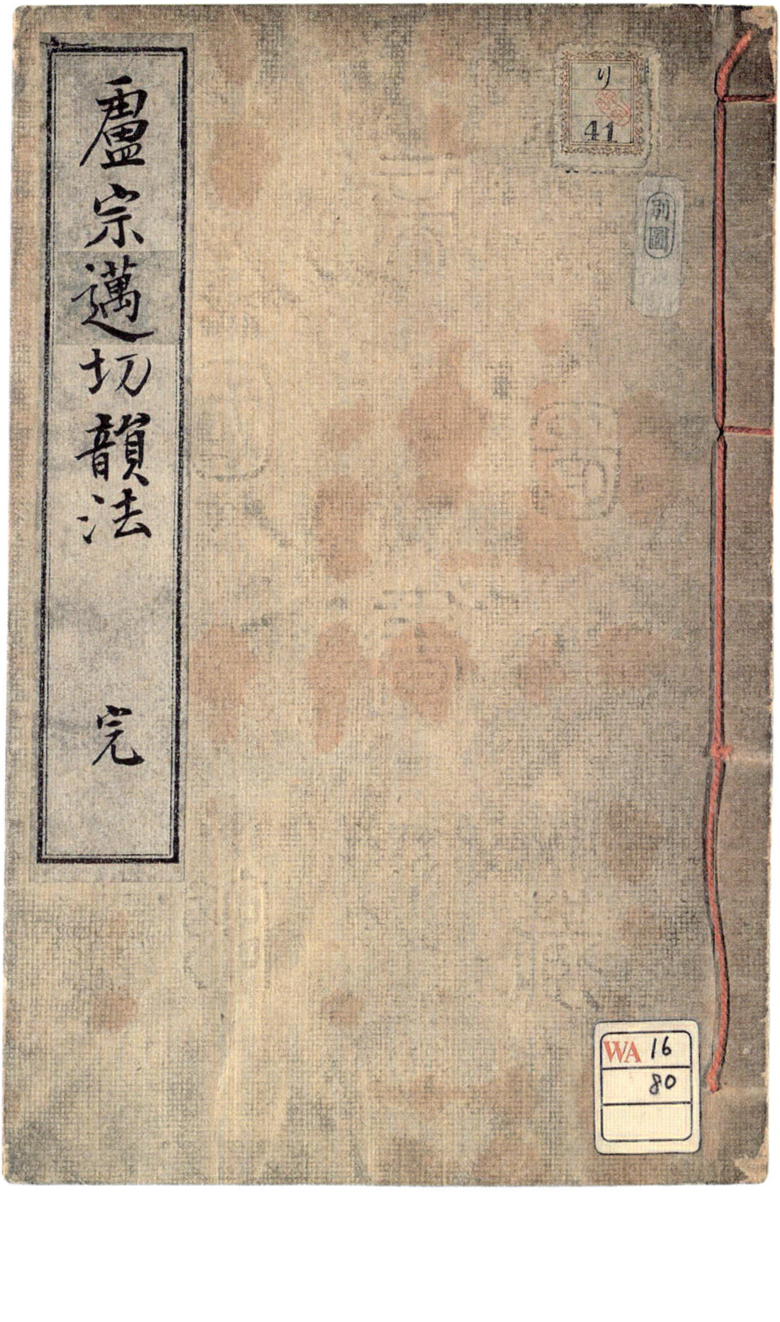
盧宗邁切韻法
完
41
WA 16
80

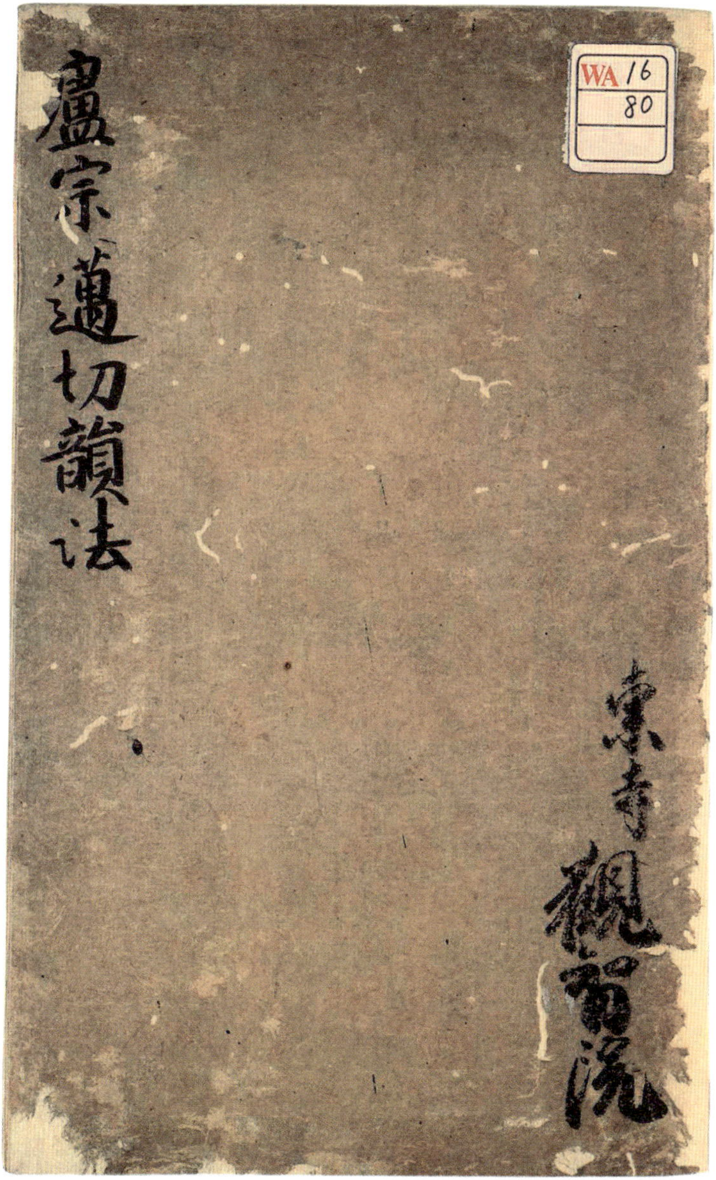
盧宗邁切韻法
WA 16
80
東寺
觀智院

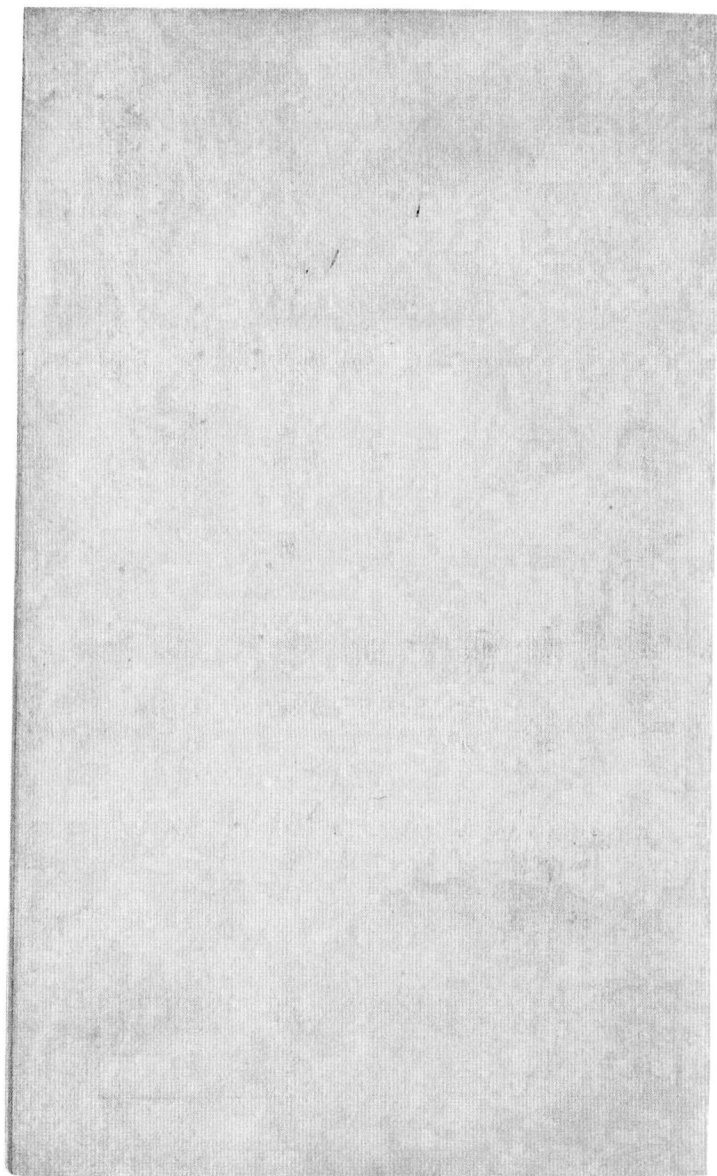

音釋切韻法難識字

祆 馨煙切胡謂神為祆 顯字平聲

邅 張連切迍邅 哲字平聲

儇 □音 攥鄰切欲仆也與嬔 趂字平聲

繽 紕民切紛亂也 匹字平聲

礥 下珍切 難也

構 武言切 㒰字平聲

紉 尼鄰切 昵字平聲

傎 音顛 倒也

羶 尸連切羊臭也 設字平聲

延 抽延切安步延延 徹字平聲

蠙 蒲眠切珠名與玭同 辯字平聲

榛 鋤臻切 木叢生

氈 諸延切撚毛也 浙字平聲

嫐 此不是字係有聲無形借用女嬲為形又借女嬲為切呐字平聲為嫐字呐女為切

切韻之難易盡見昔人之詩有云字母唯三六相生

百萬名當家疑是字别國却為親又有云的當

塵毛現參差海山嶽傾閒難會法影響誤聰明又有云未明須得旨反曉不關心驗人端的處下口便知音人謂其難字者乃切韻法百八字中有難識者字而又有音聲偏僻遠罕人傳授是以難學也今以難識者字或直音或反切或調聲並集于前使人人可識可識則易於口誦口誦通熟則歸母甚易既能歸母則可反切既能反切則字無不識是使難學之事而然歸於易學也宗邁自備時悟此今四十年矣鮮聞曉者故書而傳之同志豈曰小補哉淳熙己亥孟春後郎

盧宗邁撰序

三十六字母切韻訣

欲盡識世間字者當熟誦切韻法一百八字必呼吸端的無一字差訛則反切若有神助如磁石吸針似子之見母且以東德二字歸母東字則云東丁偵端德字則云德丁偵端是東德二字皆歸端字母也且如德紅切則云德丁偵東紅字與東字同韻故切歸東字也字字用此為例則無所不通無所不識德紅名音和切而尚有互用往來等切音和既通曉則諸切皆可意會也

三十六字母分清濁

字母	清濁
見	全清
端	全清
知	全清
幫	全清
非	全清
精	全清
照	全清
影	全清
來	不清不濁
日	不清不濁
溪	次清
透	次清
徹	次清
滂	次清
敷	次清
清	次清
穿	次清
曉	次清
群	全濁
定	全濁
澄	全濁
並	全濁
奉	全濁
從	全濁
床	全濁
匣	全濁
疑	不清不濁
泥	不清不濁
孃	不清不濁
明	不清不濁
微	不清不濁
心	全清
審	全清
喻	不清不濁
邪	全濁
禪	全濁

全濁字母下字竝上去聲同呼

三十六字母五音傍通圖

見	溪	群	疑		牙音	角木
端	透	定	泥		舌頭音	徵
知	徹	澄	孃		舌上音	火
幫	滂	並	明		脣音重	羽
非	敷	奉	微		脣音輕	水
精	清	從	心	邪	齒頭音	商
照	穿	床	審	禪	正齒音	金
影	曉	匣	喻		喉音	宮土
來	日	半徵半商音	半火半金			

三十六字母切韻法

心新仙	精津煎	透汀天	群勤虔	禪辰常	日仁然
曉馨祆	非分蕃	徹侲延	邪餳涎	牀榛潺	疑銀言
端丁傎	幫賓邊	敷芬番	匣礥賢	明民綿	照眞氈
知珍邅	清親千	滂繽偏	定廷田	微文樠	影勲焉
見經堅	溪輕牽	並頻蠙	澄陳廛	來隣連	泥寧年
審身羶	穿嗔昌	奉墳煩	從秦錢	喻匀緣	孃紉[illegible]

切三十六字母法

牙音

見 經堅 見

溪 輕牽 溪

群 勤虔 群

疑 銀言 疑

舌頭音

端 丁顛 端

透 汀天 透

定 廷田 定

泥 寧年 泥

舌上音

知 珍邅 知

徹 伲延 徹

澄 陳廛 澄

孃 紉嬭 孃

邪	心	從	清	精		明	並	滂	幫	
徐嗟	思尋	牆容	七情	子盈		眉兵	部泊	普郎	博旁	脣音重
餳	新	秦	親	津	齒頭音	民	頻	繽	賓	
延	仙	錢	千	煎		綿	蠙	偏	邊	
邪	心	從	清	精		明	並	滂	幫	

禪	審	牀	穿	照		微	奉	敷	非	
時連	式荏	仕莊	昌緣	之笑	正	無非	父勇	芳燕	匪微	脣音輕
辰	身	榛	嗔	真	齒音	文	墳	芬	分	
常	羶	溱	昌	氈		樠	煩	番	蕃	
禪	審	牀	穿	照		微	奉	敷	非	

喉音

影 曉 匣 喻 來 日

於境殷焉
馨馨祆
轄鳥礥賢
甲俞戌勻緣
半徵半商音
郎才隣連
入質仁然

影 曉 匣 喻 來 日

麻衣道者云納音切脚其理則一納音如甲為木子為水甲子爻合郎生金切脚如德為父紅為母德紅反切郎生東字此乃切韻上一字為切下一字為韻相生天然混成非人意可為

也如經電切見字經字與見字同韻故反切爲見字前三十六字母切腳皆音和切若廣韻玉篇集韻類篇中切腳皆容易反切便得其字分明者並名音和切若遇音聲凝滯便不明音和當求於類隔等切此外有類隔互用往還等切如端字母下字爲切卻切知字母下字爲類隔又如精字母下字爲切卻切照字母下字爲互用又如匣字母下字爲切卻切喻字母下字爲往還切似此切腳不一若能熟切前三十六字母下音和切則遇凝滯處自然默曉合爲某切也明字韻略中作眉兵切以眉字用明字爲母則是音和廣韻中作武兵切以武字合歸字母則是互用其他類隔往還等切各以此推之歸本字母下借其母爲切則所切真的也

反翻音切　又爲之歸納法

全濁字母下上聲去聲同呼字圖

羣
彊權求琴
強圈臼噤
㹶倦舊捦
遽[illegible]○及

定
同唐徒屯壇
動蕩杜[illegible]但
洞宕度鈍憚
獨鐸○揬達

並
皮蒲便盤
被簿楩伴
髲步便畔
○○潎跋

奉
逢汾凡
奉憤范
俸分梵
幞佛乏

從
裁
在
在
○

床
鉏潺巉
齟[illegible]嵁
助棧鑱
○○[illegible]

禪
常純鋋韶讎
上盾善紹受
尚順繕邵授
杓術舌○○

匣

團陶
斷道
段導
奪○

長廚晁儔沈
澄丈柱趙紂朕
仗住召曽鴆
着○○○蟄

曹矬情　詞邪
罪皁坐靜邪似灺旋
啐漕座淨　寺謝漩
○○○籍　○○擿

魂寒桓玄豪何遐侯
混旱緩泫晧荷下厚
慁翰換縣号賀暇候
搰曷活穴○○○○

以上十箇字母並属全濁所以上去二聲字同呼今録出者並上聲去聲皆有字者庶明未曉切韻人以全濁上聲字例謂作次清或全清字母下上聲字呼之如常上尚杓却云常賞尚杓若用賞字為上聲則合云商賞餉鑠是審字母下字也非禪字母下字也其恰悞遠矣字母下字呼吸雖相同而輕重音韻

清濁初非一母皆髣髴相同耳其疑似在於毫釐之間習之通悟自然有所得也

知支 中張豬株珍冢徵陟知 㞢展竹卓追

照笑 鐘章朱諸真瞳旨職之 菑征莊尊鄒臻爭阻主煮償側札簪斬

非支 芳天甫府敷匪風分弗

敷虞 方孚撫

徹薛 癡詹樀 忡椿恥楮救 抽丑

穿仙 蚩充春齒處豕 窗初樞𡿺昌叉車稱楚敞創測察姝 音樞

以上六箇字母下一字若切脚上一字是本母下字即切歸上六字母也以知照字非敷字徹穿字母下字呼吸相同故録出以辯切字時歸母無差

切韻之學本出于西域漢人訓字止曰讀如某字未用反切然古語已有二聲合爲一字者如不可爲叵何不爲盍如是爲爾而已爲耳之乎爲諸之類以西域二合之音蓋切字之原也殆與聲俱生莫知從來今切韻之法先類其字各歸其母唇音舌音各八牙音喉音各四齒音十半齒半舌音二凡三十六分爲五音天下之聲摠于是矣每音有四等謂全清次清全濁不清不濁如顛天田年是也字有平上去入四聲如幫榜謗博是也字有四等輕重如高交驕驍是也字字有此理皆得之自然非人可爲也

世傳切韻四十四圖用三十六母與集韻中字隨母所屬次第均布於圖間而有聲有形與有聲無形萬一千五百二十聲該括世之所有字並在其中揣其聲數乃易之大衍六十甲子五行之數若布萬一千五百二十等以六除之則等無餘數其有用二字云切或云反者其理則一亦五行相生自然之理非人意可強為之若按圖調切則有平上去入四法橫念則有隨清濁歸韻法隨平仄四聲念則有四等重輕法又有兩字反切歸其字者為之切韻法相為表裏

則是切韻有四法也詳此四法乃是前古通曉易數之智士作而成之每字左右上下各有一字聲聲皆别如中央之視四方各有定位若周天之列宿各有分野四十四圖字字皆然其非通幽悟微之人焉能造是而後學者未有能爲言其所自之詳者也淳熙丙午歲四月壬午盧宗邁因叙所見附於所集切韻法後而作頌曰

滿塞世界字音容　圖局包含盡在中

若人明了箇箇意　豁然如海與天通三百三十六字

集韻字八萬八百五十六

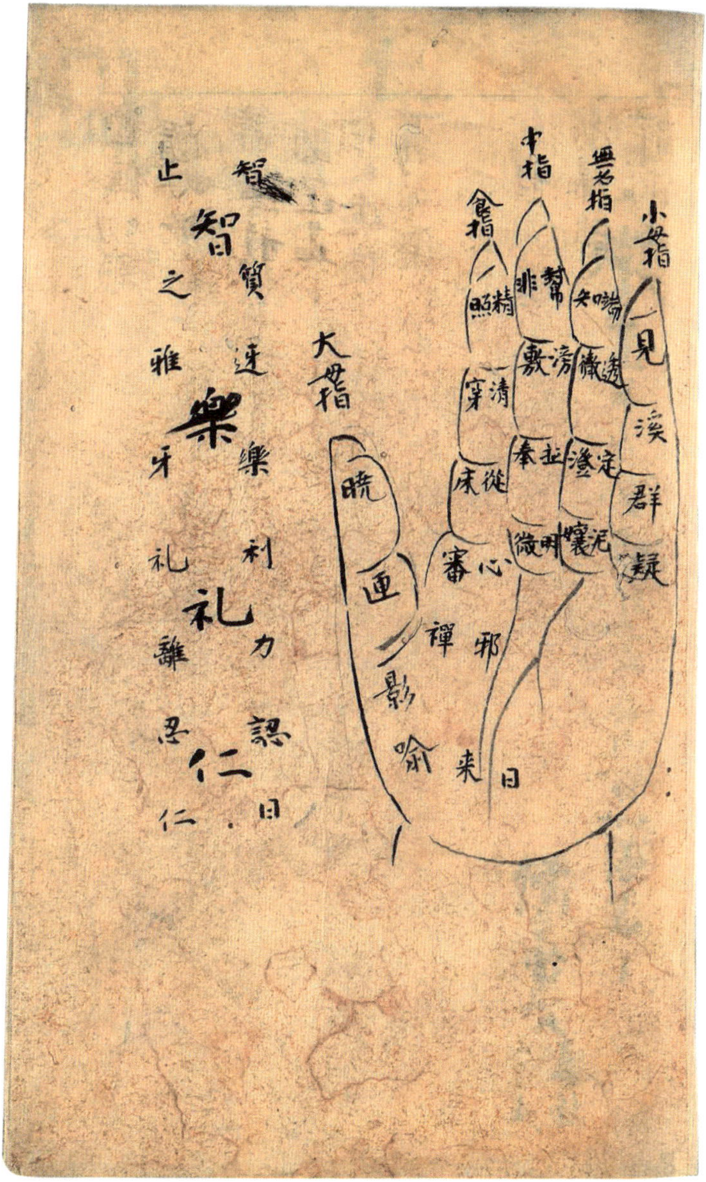
止
智
智
之
雅
樂
樂
礼
礼
力
仁
日
仁
中指
無名指
食指
小母指
大母指
照
精
非
幫
見
穿
清
敷
滂
徹
透
溪
牀
從
奉
並
澄
定
群
審
心
微
明
孃
泥
疑
曉
匣
禪
邪
影
喻
來
日

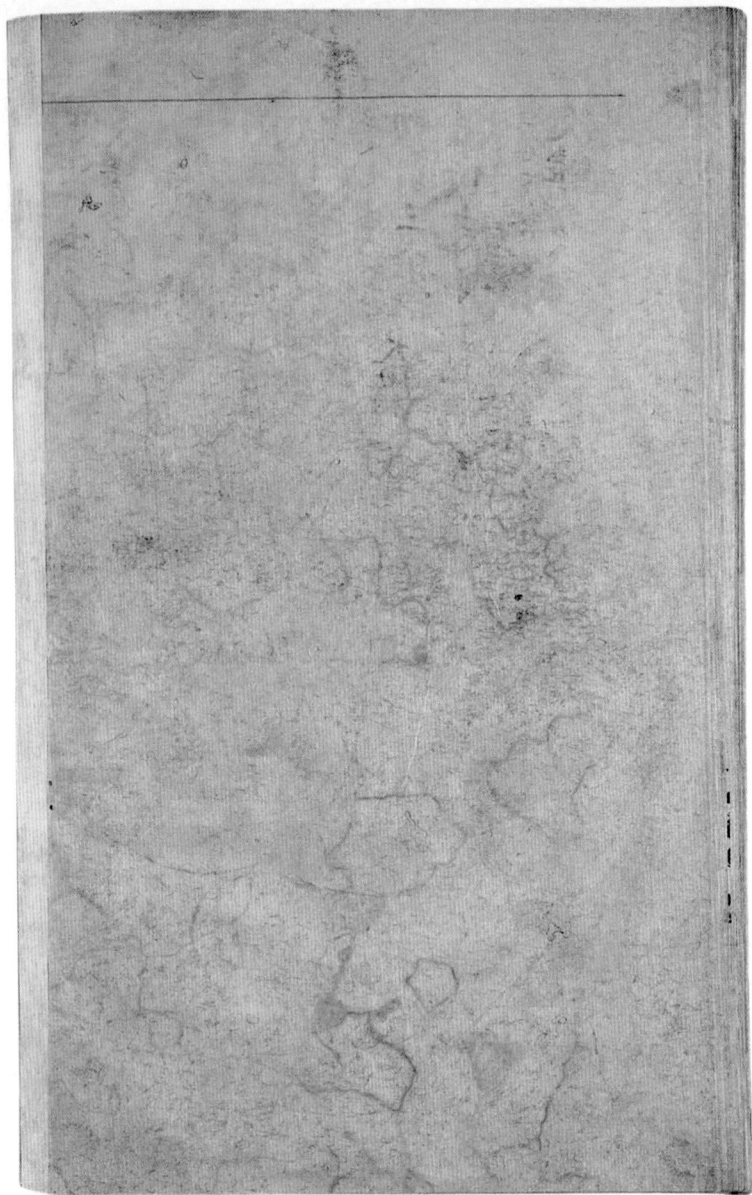

り
41
延享三年歲舍丙寅孟春七日加繕裝了
備前賢登春秋六十三歲

旧請求記号
寄別13-13

文 三十三

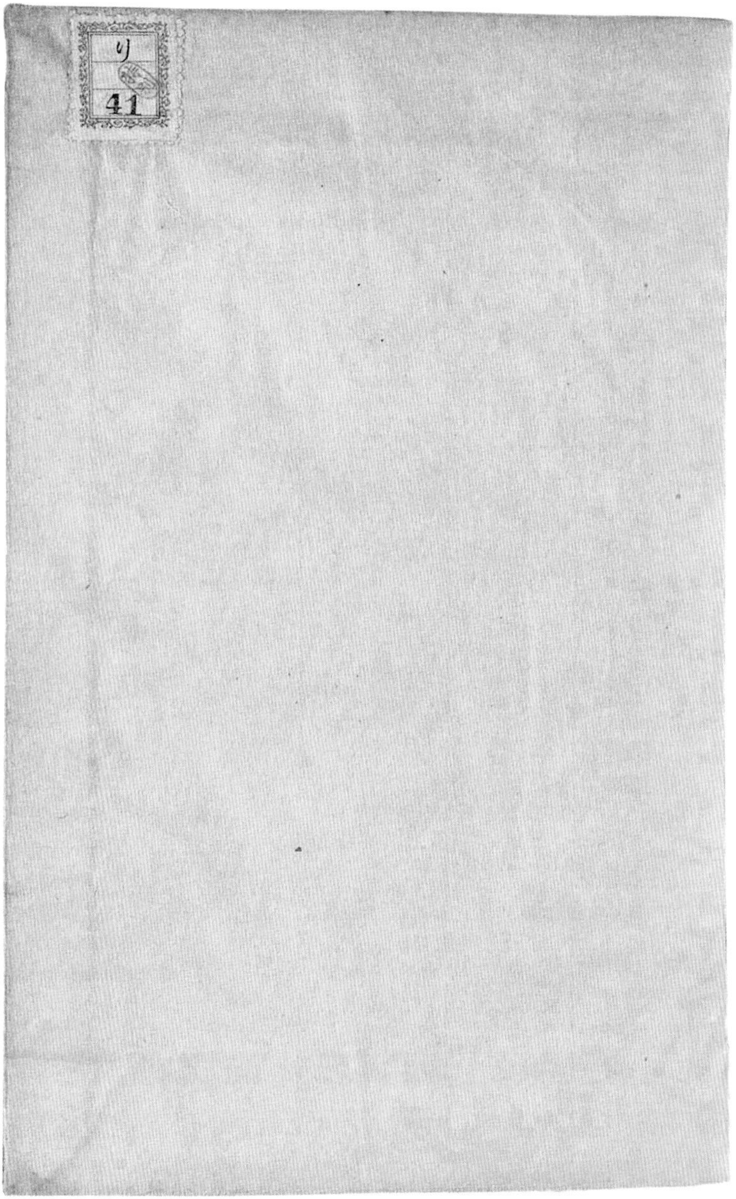
リ
41

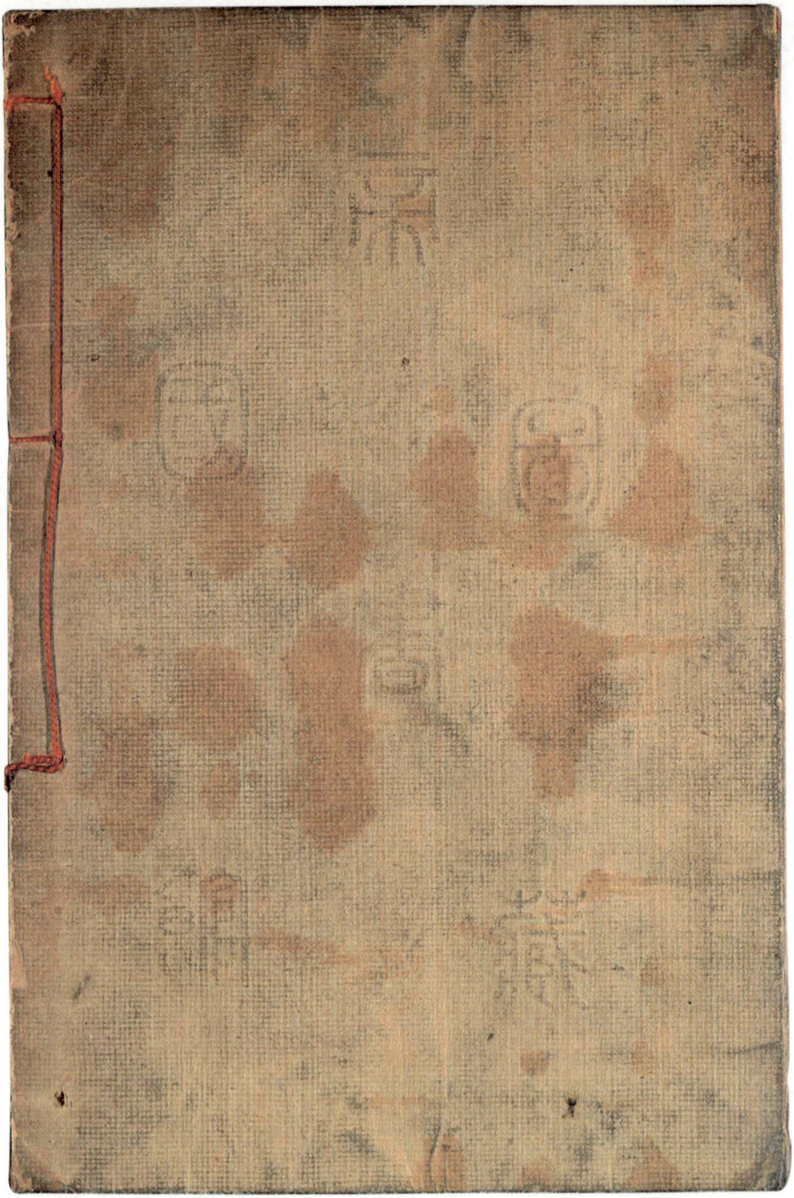

《宋元切韻學文獻叢刊》總目（八種）